PRÁTICA CIVIL

JOÃO AGUIRRE
RENATO MONTANS DE SÁ

PRÁTICA CIVIL

15ª edição
2025

- Os autores deste livro e a editora empenharam seus melhores esforços para assegurar que as informações e os procedimentos apresentados no texto estejam em acordo com os padrões aceitos à época da publicação, *e todos os dados foram atualizados pelos autores até a data da entrega dos originais à editora.* Entretanto, tendo em conta a evolução das ciências, as atualizações legislativas, as mudanças regulamentares governamentais e o constante fluxo de novas informações sobre os temas que constam do livro, recomendamos enfaticamente que os leitores consultem sempre outras fontes fidedignas, de modo a se certificarem de que as informações contidas no texto estão corretas e de que não houve alterações nas recomendações ou na legislação regulamentadora.

- Data do fechamento do livro: 12/11/2024

- Os autores e a editora se empenharam para citar adequadamente e dar o devido crédito a todos os detentores de direitos autorais de qualquer material utilizado neste livro, dispondo-se a possíveis acertos posteriores caso, inadvertida e involuntariamente, a identificação de algum deles tenha sido omitida.

- Direitos exclusivos para a língua portuguesa
  Copyright ©2025 by
  Saraiva Jur, um selo da SRV Editora Ltda.
  Uma editora integrante do GEN | Grupo Editorial Nacional
  Travessa do Ouvidor, 11
  Rio de Janeiro – RJ – 20040-040

- **Atendimento ao cliente: https://www.editoradodireito.com.br/contato**

- Reservados todos os direitos. É proibida a duplicação ou reprodução deste volume, no todo ou em parte, em quaisquer formas ou por quaisquer meios (eletrônico, mecânico, gravação, fotocópia, distribuição pela Internet ou outros), sem permissão, por escrito, da **SRV Editora Ltda.**

- Capa: Tiago Fabiano Dela Rosa
  Diagramação: Desígnios Editoriais

- **DADOS INTERNACIONAIS DE CATALOGAÇÃO NA PUBLICAÇÃO (CIP)**
  ODILIO HILARIO MOREIRA JUNIOR - CRB-8/9949

S111p   Sá, Renato Montans de
         Prática civil / Renato Montans de Sá, João Aguirre. - 15. ed. - São Paulo : Saraiva
            Jur, 2025.

         336 p.
         ISBN 978-85-5362-504-8 (Impresso)

         1. Direito. 2. Prática civil. 3. Direito civil. I. Aguirre, João. II. Título.

                            CDD 347
         2024-4104   CDU 347

         Índices para catálogo sistemático:
         1. Direito civil   347
         2. Direito civil   347

Aos nossos alunos, razão de uma escolha de vida.

*À equipe de professores assistentes de Civil,
pela dedicação e apoio inestimáveis.*

Apresentação

Aliando a experiência de seus autores em anos de docência e de atividade profissional, a presente obra fornece o instrumental necessário para o exercício das mais diversas atividades práticas na área cível, seja por parte dos estudantes do direito ou daqueles que buscam o aprimoramento de seus conhecimentos.

Escrito em linguagem dinâmica e com conteúdo extremamente didático e devidamente atualizado pelo atual Código de Processo Civil, o livro apresenta extenso catálogo de peças, contendo criterioso roteiro para a sua formulação, possibilitando a apreensão de informações essenciais para a eficiente atuação no cotidiano forense.

Indicado para todos os que pretendem atuar na área cível e buscam aprimorar seu conhecimento prático, bem como promover sua necessária atualização, capacitando-se de forma adequada para o exercício da atividade jurídica.

Sumário

Apresentação VII

PARTE 1
AÇÕES PREVISTAS NO CÓDIGO DE PROCESSO CIVIL

1. Regras Gerais da Petição Inicial	1
1.1 Da petição inicial e seus requisitos..	1
1.2 O endereçamento	2
1.2.1 Critérios de competência	3
1.2.1.1 Competência internacional	3
1.2.1.2 Competência interna	4
1.2.1.3 Competência originária dos tribunais	7
1.2.1.4 Competência das justiças especiais	7
1.2.1.5 Competência da justiça comum................................	7
1.2.1.6 Competência de foro...	8
1.2.1.7 Competência de juízo...	13
1.3 Qualificação das partes..	13
1.4 Fatos e fundamentos jurídicos do pedido	15
1.4.1 Fundamentação jurídica *versus* fundamentação legal	16
1.5 Pedido com suas especificações	16
1.5.1 Pedidos específicos	18
1.6 Valor da causa	19
1.7 Provas...	20
1.8 Citação	21

2. Procedimento Comum 22
   2.1 Estrutura básica da petição inicial pelo procedimento comum 22
   2.2 Peças práticas do procedimento comum.. 23

3. Contestação 29
   3.1 Regras gerais da contestação 29
       3.1.1 Elaborando a contestação 30
       3.1.2 Estrutura básica da contestação 36
       3.1.3 Peça prática de contestação... 36
   3.2 Da reconvenção 39
       3.2.1 Estrutura básica da reconvenção... 39
       3.2.2 Peça prática de reconvenção 40
   3.3 Impedimento e suspeição 42
       3.3.1 Estrutura básica do incidente de impedimento 43
           3.3.1.1 Peça prática do incidente de impedimento........................... 44
       3.3.2 Estrutura básica do incidente de suspeição 44
           3.3.2.1 Peça prática do incidente de suspeição 45

4. Liquidação de Sentença.. 47
   4.1 Das espécies de liquidação 47
   4.2 Estrutura básica da liquidação de sentença 47
   4.3 Peça prática de liquidação de sentença 48

5. Cumprimento de Sentença 51
   5.1 Atual panorama do cumprimento de sentença.. 51
   5.2 Estrutura básica do cumprimento definitivo da sentença que reconhece a exigibilidade de obrigação de pagar quantia certa.. 51
       5.2.1 Peça prática do cumprimento de sentença 53
   5.3 Estrutura básica do cumprimento da sentença que reconheça a exigibilidade de obrigação de prestar alimentos.. 54
       5.3.1 Peça prática do cumprimento de sentença que reconheça a exigibilidade da obrigação de prestar alimentos 56
   5.4 Estrutura básica da impugnação ao cumprimento de sentença...................... 57
       5.4.1 Peça prática da impugnação ao cumprimento de sentença.................... 59

6. Ação Rescisória 61
   6.1 Sobre a rescisória 61
   6.2 Estrutura básica da ação rescisória 61
   6.3 Peça prática da ação rescisória... 62

7. Recursos 66
   7.1 Sobre os recursos 66

7.1.1	Classificação	66
7.1.2	Pressupostos de admissibilidade	67
7.1.3	Renúncia ou desistência (arts. 998 e 999 do CPC)	68

7.2 Apelação 69
    7.2.1 Estrutura básica da apelação 71
    7.2.2 Peça prática de apelação com pedido de reforma da sentença 72
    7.2.3 Peça prática de apelação com pedido de anulação de sentença 75

7.3 Agravo de instrumento 78
    7.3.1 Estrutura básica do agravo de instrumento 81
    7.3.2 Peças práticas do agravo de instrumento 82

7.4 Embargos de declaração 88
    7.4.1 Estrutura básica dos embargos de declaração 89
    7.4.2 Peça prática dos embargos de declaração 90

7.5 Estrutura básica do recurso ordinário constitucional 92
    7.5.1 Peça prática de recurso ordinário constitucional 93

7.6 Recursos extraordinário e especial 95
    7.6.1 Estrutura básica do recurso extraordinário 96
    7.6.2 Peça prática de recurso extraordinário 97
    7.6.3 Estrutura básica do recurso especial 99
    7.6.4 Peça prática de recurso especial 100

7.7 Estrutura básica dos embargos de divergência 103
    7.7.1 Peça prática de embargos de divergência 104

7.8 Estrutura básica de recurso adesivo 106
    7.8.1 Peça prática de recurso adesivo 107

7.9 Estrutura do agravo interno 109
    7.9.1 Peça prática do agravo interno 110

8. Execução 113
   8.1 Estrutura básica da petição inicial de execução 113
   8.2 Estrutura básica da petição inicial de execução por quantia certa contra a Fazenda Pública 114
       8.2.1 Peça prática de execução por quantia certa 115
   8.3 Estrutura básica da petição inicial de execução de alimentos 116
       8.3.1 Peça prática de execução de alimentos 117
   8.4 Estrutura básica da petição inicial dos embargos à execução 118
       8.4.1 Peça prática dos embargos à execução 119

9. Tutela de Urgência e Tutela de Evidência 121
   9.1 Breves considerações 121
   9.2 Estrutura básica da petição inicial com tutela de urgência 123

9.2.1 Estrutura básica da petição inicial com tutela de urgência de natureza antecipada requerida em caráter antecedente.. 123

    9.2.1.1 Petição inicial com tutela de urgência de natureza antecipada requerida em caráter antecedente................................ 124

    9.2.1.2 Petição inicial com pedido de tutela antecipada incidental 126

9.2.2 Estrutura básica da petição inicial com tutela de urgência de natureza cautelar requerida em caráter antecedente.. 128

    9.2.2.1 Petição inicial com tutela de urgência de natureza cautelar requerida em caráter antecedente................................ 129

    9.2.2.2 Petição inicial com tutela de urgência de natureza cautelar requerida em caráter incidental................................ 131

10. Procedimentos Especiais 133

10.1 Ação de consignação em pagamento 133

    10.1.1 Estrutura básica da ação de consignação em pagamento........................ 135

    10.1.2 Peça prática de ação de consignação em pagamento 137

10.2 Estrutura básica da ação de exigir contas 139

    10.2.1 Peça prática da ação de exigir contas 140

10.3 Interditos possessórios 142

    10.3.1 Estrutura básica da ação de manutenção e reintegração de posse 142

        10.3.1.1 Peça prática de reintegração de posse 144

    10.3.2 Estrutura básica da ação de interdito proibitório................................... 146

10.4 Estrutura básica de inventário na forma de arrolamento sumário 148

    10.4.1 Peça prática de inventário na forma de arrolamento sumário................ 148

10.5 Estrutura básica dos embargos de terceiro 151

    10.5.1 Peça prática de embargos de terceiro.. 152

10.6 Estrutura básica da petição inicial em ação monitória 155

    10.6.1 Peça prática de petição inicial de ação monitória 156

PARTE 2
LEGISLAÇÃO EXTRAVAGANTE

1. Locações – Lei n. 8.245/91 161

1.1 Disposições gerais 161

1.2 Estrutura básica da ação de despejo por denúncia vazia – Locação de imóvel residencial prevista pela Lei n. 8.245/91.. 162

    1.2.1 Peça prática de ação de despejo por denúncia vazia 163

1.3 Estrutura básica da ação de despejo por falta de pagamento 165

    1.3.1 Peça prática de ação de despejo por falta de pagamento cumulada com cobrança de aluguéis e acessórios da locação 166

1.4 Estrutura básica de ação renovatória 168

   1.4.1 Peça prática de ação renovatória 170
   1.4.2 Peça prática de contestação à ação renovatória 171
 1.5 Estrutura básica de ação revisional de aluguel 173
   1.5.1 Peça prática de ação revisional de aluguel 175
 1.6 Estrutura básica da ação de consignação em pagamento de aluguéis e acessórios da locação regidos pela Lei n. 8.245/91 177
   1.6.1 Peça prática da ação de consignação em pagamento de aluguéis e acessórios da locação regidos pela Lei n. 8.245/91 178

2. Mandado de Segurança 181
 2.1 Estrutura básica da petição inicial de mandado de segurança 181
   2.1.1 Peça prática de mandado de segurança 182

3. Ação Civil Pública 184
 3.1 Estrutura básica da petição inicial de ação civil pública 184
   3.1.1 Peça prática da inicial de ação civil pública 185

4. Ação Popular 186
 4.1 Estrutura básica da petição inicial de ação popular 186
   4.1.1 Peça prática da inicial de ação popular 187

PARTE 3
PREVISÃO DAS PEÇAS EM PROCESSO CIVIL

.... 189

PARTE 4
EXERCÍCIOS

1. Peças Profissionais 195
 Padrão de resposta/espelho de correção – Peças profissionais 209

2. Questões Dissertativas 244
 Padrão de resposta/espelho de correção – Questões dissertativas 279

PARTE 1
AÇÕES PREVISTAS NO CÓDIGO DE PROCESSO CIVIL

1 Regras Gerais da Petição Inicial

1.1 Da petição inicial e seus requisitos

O preceito constitucional preconizado no art. 5º, XXXV, da CF assevera que "a Lei não excluirá da apreciação do Poder Judiciário lesão ou ameaça a direito", e a regra do princípio da inafastabilidade da jurisdição encontra ressonância no sistema por dois princípios de natureza infraprocessual: o da inércia e o dispositivo. Por sua vez, o art. 2º do CPC determina que o processo começa por iniciativa da parte, o que quer dizer que ao Estado é vedado intervir nas questões privadas de direito material sem que haja provocação da parte interessada, até mesmo porque ele avocou para si o monopólio da jurisdição proibindo a realização privada do direito.

Pode-se dizer então que a petição inicial é o invólucro formal ou a instrumentalização física da demanda (uma vez que o direito de ação é geral e abstrato), da qual o autor deduz sua pretensão em juízo.

É necessário que o juiz tenha conhecimento preciso de todos os fatos para a delimitação concreta daquilo que ele irá julgar. É dessa forma que a petição inicial apresenta requisitos (elementos, melhor falando) para que o examinando possa construir o início do processo.

Em suma, é possível dizer então que a petição inicial é a peça em que devem constar os requisitos do art. 319 do CPC e não conter as situações do art. 330 do CPC (elementos que ensejam o indeferimento da petição inicial).

São requisitos da petição inicial (art. 319 do CPC):

I – o juízo a que é dirigida;

II – os nomes, os prenomes, o estado civil, a existência de união estável, a profissão, o número de inscrição no Cadastro de Pessoas Físicas ou no Cadastro Nacional da Pessoa Jurídica, o endereço eletrônico, o domicílio e a residência do autor e do réu;

III – o fato e os fundamentos jurídicos do pedido;

IV – o pedido com as suas especificações;

V – o valor da causa;

VI – as provas com que o autor pretende demonstrar a verdade dos fatos alegados;

VII – a opção do autor pela realização ou não de audiência de conciliação ou de mediação.

1.2 O endereçamento

O endereçamento é a indicação do órgão judiciário que apreciará a petição inicial (juiz ou tribunal). É aqui que o autor estabelece a competência.

Modelos de endereçamento:

a) Competência da Justiça Estadual

EXCELENTÍSSIMO JUÍZO DE DIREITO DA ___ VARA (CÍVEL/FAMÍLIA) DA COMARCA DE GUAXUPÉ – ESTADO DE MINAS GERAIS

b) Competência da Fazenda Pública Municipal

EXCELENTÍSSIMO JUÍZO DE DIREITO DA ___ VARA DA FAZENDA PÚBLICA DA COMARCA DE GUAXUPÉ – MINAS GERAIS

c) Competência da Fazenda Pública Estadual

EXCELENTÍSSIMO JUÍZO DE DIREITO DA ___ VARA DA FAZENDA PÚBLICA DO ESTADO DE MINAS GERAIS

d) Competência da Justiça Federal

EXCELENTÍSSIMO JUÍZO FEDERAL DA ___ VARA CÍVEL DA SUBSEÇÃO JUDICIÁRIA DE GUAXUPÉ

Nota: Seção se aplica para capitais dos Estados e subseção para municípios do interior dos Estados.

1.2.1 Critérios de competência

Os critérios de competência são divididos em seis grupos. Esse roteiro, proposto por Nelson Nery, é o itinerário que deve ser observado para que se busque (*ipso facto*) a competência para determinada causa. São, portanto, os seguintes critérios:

1) Competência internacional ou da jurisdição brasileira (a ser identificada no CPC);
2) Competência dos Tribunais (a ser identificada na Constituição Federal);
3) Competência das justiças especializadas (a ser identificada na Constituição Federal);
4) Competência da justiça federal (a ser identificada na Constituição Federal);
5) Competência de foro (a ser identificada no CPC);
6) Competência de juízo (a ser identificado no CPC e organização judiciária).

1.2.1.1 Competência internacional

A competência internacional foi profundamente modificada pelo novo Código de Processo Civil.

A despeito de se falar em "competência internacional", como assevera o texto de lei, o correto seria "jurisdição brasileira" (Nelson Nery, Arruda Alvim), e está assim dividida:

1) **Competência internacional concorrente (arts. 21 e 22 do CPC)**

   a) quando o réu, qualquer que seja sua nacionalidade, estiver domiciliado no Brasil. Essa regra vale tanto para a pessoa natural como jurídica, e mesmo para a pessoa jurídica que tiver agência, filial ou sucursal no Brasil (CPC, art. 21, parágrafo único);

   b) quando no Brasil a obrigação deva ser satisfeita. Estabelecendo praça de pagamento (mesmo que ambos os contratantes sejam estrangeiros);

   c) quando o ato ou fato ocorreu no Brasil. A reparação de dano por ato ilícito correrá na jurisdição brasileira ainda que cometida por estrangeiro;

   d) quando se tratar de ações de alimentos: o credor tiver seu domicílio ou sua residência no Brasil; o réu mantiver vínculos no Brasil, tais como posse ou propriedade de bens, recebimento de renda ou obtenção de benefícios econômicos;

   e) decorrentes de relações de consumo, quando o consumidor tiver domicílio ou residência no Brasil;

f) em que as partes, expressa ou tacitamente, se submeterem à jurisdição nacional.

Se a competência for concorrente, a autoridade judiciária brasileira não será competente quando houver cláusula de eleição de foro exclusivo estrangeiro em contrato internacional, desde que arguida pelo réu em contestação (art. 25 do CPC).

Como a competência internacional é **concorrente**, nada obsta que a ação seja ajuizada no exterior, sem que isso incorra em litispendência com a demanda idêntica no Brasil, ressalvadas as disposições em contrário de tratados internacionais e acordos bilaterais em vigor no Brasil (art. 24 do CPC).

2) Competência internacional exclusiva (art. 23 do CPC)

O art. 23 do CPC prevê os casos em que a jurisdição brasileira é competente com exclusão de qualquer outra. Assim, a eventual sentença estrangeira não poderá produzir seus efeitos no território nacional, pois não há como homologá-la. São os casos:

a) imóveis situados no Brasil – não se pode permitir que uma sentença estrangeira possa atingir bens de raiz situados em nosso território sob pena de ofender a soberania nacional. A demanda pode ser tanto de natureza real como pessoal;

b) inventário e partilha de bens situados no Brasil, bem como testamento particular – mesmo que o autor da herança seja estrangeiro e tenha residido no exterior;

c) divórcio, separação judicial ou dissolução de união estável que haja bens no Brasil, ainda que o titular desses bens seja estrangeiro ou tenha domicílio fora do Brasil.

1.2.1.2 Competência interna

A classificação do nosso sistema é adotada a partir dos estudos de Chiovenda e tem ampla repercussão no Código de Processo Civil brasileiro. Adota-se a **teoria tripartite** (pela qual os critérios para fixação da competência são subdivididos em objetivo, funcional e territorial)[1].

1) Critério objetivo

É objetivo porque toma como base o **objeto do processo**, seja pela matéria discutida (**causa de pedir**), seja o valor pecuniário dado à causa (**pedido**) ou a

---

1 Cândido Dinamarco tece severas críticas a esse critério de competência asseverando que a classificação tripartida não se ajusta à nossa realidade, e que não resolve uma série de questões práticas, mormente quando se necessita da utilização de diversos fatores conjugados para a sua apuração.

parte envolvida no litígio (**partes**). É, portanto, fixada a competência com base na **matéria**, *ratione personae* **ou no valor da causa** fundada na teoria da *tria eadem*.

Tem como fato gerador a relação jurídica substancial trazida em juízo. Devem-se verificar os elementos da ação para inferir qual o juízo adequado.

Material: considera a matéria, que é determinada de acordo com a causa de pedir formulada, e também o pedido. Dois critérios levam à criação da competência pela matéria: **a) populacional**, na medida em que cidades mais populosas tendem a ter varas especializadas para dar vazão ao grande número de demandas; e **b) peculiaridades regionais**, que levam à criação de varas para atender específicas demandas, como vara do consumidor ou de direito agrário.

São criadas pela organização judiciária de cada Estado. São os casos de:

– Justiças especializadas: trabalho, militar e eleitoral;

– Competência de juízo: vara de família, criminal, falência.

A competência material é absoluta e inderrogável por vontade das partes.

Valor da causa: a indicação do valor da causa é um dos requisitos da petição inicial conforme art. 291 do CPC. A sua falta acarreta emenda e, caso não cumprida, a exigência gera o indeferimento da petição (conforme art. 321, parágrafo único, do CPC).

Todas as causas devem receber um valor, ainda que não tenham conteúdo econômico imediatamente aferível (art. 291 do CPC). A maior parte dos critérios de valor da causa está clausulada no art. 292 do CPC, havendo outras disposições em legislação extravagante.

Nosso sistema optou por um **critério intermediário, do qual a competência pelo valor da causa ora é absoluta, ora é relativa**. É o famoso critério adotado por Athos Gusmão Carneiro do **"mais para o menos" (piso valorativo)** e do **"menos para o mais" (teto valorativo)**.

Assim, aquele que pode conhecer quaisquer causas (= de qualquer valor) pode conhecer as de pequeno valor (mais para menos). Nesse caso, a competência seria relativa. Uma causa do então vigente rito sumário poderia correr sob o então vigente procedimento ordinário.

Todavia, o juiz que está adstrito a somente causas de pequeno valor não poderá conhecer as causas que excedam o teto de sua esfera de competência (menos para mais). É o critério utilizado nas causas dos juizados cíveis, juizados especiais federais, juizados especiais da fazenda pública e dos foros regionais[2] presentes em algumas cidades.

---

2   Alguns autores como Cândido Dinamarco e Antônio Carlos Marcato defendem a relatividade da competência dos foros regionais. Contra: Arruda Alvim, Athos Gusmão Carneiro.

Nos Juizados Especiais Federais (Lei n. 10.259/2001, art. 3º, § 3º) e nos Juizados Especiais da Fazenda Pública (Lei n. 12.153/2009, art. 2º, § 4º) a competência é absoluta, qualquer que seja o critério, pois, *ex vi legis*, sua competência sempre será inderrogável e absoluta nas cidades em que esses juizados estiverem instalados. Nas demais cidades, ela é relativa e prevalece, mesmo que haja juizado especializado em comarca vizinha (Enunciado n. 206 da Súmula do STJ).

Pessoa: A competência em razão da pessoa também é critério objetivo, pois diz respeito ao objeto do processo, mas subjetivo, pois versa sobre a pessoa que está em juízo. O CPC não faz essa previsão. Conforme Athos Gusmão Carneiro, a competência em razão da pessoa toma por dado relevante um atributo ou característica pessoal do litigante (nacionalidade, cargo ou função ou ainda pessoa jurídica de direito público). São exemplos: a competência originária dos Tribunais para os governadores, a competência da justiça federal para a União, varas da Fazenda Pública, entre outros. A competência em razão da pessoa é **absoluta** quando servir para melhorar a prestação jurisdicional (Justiça Federal, Fazenda Pública) e é **relativa** quando se prestar para a comodidade das partes (foro da mulher, do alimentando).

2) Critério funcional

"É o critério de determinação da competência em que se tomam por base as funções exercidas pelo juiz no processo"[3]. Nos dizeres de Dinamarco, a competência funcional é automática, pois nenhum outro elemento, além do exercício da jurisdição por determinado órgão, deve ser sopesado para o caso em espécie. Tomam-se por critério de distribuição fatos endoprocessuais (internos), relacionados ao exercício das diversas atribuições exigidas do magistrado durante toda a marcha processual (que também pode ser em processos distintos, como é o caso da conexão).

A competência funcional pode tanto ser vista pela Constituição como pelas normas de organização judiciária e Constituições Estaduais (para tribunais locais).

A despeito de se falar em apenas um processo, pode ocorrer que nele haja a atuação de vários juízes ou de apenas um juiz para conhecer de demandas incidentes à demanda originária. Dessa forma, a competência funcional pode ser identificada em vários critérios:

A competência vertical (competência hierárquica): quando vários juízes de graus diferentes atuam no processo. O recurso será endereçado para o tribunal funcionalmente competente **(competência recursal)**. Também nas hipóteses de **competência originária** do tribunal (competência estabelecida pela Constituição).

A competência horizontal (por fases do mesmo processo): aqui os juízes estão no mesmo grau (mesma hierarquia). Dessa forma, existe uma vinculação

---

[3] SILVA, Edward Carlyle. *Direito processual civil.* 2. ed. Niterói: Ímpetus, 2008. p. 73.

do juiz, que atua em dada fase procedimental, em atuar noutra fase. Assim, o juízo que proferiu sentença líquida será competente para conduzir a liquidação de sentença (CPC, art. 509).

A **competência horizontal (por fases de outro processo):** aqui os juízes estão no mesmo grau (mesma hierarquia), mas a vinculação funcional se dá em outro processo a ele conexo. Dessa forma, o juízo dos embargos à execução será o mesmo da execução (CPC, art. 914, § 1º); o juízo dos embargos de terceiro será o mesmo da causa principal (CPC, art. 676).

A **competência fragmentada para julgamento (objeto de juízo):** por vezes o julgamento de uma causa é conferido a diferentes órgãos que terão sua contribuição em momentos (etapas) distintos. Assim ocorre na declaração de constitucionalidade (CPC, art. 948) e na assunção de competência (CPC, art. 947), bem como nas hipóteses de crimes dolosos contra a vida. Ao juiz compete pronunciar, impronunciar, absolver sumariamente o réu ou desqualificar o crime. Sendo pronunciado, cabe ao Tribunal de Júri absolvê-lo ou condená-lo.

Uma vez condenado, os autos voltam para o magistrado para aplicar a dosimetria da pena.

3) Critério territorial

A competência territorial será vista com mais vagar no item 1.2.1.6 da competência de foro.

1.2.1.3 Competência originária dos tribunais

Os Tribunais podem ter competência originária ou recursal. A recursal é a mais comum, mas há diversos casos de competência originária no ordenamento.

1.2.1.4 Competência das justiças especiais

Justiça do Trabalho (art. 114 da CF): ações trabalhistas e relativas a danos morais, bem como questões decorrentes do contrato (a lei não fala em cobrança de honorários).

Justiça Eleitoral (art. 121 da CF): o art. 121 remete à lei eleitoral (Lei n. 4.737/65), sua jurisdição vai desde o título de eleitor até a diplomação dos eleitos.

Justiça Militar (art. 124 da CF): crimes militares.

1.2.1.5 Competência da justiça comum

Esta é subdividida em Justiça Federal e Justiça Estadual.

A primeira a ser verificada é a competência da Justiça Federal. Sua competência é constitucional e taxativa. Não é possível que norma infraconstitucional verse sobre essa esfera da jurisdição. Assim, qualquer lei federal que crie acréscimos, alteração ou subtração de regras é inconstitucional.

O CPC disciplina a questão no art. 45 ao dispor:

> Art. 45. Tramitando o processo perante outro juízo, os autos serão remetidos ao juízo federal competente se nele intervier a União, suas empresas públicas, entidades autárquicas e fundações, ou conselho de fiscalização de atividade profissional, na qualidade de parte ou de terceiro interveniente, exceto as ações:
>
> I – de recuperação judicial, falência, insolvência civil e acidente de trabalho;
>
> II – sujeitas à justiça eleitoral e à justiça do trabalho.
>
> § 1º Os autos não serão remetidos se houver pedido cuja apreciação seja de competência do juízo perante o qual foi proposta a ação.
>
> § 2º Na hipótese do § 1º, o juiz, ao não admitir a cumulação de pedidos em razão da incompetência para apreciar qualquer deles, não examinará o mérito daquele em que exista interesse da União, de suas entidades autárquicas ou de suas empresas públicas.
>
> § 3º O juízo federal restituirá os autos ao juízo estadual sem suscitar conflito se o ente federal cuja presença ensejou a remessa for excluído do processo.

A competência é absoluta. Alguns autores entendem que a competência é referente a pessoa, a matéria e a função. Outros (Nery) entendem que a regra é simplesmente funcional. A competência da Justiça Federal decorre sempre quando a União e as pessoas de direito público federal forem autores, réus ou intervenientes. No entanto, há outros casos para dirimir questões de estado estrangeiro com o País. A competência dos juízes de primeiro grau está prevista no art. 109 da CF e de segundo grau no art. 108 do referido diploma legal.

Se a União demonstrar interesse na causa, os autos deverão ser obrigatoriamente remetidos à Vara federal, pois compete ao juiz de direito federal propugnar sobre o interesse da União nesses casos, a teor da Súmula 150 do STJ.

Já a Justiça Estadual tem aplicação por exclusão (residual). Tramitam perante a justiça estadual todas as causas da justiça comum não afetas à justiça federal.

1.2.1.6 Competência de foro

A competência de foro é aquela definida em razão do **critério territorial**. Tal definição decorre da necessidade de fixar um juízo (entre os vários competentes daquela comarca ou seção/subseção judiciária) para lhe atribuir competência de uma porção territorial na qual está sua sede.

É a delimitação de competência de órgãos da mesma espécie. Os atos a serem praticados serão limitados dentro da sua comarca ou seção judiciária. Os critérios adotados nessa modalidade são: **a)** domicílio das partes envolvidas; **b)** situação dos bens; ou **c)** local dos fatos decorrentes da causa.

Para a prática de atos de comarcas que não sejam contíguas, será necessária a expedição de carta precatória. A competência territorial pode ser **absoluta** (eficiência do exercício da jurisdição) ou **relativa** (comodidade das partes). Na grande maioria dos casos a competência é relativa.

Para poder visualizar bem as regras de competência de foro, é necessário que se estabeleça a divisão em três critérios distintos:

1) Regra geral

A regra geral, estabelecida pelo art. 46 do CPC, determina que "a ação fundada em direito pessoal ou em direito real sobre bens móveis será proposta, em regra, no foro de domicílio do réu".

Direito pessoal é o decorrente de uma relação entre duas ou mais pessoas criando obrigações entre elas. Direito real é aquele que assegura a uma pessoa o gozo completo ou limitado de coisa.

Domicílio vem do latim *domus,* que significa casa. Domicílio é a residência com ânimo de permanência. O elemento objetivo é a residência e o subjetivo é o ânimo definitivo. A residência é apenas um elemento do domicílio. Essa incumbência deve ser franqueada à Lei Civil que o faz nos arts. 70 a 78.

Assim: o domicílio da pessoa natural está nos arts. 70 a 74 do CC; das pessoas jurídicas no art. 75 do CC e o art. 76 do CC regula o domicílio necessário para o incapaz, servidor público, militar, o marítimo e o preso.

Quanto às relações concernentes à profissão, é também domicílio da pessoa natural o lugar onde é exercida.

2) Regra geral subsidiária

A regra geral subsidiária, definida nos parágrafos do art. 46 do CPC, como o próprio nome diz, não é uma regra em si mesma, senão uma forma de regulamentar a regra geral e abstrata preconizada no art. 46 do CPC.

Seus cinco parágrafos dão subsídio às situações em que o art. 46 não tiver aptidão para responder às possíveis questões que podem surgir, em razão de especificidades.

§ 1º Tendo mais de um domicílio, o réu será demandado no foro de qualquer deles;

§ 2º Sendo incerto ou desconhecido o domicílio do réu, ele poderá ser demandado onde for encontrado ou no foro de domicílio do autor;

§ 3º Quando o réu não tiver domicílio ou residência no Brasil, a ação será proposta no foro de domicílio do autor, e, se este também residir fora do Brasil, a ação será proposta em qualquer foro;

§ 4º Havendo 2 (dois) ou mais réus com diferentes domicílios, serão demandados no foro de qualquer deles, à escolha do autor;

§ 5º A execução fiscal será proposta no foro de domicílio do réu, no de sua residência ou no lugar onde for encontrado.

3) Regra especial

A regra especial corresponde a algumas situações específicas em que a lei processual optou por conferir tratamento diverso. Estão previstas nos arts. 47 a 53 do CPC.

- Foro da situação da coisa (*forum rei sitae*) – art. 47 do CPC

Nas ações fundadas em direito real sobre imóvel é competente o foro da situação da coisa. Pode o autor, entretanto, optar pelo foro de domicílio ou de eleição, se o litígio não recair sobre direito de propriedade, vizinhança, servidão, divisão e demarcação de terras e nunciação de obra nova.

O CPC estabeleceu que apenas a ação possessória imobiliária possui competência absoluta e, portanto, deverá ser ajuizada no foro da situação da coisa (art. 47, § 2º, do CPC).

No que concerne ao art. 47, a primeira parte do artigo fala em competência territorial relativa e a segunda em competência territorial absoluta.

Continuando a leitura do dispositivo, importante asseverar que o rol ali contido não é taxativo. Nele podem-se incluir as **ações paulianas** (invalidação de negócio jurídico de fraude contra credores), as **edilícias**[4] (*quanti minoris* e redibitória), as **ações *ex empto*** (art. 500 do CC, ações para o caso de venda *ad mesuram* – que determina a área do imóvel vendido estipulando a venda por sua extensão), a **reivindicatória**, a **publiciana** (reivindicatória por quem já usucapiu o bem, mas não teve reconhecida por sentença declaratória de usucapião), **imissão na posse** (busca-se a posse com base no domínio sem que tenha exercido a posse anteriormente), **confessória** (visa ao reconhecimento à servidão e ao respeito aos seus limites), **demolitória** (demolição de prédio em desrespeito às normas de vizinhança), **discriminatória** (discriminar terras devolutas) e **negatória** (impedir que a plenitude da propriedade seja violada pela constituição injusta de servidão).

Por fim, se o imóvel estiver situado em duas comarcas, segue-se a regra do art. 60 do CPC determinando-se o foro pela prevenção, acarretando a competência para julgar as causas relativas a toda a extensão da área.

- Domicílio do *de cujus* – art. 48 do CPC

A regra do art. 48 do CPC segue dois critérios: o do domicílio do *de cujus* e o do **domicílio dos bens**. Assim, se o *de cujus* tinha domicílio certo, é lá que deverão correr as ações de inventário, partilha, arrecadação, impugnação ou anulação de partilha extrajudicial, disposições de última vontade e todas em que o espólio

---

4 Semelhança com as *edis curuis* da velha Roma.

for réu (mesmo que tenha falecido no estrangeiro). Essa regra se aplica também ao testamento, por interpretação extensiva.

Quando o *de cujus* não tiver domicílio certo, seguirá a regra da situação dos bens imóveis. Se o falecido tiver bens em **apenas um lugar**, este será o foro competente. Se tiver bens em **diversos lugares**, os foros serão concorrentes (modificado nesse sentido o regime anterior que adotava o domicílio do óbito).

- Domicílio do réu ausente – art. 49 do CPC

Quando o ausente for réu, o foro competente será o de seu último domicílio.

Para tanto, importante compreender que ausente é aquele que desaparece do seu domicílio sem deixar notícias e é declarado judicialmente como tal (arts. 22 a 39 do CC).

- Ação contra o incapaz – art. 50 do CPC

A ação movida contra o incapaz será processada no foro de seu representante ou assistente legal. Trata-se de um desdobramento do domicílio do réu, com previsão do art. 76, parágrafo único, do CC.

- Competência da União – art. 51 do CPC

O art. 51 do CPC está mais afinado ao que preveem os arts. 109 e 110 da Constituição Federal do que o que estava disposto no regime anterior (revogado art. 99). Assim, quando a União for autora, o foro competente será o do domicílio do réu (arts. 109, § 1º, da CF e 51 do CPC), cuja competência é da vara federal da seção judiciária da qual o réu faça parte.

Quando a União for ré ou interveniente ou autor, terá competência concorrente: ou no seu domicílio, ou no local do ato ou fato, no foro da situação do bem ou no Distrito Federal.

- Competência dos Estados e Distrito Federal – art. 52 do CPC

As causas em que Estado ou o Distrito Federal for autor serão propostas no foro de domicílio do réu; sendo réu o Estado ou o Distrito Federal, a ação poderá ser proposta no foro de domicílio do autor, no de ocorrência do ato ou fato que originou a demanda, no de situação da coisa ou na capital do respectivo ente federado.

- Foros especiais – art. 53 do CPC

O art. 53 do CPC elenca em seus incisos algumas regras de competência territorial, vejamos:

I – de domicílio do guardião de filho incapaz, para a ação de divórcio, separação, anulação de casamento, reconhecimento ou dissolução de união estável; caso não haja filho incapaz, a competência será do foro de último domicílio do casal; se nenhuma das partes residir no antigo domicílio do casal, será competente o foro de domicílio do réu.

O CPC remodelou a regra (que estava prevista no art. 100, I, do CPC/73) para estabelecer o domicílio do guardião do filho incapaz, e não abstratamente a mulher em qualquer hipótese. Não havendo filho incapaz, o foro competente será o último domicílio do casal e, se este não houver mais, no foro de domicílio do réu. O CPC em boa hora normatizou o que a jurisprudência já vinha entendendo no tocante à aplicação da regra para união estável. O CPC não soluciona a questão da guarda compartilhada (ou alternada). Nesses casos acreditamos que o foro dos guardiões seja concorrente;

II – domicílio ou residência do alimentando, para ação em que se pedem alimentos.

Aplica-se a todos os casos fundados em direito alimentar (e não apenas nas ações condenatórias de alimentos; assim, abrange também as demandas revisionais e exoneratórias). Aplica-se também a investigação de paternidade com pedido de alimentos (Súmula 1 do STJ);

III – do lugar:

a) onde está a sede para ação em que for ré pessoa jurídica – trata-se de um desdobramento do art. 46 do CPC. Tem fundamento no art. 75, IV, do CC;

b) agência ou sucursal da pessoa jurídica das obrigações que ela contraiu. Tem por objetivo facilitar a propositura da demanda judicial contra pessoa jurídica. Nesse sentido, igualmente a Súmula 363 do STJ: "A pessoa jurídica de direito privado pode ser demandada no domicílio da agência, ou estabelecimento, em que se praticou o ato";

c) sociedade despersonalizada – onde exerce sua atividade. Nos termos do art. 75, IX, do CPC, quem representa a sociedade é quem administra seus bens;

d) onde a obrigação deva ser satisfeita, para a ação em que lhe exigir o pagamento – refere-se a obrigações contratuais, e não de ato ilícito (praça de pagamento);

e) residência do idoso – para a causa que verse sobre o direito previsto no respectivo estatuto;

f) da sede da serventia notarial ou do registro – para ação de reparação de danos por ato praticado em razão do ofício;

IV – do lugar do ato ou fato:

a) para as ações de reparação de dano – decorrente de ato ilícito (responsabilidade extracontratual), tem justificativa na facilidade para a colheita de provas. Importante frisar que há foros concorrentes em uma específica hipótese de reparação de dano: nas ações de reparação do dano sofrido em razão de delito ou acidente de veículos, será competente o foro do domicílio do autor ou do local do fato, conforme art. 53, V, do CPC;

b) para ação em que for réu o administrador ou gestor de negócios alheios – por exemplo, nas ações de se exigirem contas (art. 550 do CPC).

1.2.1.7 Competência de juízo

Não basta que se verifique o foro competente. É necessário que se encontre o juízo competente. Competência de juízo compreende a verificação de qual órgão irá julgar a demanda.

O CPC apenas alude à competência do juízo no art. 284 ao asseverar que "Todos os processos estão sujeitos a registro, devendo ser distribuídos onde houver mais de um juiz" (leia-se *juízo*).

A competência de juízo deve ser analisada nas leis extravagantes (*v.g.*, juizados especiais cíveis) e na Organização Judiciária do Estado.

A organização judiciária explicará se naquela comarca existe somente vara cível, ou também vara de família e sucessões, vara de registros públicos, vara falimentar, vara empresarial, vara do consumidor, vara para ações coletivas, vara para Fazenda Pública (estadual e municipal), entre outras.

O mesmo ocorre na justiça federal em que pode haver vara para questões ambientais, execução fiscal, varas previdenciárias etc.

De arremate, importante ressaltar o Enunciado n. 206 da súmula dominante do Superior Tribunal de Justiça ao asseverar que "a existência de vara privativa instituída por lei estadual não altera a competência territorial resultante das leis de processo".

Isso quer dizer que a competência do juízo é fixada com base na competência de foro, e nunca o contrário. Sobre o assunto, bem assevera Cassio Scarpinella Bueno[5]: "É legítima a instituição, em cada comarca, de juízos privativos, assim, por exemplo, varas da Fazenda Pública ou varas de registro público. Isto, contudo, não significa dizer que todas as demandas ajuizadas contra pessoas políticas ou administrativas estaduais, ou que digam respeito a registros públicos, devam ser propostas naquela comarca em que há o *juízo* privativo (a 'vara' especializada) porque isto significaria desconsiderar as demais regras codificadas, que estabelecem a 'competência de foro'".

1.3 Qualificação das partes

Parte, no conceito eminentemente, é quem pede e contra quem se pede certa providência jurisdicional. Mais do que uma exigência formal, as partes determinam a legitimidade, requisito condicionante da ação (art. 17 do CPC).

---
5 *Curso sistematizado de direito civil.* 4. ed. São Paulo: Saraiva, 2010. p. 40.

Para a qualificação completa das partes a lei estabelece que contenha as seguintes informações: os nomes, os prenomes, o estado civil, a existência de união estável, a profissão, o número de inscrição no Cadastro de Pessoas Físicas ou no Cadastro Nacional da Pessoa Jurídica, o endereço eletrônico, o domicílio e a residência do autor e do réu (exigência do art. 319, II, do CPC).

a) Modelos de qualificação de pessoa natural INCAPAZ

FULANO DE TAL (fazer sua qualificação completa), menor incapaz, neste ato representado por sua mãe/pai/tutor/ *(obs.: o representante legal do menor receberá qualificação completa conforme modelo de pessoa natural)*, por seu advogado devidamente constituído ...

FULANO DE TAL (fazer a qualificação completa), maior incapaz, neste ato representado por seu curador *(obs.: o curador receberá qualificação completa conforme modelo de pessoa natural)*, por seu advogado devidamente constituído ...

b) Modelo de qualificação do EMPRESÁRIO INDIVIDUAL

FULANO DE TAL, empresário individual, com endereço na cidade de ... (endereço completo), com inscrição no CNPJ/MF sob o n. ..., por seu advogado devidamente constituído ...

c) Modelo de qualificação de PESSOA JURÍDICA – SOCIEDADE EMPRESÁRIA

EMPRESA X, pessoa jurídica de direito privado, com sede na cidade de ... (endereço completo), inscrita no CNPJ/MF sob o n. ..., neste ato representada por seu administrador Fulano de tal ... conforme faz prova Contrato Social anexo (documento...) *(atenção: a referência "contrato social" deverá ser utilizada se a pessoa jurídica for sociedade limitada. Tratando-se de sociedade anônima, deve-se utilizar a expressão "estatuto social")*, por seu advogado devidamente constituído ...

d) Modelo de qualificação de CONDOMÍNIO

CONDOMÍNIO X, situado na cidade de... (endereço completo), inscrito no CNPJ/MF sob o n. ..., neste ato representado por seu síndico (ou quem fizer as vezes), conforme ata de assembleia anexada, por seu advogado devidamente constituído...

e) Modelo de qualificação do ESPÓLIO

O ESPÓLIO DOS BENS DEIXADOS POR FULANO DE TAL (nome completo), neste ato representado por seu Inventariante *(obs.: o inventariante receberá qualificação completa conforme modelo de pessoa natural)*, conforme termo de compromisso de inventariante (documento 01), por seu advogado devidamente constituído ...

f) Modelo de qualificação da FUNDAÇÃO

FUNDAÇÃO X, pessoa jurídica de direito privado, com sede na cidade de ... (endereço completo), inscrita no CNPJ/MF sob o n. ..., neste ato representada por seu administrador Fulano de tal *(obs.: o ... receberá qualificação completa conforme modelo geral de pessoa natural)*, conforme estatuto social anexado, por seu advogado devidamente constituído ...

g) Modelo de qualificação da ASSOCIAÇÃO

ASSOCIAÇÃO X, pessoa jurídica de direito privado, com sede na cidade de ... (endereço completo), inscrita no CNPJ/MF sob o n. ..., neste ato representada por seu ... Fulano de tal *(obs.: o ... receberá qualificação completa conforme modelo geral de pessoa natural)*, conforme contrato social anexado, por seu advogado devidamente constituído ...

h) Modelo de qualificação da MASSA FALIDA

A MASSA FALIDA DA EMPRESA X, neste ato representada por seu Administrador Judicial *(obs.: o administrador judicial receberá qualificação completa conforme modelo de pessoa natural)*, conforme termo de compromisso firmado (documento 01), por seu advogado devidamente constituído ...

1.4 Fatos e fundamentos jurídicos do pedido

Da mesma forma que compete ao magistrado fundamentar as decisões judiciais, deverá o autor deduzir o fato e os fundamentos jurídicos do pedido em que se baseia sua pretensão. São itens obrigatórios na petição inicial, conforme art. 319, III, do CPC.

	DOS FATOS
Itens obrigatórios	1) relação jurídica 2) fato gerador 3) conclusão

1) Relação jurídica: descrever a relação fática e jurídica mantida entre as partes, da qual derivou o conflito. Descreva, nesse ponto, a situação de fato ou de direito que antecedeu ao conflito ou com ele foi concomitante. Conforme visto anteriormente, a título de exemplo, a relação pode ser:
   a) o fato de autor e réu estarem trafegando de automóvel na mesma via;
   b) o casamento entre autora e réu;
   c) o contrato de compra e venda de determinado produto celebrado entre autor e réu;
   d) a doação feita pelo autor ao réu;
   e) o fato de o réu ter se obrigado a pintar um quadro.

2) Fato gerador: é o motivo principal que deu origem ao conflito. Descreva o fato em si que deu origem à pretensão ou ao direito potestativo do autor. Exemplos:

a) o fato de o réu ter, imprudentemente, abalroado a traseira do automóvel do autor;
b) o fato de ter se tornado insuportável a continuidade da vida em comum;
c) o fato de o produto vendido conter um vício;
d) o fato de o autor ter incorrido em erro escusável no momento da doação;
e) o fato de o réu não ter entregado o quadro na data aprazada.

Dica: aqui, utilize o conector "contudo" para iniciar o parágrafo.

3) **Conclusão:** é a consequência lógica e jurídica da união entre *relação* e *fato gerador*, o que conduzirá aos objetivos que o autor pretende atingir com a ação. Descreva o que se deseja com a ação.

a) o autor deve ser indenizado pelo réu;
b) a separação do casal;
c) o réu deve trocar o produto viciado;
d) o negócio jurídico deve ser anulado;
e) o réu deve pintar o quadro, conforme pactuado.

Dica: aqui, utilize o conector "portanto" para iniciar o parágrafo.

Por fim, o capítulo "Do Direito" trará uma reafirmação do quanto foi exposto na parte "Dos Fatos", principalmente no que concerne ao "fato gerador" lá apresentado, com a indicação dos artigos de lei e súmulas que fundamentam a pretensão da parte.

1.4.1 Fundamentação jurídica *versus* fundamentação legal

Atenção: fundamentação jurídica não se confunde com fundamentação legal. A primeira é a revelação da lide por meio da exata exposição do fato e da consequência jurídica que o autor pretende atingir; a segunda é a indicação dos artigos da lei material ou processual que incidem sobre a hipótese fática e dão fundamento, justamente, à consequência jurídica exposta na fundamentação jurídica.

Fundamentação Jurídica	Fundamentação Legal
Exposição fática e consequência jurídica	Indicação de artigos de lei material ou processual

1.5 Pedido com suas especificações

O pedido é o objeto da petição inicial. É a indicação da prestação jurisdicional desejada pelo autor.

O pedido deverá ser certo e determinado, conforme ditado pelos arts. 322 e 324 do CPC. Pedido "certo" é aquele explícito, delimitado, o que descreve com exatidão o bem jurídico pretendido. "Determinado" representa a extensão do pedido certo, a individuação do seu gênero e de sua quantidade.

MODELO GERAL DE PEDIDO:

Posto isso, requer:

Tutela Provisória (quando houver esta necessidade);

I) a citação do réu pelo correio/eletrônica (art. 247 do Código de Processo Civil, quando for o caso), para comparecer à audiência de conciliação e mediação;

II) na eventualidade de restar infrutífera que o réu apresente, querendo, defesa no prazo de quinze dias, sob pena de revelia;

III) seja, ao final, o pedido julgado procedente para o fim de ... *(especificação do pedido. Exemplo: "condenar o réu a", "declarar a" etc.)*;

IV) seja o réu condenado, outrossim, nas custas e honorários a serem arbitrados por Vossa Excelência;

V) a juntada da inclusa guia de custas devidamente recolhida;

VI) informa que as intimações deverão ser encaminhadas ao Advogado... no endereço ...;

VII) protesta provar o alegado por todos os meios de prova em direito admitidos, que ficam, desde já, requeridos, ainda que não especificados.

Atribui-se à causa o valor de R$ ...

Termos em que pede deferimento.

Local e data.

ADVOGADO ...

OAB ...

> **Lembre-se:**
>
> MINISTÉRIO PÚBLICO: A intervenção do Ministério Público poderá se dar pela Constituição Federal, em legislação extravagante ou nas situações do art. 178 do CPC:
>
> I – interesse público ou social;
>
> II – interesse de incapaz;
>
> III – litígios coletivos pela posse de terra rural ou urbana.
>
> É importante frisar que o CPC denomina o MP agora como fiscal da ordem jurídica, e não mais como fiscal da lei.
>
> O pedido é bem simples e pode constar em qualquer parte do pedido:
>
> "Requer, outrossim, a intimação do membro do Ministério Público para que se manifeste nos autos."
>
> GRATUIDADE
>
> A gratuidade da justiça deverá ser concedida quando a situação concreta demonstrar que o autor não tenha condições de arcar com as custas do processo (art. 98 do CPC) e será formulado dentro da petição inicial (art. 99 do CPC).
>
> Assim, o pedido de gratuidade poderá ser formulado nos seguintes termos (evidentemente no local onde estaria o pedido de juntada da guia de custas):
>
> "Tendo em vista que o autor não tem condições de arcar com as custas judiciais conforme faz prova declaração de Imposto de Renda anexo (documento...), a concessão dos benefícios da gratuidade da justiça nos termos do artigo 98 do Código de Processo Civil".
>
> IDOSO E ENFERMO
>
> O idoso e o enfermo possuem prioridade na tramitação dos feitos tendo em vista a urgência que necessitam do bem da vida disputado em juízo (art. 1.048, I, do CPC).
>
> Dessa forma: "Por ser o autor idoso / por estar o autor enfermo (conforme faz prova documento...) a prioridade na tramitação do feito conforme art.1.048, I, do CPC.
>
> **Dica:** A regra da prioridade se aplica também aos regulados pela Lei n. 8.069, de 13 de julho de 1990 (Estatuto da Criança e do Adolescente), conforme art. 1.048, II, do CPC.

1.5.1 Pedidos específicos

Neste tópico, trabalharemos com o "Modelo Geral de Pedido", supraexposto, fazendo apenas as devidas alterações no "item II":

a) **Pedidos Alternativos (art. 325 do CPC):** ocorrem quando o réu tem à sua disposição dois ou mais meios de cumprir a obrigação, oferecidos pelo autor. Os pedidos têm a mesma hierarquia, cabendo ao réu a escolha.

II) seja ao final o pedido julgado procedente para o fim de se determinar que o réu cumpra, à sua escolha, a obrigação de ... ou a obrigação de ...

b) **Pedidos Sucessivos:** aqui, os pedidos são formulados em ordem hierárquica; ao contrário do pedido alternativo, existe uma escala de preferências.

II) seja ao final o pedido julgado procedente para... Mas, caso Vossa Excelência não entenda cabível a pretensão principal, requer seja, ao menos, o pedido julgado procedente subsidiariamente para...

c) **Pedido de Prestações Periódicas:** incidente nas relações de trato sucessivo. O cumprimento não se dá em um momento único, mas em diversas etapas, as quais serão devidas no curso da lide, conforme se vê no art. 323 do CPC. Exemplo: ação de consignação em pagamento, pedido de alimentos.

II) seja ao final o pedido julgado procedente para determinar a fixação da obrigação de... no valor de R$..., e que este valor seja fixado, também, para as demais parcelas da obrigação que se vencerem no curso da lide.

d) **Pedidos Cumulados (ou cumulativos):** mais de um pedido é formulado ao Judiciário e se requer a apreciação de todos eles. Todavia, para que os pedidos possam ser formulados dentro do mesmo procedimento, é necessário, nos termos do art. 327, § 1º, do CPC:

- que os pedidos sejam compatíveis entre si (ainda que entre eles não haja conexão);
- que, para a apreciação de todos eles, seja o mesmo juízo competente;
- corresponder ao mesmo procedimento.

Estabelece o art. 327, § 2º, do CPC que: "§ 2º Quando, para cada pedido, corresponder tipo diverso de procedimento, será admitida a cumulação se o autor empregar o procedimento comum, sem prejuízo do emprego das técnicas processuais diferenciadas previstas nos procedimentos especiais a que se sujeitam um ou mais pedidos cumulados, que não forem incompatíveis com as disposições sobre o procedimento comum".

II) seja ao final o pedido julgado procedente para o fim de se determinar que o réu cumpra a obrigação de... e a obrigação de...

1.6 Valor da causa

A toda causa deve ser atribuído valor conforme art. 291 do CPC.

O art. 292 do Código de Processo Civil estabelece os critérios para a fixação do valor da causa.

Dessa forma:

I – na ação de cobrança de dívida, a soma monetariamente corrigida do principal, dos juros de mora vencidos e de outras penalidades, se houver, até a data de propositura da ação;

II – na ação que tiver por objeto a existência, a validade, o cumprimento, a modificação, a resolução, a resilição ou a rescisão de ato jurídico, o valor do ato ou o de sua parte controvertida;

III – na ação de alimentos, a soma de 12 (doze) prestações mensais pedidas pelo autor;

IV – na ação de divisão, de demarcação e de reivindicação, o valor de avaliação da área ou do bem objeto do pedido;

V – na ação indenizatória, inclusive a fundada em dano moral, o valor pretendido;

VI – na ação em que há cumulação de pedidos, a quantia correspondente à soma dos valores de todos eles;

VII – na ação em que os pedidos são alternativos, o de maior valor;

VIII – na ação em que houver pedido subsidiário, o valor do pedido principal.

§ 1º Quando se pedirem prestações vencidas e vincendas, considerar-se-á o valor de umas e outras.

§ 2º O valor das prestações vincendas será igual a uma prestação anual, se a obrigação for por tempo indeterminado ou por tempo superior a 1 (um) ano, e, se por tempo inferior, será igual à soma das prestações.

Se a causa não tiver valor pecuniário apreciável, ainda assim será necessário lhe atribuir um valor. Essa fixação tem por escopo, também, a determinação do procedimento a ser utilizado. Como sugestão poderá ser "R$ 1.000,00 (mil reais) para meros fins fiscais".

Ao longo deste livro, você encontrará as orientações para fixação dos valores das causas das principais ações judiciais.

1.7 Provas

Nos termos do art. 320 do CPC, as provas documentais essenciais à propositura da demanda devem ser apresentadas desde já na petição inicial. Todas as demais são protestadas para posterior produção.

Há, todavia, situações que nos permitem, desde logo, indicar na peça inicial uma determinada prova. Assim, por exemplo:

a) se a situação indicar que a ação cabível será uma investigação de paternidade, será possível destacar, desde logo, na peça inicial, a necessidade de produção de prova pericial, consistente no Exame de DNA;

b) se a situação indicar que a assinatura lançada em determinado título de crédito é falsa, será possível requerer produção de prova pericial grafotécnica para comprovar a falsidade da assinatura;

c) se indicar que houve danos físicos decorrentes da conduta do réu, requerer produção de prova pericial médica para comprovar a extensão desses danos.

Exemplo de pedido de produção de prova específica:

Protesta provar o alegado por todos os meios de prova em direito admitidos, que ficam, desde já, requeridos, principalmente a produção de prova pericial, consistente no Exame de DNA, bem como outras que Vossa Excelência entender necessárias.

Lembre-se:

Não há pedido de provas em:
   a) mandado de segurança (a prova é pré-constituída);
   b) nos processos de execução (a parte já está munida de título executivo);
   c) na ação monitória (a parte já está munida da prova escrita).

1.8 Citação

Citação é o ato pelo qual se traz o réu em juízo para se defender (art. 238 do CPC). Ela pode ser de forma eletrônica (regra), pelo correio, por oficial de justiça e por edital (art. 247 do CPC).

Carta precatória (citação por oficial de justiça em comarca diversa e que esteja fora da região metropolitana de onde se encontra o processo):

Posto isso, requer:

   I) a citação do réu, com a expedição de carta precatória para a Comarca de ..., a ser cumprida por oficial de justiça, para apresentar, querendo, defesa no prazo de (colocar o prazo que a lei indica)*, sob pena de revelia;

Carta rogatória (citação em outro país que tenha relação diplomática com o Brasil):

Posto isso, requer:

   I) a citação do réu, com a expedição de carta rogatória para... (país), para apresentar, querendo, defesa no prazo de (colocar o prazo que a lei indica)*, sob pena de revelia;

---

* Recomenda-se a inclusão do prazo legal mencionado na lei (exemplo: 15 dias, 5 dias...), demonstrando, assim, técnica e conhecimento.

Procedimento Comum 2

2.1 Estrutura básica da petição inicial pelo procedimento comum

Requisitos	Art. 319 do CPC. Ver capítulo anterior.
Competência	Arts. 46 a 53 do CPC.
Partes	Tratamento: autor e réu.
Hipóteses de cabimento	Todas as hipóteses, salvo aquelas contempladas pelos procedimentos especiais (arts. 539 a 770 do CPC e legislação extravagante).
Fundamento legal	Art. 319 do CPC.
Fatos e fundamentos jurídicos do pedido	– Relação: relação jurídica ou fática mantida entre as partes, da qual derivou o conflito. – Fato gerador: fato que deu origem ao conflito. – Conclusão: o que se deseja com a ação.
Pedido	a) tutela provisória (se houver); b) citação (comparecer em audiência e sucessivamente apresentar defesa); c) procedência; d) sucumbência; e) intimação do advogado; f) recolhimento de custas.
Provas	Protestar por provas que poderão demonstrar a veracidade dos fatos alegados.
Valor da causa	Art. 292 do CPC.

2.2 Peças práticas do procedimento comum

Problema 1

Marcelo celebrou com a Seguradora Forget Ltda. um contrato-padrão denominado "Seguro Saúde", pelo qual teria o direito à cobertura médico-hospitalar completa em caso de cirurgia de qualquer espécie. Dois anos depois de ter assinado esse contrato, Marcelo teve diagnosticada grave enfermidade renal, para a qual o transplante era a única solução. Tão logo surgiu um órgão compatível, Marcelo foi internado e submetido, imediatamente, ao transplante renal, cujo resultado foi coroado de êxito. A seguradora, no entanto, negou-se ao reembolso das despesas médico-hospitalares, sustentando que a doença de Marcelo era preexistente à assinatura do contrato e que fora por ele omitida quando da contratação.

Questão: Sabendo-se que Marcelo é domiciliado em Campinas, que a Seguradora tem sede em Porto Alegre, no Rio Grande do Sul, e filial em São Paulo, onde foi celebrado o contrato, e que o hospital onde foi realizada a cirurgia está localizado em Jundiaí; sabendo-se, mais, que as despesas de Marcelo com a cirurgia, incluídos os gastos hospitalares e os honorários médicos, montam a R$ 45.000,00, proponha, como seu advogado, a ação cabível.

EXCELENTÍSSIMO JUÍZO DE DIREITO DA ... VARA CÍVEL DA COMARCA DE CAMPINAS – SP

MARCELO (nome completo), (nacionalidade), (profissão), (estado civil), residente e domiciliado na Rua..., Campinas-SP, Cédula de Identidade n. ..., inscrito no CPF sob n. ..., endereço eletrônico... por seu advogado, que recebe intimação em seu escritório (endereço completo), conforme instrumento de mandato anexo (doc. 1), que esta subscreve, vem, respeitosamente, perante Vossa Excelência, com fulcro no art. 319 do Código de Processo Civil, propor a presente AÇÃO DE COBRANÇA PELO PROCEDIMENTO COMUM em face da SEGURADORA FORGET LTDA., inscrita no CNPJ sob o n. ..., com filial na Rua ..., n. ..., na cidade de São Paulo-SP, pelas razões de fato e de direito que passa a expor:

I – DOS FATOS

O Autor firmou contrato de seguro com a empresa Ré, denominado "Seguro Saúde", que, além de outros benefícios, dava o direito ao contratante de cobertura médico-hospitalar completa nos casos de necessidade de cirurgia, fossem de qualquer espécie.

Transcorridos dois anos da assinatura e início de vigência do referido contrato, o autor teve de se submeter a uma intervenção cirúrgica, por conta de enfermidade renal grave nele diagnosticada. Aguardou o surgimento de um órgão compatível e imediatamente submeteu-se à operação.

Após o término da cirurgia, concluída com sucesso, a Seguradora Forget Ltda., entendendo que a doença renal do autor era preexistente à época do início da vigência do contrato de seguro, se negou a reembolsá-lo quanto às despesas decorrentes da operação, que somaram a elevada quantia de R$ 45.000,00.

A Seguradora afirmou, ainda, que a doença havia sido omitida pelo autor quando da assinatura do instrumento.

Diante do exposto, outra não foi a solução ao presente caso senão a propositura da presente demanda, com a finalidade de que o autor receba de volta os valores despendidos com a sua cirurgia.

II – DO DIREITO

Inicialmente, fica caracterizada a inadimplência por parte da Seguradora ao negar o reembolso das despesas médico-hospitalares em razão da cirurgia sofrida pelo autor. Trata-se de um contrato bilateral, com direitos e obrigações para ambas as partes.

Estipulada estava, no contrato, a cláusula que garantia o direito à cobertura médico-hospitalar completa em casos de cirurgia, fossem de qualquer espécie. Exsurge, nessa hipótese, a obrigação da Seguradora em reembolsar os gastos.

Forçosa a aplicação da Lei 8.078/90 (Código de Defesa do Consumidor). Com efeito, a relação entre Seguradora e Segurado é manifestamente de consumo, como faz menção o próprio texto da referida lei, cujos artigos pede vênia o autor para transcrever:

"Art. 2º Consumidor é toda pessoa física ou jurídica que adquire ou utiliza produto ou serviço como destinatário final."

"Art. 3º [...] § 2º Serviço é qualquer atividade fornecida no mercado de consumo, mediante remuneração, inclusive as de natureza bancária, financeira, de crédito e securitária, salvo as decorrentes das relações de caráter trabalhista."

Como se vê da análise dos dispositivos transcritos, a lei dá interpretação extensiva ao conceito de consumidor, incluindo o contratante de seguro nos benefícios nela constantes.

Caracterizada a relação de consumo entre autor e réu, procura-se demonstrar, agora, o desequilíbrio e o descumprimento, por parte da Seguradora, dos demais dispositivos do referido Código, como os arts. 46, 47 e 51, IV, devendo as cláusulas contratuais ser, conforme estipulação expressa, sempre interpretadas a favor do consumidor.

Assim não agiu a ré que, ao negar o reembolso das despesas médico-hospitalares ao autor, arguiu, para tanto, ser a sua doença preexistente à época da assinatura do contrato de seguro, atitude que por certo deverá ser rechaçada.

Com efeito, ainda se preexistente fosse a doença, caberia à ré provar o alegado, mesmo porque não se tem notícia da realização de nenhum exame médico no autor para a averiguação de seu estado de saúde quando da assinatura do contrato. Não bastasse o fato de que se transcorreram dois anos de sua vigência, restando descabida a recusa do pagamento por parte da ré.

Cumpre ressaltar que a importância paga pelo autor soma o valor de R$ 45.000,00, que deverá ser a ele restituída, diante de todas as ponderações até aqui apresentadas.

III – DO PEDIDO

Diante do exposto, requer o autor a Vossa Excelência:

a) a citação da empresa ré, por meio eletrônico, no endereço mencionado, a ser cumprida por oficial de justiça, na pessoa de seu representante, para que compareça à audiência de conciliação ou mediação a ser designada e, sendo esta infrutífera, querendo, ofereça a defesa no prazo de quinze dias, sob pena dos efeitos da revelia;

b) que julgue totalmente procedente o presente pedido, condenando a ré ao pagamento do valor despendido, acrescido de multa, correção monetária, juros de mora, bem como nas custas, eventuais despesas processuais e honorários advocatícios a serem arbitrados por Vossa Excelência;

c) a juntada da inclusa guia de custas devidamente recolhida;

d) que as intimações sejam dirigidas ao advogado... no endereço...;

e) protesta provar o alegado, por todos os meios em direito admitidos, principalmente, invertendo-se o ônus da prova, que a ré demonstre através de documentos a má-fé e a preexistência alegada da doença renal do autor.

Atribui-se à causa o valor de R$ 45.000,00.

Termos em que pede deferimento.

Local e data.

ADVOGADO ...

OAB ...

Problema 2

Ana, modelo profissional, residente em Manaus, viajou para São Paulo, para o casamento de sua filha. Para lavar, pintar seus cabelos e realizar um penteado para o casamento, Ana procurou os serviços de João Macedo, cabeleireiro e dono do salão de beleza "Hair", sediado na cidade de São Paulo, que lhe cobrou R$ 500,00 (quinhentos reais) pela prestação do serviço. Após lavar os cabelos de Ana, João aplicou-lhe uma tintura da marca francesa ABC, importada pela empresa Brasil Connection Ltda., sediada na cidade de Curitiba (PR). Meia hora após a aplicação da tintura, Ana sofreu uma reação alérgica, que demandou atendimento médico-hospitalar, no valor de R$ 1.000,00, bem como dois dias de absoluto repouso que impossibilitou sua presença no casamento de sua filha. Além disso, perdeu grande parte de seu cabelo, tendo permanecido com manchas em seu rosto, por dois meses, perdendo um ensaio fotográfico, para o qual já havia sido contratada, pelo valor de R$ 50.000,00 (cinquenta mil reais). Posteriormente constatou-se que a tintura utilizada continha substâncias químicas extremamente perigosas à vida e à saúde das pessoas e que a fabricante ABC já havia sido condenada pela justiça francesa a encerrar a fabricação e comercialização do produto. Indignada com os danos sofridos, Ana procura um advogado para pleitear o devido ressarcimento.

Questão: Como advogado(a) de Ana, promova a demanda cabível.

EXCELENTÍSSIMO JUÍZO DE DIREITO DA... VARA CÍVEL DA COMARCA DE MANAUS-AM

ANA (nome completo), (nacionalidade), (estado civil), modelo profissional, residente e domiciliada na Rua..., n. ..., nesta Capital, Cédula de Identidade n. ..., CPF sob n. ..., neste ato representada por seu advogado, que recebe intimação em seu escritório (endereço completo), conforme instrumento de mandato anexo (doc. 1), vem, respeitosamente, com fulcro nos arts. 319 e seguintes do Código de Processo Civil, propor a presente AÇÃO DE INDENIZAÇÃO POR DANOS MATERIAIS E MORAIS PELO RITO COMUM em face de BRASIL CONNECTION LTDA., com sede na Rua ..., n. ..., na cidade de Curitiba-PR, inscrita no CNPJ sob n. ..., pelas razões de fato e de direito que passa a expor:

I – DOS FATOS

A autora, residente e domiciliada nesta Capital, viajou para São Paulo para comparecer ao casamento de sua filha. Já na capital paulista, procurou o Salão de Beleza denominado "Hair", para que o dono, João Macedo, preparasse seu cabelo. O serviço custou à autora o valor de R$ 500,00.

Após lavar seus cabelos, o dono do salão aplicou a tintura da marca ABC, de origem francesa. O produto, importado pela empresa ré, quase que imediatamente causou à autora uma forte reação alérgica, obrigando fosse ela encaminhada ao hospital mais próximo.

Pelos cuidados hospitalares, a autora desembolsou R$ 1.000,00, e teve de ficar em repouso absoluto por dois dias. Em razão disso, ficou impossibilitada não só de comparecer ao casamento da filha, mas de realizar trabalhos pelos quais já havia se comprometido e que lhe iriam render R$ 50.000,00, pois teve perdido grande parte de seu cabelo e adquirido manchas em seu rosto.

Não vê a autora outra possibilidade de ser indenizada, quanto a todos os prejuízos que percebeu, senão pela propositura da presente demanda.

II – DO DIREITO

A) DA APLICAÇÃO DO CDC

De início, importante se faz a demonstração de aplicação da Lei 8.078/91, Código de Defesa do Consumidor.

Nos termos do art. 12 da referida lei, conclui-se que a empresa ré, importadora do produto, responde "independentemente da existência de culpa, pela reparação dos danos causados aos consumidores por defeitos decorrentes de projeto, fabricação, construção, montagem, fórmulas, manipulação, apresentação ou acondicionamento de seus produtos, bem como por informações insuficientes ou inadequadas sobre sua utilização e riscos".

Sendo, ainda, a autora consumidora final do produto, a teor do art. 2º também do CDC, tem-se a sua caracterização como "consumidora", motivo pelo qual justifica-se a aplicação dessa lei.

Com a análise de todo o ocorrido, demonstrada a aplicação do CDC e da escolha feita pelo autor pela propositura da demanda em face tão somente da importadora, passará, agora, a expor o mérito de seu pedido.

B) DOS DANOS EMERGENTES

O ocorrido sujeitou a autora a gastos que, não fossem a má qualidade e as substâncias químicas existentes no produto que lhe causou os ferimentos, não iria despender.

Como já reiteradas vezes mencionado, sofreu a autora, com a aplicação do produto em seus cabelos, sérios problemas de saúde, sendo que foi internada para que recebesse cuidados médicos, pagando por isso o valor de R$ 1.000,00 (comprovante anexo).

Não obstante, antes do ocorrido, pagou R$ 500,00 ao Salão "Hair" pelo serviço que seria executado, valor este que pretende, também, lhe seja restituído.

C) DOS LUCROS CESSANTES

Além das despesas decorrentes do incidente, deverá ser a autora indenizada quanto aos lucros cessantes experimentados por consequência do ocorrido.

Exercendo a profissão de modelo profissional, antes de todo o ocorrido, a autora havia sido contratada para que desenvolvesse um ensaio fotográfico que lhe renderia bons honorários, no importe de R$ 50.000,00 (cópia do contrato anexa).

Com efeito, a queda de seu cabelo e as manchas adquiridas em seu rosto impossibilitaram-na de se utilizar da sua principal ferramenta de trabalho, qual seja, sua imagem.

O art. 949 do Código Civil dispõe:

"Art. 949. No caso de lesão ou outra ofensa à saúde, o ofensor indenizará o ofendido das despesas do tratamento e dos lucros cessantes até ao fim da convalescença, além de algum outro prejuízo que o ofendido prove haver sofrido."

Nestes termos, a título de lucros cessantes, pretende a autora seja indenizada no importe de R$ 50.000,00, equivalente ao valor que perceberia caso o ensaio fotográfico tivesse sido realizado.

D) DOS DANOS MORAIS

Os danos estéticos causados à autora, bem como o fato de não mais poder usufruir de sua imagem para o trabalho, causaram-lhe grave abalo emocional que, por si só, justifica o pedido de indenização, cumulativamente, por danos morais, em cumprimento, inclusive, ao disposto no art. 5º, X, da Constituição Federal.

Sobre tal cumulação, a Súmula 37 do STJ deixou pacificado o seguinte entendimento:

"Súmula 37. São cumuláveis as indenizações por dano material e dano moral oriundos do mesmo fato."

Cabível, portanto, o pedido da autora de receber indenização a título dos danos morais sofridos pelo ocorrido, tendo em vista, ainda, não ter podido comparecer ao casamento de sua filha, por ter de se recolher em repouso absoluto por dois dias.

Atribui-se a esse título, na tentativa de amenizar os sofrimentos experimentados pela autora, o importe de R$... .

Cumpre, por fim, esclarecer que a presente demanda é distribuída no foro de domicílio da autora, nesta Capital, tendo em vista a faculdade prevista no art. 101 do Código de Defesa do Consumidor.

III – DO PEDIDO

Diante de todo o exposto, requer a autora se digne Vossa Excelência:

a) de determinar a citação da empresa ré, por meio eletrônico, onde se encontra a sede da empresa importadora do produto, por oficial de justiça, para que compareça à audiência de conciliação ou mediação a ser designada e, sendo esta infrutífera, querendo, ofereça a defesa no prazo de quinze dias, sob pena dos efeitos da revelia;

b) de julgar totalmente procedente o pedido, para condenar a ré ao pagamento do valor de R$ 1.500,00 desembolsados pela despesa médica e execução do serviço, bem como da quantia de R$ 50.000,00 a título de lucros cessantes, devidamente corrigidos e com a incidência dos juros legais, e, ainda, de R$... pelos danos morais sofridos pela autora;

c) de condenar a ré também nas custas processuais e nos honorários advocatícios a serem arbitrados por Vossa Excelência;

d) a juntada da inclusa guia de custas devidamente recolhida;

e) que as intimações sejam dirigidas ao advogado... no endereço...;

f) protesta provar o alegado por todos os meios em direito admitidos, em especial comprovantes das despesas médicas, cópia do contrato de trabalho que iria executar e demais que Vossa Excelência julgar necessárias.

Atribui-se à causa o valor de R$... (danos materiais + danos morais, acrescidos de juros e correção).

Termos em que pede deferimento.

Local e data.

ADVOGADO ...

OAB ...

Contestação 3

3.1 Regras gerais da contestação

A contestação é a defesa do réu contra o autor e a oportunidade em que se concentram todos os elementos de resistência à demanda inicial. É a peça processual que veicula a impugnação ao mérito e às questões pertinentes ao processo.

O prazo da contestação é de 15 dias contados da data (art. 335 do CPC):

I – da audiência de conciliação ou da última sessão de conciliação, quando qualquer parte não comparecer ou, comparecendo, não houver autocomposição;

II – do protocolo do pedido de cancelamento da audiência de conciliação apresentado pelo réu, quando ocorrer a hipótese do art. 334, § 4º, inciso I;

III – prevista no art. 231, de acordo com o modo como foi feita a citação, nos demais casos.

Quando se tratar de litisconsórcio há de se observarem as seguintes regras:

a) se todos os litisconsortes desistirem da audiência de conciliação, o prazo para cada litisconsorte será do dia do seu pedido de cancelamento da audiência (art. 335, § 1º, do CPC);

b) se o direito não admitir autocomposição, não haverá audiência e, portanto, caso haja litisconsórcio passivo e o autor desista da ação em relação a algum réu ainda não citado, "o prazo para resposta correrá da data de intimação da decisão que homologar a desistência" (art. 335, § 2º, do CPC).

Dois são os preceitos que devem sempre ser observados e que determinam e fixam o conteúdo da contestação. São eles:

a) **Regra da eventualidade:** toda a matéria de defesa deverá ser arguida no momento de apresentação da peça contestatória. A sua não observância acarreta preclusão consumativa. É o que dispõe o art. 336 do CPC: "Incumbe ao réu alegar, na contestação, toda a matéria de defesa, expondo as razões de fato e de direito com que impugna o pedido do autor e especificando as provas que pretende produzir."

b) **Ônus da impugnação específica:** o réu deve especificar e contrapor fato por fato alegado pelo autor na petição inicial, sob pena de se presumirem aceitos os fatos narrados pelo autor na petição inicial. Em outras palavras, não é possível a defesa por negativa geral (apenas para lembrar: esse preceito não se aplica, por disposição legal, ao advogado dativo, ao curador especial e ao defensor público, *ex vi* do art. 341, parágrafo único, do CPC, pela dificuldade que se terá na produção da prova).

3.1.1 Elaborando a contestação

Para a elaboração de uma peça de contestação, é importante observar algumas regras de estrutura. Assim, toda contestação deve ser estruturada com os tópicos a seguir indicados:

a) Endereçamento;	e) Preliminares;
b) Qualificação;	f) Mérito;
c) Fatos;	g) Questões incidentais;
d) Prescrição e decadência;	h) Pedido.

a) **Endereçamento:** será sempre perante o juízo pelo qual corre o processo.

b) **Qualificação das partes:** é recomendável que se qualifique o réu (pois o autor pode não ter feito ou ter feito de maneira equivocada). Já o autor é desnecessário, pois já se encontra qualificado na petição inicial.

FULANO DE TAL, nome completo..., nacionalidade..., estado civil..., profissão..., RG n. ..., CPF/MF sob o n. ..., residente e domiciliado na cidade de ..., nos autos da ação ...*(nome da ação)*, movida por SICRANO DE TAL, já qualificado, por seu advogado devidamente constituído pelo instrumento de mandato anexo (documento 1), que recebe intimação em seu escritório (endereço completo), vem à presença de Vossa Excelência apresentar CONTESTAÇÃO, com fundamento nos arts. 335 e seguintes do CPC, pelos motivos a seguir expostos.

Lembre-se:

A contestação não se interpõe ou propõe, mas se "apresenta".

c) **Fatos:** os fatos se limitam a narrar o pedido do autor na inicial. Nessa oportunidade, nenhuma "defesa" será deduzida. Assim, não se deve emitir nenhum juízo de valor nos fatos, o réu será apenas um historiador. No máximo, é possível retirar um pouco da força argumentativa da inicial com as expressões "alegada dívida", "suposto crédito".

d) **Prescrição e decadência:** são questões incidentais que consistem na perda da pretensão (no caso da prescrição) ou perda do próprio direito (no caso da decadência) em decorrência do decurso do prazo para o ajuizamento da demanda. É recomendável que se apresente um tópico próprio alegando prescrição ou decadência após os fatos, mas antes de eventual preliminar. Por exemplo:

II – PRESCRIÇÃO
Consoante se depreende do artigo ... do Código Civil a pretensão do autor está prescrita. E isso porque...
Portanto, requer a extinção do processo com resolução de mérito conforme art. 487, II, do Código de Processo Civil.

Importante:

Com exceção da prescrição e decadência, as demais questões incidentais devem ser alegadas após o mérito, mas antes dos pedidos.

e) **Preliminares:** o art. 337 do CPC indica todas as preliminares que podem ser suscitadas pela parte. Por isso, caberá, em sua contestação, alegar as seguintes preliminares, caso presentes:

1. Inexistência ou nulidade de citação: Comparecendo o réu para se defender, a nulidade da citação ficará suprida pelo princípio da instrumentalidade das formas e, tendo aduzido essa preliminar, não ocasionará nenhum efeito jurídico no processo (art. 239, § 1º), pois, se acolhida, a contestação será considerada tempestiva. Entretanto, comparecendo apenas para suscitar a nulidade ou ausência do ato e sendo esta reconhecida, devolverá o magistrado o prazo para defesa, contado dessa data (art. 239, § 1º, do CPC).

2. Incompetência absoluta e relativa: O CPC estabelece que a incompetência relativa não se alega mais por exceção, mas por preliminar de contestação (art. 64 do CPC). Nos termos do art. 64, § 1º, do CPC, a incompetência absoluta (material e funcional) pode ser arguida a qualquer tempo e grau de jurisdição, já a relativa (territorial e pelo valor da causa) **só** é arguível por meio de preliminar de contestação.

3. Incorreção do valor da causa: Trata-se de uma hipótese privativa do réu para o fim de adaptar o valor da causa (seja para mais, seja para menos) às regras pertinentes ao art. 292 do CPC que disciplina essa matéria.

Relevante que se diga que, ao contrário do que se deduz no mérito da contestação, a impugnação não visa discutir o pedido. Seu desiderato se cinge a adequar o valor da causa à situação de direito material apresentada em juízo. Não há, nesse particular, qualquer emissão de valor acerca da legitimação do pedido.

É cabível em todo e qualquer tipo de processo, uma vez que toda causa tem valor (conforme art. 291, c/c o art. 319, V, do CPC).

4. Inépcia da petição inicial: É inepta a petição inicial quando está nela contido um dos vícios do § 1º do art. 330 do CPC. É espécie do gênero de indeferimento da petição inicial e pode ocorrer em quatro situações: **a)** quando faltar pedido ou causa de pedir; **b)** o pedido ou causa de pedir forem obscuros; **c)** quando o pedido não enquadrado na hipótese de genérico for indeterminado; **d)** da narração dos fatos não decorrer logicamente a conclusão; **e)** contiver pedidos incompatíveis entre si.

> **Importante:**
>
> Na falta de regulamentação no rol das preliminares (e o CPC aprovado não corrigiu esse equívoco), o inciso IV tem aplicação extensiva a todos os casos de indeferimento da petição inicial (CPC, art. 330), e não somente inépcia.

5. Perempção: Ocorre quando o autor der causa por três vezes à extinção do processo nos termos do art. 485, III, do CPC (art. 486, § 3º, do CPC).

6. Litispendência: Ocorre quando se reproduz ação idêntica à outra que está em curso: mesmas partes, mesma causa de pedir (remota e próxima) e mesmo pedido (mediato e imediato).

7. Coisa julgada: A definição é a mesma de litispendência (identidade de elementos entre duas demandas), porém diferem uma da outra pelo seu aspecto temporal. Tendo esgotado todas as formas recursais contra a sentença (ou mesmo deixado transcorrer *in albis* o prazo recursal), a sentença se reveste de imutabilidade e sobre ela não se insurge mais nenhuma manifestação (salvo casos especiais como a rescisória e a *querela nullitatis*). Atente-se ao fato de que essa preliminar se refere apenas à coisa julgada material (art. 337, § 4º, do CPC).

8. Conexão: Segundo o art. 55 do CPC, é causa de modificação de competência relativa (art. 54 do CPC) e importa no deslocamento do processo para o juízo prevento, para o julgamento em conjunto, a fim de que se evitem decisões conflitantes (art. 58 do CPC). Com interpretação extensiva desse inciso aloca-se, outrossim, a continência (art. 56 do CPC).

9. Incapacidade de parte, defeito de representação ou falta de autorização: Qualquer um desses vícios é pressuposto processual que enseja a extinção do processo se não sanado ao seu tempo e modo (arts. 70, 75 e 76 do CPC).

10. Convenção de arbitragem: A convenção de arbitragem não se enquadra no rol das matérias cognoscíveis de ofício pelo magistrado (art. 337, § 5º, do CPC) e, portanto, deverá ser manifestada pelo réu em sede preliminar sob pena de preclusão. A sua decretação importa extinção do processo sem resolução do mérito (art. 485, VII, do CPC) e obrigatoriedade de se fazer cumprir a cláusula pelo árbitro (ou câmara arbitral) ora convencionada.

11. Carência de ação (ausência de legitimidade ou interesse processual): É carecedor do direito de ação aquele que não preenche uma das condições da ação: legitimidade de parte e o interesse de agir (processual).

12. **Falta de caução ou de outra prestação:** Ocorre quando a lei determina, para o prosseguimento válido ou regular do processo, o depósito de determinada quantia ou bem, desde que previsto por lei. Assim, se o processo foi extinto sem resolução do mérito, o autor poderá intentar novamente a ação desde que pague as custas do processo anterior (art. 486, § 2º, do CPC).

13. **Indevida concessão dos benefícios da gratuidade da justiça:** Ao contrário do regime anterior, em que se deveria ingressar com incidente próprio para a impugnação da gratuidade, a simplificação do procedimento determina que essa questão seja formulada em preliminar de contestação. As questões procedimentais referentes à gratuidade estão estabelecidas no capítulo sobre atos processuais.

> **Lembre-se:**
>
> Decadência e prescrição são matérias de mérito, e não de preliminar; como vimos anteriormente, alegadas depois dos fatos e antes das preliminares.

As preliminares no nosso sistema poderão ser **dilatórias** ou **peremptórias**, de acordo com os efeitos que elas farão incidir no processo, se acolhidas:

Preliminares Peremptórias	Preliminares Dilatórias
Ensejam a extinção do feito.	Visam somente corrigir algum vício endoprocessual, retardando a marcha do processo até que essa invalidade seja sanada.
IV – inépcia da petição inicial; V – perempção; VI – litispendência; VII – coisa julgada; X – convenção de arbitragem; XI – carência de ação.	I – inexistência ou nulidade da citação; II – incompetência absoluta e relativa; III – incorreção do valor da causa; VIII – conexão; IX – incapacidade da parte, defeito de representação ou falta de autorização; XII – falta de caução ou de outra prestação, que a lei exige como preliminar; XIII – indevida concessão dos benefícios da gratuidade da justiça.

Agora é necessário entender como elas são redigidas. Basicamente a estrutura da preliminar resolve-se pela seguinte equação:

a) localizar no art. 337 do CPC a preliminar que se trata +
b) fundamentar por que essa preliminar se aplica (dando sua definição e demonstrando a sua existência no processo) +
c) apresentar sua consequência (extinção, caso a preliminar seja peremptória e sua regularização, caso seja dilatória)

Assim, a título de exemplo, teremos a seguinte preliminar de ilegitimidade de parte (preliminar peremptória):

> Preliminarmente, cumpre ressaltar que o réu é parte ilegítima para figurar no feito nos termos do art. 337, XI, do Código de Processo Civil. Isso porque, conforme se verifica no contrato trazido ao processo, o réu não figura como locatário, mas, sim, como terceira pessoa.
> Dessa forma, requer a extinção do processo sem resolução do mérito, nos termos do art. 485, VI, do CPC.

Agora, uma preliminar dilatória:

> Preliminarmente, cumpre ressaltar que este Juízo é absolutamente incompetente para conhecer do feito nos termos do art. 337, II, do Código de Processo Civil. Isso porque, conforme se depreende dos autos a presente ação ora proposta versa sobre questão de direito de família e este juízo é de competência exclusiva cível. A incompetência material é absoluta, não comportando derrogação por nenhuma das partes.
> Dessa forma, requer a remessa dos autos para a vara cível competente nos termos do art. 64, § 3º, do CPC.

f) **Mérito:** a matéria de mérito é a própria "finalidade" da contestação, pois o réu comparece em juízo para dizer no processo que o autor não possui o direito que postula.

g) **Questões incidentais:** após o mérito e antes do pedido devem ser tratadas as questões processuais, como o chamamento ao processo, a denunciação da lide, o pedido contraposto, a reconvenção.

Importante:
A prescrição e a decadência são questões incidentais, que devem ser alegadas em tópico próprio: depois dos fatos, mas antes da contestação.

Relativamente às demais questões incidentais, é necessário estabelecer a explicação individualizada de cada uma delas:

- **Denunciação da lide**

É intervenção de garantia. Permite que a parte traga ao processo terceiro (em decorrência de lei, contrato ou evicção) para que responda regressivamente e *secundum eventum litis*.

> A ré vem nessa oportunidade denunciar a lide a seguradora... (qualificação completa).
> E isso porque, conforme se verifica do contrato de seguro anexo, a denunciada tem o dever de indenizar nos casos de sinistro... conforme cláusula... do contrato.
> Portanto, requer a citação da seguradora para que venha responder aos termos da demanda regressivamente conforme art. 125, II, do Código de Processo Civil.

- Chamamento ao processo

É intervenção de solidariedade ou fiança. Permite que o réu traga ao processo os demais coobrigados, fiadores ou o devedor principal para responderem em igualdade de condições.

> O réu vem nessa oportunidade chamar ao processo o coobrigado... (qualificação completa).
> E isso porque, conforme se verifica do contrato de compra e venda anexo, o chamado contraiu igualmente a obrigação em solidariedade... conforme cláusula... do contrato.
> Portanto, requer a citação do coobrigado... para que venha responder aos termos da demanda regressivamente conforme art. 130, III, do Código de Processo Civil.

- Pedido contraposto ou reconvenção

Reconvenção é a pretensão formulada pelo réu (e sem perder essa qualidade) contra o autor, dentro do mesmo processo, desde que haja compatibilidade de procedimento e conexidade (art. 343 do CPC).

Com a nova estrutura da reconvenção, ela passa a ser um capítulo da contestação (assim como as preliminares e a alegação de prescrição, por exemplo). A despeito de não desnaturar sua natureza jurídica como demanda (vide art. 343 do CPC em sua integralidade), ela agora é formalizada não mais como uma petição própria, mas como um tópico da defesa. Acreditamos que a reconvenção, mesmo hospedada dentro de outra peça, deverá ter valor da causa e, caso a Organização Judiciária Estadual determinar, recolhimento de custas.

Dessa forma, a reconvenção terá um ritual semelhante àquele empregado para o pedido contraposto. É importante levantar a questão: tendo hoje a reconvenção a mesma estrutura do pedido contraposto, pode-se dizer que este último não existe mais?

Acreditamos que sim. A questão é que os juizados especiais possuem previsão própria de contra-ataque que impede expressamente a reconvenção (art. 31, Lei n. 9.099/95). Assim, mantém-se ainda o pedido contraposto, que se assemelha ainda mais com a reconvenção para os juizados. Nos demais casos é possível admitir a reconvenção.

O reconvinte deverá requerer a intimação do reconvindo na pessoa do seu advogado para apresentar defesa em 15 dias.

h) **Pedido:** o pedido da contestação é dividido em algumas partes: a) havendo preliminar, existirá requerimento para que o juiz acolha a(s) preliminar(es) arguida(s) (gerando a extinção da causa ou a regularização); b) no mérito, que seja o pedido julgado improcedente; c) a condenação do autor nas custas e honorários advocatícios; d) havendo questão incidental como prescrição, denunciação da lide ou chamamento ao processo deve requerer um pedido nesse sentido; e) intimação do advogado; e f) requerer a produção de provas.

3.1.2 Estrutura básica da contestação

Competência	Juiz da causa (art. 335 do CPC).
Partes	Tratamento: autor e réu.
Hipótese de cabimento	Meio processual pelo qual o réu apresenta sua defesa, tanto processual quanto de mérito, impugnando os termos da petição inicial.
Fundamento legal	Art. 335 e ss. do CPC.
Fatos	– Breve resumo da petição inicial.
Prescrição e decadência	Questões incidentais que devem ser alegadas após os fatos, mas antes das preliminares, indicando a base legal específica que fundamenta a alegação de prescrição ou decadência.
Preliminares	Antes de contestar o mérito, poderá ao réu arguir matéria preliminar, se existente (art. 337, I a XIII, do CPC).
Questões incidentais	Após o mérito e antes do pedido devem ser tratadas as questões processuais como o chamamento ao processo, denunciação da lide, o pedido contraposto e a reconvenção.
Mérito	No mérito, basear-se nos fatos e direito a fim de impugnar as alegações do autor.
Pedido	a) acolhimento da preliminar (se houver); b) improcedência total do pedido; c) sucumbência; d) pedido incidental; e) intimação do advogado.
Provas	Protestar por provas que poderão demonstrar a veracidade dos fatos alegados.
Valor da causa	Não há.

3.1.3 Peça prática de contestação

Dario trabalhou como auxiliar de escritório na empresa Alpha Ltda., no período de janeiro a dezembro de 2015. Antes disso, trabalhou durante 10 (dez) anos no Aeroporto de Congonhas em São Paulo, junto à pista de pouso de aviões. Sob o fundamento de que é portador de surdez adquirida no trabalho e de que a moléstia profissional se equipara a acidente de trabalho, Dario ajuizou ação de conhecimento, visando responsabilizar a empresa Alpha Ltda. pelos prejuízos daí decorrentes. O pedido abrange o pagamento de uma pensão mensal vitalícia no valor equivalente ao salário anteriormente percebido, a título de compensação pela redução da sua capacidade laborativa, além de importância não inferior a 500 (quinhentos) salários mínimos, a título de danos morais.

Questão: Considerando que a ação foi distribuída na Comarca de São Paulo-SP e que a citação foi realizada há 10 (dez) dias, como advogado da Alpha Ltda. apresente a peça processual adequada para defender os interesses da empresa no processo.

EXCELENTÍSSIMO JUÍZO DE DIREITO DA ... VARA CÍVEL DA COMARCA DE SÃO PAULO-SP

Rito Comum
Autos do Processo n. ...

ALPHA LTDA., inscrita no CNPJ sob o n. ..., com sede em ..., neste ato devidamente representada (conforme faz prova o contrato social anexo – doc. 01), nos autos do processo de número *supra*, que lhe move DARIO, já devidamente qualificado, vem, respeitosamente, à presença de Vossa Excelência, por seu advogado que esta subscreve (doc. 02), com escritório na (endereço completo), local onde receberá todas as intimações, com fulcro no art. 335 e seguintes do Código de Processo, apresentar CONTESTAÇÃO à presente ação indenizatória sob rito comum, pelos motivos a seguir expostos.

I – BREVE RESUMO DOS FATOS

Pretende o autor a responsabilização da empresa ré por moléstia profissional, fundamentado em que é portador de surdez. O réu pleiteia pagamento de pensão mensal vitalícia no valor equivalente ao salário anteriormente percebido, a título de compensação pela redução de sua capacidade laborativa, além da importância não inferior a 500 (quinhentos) salários mínimos, a título de danos morais.

Importante destacar que na empresa ré o autor trabalhou de janeiro a dezembro de 2015 como auxiliar de escritório, ao passo que, anteriormente, trabalhou durante 10 (dez) anos no aeroporto de Congonhas, na pista de pouso de aviões (doc. 02).

Como restará demonstrado, a empresa ré não causou qualquer dos danos alegados pelo autor.

É a breve síntese do necessário.

II – PRELIMINARMENTE: DA INCOMPETÊNCIA ABSOLUTA

Inicialmente, há que se observar que a presente demanda foi proposta em foro absolutamente incompetente, ocorrendo, pois, a hipótese do art. 337, II, do Código de Processo Civil. Assim, necessária é a remessa dos autos ao juízo competente, qual seja a Justiça do Trabalho.

Isso porque a Constituição Federal, em seu art. 114, aduz que é competente a Justiça do Trabalho para julgar as ações oriundas da relação de trabalho e as ações de indenização por dano material e moral decorrentes da relação de trabalho.

Diante do acima exposto, requer seja acolhida a presente preliminar, determinando-se a remessa dos autos ao juízo competente.

III – DO MÉRITO

A. DA MOLÉSTIA PROFISSIONAL

A função exercida pelo autor na empresa ré, qual seja auxiliar de escritório, não possui qualquer relação com a sua surdez. Isso é fácil de notar pelo fato de o autor ter trabalhado no aeroporto de Congonhas por dez anos, na pista de pouso (doc. 02).

A possibilidade de ter adquirido tal moléstia em decorrência dessa atividade é evidente, tendo em vista os elevados índices de ruído produzidos na pista de pouso dos aviões, bem como o fato de que, quando da sua admissão na empresa ré, seu exame médico admissional constatou redução na sua capacidade auditiva (doc. 03).

Ademais, insta consignar que a empresa ré é totalmente salubre, conforme comprova laudo anexo (doc. 04), o que inviabiliza a aquisição da moléstia profissional alegada. E, nos termos do art. 927 do Código Civil, somente aquele que causar dano a outrem é obrigado a repará-lo, o que não ocorre no caso em questão.

Vale ressaltar que cumpre ao autor demonstrar o dano e o nexo causal entre a atividade profissional exercida e a alegada surdez, o que não foi comprovado nos autos.

Em sua atividade na empresa ré, o autor não estava à exposição de ruído contínuo ou excessivo que pudesse gerar o dano arguido, diferentemente do que ocorria quando trabalhava na pista de pouso de aviões do aeroporto de Congonhas.

Dessa forma, verificada a inexistência de nexo causal entre qualquer atitude da ré e o dano alegado, a presente demanda deve ser julgada improcedente nos termos do art. 269, I, do Código de Processo Civil.

B. DA PENSÃO MENSAL VITALÍCIA E DOS DANOS MORAIS

Caso Vossa Excelência entenda que a empresa ré é a causadora do alegado dano sofrido pelo autor, o que não se vislumbra, pelo princípio da eventualidade necessário se faz defender acerca da pensão vitalícia requerida no valor equivalente ao salário anteriormente percebido, bem como em relação aos danos morais.

O autor não perdeu sua capacidade laborativa, tanto que, mesmo com a redução da capacidade auditiva, trabalhou na empresa ré na condição de auxiliar de escritório. Assim, totalmente afastada a pensão prevista no art. 950 do Código Civil.

O valor requerido pelo autor é exorbitante, bem como o tempo de sua duração. Isto porque o réu requereu pensão vitalícia e em valor equivalente ao salário anteriormente percebido a título de compensação pela *redução* de sua capacidade laborativa, ou seja, *o réu não ficou inabilitado para exercer qualquer trabalho, podendo exercer outras funções e prover meios para seu sustento.*

Ademais, incabível o dano moral, visto que este só é caracterizado como o prejuízo que afeta o ânimo psíquico, moral e intelectual da vítima. E, no presente caso, não há falar que o autor tenha sofrido qualquer angústia ou abalo em sua honra subjetiva.

Subsidiariamente, e pelo princípio da eventualidade, ainda que Vossa Excelência considere que tenha havido dano moral, o mesmo não deve proceder em tão alto valor, pois desproporcional ao prejuízo alegado, o que levaria o autor a um enriquecimento sem causa.

Ademais, conforme dispõe o art. 7º, IV, da Constituição Federal, incabível a vinculação do salário mínimo para qualquer fim, de tal sorte que a fixação do valor do dano moral com base no salário mínimo contraria tal dispositivo constitucional.

IV – DOS PEDIDOS

Diante do exposto, é a presente para requerer:

a) seja acolhida a preliminar arguida, determinando-se a remessa dos autos ao juízo competente;

b) seja a demanda julgada improcedente, uma vez que não há nexo causal entre a moléstia do autor e qualquer atitude da ré;

c) subsidiariamente, em caso de procedência do pedido principal, o que se admite apenas em atenção ao princípio da eventualidade, seja diminuído o valor da pensão requerida, bem como afastado o pedido de danos morais, ou, no caso de seu acolhimento, que lhe seja diminuído o valor;

d) a condenação do autor ao pagamento de custas, despesas processuais e honorários advocatícios a serem arbitrados por Vossa Excelência;

e) a intimação do advogado... no endereço...

Protesta provar o alegado por todos os meios em direito admitidos, especialmente documental, pericial e outros que se fizerem necessários.

Termos em que pede deferimento.

Local e data.

ADVOGADO ...

OAB ...

3.2 Da reconvenção

Já vimos que a reconvenção se trata de questões incidentais, que devem ser alegadas após o mérito e antes do pedido. No entanto, por se tratar de uma pretensão (demanda) dentro do processo instaurado pelo autor, há que obedecer a uma estrutura básica, como vemos a seguir.

3.2.1 Estrutura básica da reconvenção

| Requisitos | Será apresentada como um capítulo da contestação, não podendo ser ofertada em separado e tampouco em momento distinto, sob pena de preclusão consumativa. |

Competência	Próprio juiz da causa.
Partes	Tratamento: réu-reconvinte e autor-reconvindo.
Hipóteses de cabimento	Nos casos em que haja conexão com a causa originária ou com o fundamento da defesa.
Fundamento legal	Art. 343 do CPC.
Fatos e fundamentos jurídicos do pedido	– Relação: relação jurídica ou fática mantida entre as partes, da qual derivou o conflito. – Evento: fato que constitui o direito do autor-reconvindo. – Conclusão: o que se deseja com a ação.
Direito	– Demonstrar a conexão, justificando o cabimento da reconvenção. – Indicação dos artigos da lei material ou processual que incidem sobre a hipótese fática.
Pedido	a) intimação do autor reconvindo para apresentar resposta no prazo legal; b) procedência; c) sucumbência em custas e honorários; d) recolhimento de custas; e) intimação do advogado.
Provas	Protestar por provas que poderão demonstrar a veracidade dos fatos alegados.
Valor da causa	Valor pleiteado – regra geral.

3.2.2 Peça prática de reconvenção

A empresa Bestfoods Ltda. mantinha com a Excell Distribuidora Ltda. contrato verbal de compra e venda de mercadorias pelo qual a Bestfoods se comprometeu a fornecer à Excell, mediante contraprestação pecuniária, produtos para revenda aos consumidores.

Ocorre que, em outubro de 2015, a Excell, deixou de pagar pelos produtos que lhe foram entregues nos dias 4 de outubro de 2015 e 4 de novembro de 2015, os quais somam a importância de R$ 72.085,62 (setenta e dois mil, oitenta e cinco reais e sessenta e dois centavos), sob o argumento de que faltava parte da mercadoria solicitada em 4 de dezembro de 2015.

As partes tentavam uma composição extrajudicial, quando a Bestfoods foi citada para responder a uma declaratória de inexigibilidade dos títulos representativos daquele débito proposta pela Excell.

Indignada, a empresa o consulta sobre a possibilidade de obter o provimento contrário, qual seja o recebimento do débito. Como advogado da Bestfoods, promova a medida judicial que satisfaça essa pretensão, sabendo que o processo tramita na 2ª Vara Cível da Comarca de Garça-SP.

IV – DA RECONVENÇÃO (tópico dentro da contestação)

I – DOS FATOS

As partes firmaram contrato verbal de compra e venda de mercadorias pelo qual a ré-reconvinte se comprometeu a fornecer à autora-reconvinda, mediante contraprestação pecuniária, produtos para revenda aos consumidores.

Entretanto, em outubro de 2015, a autora-reconvinda, sob o argumento de que faltava parte da mercadoria solicitada, deixou de pagar pelos produtos que lhe foram entregues nos dias 4 de outubro de 2015 e 4 de novembro de 2015, os quais somam a importância de R$ 72.085,62 (setenta e dois mil, oitenta e cinco reais e sessenta e dois centavos).

Após inúmeros contatos, a ré-reconvinte foi surpreendida pela propositura de ação pela autora-reconvinda visando a declaração de inexigibilidade dos títulos representativos do débito, sob o argumento de que não estava obrigada à contraprestação, se havia defeito na entrega da mercadoria solicitada (pedido incompleto), formulado em 4 de dezembro de 2015.

Diante de tal postura, esgotadas todas as possibilidades de resolução extrajudicial da pendência acima descrita, de rigor se faz o ajuizamento da presente ação.

II – DO DIREITO

Resta incontroversa a existência da relação comercial mantida entre as partes. A pretensão reside na existência da dívida, e, neste ponto, conforme se demonstrará, inegável o direito da ré-reconvinte em se ver ressarcida.

Isso porque houve a efetiva entrega dos produtos representados pelos títulos que totalizam o débito.

Todavia, há a manifesta pretensão da autora-reconvinda de escusar-se do pagamento. Tal conduta onera consideravelmente a ré-reconvinte, causando-lhe prejuízos, uma vez que não pode dispor nem dos produtos entregues, tampouco da receita que auferiria com a comercialização dos produtos.

A referida conduta da autora-reconvinda é defesa ante o disposto no art. 389 do Código Civil, o qual estabelece que:

> *Art. 389. Não cumprida a obrigação, responde o devedor por perdas e danos, mais juros e atualização monetária segundo índices oficiais regularmente estabelecidos, e honorários de advogado.*

Exatamente como na hipótese. Ao aceitar a mercadoria e furtar-se ao pagamento, apesar de a ré reconvinte ter entregado as mercadorias solicitadas pela autora-reconvinda, esta deixou de honrar com suas obrigações relativas ao pagamento dos produtos entregues nos dias 04 de outubro de 2015 e 04 de novembro de 2015.

Diante do inegável e injustificável inadimplemento da autora reconvinda, bem como da inquestionável exigibilidade das duplicatas mercantis levadas a protesto pela ré-reconvinte, de rigor a procedência da presente reconvenção para o fim de condená-la ao pagamento da quantia de R$ 72.085,62 (setenta e dois mil, oitenta e cinco reais e sessenta e dois centavos).

III – DO PEDIDO

Diante de todo o exposto, requer se digne Vossa Excelência de:

a) determinar a intimação da autora-reconvinda para apresentar resposta a presente reconvenção no prazo de 15 (quinze) dias, sob pena de revelia;

b) julgar a presente reconvenção totalmente procedente, com a consequente condenação da autora-reconvinda ao pagamento da importância de R$ 72.085,62 (setenta e dois mil, oitenta e cinco reais e sessenta e dois centavos), acrescida de custas e despesas processuais, além de honorários advocatícios;

c) a juntada da inclusa guia de custas devidamente recolhida;

d) que as intimações sejam dirigidas ao advogado... no endereço...

Protesta provar o alegado por todos os meios em direito admitidos, tais como juntada de novos documentos, oitiva de testemunhas, cujo rol apresentará oportunamente, bem como depoimento pessoal do representante legal da empresa autora reconvinda.

Atribui-se à causa o valor de R$ 72.085,62 (setenta e dois mil, oitenta e cinco reais e sessenta e dois centavos).

3.3 Impedimento e suspeição

As definições de impedimento e suspeição estão respectivamente catalogadas nos arts. 144 e 145 do CPC.

O legislador criou situações de direito material (*e.g.*, parentesco) e processual (*e.g.*, quando atuou como advogado no processo) para que o magistrado fique obstado de julgar a causa. O critério deve ser tomado objetivamente, ou seja, se o juiz recair numa das hipóteses enumeradas pelo legislador, deve ser proibido de julgar a causa, independentemente de perquirir se há o interesse no litígio ou não.

Processualmente falando, o impedimento se difere da suspeição, pois as causas lá enumeradas são mais próximas e mais factíveis de o juiz se inclinar a um dos lados. A prova, em regra, se faz de plano e o sistema trata como verdadeira objeção processual. Já a suspeição depende de uma análise mais acurada dos fatos, pois é difícil chegar ao conceito, por exemplo, de amigo íntimo, o inimigo capital, o interesse no julgamento favorável para uma das partes.

É importante frisar que o impedimento e a suspeição no regime anterior eram alegados por meio de exceção. Acreditamos que essa nomenclatura se mantém conforme tivemos oportunidade de expor em outro trabalho doutrinário[1]. Contudo,

---
1 MONTANS DE SÁ, Renato. *Manual de direito processual civil*. São Paulo: Saraiva, 2015. p. 372.

para a prática forense e provas em geral (OAB e concursos) é recomendável adotar apenas a expressão "incidente".

> **Lembre-se:**
>
> Nesses incidentes de que estamos falando, polo passivo é assumido pelo juiz, e não pela outra parte.
>
> A petição deve estar instruída com os documentos que comprovem as alegações deduzidas e o rol de testemunhas (art. 146 CPC).

3.3.1 Estrutura básica do incidente de impedimento

Requisitos	Art. 146 do CPC. Obs.: O incidente é processado em petição autônoma (art. 146 do CPC).
Competência	Juiz da causa.
Partes	Polo ativo – réu (quem propõe a exceção). Polo passivo – nesse caso, é o próprio juiz.
Fundamento legal	Art. 144 do CPC.
Fatos	Narrativa do ocorrido, sem adentrar no mérito da causa, apenas expondo os fatos que ensejarão a fundamentação da exceção.
Fundamentação jurídica	Desenvolvimento com base em uma das hipóteses do art. 144 (incs. I a IX, do CPC). Sempre demonstrar, por meio de documentos, o impedimento daquele juiz em julgar a causa, tendo em vista a sua proximidade com o objeto daquela ação.
Pedido	Recebimento e processamento do incidente para que o juiz se declare impedido para atuar no feito, remetendo-se os autos ao seu substituto legal. Conforme estabelece art. 146, § 1º, do CPC: "Se reconhecer o impedimento ou a suspeição ao receber a petição, o juiz ordenará imediatamente a remessa dos autos a seu substituto legal, caso contrário, determinará a autuação em apartado da petição e, no prazo de 15 (quinze) dias, apresentará suas razões, acompanhadas de documentos e de rol de testemunhas, se houver, ordenando a remessa do incidente ao tribunal".
Provas	Protestar por provas que poderão demonstrar a veracidade dos fatos alegados e rol de testemunhas.
Valor da causa	Não há.

3.3.1.1 Peça prática do incidente de impedimento

EXCELENTÍSSIMO JUÍZO DE DIREITO DA... VARA CÍVEL DA COMARCA DE ...

Processo n. ...

Qualificação [Não há necessidade de ser completa, pois o requerente já estará qualificado nos autos e o juiz não precisará ser qualificado], com fundamento no art. 146 do Código de Processo Civil, vem oferecer o presente INCIDENTE DE IMPEDIMENTO pelos motivos a seguir expostos:

(Expor as razões de fato e de direito que suscitam o incidente – fundamento num dos incisos do art. 144 do CPC).

Para demonstrar o alegado, junta aos autos os seguintes documentos: ...; bem como indica as testemunhas: (nome e qualificação das testemunhas).

Dessa forma, é a presente para requerer o reconhecimento do impedimento, determinando-se a remessa dos autos ao substituto legal, ou, se assim não entender Vossa Excelência, que determine a sua remessa ao Egrégio Tribunal de Justiça (ou Superior Tribunal de Justiça), na maneira como preceitua o art. 146, § 1º, do CPC.

Termos em que pede deferimento.

Local e data.

ADVOGADO ...

OAB ...

3.3.2 Estrutura básica do incidente de suspeição

Requisitos	Art. 146 do CPC. Obs.: O incidente é processado em petição autônoma (art. 146 do CPC).
Competência	Juiz da causa.
Partes	Polo ativo – réu (quem propõe a exceção). Polo passivo – nesse caso, é o próprio juiz.
Fundamento legal	Art. 146 do CPC.
Fatos	Narrativa do ocorrido, sem adentrar no mérito, apenas expondo os fatos que ensejarão a fundamentação do incidente.

Fundamentação jurídica	Desenvolvimento com base em uma das hipóteses do art. 145 (incisos I a IV) do CPC. Sempre demonstrar, por meio de documentos, que o juiz é suspeito para atuar naquela demanda, tendo em vista a sua proximidade com o objeto daquela ação.
Pedido	Recebimento e processamento da incidente para que o juiz se declare impedido para atuar no feito, remetendo-se os autos ao seu substituto legal. Conforme estabelece art. 146, § 1º, do CPC: "Se reconhecer o impedimento ou a suspeição ao receber a petição, o juiz ordenará imediatamente a remessa dos autos a seu substituto legal, caso contrário, determinará a autuação em apartado da petição e, no prazo de 15 (quinze) dias, apresentará suas razões, acompanhadas de documentos e de rol de testemunhas, se houver, ordenando a remessa do incidente ao tribunal".
Provas	Protestar por provas que poderão demonstrar a veracidade dos fatos alegados e rol de testemunhas.
Valor da causa	Não há.

3.3.2.1 Peça prática do incidente de suspeição

EXCELENTÍSSIMO SENHOR DOUTOR JUIZ DE DIREITO DA... VARA CÍVEL DA COMARCA DE...

Processo n. ...

Qualificação do requerente [Não é preciso qualificação completa, pois a parte já está qualificada nos autos e o juiz não precisa ser qualificado], vem, com fundamento no art. 146 do Código de Processo Civil, oferecer o presente INCIDENTE DE SUSPEIÇÃO pelos motivos a seguir expostos:

(Expor as razões de fato e de direito que suscitam o incidente – Fundamento em um dos incisos do art. 145 do CPC).

   Para demonstrar o alegado, junta aos autos os seguintes documentos...:...; bem como indica as testemunhas: (nome e qualificação das testemunhas).

   Dessa forma, é a presente para requerer o reconhecimento da suspeição, determinando-se a remessa dos autos ao substituto legal, ou, se assim não entender Vossa

Excelência, determine a sua remessa ao Egrégio Tribunal de Justiça (ou Superior Tribunal de Justiça), na maneira como preceitua o art. 145, § 1º, do Código de Processo Civil.

Termos em que pede deferimento.

Local e data.

ADVOGADO ...

OAB ...

Liquidação de Sentença 4

4.1 Das espécies de liquidação

Quando a sentença for omissa sobre o valor do direito reconhecido, deve-se proceder à sua liquidação. Existem três espécies de liquidação:

a) por cálculo do exequente (simples cálculo aritmético): mediante simples operação aritmética, com a atualização de valores e cômputo de juros. A teor do art. 509, § 2º, do CPC, o credor apresenta os cálculos nos próprios autos em que foi proferida a decisão e dá início ao cumprimento da sentença. Nesse caso, não haverá uma fase de liquidação, mas apenas o requerimento para se instaurar o cumprimento de sentença;

b) por arbitramento: o valor é apurado em uma nova fase processual, iniciada após a sentença de mérito (art. 510 do CPC). Tem como objetivo alcançar os valores de determinados bens ou serviços. São casos em que deve ser nomeado um perito para que forneça laudo oficial com os valores devidos;

c) pelo procedimento comum: também demanda uma nova fase processual, com início após a sentença de mérito. O objetivo é a apuração dos valores por meio de fatos ou documentos novos que devem ser analisados para se alcançar o *quantum* devido (art. 511 do CPC).

4.2 Estrutura básica da liquidação de sentença

Utilizada para os casos dos incisos VI, VII, VIII e IX do art. 515 do CPC.

Requisitos	Art. 319 do CPC.
Competência	Regra geral: art. 46 e ss. do CPC.

Partes	Tratamento: autor/réu.
Fundamento legal	Por arbitramento: arts. 319 e 510 do CPC. Pelo procedimento comum: arts. 319 e 511 do CPC.
Fatos	Narrativa do ocorrido com a exposição do que ficou decidido na sentença.
Fundamentação jurídica	Demonstração da necessidade de se atribuir liquidez à obrigação contida no título judicial. Na liquidação por arbitramento, apresentar a necessidade de prova pericial para averiguação do *quantum* devido. Na liquidação pelo procedimento comum, demonstrar os fatos novos que ensejarão a apuração do valor.
Pedido	a) citação (art. 515, § 1º, do CPC); b) procedência para atribuição de liquidez a obrigação contida no título, para que, após a sua apuração, seja dado seguimento aos autos, nos termos do art. 523 do CPC; c) sucumbência.
Provas	Protestar por provas que poderão demonstrar a veracidade dos fatos alegados.
Valor da causa	Valor pretendido.

4.3 Peça prática de liquidação de sentença

Em 12 de setembro de 2015, Fortunato estava conduzindo seu veículo na Rua Júlio de Mesquita, em Campinas, quando sofreu acidente automobilístico causado por Godofredo, que dirigia seu carro em alta velocidade. Fortunato sofreu lesões corporais e, em consequência, foi instaurado processo criminal contra Godofredo, nos termos da Lei 9.099/95. No decorrer deste processo, em 23 de maio de 2016, as partes celebraram acordo, por meio do qual se extinguia a punibilidade de Godofredo e este se comprometia a pagar a Fortunato uma indenização suficiente para a reparação dos danos materiais causados ao veículo deste, além do seu tratamento médico. Como este tratamento ainda estava em andamento, o acordo não fixou o valor da indenização, devendo os gastos respectivos ser posteriormente comprovados. Em junho de 2016, Fortunato já tinha recebido alta médica, mas Godofredo, apesar de instado a tanto, não havia efetuado nenhum pagamento, a qualquer título.

Questão: Na qualidade de advogado de Fortunato, proponha a medida judicial cabível no atual momento, visando ao recebimento das quantias que entender devidas por Godofredo. Para tanto, leve em consideração que Fortunato possui comprovantes de despesas com o conserto do veículo no valor de R$ 6.000,00 (seis mil reais) e com o tratamento médico no valor de R$ 2.500,00 (dois mil e quinhentos reais). Tanto Fortunato quanto Godofredo moram em Campinas e o processo criminal tramitou na 2ª Vara Criminal da mesma cidade.

EXCELENTÍSSIMO JUÍZO DE DIREITO DA ... VARA CÍVEL DA COMARCA DE CAMPINAS-SP

FORTUNATO (nome completo), (nacionalidade), (profissão), (estado civil), residente e domiciliado na Rua..., Campinas-SP, portador da Cédula de Identidade n. ..., inscrito no CPF sob n. ..., por seu advogado, que recebe intimação em seu escritório (endereço completo), conforme instrumento de mandato anexo (doc. 1), que esta subscreve, vem, respeitosamente perante Vossa Excelência, com fulcro nos arts. 319 e 511, ambos do Código de Processo Civil, propor a presente AÇÃO DE LIQUIDAÇÃO DE SENTENÇA PELO PROCEDIMENTO COMUM em face de GODOFREDO (nome completo), (nacionalidade), (profissão), (estado civil), residente e domiciliado na Rua..., n. ..., Campinas-SP, pelas razões de fato e de direito que passa a expor:

I – DOS FATOS

O autor teve seu veículo abalroado pelo automóvel do réu que o conduzia em alta velocidade, nas imediações da Rua Júlio de Mesquita, nesta cidade de Campinas-SP.

O acidente causou ao autor algumas lesões corporais que ensejaram a propositura de ação penal na esfera do Juizado Especial Criminal.

As partes se compuseram, tendo o réu se comprometido a reembolsar o autor quanto aos danos materiais causados em seu veículo, bem como quanto às despesas de seu tratamento médico que à época vinha sendo realizado.

O cálculo dos valores a serem ressarcidos ao autor, à época do acordo, era inviável. O tratamento médico estava ainda em curso e o montante a ser gasto com o conserto do automóvel seria apresentado posteriormente.

O conserto do automóvel do autor totalizou R$ 6.000,00 e seu tratamento médico somou a quantia de R$ 2.000,00, conforme comprovantes que se anexam nesta oportunidade (docs. 2 e 3).

Sendo assim, agora em posse da documentação representativa do montante gasto, vale-se o autor da presente para atribuir liquidez ao título executivo judicial, qual seja o acordo devidamente homologado na esfera criminal, para que possa receber a indenização que lhe é devida.

II – DO DIREITO

O acordo firmado entre autor e réu no Juizado Especial Criminal tem força executiva, como dispõe o art. 74 da Lei 9.099/95.

Não obstante, necessário se faz o preenchimento dos requisitos legais para a cobrança por meio de título executivo, seja ele judicial ou extrajudicial. Assim dispõe o art. 783 do Código de Processo Civil:

> "A execução para cobrança de crédito fundar-se-á sempre em título de obrigação certa, líquida e exigível."

No presente caso, no acordo firmado entre as partes, ficou ajustado que o ora réu indenizaria o autor quanto às despesas médicas e conserto de seu automóvel. Porém, naquele momento o autor ainda não detinha os valores necessários para a reparação do dano, ou seja, o título ainda não era líquido.

O art. 509, II, do Código de Processo Civil estipula:

"Art. 509. Quando a sentença condenar ao pagamento de quantia ilíquida, proceder-se-á à sua liquidação, a requerimento do credor ou do devedor:
[...]
II – pelo procedimento comum, quando houver necessidade de alegar e provar fato novo."

Com efeito, tendo ocorrido, no presente caso, a colisão entre os veículos, necessária a apresentação, no momento oportuno, dos gastos referentes ao quanto ficou acordado na sentença homologada pelo Juizado Especial Criminal – tratando-se os referidos documentos de provas novas –, justificando-se a propositura da presente demanda.

Sendo assim, a teor do artigo supracitado, o autor, na posse das notas fiscais relativas aos serviços prestados, traz ao conhecimento deste juízo os valores despendidos, somando o montante de R$ 8.500,00.

IV – DO PEDIDO

Diante de todo o exposto, requer o autor a Vossa Excelência:

a) a citação do réu no endereço anteriormente informado, por oficial de justiça, com os benefícios do art. 212, § 2º, do Código de Processo Civil, para que, querendo, ofereça a defesa cabível, dentro do prazo de 15 (quinze) dias, sob pena dos efeitos da revelia;

b) a procedência da presente demanda, atribuindo liquidez a obrigação contida no título executivo;

c) transitada em julgado a decisão que atribuir liquidez ao título, uma vez decretado o valor da condenação, requer, a teor do art. 523 do Código de Processo Civil, seja dado cumprimento à decisão neste próprio juízo, intimando-se o advogado do réu a pagar o montante devido, sob pena de multa de 10%;

d) a condenação do réu nas custas processuais e nos honorários advocatícios a serem arbitrados por Vossa Excelência.

Protesta provar o alegado, por todos os meios em direito admitidos, principalmente as notas fiscais dos serviços realizados e a cópia do acordo judicial firmado entre as partes.

Dá-se à causa o valor de R$ 8.500,00.

Termos em que pede deferimento.

Local e data.

ADVOGADO ...

OAB ...

Cumprimento de Sentença 5

5.1 Atual panorama do cumprimento de sentença

Com o advento do CPC, o tema atinente ao cumprimento da sentença ganhou tratamento diferenciado, sendo versado pelos arts. 513 a 538 da nova norma.

Devidamente sistematizado e mais bem organizado, o cumprimento da sentença está expresso no Título II do Livro I da Parte Especial do novo CPC. Por conseguinte, verifica-se que existe um único processo para aglutinar as fases de cognição e execução e, ainda que a fase de conhecimento termine com a sentença transitada em julgado, apenas se encerra uma fase processual, eis que o processo só alcançará seu fim após a fase de prestação jurisdicional executiva, que se dará na fase denominada "cumprimento de sentença".

Lembre-se:

Título Executivo Judicial	Título Executivo Extrajudicial
Cumprimento de sentença	Execução
Que constitui uma fase no procedimento	Que constitui uma ação autônoma

5.2 Estrutura básica do cumprimento definitivo da sentença que reconhece a exigibilidade de obrigação de pagar quantia certa

Requisitos	Não tem forma específica. É uma peça apresentada pelo credor, nos moldes de uma petição inicial sumarizada (art. 524, CPC), a fim de que o devedor cumpra a obrigação de pagamento de quantia certa.

Competência	Seguir a regra do art. 516 do CPC: "Art. 516. O cumprimento da sentença efetuar-se-á perante: I – os tribunais, nas causas de sua competência originária; II – o juízo que decidiu a causa no primeiro grau de jurisdição; III – o juízo cível competente, quando se tratar de sentença penal condenatória, de sentença arbitral, de sentença estrangeira ou de acórdão proferido pelo Tribunal Marítimo. Parágrafo único. Nas hipóteses dos incisos II e III, o exequente poderá optar pelo juízo do atual domicílio do executado, pelo juízo do local onde se encontrem os bens sujeitos à execução ou pelo juízo do local onde deva ser executada a obrigação de fazer ou de não fazer, casos em que a remessa dos autos do processo será solicitada ao juízo de origem.
Partes	Exequente e executado.
Fundamento legal	Art. 523 e ss. do CPC.
Fatos	Narrativa do ocorrido, como uma espécie de resumo de todo o processo.
Fundamentação jurídica	Cabível nos casos de decisões condenatórias consistentes na obrigação de pagamento por quantia certa, o cumprimento de sentença consiste em outra fase do processo, que veio substituir a antiga ação de execução de título judicial. No caso de condenação em quantia certa, ou já fixada em liquidação, e no caso de decisão sobre parcela incontroversa, o cumprimento definitivo da sentença far-se-á a requerimento do exequente, sendo o executado intimado para pagar o débito, no prazo de 15 (quinze) dias, acrescido de custas, se houver (art. 523 do CPC). Não ocorrendo pagamento voluntário no prazo de 15 dias, o débito será acrescido de multa de dez por cento e, também, de honorários de advogado de dez por cento. Efetuado o pagamento parcial dentro do prazo suprarreferido, a multa e os honorários incidirão sobre o restante. Não efetuado tempestivamente o pagamento voluntário, será expedido, desde logo, mandado de penhora e avaliação, seguindo-se os atos de expropriação. Nos termos do art. 524 do CPC, a petição será instruída com demonstrativo discriminado e atualizado do crédito e deverá conter: I – o nome completo, o número de inscrição no Cadastro de Pessoas Físicas ou no Cadastro Nacional da Pessoa Jurídica do exequente e do executado, observado o disposto no art. 319, §§ 1º a 3º; II – o índice de correção monetária adotado; III – os juros aplicados e as respectivas taxas; IV – o termo inicial e o termo final dos juros e da correção monetária utilizados; V – a periodicidade da capitalização dos juros, se for o caso;

Fundamentação jurídica	VI – especificação dos eventuais descontos obrigatórios realizados; VII – indicação dos bens passíveis de penhora, sempre que possível. Quando a elaboração do demonstrativo depender de dados em poder de terceiros ou do executado, o juiz poderá requisitá-los, sob cominação do crime de desobediência. Quando a complementação do demonstrativo depender de dados adicionais em poder do executado, o juiz poderá, a requerimento do exequente, requisitá-los, fixando prazo de até 30 (trinta) dias para o cumprimento da diligência. Se os dados adicionais não forem apresentados pelo executado, sem justificativa, no prazo designado, reputar-se-ão corretos os cálculos apresentados pelo exequente apenas com base nos dados de que dispõe.
Pedido	a) a intimação do executado para pagar o débito no valor de R$... (demonstrativo anexo), no prazo de 15 (quinze) dias, acrescido de custas, se houver, nos termos do art. 523 do CPC; b) não ocorrendo pagamento voluntário no prazo de 15 dias, requer seja acrescida ao valor do débito a multa de dez por cento e, também, de honorários de advogado de dez por cento, expedindo-se, desde logo, mandado de penhora e avaliação e seguindo-se os atos de expropriação nos termos do art. 523, §§ 1º e 3º, do CPC.
Valor da causa	Valor do débito.

5.2.1 Peça prática do cumprimento de sentença

EXCELENTÍSSIMO JUÍZO DE DIREITO DA ... VARA CÍVEL DA COMARCA DE...

Processo n. ...

Benedito..., inscrito no Cadastro de Pessoas Físicas sob n. ..., devidamente qualificado nos autos do processo em epígrafe, vem, respeitosamente, à presença de Vossa Excelência, com fulcro no art. 523 e seguintes do Código de Processo Civil, para requerer o cumprimento da r. sentença de folhas..., em face de Benedito..., inscrito no Cadastro de Pessoas Físicas sob n. ..., nos seguintes termos:

Trata-se de Ação de Cobrança proposta pelo ora exequente em face do executado, a qual foi julgada procedente, condenando-se o requerido a pagar a importância de R$..., atualizada monetariamente desde a propositura da ação, acrescida de juros legais contados da citação sobre o montante corrigido, bem como ao pagamento das custas processuais e honorários advocatícios, arbitrados em 15% sobre o valor da condenação.

A r. sentença de folhas... transitou em julgado na data de..., consoante se infere pela certidão de folha..., constituindo-se de pleno direito o título executivo judicial, nos termos do art. 515, inciso I, do Código de Processo Civil.

Trata-se, portanto, de título executivo judicial líquido certo e exigível, no valor de R$..., conforme se verifica pelo demonstrativo discriminado e atualizado do crédito em favor do exequente (documento anexo).

Cabe esclarecer que, em cumprimento à respeitável sentença de fls..., adotou-se para o cálculo do valor total da dívida do executado o índice de correção monetária..., com juros de ...% ao mês, computados desde a data da propositura da Ação de Cobrança em tela até o presente momento, com o desconto da quantia de R$..., paga pelo executado no momento da celebração do contrato entre as partes.

Além disso, em cumprimento ao disposto no inciso VII do art. 524 do Código de Processo Civil, indica o exequente os seguintes bens de titularidade do executado e passíveis de penhora... (certidões anexas).

Por todo o exposto, requer-se

a) a intimação do executado para pagar o débito no valor de R$... (demonstrativo anexo), no prazo de 15 (quinze) dias, acrescido de custas, se houver, nos termos do art. 523 do Código de Processo Civil;

b) não ocorrendo pagamento voluntário no prazo de 15 dias, requer seja acrescida ao valor do débito a multa de dez por cento e, também, de honorários de advogado de dez por cento, expedindo-se, desde logo, mandado de penhora e avaliação e seguindo-se os atos de expropriação nos termos do art. 523, §§ 1º e 3º, do Código de Processo Civil.

Dá-se à causa o valor de R$...

Termos em que pede deferimento.

Local e data.

ADVOGADO ...

OAB ...

5.3 Estrutura básica do cumprimento da sentença que reconheça a exigibilidade de obrigação de prestar alimentos

Requisitos	Não tem forma específica. É uma peça apresentada pelo credor, nos moldes de uma petição inicial sumarizada, a fim de que o devedor cumpra a obrigação de pagamento de quantia certa.
Competência	Além das opções previstas no art. 516 do CPC, parágrafo único, o exequente pode promover o cumprimento da sentença ou decisão que condena ao pagamento de prestação alimentícia no juízo de seu domicílio (art. 528, § 9º, do CPC).
Partes	Exequente e executado.

Fundamento legal	Art. 528 e ss. do CPC.
Fatos	Narrativa do ocorrido, como uma espécie de resumo de todo o processo.
Fundamentação jurídica	Cabível nos casos de decisões condenatórias ao pagamento de prestações alimentícias ou de decisão interlocutória que fixe alimentos, o juiz, a requerimento do exequente, mandará intimar o executado pessoalmente para, em 3 (três) dias, pagar o débito, provar que o fez ou justificar a impossibilidade de efetuá-lo (art. 528, *caput*, do CPC). Caso o executado, no prazo referido no *caput*, não efetue o pagamento, não prove que o efetuou ou não apresente justificativa da impossibilidade de efetuá-lo, o juiz mandará protestar o pronunciamento judicial, aplicando-se, no que couber, o disposto no art. 517 do CPC. Se o executado não pagar ou se a justificativa apresentada não for aceita, o juiz, além de mandar protestar o pronunciamento judicial, decretar-lhe-á a prisão pelo prazo de 1 (um) a 3 (três) meses. A prisão será cumprida em regime fechado, devendo o preso ficar separado dos presos comuns. O cumprimento da pena não exime o executado do pagamento das prestações vencidas e vincendas. Quando o executado for funcionário público, militar, diretor ou gerente de empresa ou empregado sujeito à legislação do trabalho, o exequente poderá requerer o desconto em folha de pagamento da importância da prestação alimentícia. Ao proferir a decisão, o juiz oficiará à autoridade, à empresa ou ao empregador, determinando, sob pena de crime de desobediência, o desconto a partir da primeira remuneração posterior do executado, a contar do protocolo do ofício. Verificada a conduta procrastinatória do executado, o juiz deverá, se for o caso, dar ciência ao Ministério Público dos indícios da prática do crime de abandono material (art. 532 do CPC).
Pedido	a) a intimação do executado pessoalmente para, em 3 (três) dias, pagar o débito no valor de R$... (demonstrativo anexo), provar que o fez ou justificar a impossibilidade de efetuá-lo, nos termos do *caput* do art. 528 do CPC; b) caso o executado, no prazo de três dias suprarreferido, não efetue o pagamento, não prove que o efetuou ou não apresente justificativa da impossibilidade de efetuá-lo, requer se digne determinar o protesto do pronunciamento judicial, aplicando-se, no que couber, o disposto no art. 517 do CPC, decretando-se a prisão do executado, pelo prazo de 1 (um) a 3 (três) meses, que deverá ser cumprida em regime fechado, com o preso ficando separado dos presos comuns, conforme dispõem os §§ 3º e 4º do Código de Processo Civil;

Pedido	c) requer-se, ainda, se digne determinar o desconto em folha de pagamento da importância da prestação alimentícia, oficiando-se o empregador do executado e determinando-se, sob pena de crime de desobediência, o desconto a partir da primeira remuneração posterior do requerido, a contar do protocolo do ofício; d) por fim, uma vez verificada a conduta procrastinatória do executado, requer seja dada ciência ao Ministério Público dos indícios da prática do crime de abandono material, nos termos do art. 532 do CPC.
Valor da causa	Valor do débito.

5.3.1 Peça prática do cumprimento de sentença que reconheça a exigibilidade da obrigação de prestar alimentos

EXCELENTÍSSIMO JUÍZO DE DIREITO DA ... VARA DA FAMÍLIA DA COMARCA DE...

Processo n. ...

Regina..., menor impúbere neste ato representada por sua mãe, Mirtes..., inscrita no Cadastro de Pessoas Físicas sob n. ..., ambas devidamente qualificadas nos autos do processo em epígrafe, vem, respeitosamente, à presença de Vossa Excelência, com fulcro no art. 528 e seguintes do Código de Processo Civil, para requerer o cumprimento da r. sentença de folhas..., em face de Américo..., inscrito no Cadastro de Pessoas Físicas sob n. ..., nos seguintes termos:

Trata-se de Ação de alimentos ajuizada pela ora exequente em face de seu pai, tendo por objeto a cobrança de pensão alimentícia devida e não paga, a qual foi julgada procedente, condenando-se o executado ao pagamento da importância de R$..., atualizada monetariamente desde a propositura da ação, acrescida de juros legais contados da citação sobre o montante corrigido, bem como ao pagamento das custas processuais e honorários advocatícios, arbitrados em 10% sobre o valor da condenação.

A r. sentença de folhas... transitou em julgado na data de..., consoante se infere pela certidão de folha..., constituindo-se de pleno direito o título executivo judicial, nos termos do art. 515, inciso I, do Código de Processo Civil. Trata-se, portanto, de título executivo judicial líquido certo e exigível, no valor de R$..., conforme se verifica pelo demonstrativo discriminado e atualizado do crédito em favor do exequente (documento anexo).

Cabe esclarecer que, em cumprimento à respeitável sentença de fls..., adotou-se para o cálculo do valor total da dívida do executado o índice de correção monetária..., com juros de ...% ao mês, computados desde a data da propositura da Ação de Cobrança em tela até o presente momento, com o desconto da quantia de R$..., paga pelo executado no momento da celebração do contrato entre as partes.

Por fim, deve-se ressaltar que o débito alimentar ora executado é o que compreende as 3 (três) prestações anteriores ao ajuizamento da execução e as que se vencerem no curso do processo, o que autoriza a prisão civil do alimentante, conforme § 7º do art. 528 do Código de Processo Civil.

> Por todo o exposto, requer-se:
>
> a) a intimação do executado, pessoalmente, para, em 3 (três) dias, pagar o débito no valor de R$... (demonstrativo anexo), provar que o fez ou justificar a impossibilidade de efetuá-lo, nos termos do *caput* do art. 528 do Código de Processo Civil;
>
> b) caso o executado, no prazo de três dias acima referido, não efetue o pagamento, não prove que o efetuou ou não apresente justificativa da impossibilidade de efetuá-lo, requer se digne determinar o protesto do pronunciamento judicial, aplicando-se, no que couber, o disposto no art. 517 do Código de Processo Civil, decretando-se a prisão do executado, pelo prazo de 1 (um) a 3 (três) meses, que deverá ser cumprida em regime fechado, com o preso ficando separado dos presos comuns, conforme dispõem os §§ 3º e 4º do Código de Processo Civil.
>
> c) requer-se, ainda, que se proceda ao desconto em folha de pagamento da importância da prestação alimentícia, oficiando-se o empregador do executado e determinando-se, sob pena de crime de desobediência, o desconto a partir da primeira remuneração posterior do requerido, a contar do protocolo do ofício;
>
> d) por fim, uma vez verificada a conduta procrastinatória do executado, requer seja dada ciência ao Ministério Público dos indícios da prática do crime de abandono material, nos termos do art. 532 Código de Processo Civil.
>
> Dá-se à causa o valor de R$...
>
> Termos em que pede deferimento.
>
> Local e data.
>
> ADVOGADO ...
>
> OAB ...

5.4 Estrutura básica da impugnação ao cumprimento de sentença

Requisitos	Não tem forma específica. É uma peça apresentada pelo devedor, nos moldes de uma petição incidental.
Competência	Juízo em que está sendo promovido o cumprimento de sentença.
Partes	Tratamento: impugnante/impugnado ou exequente/executado.
Fundamento legal	Arts. 525 e ss. do CPC.

Fatos	Narrativa do ocorrido.
Fundamentação jurídica	Na impugnação, o executado poderá alegar: I – falta ou nulidade da citação se, na fase de conhecimento, o processo correu à revelia; II – ilegitimidade de parte; III – inexequibilidade do título ou inexigibilidade da obrigação; IV – penhora incorreta ou avaliação errônea; V – excesso de execução ou cumulação indevida de execuções; VI – incompetência absoluta ou relativa do juízo da execução; VII – qualquer causa modificativa ou extintiva da obrigação, como pagamento, novação, compensação, transação ou prescrição, desde que supervenientes à sentença (conforme art. 525, § 1º, do CPC). * A alegação de impedimento ou suspeição observará o disposto nos arts. 146 e 148 do CPC. Quando o executado alegar que o exequente, em excesso de execução, pleiteia quantia superior à resultante da sentença, cumprir-lhe-á declarar de imediato o valor que entende correto, apresentando demonstrativo discriminado e atualizado de seu cálculo (art. 525, § 4º, do CPC). Caso não aponte o valor correto ou não apresente o demonstrativo, a impugnação será liminarmente rejeitada, se o excesso de execução for o seu único fundamento, ou, se houver outro, a impugnação será processada, mas o juiz não examinará a alegação de excesso de execução. Abrir um tópico para fundamentar o pedido de efeito suspensivo, ressaltando que o disposto no § 6º do art. 525 do CPC, que autoriza o juiz, a requerimento do executado e desde que garantido o juízo com penhora, caução ou depósito suficientes, atribuir efeito suspensivo à impugnação se seus fundamentos forem relevantes e se o prosseguimento da execução for manifestamente suscetível de causar ao executado grave dano de difícil ou incerta reparação.
Pedido	a) A concessão de efeito suspensivo à presente impugnação, por seus relevantes fundamentos e em razão da possibilidade de o prosseguimento da execução ser manifestamente suscetível de causar ao executado grave dano de difícil ou incerta reparação, nos termos do § 6º do art. 525 do CPC. b) Oferecer caução ou depósito suficientes para a garantia do juízo. c) O acolhimento da presente impugnação, para o fim de se reconhecer uma das hipóteses do art. 525, § 1º, do CPC: I – falta ou nulidade da citação se, na fase de conhecimento, o processo correu à revelia; II – ilegitimidade de parte; III – inexequibilidade do título ou inexigibilidade da obrigação; IV – penhora incorreta ou avaliação errônea; V – excesso de execução ou cumulação indevida de execuções; VI – incompetência absoluta ou relativa do juízo da execução; VII – qualquer causa modificativa ou extintiva da obrigação, como pagamento, novação, compensação, transação ou prescrição, desde que supervenientes à sentença.
Valor da causa	Não há.

5.4.1 Peça prática da impugnação ao cumprimento de sentença

EXCELENTÍSSIMO JUÍZO DE DIREITO DA ... VARA CÍVEL DA COMARCA DE ...

Processo n. ...

Adriano..., já qualificado, nos autos do processo em epígrafe, ora em face de cumprimento de sentença promovida por Marcelo..., também já qualificado, por seu advogado devidamente constituído pelo instrumento de mandato anexo, vem, tempestivamente, à presença de Vossa Excelência, com fundamento nos arts. 525 e seguintes do Código de Processo Civil, apresentar IMPUGNAÇÃO AO CUMPRIMENTO DE SENTENÇA, com pedido de efeito suspensivo, pelas razões de fato e de direito a seguir expostas:

I – DOS FATOS

O exequente promoveu o cumprimento da respeitável sentença de folhas..., exigindo o pagamento da quantia de R$..., consoante se verifica às folhas... Contudo, a executada, ora impugnante, não foi citada para os termos do processo em epígrafe, razão pela qual impõe-se a declaração da nulidade de todos os atos processuais praticados até o presente momento, nos termos do art. 280 do Código de Processo Civil.

De fato, consoante se infere da leitura da certidão expedida às folhas..., a executada não foi encontrada no endereço indicado pelo exequente quando do ajuizamento da ação de cobrança ora objeto de cumprimento de sentença. Isso porque o endereço residencial informado na peça exordial não corresponde ao da moradia da impugnante, fato esse que não foi percebido pelo Digno Juízo, o que acabou por acarretar sua revelia e a consequente decisão de mérito proferida às folhas...

Como se vê, trata-se de nulidade insanável, que deverá ser declarada por esse Digno Juízo, após a oitiva do representante do Ministério Público, nos termos do § 2º do art. 279 do Código de Processo Civil, com a consequente devolução do prazo para que a impugnante possa apresentar sua defesa, sob pena de afronta aos princípios constitucionais do contraditório e da ampla defesa, consoante preconiza o inciso LV do art. 5º da Constituição Federal, que fica desde já prequestionado.

II – DO DIREITO

Dispõe o art. 239 do Código de Processo Civil que "para a validade do processo é indispensável a citação do réu ou do executado", o que não ocorreu no presente processo, consubstanciando-se o vício insanável que impõe a declaração dos atos praticados desde o malfadado ato citatório.

Além disso, cabe ressalvar que *o inciso LV do art. 5º da Constituição Federal garante aos litigantes, em processo judicial ou administrativo, e aos acusados em geral, o contraditório e ampla defesa, com os meios e recursos a ela inerente*, o que será negado à impugnante caso não seja declarada a nulidade acima referida.

Verifica-se, portanto, que o cumprimento de sentença promovido pelo impugnado não merece prosperar em razão da nulidade dos atos citatórios, que acabou por viciar todo o presente processo.

III – DO EFEITO SUSPENSIVO

O prosseguimento do presente feito com a prática dos atos executivos e expropriatórios resultará grave dano de difícil, ou incerta, reparação ao executado, impondo-se a concessão de efeito suspensivo nos termos do disposto no § 6º do art. 525 do Código de Processo Civil.

Para tanto, oferece o executado, desde já, caução idônea, representada por... (descrever o objeto da caução).

V – DO PEDIDO

Por todo o exposto, requer-se:

a) a concessão de efeito suspensivo à presente impugnação, por seus relevantes fundamentos e em razão da possibilidade de o prosseguimento da execução ser manifestamente suscetível de causar ao executado grave dano de difícil ou incerta reparação, nos termos do § 6º do art. 525 do Código de Processo Civil, para o fim de se obstar o cumprimento de sentença promovido pelo executado. Para tanto, oferece a seguinte caução...;

b) a intimação do exequente, na pessoa do seu advogado, para que se manifeste acerca da presente impugnação;

c) a intimação do representante do Ministério Público para que se manifeste nos *termos do § 2º do art. 279 do Código de Processo Civil;*

d) o acolhimento da presente impugnação, para o fim de se reconhecer a nulidade da citação da exequente, declarando-se a consequente nulidade dos atos processuais realizados após o inválido ato citatório e devolvendo-se o prazo para a defesa da impugnante;

e) a condenação do réu nas custas processuais e nos honorários advocatícios a serem arbitrados por Vossa Excelência.

Protesta provar o alegado por todos os meios de prova em direito admitidos, que ficam desde já requeridos ainda que não especificados.

Termos em que pede deferimento.

Local e data.

ADVOGADO ...

OAB ...

Ação Rescisória 6

6.1 Sobre a rescisória

O trânsito em julgado da decisão impede a discussão do objeto da causa no mesmo processo, além de criar um óbice para que outras demandas sejam propostas, versando sobre a questão decidida. Contudo, essa decisão pode ser atacada pela chamada ação rescisória, que constitui uma ação autônoma de impugnação, de cunho cognitivo e natureza desconstitutiva, que procura desfazer o julgado, quer por motivos de invalidade, quer por motivos de injustiça.

Lembre-se:

Rescisória não é recurso. É uma ação.

Prazo: Dois anos do trânsito em julgado da última decisão (art. 975 do CPC).

Não esquecer de mencionar o depósito de 5% como multa, caso a demanda seja unanimemente declarada inadmissível ou improcedente. O não recolhimento prévio desse valor enseja a inadmissibilidade da petição inicial (CPC, art. 968, § 3º).

6.2 Estrutura básica da ação rescisória

Requisitos	Art. 319 + art. 968 do CPC.
Competência	Tribunal competente de acordo com a organização judiciária de cada Estado.
Partes	Tratamento: autor e réu. Legitimidade para propositura: art. 967 e incisos do CPC.
Hipóteses de cabimento	Sentença (ou decisão interlocutória ou acórdão), com trânsito em julgado, em que haja a ocorrência de uma das hipóteses previstas no art. 966 do CPC.

Fundamento legal	Art. 966 e ss. do CPC.
Fatos	Narrativa de todo o ocorrido, apontando, principalmente, a causa da propositura da ação.
Fundamentação jurídica	Deverá ser desenvolvida com base na própria hipótese que ensejou a rescisória (incisos do art. 966 do CPC). É cabível pedido de tutela antecipada ou medida cautelar [tutela provisória] (art. 969 do CPC).
Pedido	a) liminar (quando for o caso); b) citação para se defender no prazo a ser designado pelo juiz (de quinze a trinta dias); c) procedência, com a rescisão da decisão, proferindo o Tribunal novo julgamento (art. 968, I, do CPC) ou determinando a remessa dos autos à vara de origem para que seja proferida nova decisão; d) juntada da guia de 5% sobre o valor da causa (art. 968, II, do CPC).
Provas	Protestar por provas que poderão demonstrar a veracidade dos fatos alegados (o relator poderá delegar a competência ao juiz de 1ª instância, vide art. 972 do CPC).
Valor da causa	Valor da decisão rescindenda.

6.3 Peça prática da ação rescisória

André é proprietário de pequena gleba de terras denominada "Sítio dos Quintos" na cidade de Campinas, interior do Estado de São Paulo, avaliada em R$ 10.000,00. Mantinha no local pequeno cultivo de macieiras que lhe rendia R$ 500,00 mensais. Cléber Winkler, notório inescrupuloso da região e que também era proprietário de terras na cidade, propôs ação reivindicatória em 10.01.2010, alegando ser proprietário daquele terreno. Apresentou naquela oportunidade contrato de compra e venda firmado com André e certidão de registro da escritura no Cartório de Registro de Imóveis de Campinas atestando a veracidade de suas alegações. A demanda foi distribuída para o MM. Juízo da 5ª Vara Cível de Campinas, aos cuidados do Sr. Dr. José Winkler. Na contestação, o advogado de André deixou de se esmerar na defesa dos interesses de seu cliente, não apresentando qualquer documento que demonstrasse ser André o proprietário daquele terreno, razão pela qual a demanda foi julgada inteiramente procedente. Não foi interposto recurso de apelação e o trânsito em julgado deu-se aos 25 de março de 2015.

Indignado, André consultou outro advogado, que iniciou diligências para averiguar a regularidade daquele processo. Constatou que o Exmo. Juiz da causa era tio do autor e que o contrato de compra e venda, bem como a certidão do

Cartório de Registro de Imóveis, não eram legítimos (continham assinatura falsa de André e do oficial do Cartório, atestadas em laudo técnico solicitado pelo advogado). Providenciou ainda certidão legítima da propriedade e certidão de nascimento de Cléber e de seu tio.

Questão: Como novo advogado de André, proponha a medida judicial cabível para a proteção de sua propriedade.

EXCELENTÍSSIMO SENHOR DOUTOR DESEMBARGADOR PRESIDENTE DO EGRÉGIO TRIBUNAL DE JUSTIÇA DO ESTADO DE SÃO PAULO

ANDRÉ, nacionalidade, estado civil, profissão, RG n. ..., inscrito no CPF sob n. ..., residente e domiciliado no endereço ..., em Campinas, neste Estado, vem, respeitosamente, por seu advogado infra-assinado (documento 1), que recebe intimação em seu escritório endereço ..., com fundamento no art. 966 e seguintes do Código de Processo Civil, propor a presente AÇÃO RESCISÓRIA da respeitável sentença definitiva transitada em julgado, na Ação Reivindicatória que tramitou perante a 5ª Vara Cível da Comarca de Campinas-SP, sob n. ..., proposta por Cléber Winkler, nacionalidade, estado civil, profissão, RG n. ..., inscrito no CPF sob n. ..., residente e domiciliado no endereço ..., figurando como Réu o ora Autor.

I – DOS FATOS

O autor, proprietário de uma gleba de terras, denominada "Sítio dos Quintos", situada na cidade de Campinas, neste Estado, foi demandado, em ação reivindicatória, por Cléber Winkler, ora réu, que se julgava o verdadeiro proprietário daquele imóvel.

Para provar suas alegações, juntou contrato de compra e venda do terreno, bem como certidão de registro do referido documento expedida pelo cartório de registro de imóveis competente.

A ação foi distribuída à 5ª Vara Cível da Comarca de Campinas, neste Estado, e, em sua contestação, o causídico que representava o autor desta demanda deixou de apresentar documentos que demonstrassem a propriedade daquele imóvel, tendo sido julgada totalmente procedente a pretensão do autor naquele processo.

Não tendo sido apresentado recurso por nenhuma das partes, após o trânsito em julgado da decisão, este novo advogado, procurado pelo autor desta demanda, iniciou suas pesquisas para a defesa de seu cliente, constatando que o MM. Juiz daquela causa era tio do réu desta demanda, autor da ação em que se pretende rescindir a sentença, Dr. José Winkler.

Como se não bastasse, através de perícia, solicitada por este advogado, foi demonstrado, pelo laudo que ora se junta (documento...), que os documentos que embasaram a pretensão do autor da ação reivindicatória não eram verdadeiros. O contrato de compra e venda continha assinatura falsa do demandado na ação reivindicatória e a certidão do registro de imóveis, assinatura ilegítima do oficial competente.

Tendo sido o imóvel avaliado no valor de R$ 10.000,00, e a sentença transitado em julgado em 25 de março de 2015, pretende agora, o ora autor, a rescisão daquele julgado, diante de tudo quanto foi narrado e pelas razões de direito que a seguir se exporão.

II – DA TEMPESTIVIDADE E DA LEGITIMIDADE

Como já mencionado, o trânsito em julgado da sentença rescindenda se deu em 25 de março de 2015. Com efeito, a teor do art. 975 do Código de Processo Civil, propõe o autor, tempestivamente, a presente demanda, antes do vencimento dos dois anos.

O ora autor, tendo figurado como réu na ação reivindicatória, cuja sentença se pretende rescindir, tem legitimidade para a propositura da presente ação, conforme o disposto no art. 967, I, Código de Processo Civil.

III – DO DIREITO

A pretensão do autor em ver rescindida a sentença de primeiro grau, que julgou procedente a ação proposta por Cléber Winkler, é agasalhada pelo ordenamento jurídico, tendo em vista os fatos narrados.

Como já acima narrado, o juiz da causa era tio do autor (certidões de nascimento anexas) e, portanto, era impedido de atuar naquele feito. O art. 144, IV, do Código de Processo Civil dispõe:

> "Art. 144. Há impedimento do juiz, sendo-lhe vedado exercer suas funções no processo: [...] IV – quando for parte no processo ele próprio, seu cônjuge ou companheiro, ou parente, consanguíneo ou afim, em linha reta ou colateral, até o terceiro grau, inclusive".

Portanto, caberia ao magistrado, com a distribuição do feito para a 5ª Vara Cível de Campinas, de sua competência, declarar-se, de plano, impedido para atuar naquele feito, tendo em vista o grau de parentesco com Cléber Winkler.

Portanto, a teor do inciso II do art. 966 do Código de Processo Civil, cabível a presente demanda para que seja rescindida a decisão de primeira instância, bem como os autos sejam remetidos para a Comarca de origem para nova distribuição.

Não obstante o fato de a referida ação ter sido julgada por juiz impedido de atuar no feito, o que, por si só, ensejaria a rescisão do julgado, as provas apresentadas pelo autor da ação em que a sentença se discute não eram legítimas.

Destarte, o ora autor jamais firmou contrato de compra e venda do terreno com Cléber, que falsificou toda a documentação para que pudesse legitimar a sua pretensão – tanto o contrato de compra e venda do imóvel quanto a certidão de registro do documento no cartório de imóveis eram falsos. No primeiro, foi falsificada a assinatura do ora autor, como suposto vendedor do terreno, e, no segundo documento, foi forjada a assinatura do oficial do Cartório competente.

Essas alegações ficaram provadas por meio de laudo pericial solicitado por este advogado, cujo original se junta aos autos. Não obstante, junta o autor, nesta oportunidade, certidão atualizada expedida pelo Registro de Imóveis, no original, a fim de demonstrar que é o verdadeiro proprietário do terreno.

Mais uma vez, o art. 966 do Código de Processo Civil, em seu inciso VI, prevê a possibilidade de rescisão da sentença transitada em julgado, quando fundada em prova falsa, apurada na própria ação rescisória.

Não vê o autor, por isso, motivos para que a decisão de primeira instância não seja rescindida, tendo em vista os fatos narrados, bem como a fundamentação jurídica capaz de deferir a pretensão.

IV – DO PEDIDO

Diante de todo o exposto, requer o autor:

a) que essa Egrégia Presidência digne-se ordenar a distribuição do feito para uma das Colendas Câmaras que compõem esse Tribunal para que sorteado seja o relator que deverá julgar a presente ação;

b) a expedição do mandado de citação do réu, por oficial de justiça, nos termos do art. 970 do Código de Processo Civil, para, querendo, responder à presente demanda, sob pena de serem tidos por verdadeiros todos os fatos alegados;

c) que o presente pedido seja julgado totalmente procedente, a fim de que seja rescindida a respeitável sentença de mérito proferida pelo MM. Juiz da 5ª Vara Cível da Comarca de Campinas, impedido para atuar no feito, ordenando-se, por conseguinte, a redistribuição dos autos a uma das varas daquela Comarca, ou, subsidiariamente, caso seja acolhida a tese de prova falsa, seja rescindida a sentença, proferindo este Egrégio Tribunal, desde logo, novo julgamento do feito;

d) a juntada da guia de depósito recolhido, no valor correspondente a 5% do valor da causa, em cumprimento ao art. 968, II, Código de Processo Civil, bem como da inclusa guia de custas;

e) que as intimações sejam dirigidas ao advogado... no endereço...

Protesta provar o alegado por todos os meios em direito admitidos.

Termos em que, cumpridas as necessárias formalidades legais, pede-se e espera-se o recebimento, processamento e acolhimento desta como medida de inteira justiça.

Atribui-se à causa o valor de R$ 10.000,00.

Termos em que pede deferimento.

Local e data.

ADVOGADO ...

OAB ...

Recursos 7

Entende-se por recurso o meio de provocar o reexame de uma decisão no processo com o objetivo de reformá-la, esclarecê-la e invalidá-la. Trata-se de um instrumento voluntário. Não pode o juiz recorrer de ofício (sem prejuízo das situações sujeitas ao necessário reexame, de acordo com o art. 496 do CPC). Quando a parte recorre, ela não propõe nova ação, pois continua a ação anteriormente ajuizada e que está em tramitação. Essa característica estabelece a diferença entre outros meios de impugnações judiciais que apresentam natureza jurídica de ação judicial, como o mandado de segurança, a ação rescisória e os embargos de terceiros.

O recurso é todo meio de impugnação declinado no art. 994 do CPC ou previsto expressamente em legislação extravagante.

7.1 Sobre os recursos

7.1.1 Classificação

O art. 994 do CPC dispõe sobre os recursos previstos no Direito Processual Civil:

I – apelação;

II – agravo de instrumento;

III – agravo interno;

IV – embargos de declaração;

V – recurso ordinário;

VI – recurso especial;

VII – recurso extraordinário;

VIII – agravo em recurso especial ou extraordinário;

IX – embargos de divergência.

Além desses, é possível ainda enumerar:

a) recurso inominado nos Juizados Especiais Cíveis (art. 41 da Lei n. 9.099/95);

b) embargos infringentes da lei de execução fiscal (art. 34 da Lei n. 6.830/80).

7.1.2 Pressupostos de admissibilidade

Antes de analisar o mérito da causa, compete ao magistrado realizar um juízo de admissibilidade, ou seja, verificar se o processo está em ordem (pressupostos processuais) e se o direito da ação também preenche os seus requisitos (condições da ação).

Está a causa sujeita a determinados requisitos de procedibilidade, o que também ocorre com os recursos, pois nele existe matéria de mérito (o pedido de reforma ou invalidação).

Como regra geral, o recurso tem por objetivo proporcionar o exame da matéria refutada pela decisão, ou seja, do juízo *a quo* para o tribunal *ad quem*. A fim de que haja esse efeito e para que o tribunal possa examinar a matéria impugnada, faz-se mister a presença dos pressupostos de admissibilidade recursal. O exame dos pressupostos permite conhecer ou não o recurso, e o exame de mérito concede provimento ou não. Para se dar provimento a um determinado recurso, faz-se necessário o exame de seu conteúdo.

Os pressupostos podem ser divididos em subjetivos e objetivos. Os primeiros estão atrelados ao sujeito que recorre e o segundo, ao recurso em si considerado.

1. Subjetivos:

a) **Legitimidade:** quem participou da relação processual tem legitimidade para recorrer, ou seja, as partes. Os intervenientes, também o Ministério Público se for o caso, e o terceiro prejudicado têm legitimidade para recorrer, nas circunstâncias em que permitir a lei (art. 996 do CPC).

b) **Interesse:** não é apenas suficiente a legitimidade para recorrer, isto é, ter sido parte ou interveniente na relação processual, mas também interesse, visto que é indispensável que a decisão tenha causado ou possa causar prejuízo (princípio da sucumbência).

2. Objetivos:

a) **Recorribilidade:** faz-se necessário que a decisão seja recorrível para que seja possível dela recorrer. Preleciona o art. 203 do CPC que os atos do juiz consistem em sentença, decisão interlocutória e despachos. São recorríveis os dois primeiros; dos despachos não há recurso, pois não têm conteúdo decisório, uma vez que servem apenas para dar impulso à marcha do processo. Há, ainda, as decisões proferidas pelos tribunais. Estas podem ser divididas em acórdãos (quando proferidas por um órgão colegiado) ou decisões monocráticas (ou unipessoais), quando proferidas apenas pelo relator (art. 932 do CPC).

b) **Tempestividade:** não é suficiente que a decisão seja apenas recorrível, mas é necessário também que a decisão AINDA SEJA recorrível. Relaciona-se ao prazo que cada recurso tem para ser interposto. O prazo para recorrer é, em regra, de 15 (quinze) dias para todos os recursos, consoante o art. 1.005, § 5º, do CPC, exceto o recurso inominado (JEC) e os embargos infringentes da lei de execução fiscal, que serão de 10 (dez) dias, e os embargos de declaração, de 5 (cinco) dias.

c) **Singularidade:** cada decisão comporta um recurso específico. Existem, porém, exceções, como no caso do art. 1.029 do CPC.

d) **Adequação:** o princípio da adequação exige do recorrente a adoção do recurso correto para impugnar a decisão recorrida. Ao surgirem dúvidas sobre qual a decisão que se está guerreando e se interpuser recurso inadequado, o Tribunal ou mesmo o juiz de 1º grau poderá recebê-lo como se fosse correto, em homenagem ao princípio da fungibilidade recursal. O princípio da fungibilidade, no CPC, não vem estabelecido expressamente de maneira a se fixar uma regra geral. Constitui princípio. Contudo, há situações específicas de aplicação da fungibilidade de maneira positivada, como nos arts. 1.024, § 3º, 1.032 e 1.033 do CPC.

e) **Preparo:** alguns recursos estão sujeitos a preparo, ou seja, as despesas processuais correspondentes ao recurso interposto. Deve-se entender que o Código de Processo Civil não disciplina a obrigatoriedade do preparo, mas reconhece sua necessidade quando exigido pela legislação pertinente, conforme o art. 1.007 do CPC (é o caso do regimento de custas de cada Estado). Se a parte tiver recolhido valor insuficiente, o juiz mandará que o complemente em cinco dias (art. 1.007, § 2º, do CPC). A deserção só poderá ser desconsiderada por justo impedimento.

O Ministério Público e as Fazendas não recolhem preparo porque têm isenção legal, assim como as pessoas beneficiárias da assistência judiciária.

7.1.3 Renúncia ou desistência (arts. 998 e 999 do CPC)

Antes da interposição do recurso, o recorrente poderá abdicar da faculdade de recorrer por meio de petição ou oralmente em audiência. Esse instituto recebe o nome de renúncia. Dá-se a sua caracterização por meio da manifestação anterior à interposição do recurso. Já a desistência ocorre quando o recurso já foi interposto e a parte manifesta sua vontade no sentido de que não deseja o seu prosseguimento. A renúncia e a desistência independem da concordância da parte contrária e de homologação judicial, e os seus efeitos ocasionam o trânsito em julgado antecipado da decisão.

Todavia, importante observar que a desistência do recurso não impede a análise de questão, cuja repercussão geral já tenha sido reconhecida e daquela objeto de julgamento de recursos extraordinários ou especiais repetitivos, conforme art. 998, parágrafo único, do CPC.

7.2 Apelação

Apelação é recurso cabível contra as sentenças definitivas ou terminativas, a fim de que seja reexaminada a matéria impugnada em segundo grau, visando sua reforma ou invalidação.

Além disso, também caberá apelação das decisões interlocutórias que não sejam recorríveis por agravo de instrumento (é o caso, por exemplo, do indeferimento de prova). Essas situações devem ser suscitadas em preliminar de apelação (art. 1.009, § 1º, do CPC).

Importante:

O recurso de apelação é cabível contra qualquer sentença.

Exceções:

No Juizado Especial Cível, o recurso contra sentença é o chamado de "recurso inominado" para a Turma Recursal; Na Lei de Execução Fiscal (art. 34 da Lei n. 6.830/80) estabelece que nas sentenças cuja condenação seja de baixo valor (conforme se estabelece na própria lei) cabem embargos infringentes do próprio juiz da causa e uma específica sentença da justiça federal com fundamento no art. 105, II, c, da Constituição Federal, em que caberá recurso ordinário constitucional.

O prazo para a interposição do recurso de apelação é de 15 dias, segundo a norma do art. 1.005, § 5º, do CPC.

A leitura do art. 1.010 do CPC explicita o que a apelação deverá conter:

1. o nome e a qualificação das partes;

2. os fundamentos do recurso (*causa petendi*), que constituem a exposição do fato e do direito;

3. as razões do pedido de reforma ou de decretação de invalidade;

4. o pedido de nova decisão.

Especificamente quanto ao item 3, as razões desse pedido podem ser tanto de reforma quanto de invalidação da decisão, a fim de que o juízo *a quo* pronuncie nova sentença.

A reforma da decisão possui caráter substitutivo, visto que o acórdão do tribunal **substitui** a sentença de 1º grau. Opera-se nos vícios de julgamento (erro *in judicando*).

Assim, quando o acórdão simplesmente toma o lugar da sentença de mérito, opera-se a substituição.

> Exemplo:
>
> O autor ingressa com uma ação requerendo que o réu pague uma dívida. O réu se defende e alega que a dívida está prescrita, de acordo com o Código de Defesa do Consumidor.
>
> O juiz acolhe a alegação do réu e julga o pedido improcedente. O autor apela alegando que a dívida não prescreveu, pois a relação estabelecida não é de consumo, mas uma relação civil. O tribunal dá provimento à apelação, reformando a sentença e condenando o réu ao pagamento.

Por sua vez, a invalidação acontece nos vícios de atividade (erro *in procedendo*), do qual o acórdão do tribunal tem o objetivo de anular a decisão de 1º grau **para que seja proferida outra sentença**.

Assim, são os casos em que o tribunal não tem aptidão de simplesmente reformar a sentença, pois deve remeter os autos novamente ao juiz de primeiro grau para que possa ser proferida uma nova decisão.

> Exemplo:
>
> o autor ingressa com uma ação e requer a produção da prova pericial para demonstrar a juridicidade do seu direito. O juiz no saneador julga antecipadamente a lide entendendo que o caso não necessita de prova alguma. Julga o pedido improcedente. O autor apela tendo como base do pedido recursal o cerceamento do direito de defesa. O tribunal entende que existe o cerceamento, todavia não pode reformar a decisão, uma vez que a perícia não foi realizada (assim não se sabe se seria favorável ao autor) além do que o tribunal não pode proceder à perícia, pois trata-se de função exclusiva do juiz de primeiro grau. Assim, o tribunal invalidará a sentença para que seja proferida uma nova decisão.

O recurso de apelação será dividido em duas partes:

Petição de Interposição (dirigida ao juízo *a quo*)	a) nome das partes; b) intimação da parte contrária para oferecer contrarrazões; c) juntada das custas de preparo; d) remessa dos autos para a instância superior.
Razões da Apelação (dirigida ao Tribunal competente)	Em preliminar, suscitar as matérias objeto de decisões interlocutórias não recorríveis por meio de agravo de instrumento. Deve-se falar da tempestividade e do cabimento do recurso. Nas razões recursais dividir em três partes:

Razões da Apelação (dirigida ao Tribunal competente)	a) *A narrativa da relação jurídica e um* breve resumo da causa até a sentença; b) Um breve resumo da sentença que se quer atacar; c) Os motivos do recurso: aquilo que se almeja (reforma ou nulidade da sentença). Formular pedido requerendo: a) admissão do recurso; b) recebimento nos efeitos (o duplo efeito é a regra, salvo nos casos em que a lei (art. 1.012 do CPC ou legislação extravagante excepcionarem); c) o provimento do recurso; d) a inversão dos ônus de sucumbência; e) a majoração dos honorários advocatícios nos termos do art. 85, § 11, do CPC.

7.2.1 Estrutura básica da apelação

Requisitos	Art. 1.009 e ss. do CPC.
Interposição	Petição de interposição endereçada ao juízo *a quo*, que apenas abrirá vista para contrarrazões e remeterá ao tribunal. Razões do recurso de apelação dirigidas ao Tribunal competente.
Partes	Tratamento: apelante e apelado.
Hipóteses de cabimento	Decisões que extinguem o processo sem resolução de mérito (art. 485 do CPC) e decisões que resolvem o mérito (art. 487 do CPC). Prazo: 15 dias.
Fundamento legal	Art. 1.009 e ss. do CPC.
Efeitos	Regra: devolutivo e suspensivo. Somente terá efeito devolutivo a apelação interposta da sentença nos casos enumerados no art. 1.012 do CPC, bem como em algumas leis especiais, por exemplo, art. 58, V, da Lei n. 8.245/91 e art. 14 da Lei de Mandado de Segurança.
Petição de interposição	Dirigida ao juiz prolator da decisão com o nome das partes. Requerer retratação nos casos dos arts. 331, 332 e 485, § 7º, do CPC. Requerer a intimação da parte contrária para apresentar contrarrazões, se esta já tiver sido citada, bem como a juntada das guias de custas de preparo. Requerer a remessa dos autos para a instância superior.
Razões de apelação	1) Em preliminar, suscitar as matérias objeto de decisões interlocutórias não recorríveis por agravo de instrumento. 2) Demonstrar a tempestividade e o cabimento. 2) Mérito do recurso: atacar a decisão recorrida. 3) Pedido.

Pedido	Conhecimento e provimento para anulação ou reforma da sentença: anulação quando se estiver diante de *error in procedendo*, determinando-se a remessa dos autos ao primeiro grau de jurisdição para nova sentença; reforma quando houve na análise do mérito, *error in judicando*. Inversão de sucumbência e majoração dos honorários. Verificar a possibilidade de aplicação do § 3º do art. 1.013 do CPC.

7.2.2 Peça prática de apelação com pedido de reforma da sentença

Anco Márcio sofreu acidente automobilístico e foi encaminhado ao Hospital Monte Aventino, mantido pela sociedade Sanitas Serviços Médicos e Hospitalares Ltda., para tratamento. O hospital é notoriamente conhecido pela sua agilidade e eficiência na prestação de serviços médicos, constantemente objeto de propaganda nos meios de comunicação, mantendo para tanto equipe de profissionais médicos empregados. Todavia, em que pese a cirurgia a que se submeteu ter sido bem-sucedida, Anco Márcio contraiu infecção hospitalar, que o deixou internado por dois meses. Assim, Anco Márcio moveu ação pelo rito comum contra a sociedade mantenedora, postulando indenização por danos morais e materiais, estes consistentes em lucros cessantes pelo óbice do exercício de sua atividade profissional (representante comercial) durante o tempo de internação. A sociedade Ré alegou, em contestação, exclusivamente, não ter concorrido com culpa para o dano sofrido. A ação tramitou perante o Juízo de Direito da 45ª Vara Cível Central da Capital e foi julgada improcedente, sob o fundamento de que Anco Márcio não havia comprovado a culpa dos profissionais que o atenderam, como exige o art. 14, § 4º, do Código de Defesa do Consumidor, instituído pela Lei n. 8.078/90.

Questão: Como advogado(a) de Anco Márcio, considerando que a sentença foi publicada há 10 (dez) dias, exercite o meio processual hábil à defesa dos interesses de seu constituinte.

EXCELENTÍSSIMO JUÍZO DE DIREITO DA 45ª VARA CÍVEL DO FORO CENTRAL DE SÃO PAULO-SP

Processo...

        ANCO MARCIO, por seu advogado que esta subscreve, nos autos da ação de indenização pelo procedimento comum em epígrafe, que move em face de Sanitas Serviços Médicos e Hospitalares Ltda., vem, respeitosamente, à presença de Vossa Excelência, tendo em vista a respeitável sentença de fls..., com fundamento nos arts. 1.009 e seguintes do Código de Processo Civil, interpor o presente recurso de APELAÇÃO conforme razões anexas.

Outrossim, requer a intimação da parte contrária para, querendo, apresentar suas contrarrazões, no prazo de 15 (quinze) dias.

Requer, ainda, a remessa dos autos para o Egrégio Tribunal de Justiça, para sua admissão, processamento e julgamento.

Por fim, requer a juntada das custas de preparo, devidamente quitadas, que a esta seguem anexas.

Termos em que pede recebimento.

Local e data.

ADVOGADO ...

OAB ...

EGRÉGIO TRIBUNAL DE JUSTIÇA DO ESTADO DE SÃO PAULO/SP

RAZÕES DE RECURSO DE APELAÇÃO

APELANTE: ANCO MARCIO
APELADA: Sanitas Serviços Médicos e Hospitalares Ltda.
...

Egrégio Tribunal,
Colenda Câmara.

I – DA TEMPESTIVIDADE E DO CABIMENTO

Consoante se depreende dos autos, o recorrente foi intimado da decisão aos... e protocolizou o presente recurso em..., portanto no prazo de quinze dias previsto em lei (art. 1.005, § 5º, do Código de Processo Civil).

Trata-se de sentença de mérito que encerrou toda a relação jurídica de direito processual. Portanto, cabível, no caso, o presente recurso de apelação conforme art. 1.009 do Código de Processo Civil.

II – RAZÕES RECURSAIS

Trata-se de ação de indenização pelo procedimento comum, na qual o Apelante pleiteia indenização por danos morais e materiais, tendo em vista os lucros cessantes que sofreu ante sua proibição do exercício de sua atividade profissional, durante o tempo de internação.

A demanda foi proposta tendo em vista o acidente automobilístico sofrido pelo Apelante, em razão do qual foi encaminhado ao Hospital Monte Aventino, mantido pela Apelada, para tratamento médico.

Contudo, em que pese a cirurgia a que se submeteu ter sido bem-sucedida, o Apelante contraiu infecção hospitalar, que o deixou internado por dois meses.

Devidamente citada, a Apelada apresentou defesa, contestando, exclusivamente, não ter concorrido com culpa para o dano sofrido, requerendo a improcedência da ação.

Assim, o MM. Juízo *a quo* veio por julgar improcedente a demanda, sob o argumento de que não foi demonstrada a culpa dos profissionais que atenderam o Apelante, conforme estipula o art. 14, § 4º, do Código de Defesa do Consumidor.

Todavia, equivocada está a respeitável decisão proferida pelo Magistrado de Primeiro Grau, devendo ser reformada por este Egrégio Tribunal, uma vez que a Apelada deve responder aos termos da demanda, independentemente de culpa.

Primeiramente, é mister destacar que entre as partes existe patente relação de consumo, diante do que preveem os arts. 2º e 3º do Código de Defesa do Consumidor.

Neste prisma, uma vez sendo a Apelada prestadora de serviços, deverá responder objetivamente pelos prejuízos causados ao Apelante, diante do que prevê o art. 14 do Código de Defesa do Consumidor.

Note-se que, no caso, não incide a aplicação do § 4º do art. supracitado, já que não se trata de responsabilidade do profissional liberal, e sim da prestadora de serviços. Isso porque os médicos do Hospital Monte Aventino são contratados da Apelada, havendo, portanto, uma subordinação entre aqueles e a prestadora.

Assim, para que haja o dever de indenizar, nos casos em que a responsabilidade do dano é da prestadora de serviços, basta apenas a demonstração do fato, do dano e do nexo causal, excluindo-se, portanto, a culpa do agente.

Ademais, ainda que não se aplicasse ao caso a relação de consumo, a responsabilidade objetiva da prestadora de serviços também encontra previsão legal no Código Civil, em seu art. 927, parágrafo único.

Portanto, demonstrado o dever de indenizar da Apelada, objetivamente aos danos causados ao Apelante, deverá ser reformada a r. sentença proferida pelo Magistrado de Primeiro Grau, já que está em desacordo com a legislação pátria.

III – PEDIDO

Diante do exposto, requer:

a) seja recebido e processado o presente Recurso de Apelação, tendo em vista o preenchimento dos requisitos de admissibilidade;

b) seja recebido nos seus regulares efeitos devolutivo e suspensivo;

c) ao final seja dado provimento para o fim de que seja reformada a respeitável sentença proferida pelo MM. Juízo *a quo*, julgando procedente o pedido inicial, com a inversão do ônus sucumbencial;

> d) a majoração dos honorários advocatícios nos termos do art. 85, § 11, do Código de Processo Civil.
>
> Termos em que pede deferimento.
>
> Local e data.
>
> ADVOGADO ...
>
> OAB ...

7.2.3 Peça prática de apelação com pedido de anulação de sentença

"Vistos etc. Trata-se de ação de despejo por falta de pagamento de aluguéis e acessórios da locação, abrangendo o período de dezembro de 2014 a agosto de 2015, tendo sido atribuído à causa o valor correspondente a doze meses de aluguel, ou seja, R$ 3.600,00.

O valor atribuído à causa, no entanto, remete a discussão aos Juizados Especiais criados e instalados pela Lei n. 9.099/95, cuja aplicação às causas de valor inferior ao estipulado no artigo 3º, I, é obrigatória, razão pela qual é desses a competência exclusiva para processar e julgar a ação proposta.

Como se trata de competência absoluta, pois determinada em razão da matéria, indefiro a petição inicial e julgo extinto o processo, nos termos do artigo 485, I, do Código de Processo Civil."

Sabe-se que a referida decisão foi proferida em uma das Varas Cíveis da Comarca da Capital.

Questão: Como advogado do autor da ação, exercite o recurso cabível.

> EXCELENTÍSSIMO JUÍZO DE DIREITO DA... VARA CÍVEL DA COMARCA DE SÃO PAULO-SP
>
> Processo n. ...
>
> AUTOR LOCADOR, por seu advogado que esta subscreve, nos autos da Ação de Despejo por Falta de Pagamento de Aluguéis e Acessórios, procedimento ordinário em epígrafe, que move em face de RÉU LOCATÁRIO, vem, respeitosamente, à presença de Vossa Excelência, diante da respeitável sentença de fls. ..., com fundamento no art. 1.009 e seguintes do Código de Processo Civil, interpor o presente RECURSO DE APELAÇÃO conforme razões que a esta seguem anexas.
>
> Tendo em vista que a respeitável sentença de fls. indeferiu a petição inicial, requer seja aplicado o art. 331 do Código de Processo Civil, dando-se prosseguimento à demanda.

Entretanto, caso assim não entenda Vossa Excelência, requer a intimação da parte contrária, para, querendo, apresentar as contrarrazões no prazo de 15 (quinze) dias.

Por fim, requer a juntada das custas de preparo, devidamente quitadas, bem como sejam os autos remetidos ao Egrégio Tribunal de Justiça do Estado de São Paulo, para que seja devidamente processado e julgado.

Termos em que pede recebimento.

Local e data.

ADVOGADO ...

OAB ...

EGRÉGIO TRIBUNAL DE JUSTIÇA DO ESTADO DE SÃO PAULO/SP

RAZÕES DE RECURSO DE APELAÇÃO

APELANTE: AUTOR LOCADOR
APELADO: RÉU LOCATÁRIO
...

Egrégio Tribunal,
Colenda Câmara.

I – DA TEMPESTIVIDADE E DO CABIMENTO

Consoante se depreende dos autos, o recorrente foi intimado da decisão aos... e protocolizou o presente recurso em..., portanto no prazo de quinze dias previsto em lei (art. 1.005, § 5º, Código de Processo Civil).

Trata-se de se sentença de mérito que encerrou toda a relação jurídica de direito processual. Portanto, cabível no caso, o presente recurso de apelação conforme art. 1.009 do Código de Processo Civil.

II – RAZÕES RECURSAIS

Trata-se de Ação de Despejo por Falta de Pagamento de Aluguéis e Acessórios proposta pelo Apelante, tendo em vista a falta de pagamento dos aluguéis e acessórios correspondentes ao período de dezembro de 2014 a agosto de 2015, na qual foi atribuído à causa o valor de R$ 3.600,00 (três mil e seiscentos reais), correspondente a doze vezes o valor do aluguel.

Contudo, o MM. Juízo de Primeiro Grau, ao decidir a causa, houve por bem indeferir a petição inicial, julgando-a extinta, com base no art. 485, I, do Código de Processo Civil, remetendo os autos ao Juizado Especial Cível de São Paulo, alegando que se trata de competência absoluta, já que determinada em razão da matéria.

Entretanto, equivocou-se o Magistrado *a quo* ao proferir tal decisão, razão pela qual apela o Autor, pelos motivos a seguir expostos.

O MM. Juízo *a quo*, ao proferir a decisão ora apelada, utilizou-se de argumentos equivocados em relação ao ordenamento jurídico pátrio.

Isso porque a demanda proposta pelo Apelante é incompatível com o procedimento dos Juizados Especiais Cíveis, já que a ação de despejo por falta de pagamento possibilita a purgação da mora, o que, evidentemente, não é permitido nos Juizados.

Ademais, a ação foi cumulada com pedido de cobrança dos aluguéis e acessórios vencidos e vincendos até a data da sentença, o que ultrapassaria o limite imposto no art. 3º da Lei n. 9.099/95.

Nesse ínterim, tem-se que, caso o valor ultrapassasse o permitido legal, o Apelante necessariamente seria obrigado a desistir de tal quantia pleiteada, diante do que prevê o § 3º do artigo supracitado, abaixo transcrito:

"Artigo 3º O Juizado Especial Cível tem competência para conciliação, processo e julgamento das causas cíveis de menor complexidade, assim consideradas: [...] § 3º *A opção pelo procedimento previsto nesta Lei importará em renúncia ao crédito excedente ao limite estabelecido neste artigo*, excetuada a hipótese de conciliação" (grifamos).

Ainda, mesmo que admitidas tais hipóteses, do que não se cogita, contudo, mas apenas para a demonstração do direito do Apelante, cumpre esclarecer que, quanto ao ingresso da demanda perante os Juizados Especiais Cíveis, este não é obrigatório, e sim opcional à parte, cabendo unicamente a esta decidir quanto à sua escolha – o que também não fora observado pelo Magistrado de Primeiro Grau.

III – PEDIDO

Diante do exposto requer:

a) seja recebido e processado o presente Recurso de Apelação, tendo em vista o preenchimento dos requisitos de admissibilidade;

b) seja recebido nos seus regulares efeitos devolutivo e suspensivo.

Ao final, seja dado provimento para o fim de anular a r. sentença de fls., dando-se prosseguimento do feito perante o Juízo *a quo*, com a inversão do ônus sucumbencial;

c) a majoração dos honorários advocatícios nos termos do art. 85, § 11, do Código de Processo Civil.

Termos em que pede deferimento.

Local e data.

ADVOGADO ...

OAB ...

7.3 Agravo de instrumento

É recurso cabível contra as decisões interlocutórias previstas no art. 1.015, CPC que, para fins de recorribilidade, é toda decisão que não se enquadre na definição de sentença (art. 203, § 2º, do CPC).

Como o CPC eliminou a figura do agravo retido, está-se hoje no ordenamento diante de duas possibilidades:

a) **decisões interlocutórias recorríveis:** as decisões interlocutórias de primeiro grau recorríveis admitem agravo de instrumento que serão processados diretamente no Tribunal (hipóteses do art. 1.015 e outras previstas ao longo do CPC, conforme se verá *infra*). A não interposição do recurso acarreta preclusão;

b) **decisões interlocutórias irrecorríveis de forma imediata:** a todas as demais hipóteses não cabem agravo de instrumento (caberá à doutrina e jurisprudência verificar se o rol de situações que desafiam o agravo é, de fato, exaustivo, ou se seria possível ampliar o rol previsto no art. 1.015, especialmente em importantes hipóteses não abarcadas, como o caso da incompetência absoluta). Contudo, nesses casos, as decisões irrecorríveis não serão tidas como preclusas e as matérias nelas versadas poderão ser devolvidas (independentemente de prévio protesto) ao tribunal por meio da apelação desde que a parte expressamente a requeira em preliminar desse recurso (art. 1.009, § 1º, do CPC).

No tocante às decisões interlocutórias recorríveis, o CPC estabeleceu em extenso rol mais de dez hipóteses de cabimento de agravo de instrumento (sem prejuízo de outras previstas em legislação extravagante ou no próprio CPC).

I) Decisões proferidas em tutelas provisórias

A mais importante hipótese de previsão. Seria inútil diferir a apreciação da questão sobre medidas de urgência para outro momento, quando a situação exige análise imediata.

II) Decisões interlocutórias que versem sobre o mérito da causa

Aqui se resolve uma grande celeuma presente no antigo ordenamento: as decisões que versam sobre o mérito da causa e possuem conteúdo previsto no art. 487 do CPC são sentenças parciais ou decisão interlocutória com conteúdo de mérito? Sempre fui favorável à segunda corrente pelo simples fato de não haver previsão das hipóteses de interlocutórias no CPC (apenas mencionando quando elas ocorrem). Ademais, a defender a primeira tese, entraríamos numa quebra do ordenamento ao permitir "sentenças agraváveis" ou a utilização *de lege ferenda* da "apelação por instrumento".

Entendemos que a possibilidade de se tornar expressa a questão (que já vinha anteriormente prevista no Enunciado n. 255 da súmula do STJ) somada à nova definição de sentença pelo CPC atual recoloca o sistema recursal nos seus devidos eixos.

III) Decisões sobre rejeição de convenção de arbitragem

A arbitragem é alegada em preliminar de contestação (art. 337, X, do CPC). Assim, a decisão que rejeitar a alegação de convenção de arbitragem desafiará o recurso de agravo para evitar que o processo tenha percorrido um longo itinerário para se verificar, *a posteriori*, que deve se fazer cumprir a cláusula arbitral.

IV) Decisão que julgar incidente de desconsideração da personalidade jurídica

Nova modalidade de intervenção de terceiros. O sistema apenas previa, no plano do direito material, o seu cabimento (CC, CDC, CLT). Coube ao CPC regulamentar procedimentalmente as situações em que, dada a sua hipótese de incidência à luz do caso concreto, será feita a desconsideração. Essa decisão, incidente, desafia agravo de instrumento.

V) Rejeição do pedido de gratuidade ou acolhimento de seu pedido de revogação

O CPC igualmente encerrou antiga polêmica sobre o recurso cabível da decisão de pedido de gratuidade. Isso porque o art. 17 da então Lei n. 1.060/50 falava em recurso de apelação para as decisões proferidas em consequência da aplicação dessa lei. Contudo, majoritária doutrina e jurisprudência defendiam o uso do agravo. Uma vez que a lei foi internalizada para o CPC, coube a este a missão de estabelecer o recurso cabível.

VI) Exibição ou posse de documento ou coisa

Exibição é meio de prova que pode ser requerido na fase probatória ou por meio de tutela provisória.

VII) Exclusão de litisconsorte

Mais uma hipótese que deflagrava grandes dificuldades operacionais. A despeito de não haver dúvidas de que a exclusão de um dos litisconsortes desafiava o recurso de agravo de instrumento, remanescia o dissídio sobre qual decisão se estava enfrentando (sentença ou decisão interlocutória com conteúdo de sentença).

VIII) Rejeição de pedido de limitação de litisconsórcio multitudinário

O CPC pretendeu tornar expresso o que já vinha sendo admitido na doutrina e jurisprudência: a decisão que rejeita o pedido de limitação do litisconsórcio. A lei não se vale da locução "multitudinário", mas o pedido de limitação somente pode acontecer nessas hipóteses, pois o instituto do litisconsórcio é previsto em lei (desde que preenchidas as hipóteses legais).

IX) **Admissão ou inadmissão de intervenção de terceiros**

Outra questão em que não há dúvidas diz respeito à decisão sobre o ingresso do terceiro ao processo. Uma vez que a oposição se tornou procedimento especial (mas em nossa opinião não perdeu sua natureza de intervenção de terceiro), as demais hipóteses hoje existentes no CPC (assistência, denunciação da lide, chamamento ao processo, *amicus curiae* e incidente de desconsideração da personalidade jurídica) e as previstas fora dele (intervenção nos alimentos [art. 1.698, CC]; intervenção anômala da União [Lei n. 9.657/96]) são meros incidentes.

X) **Concessão, modificação ou revogação do efeito suspensivo aos embargos à execução**

Da decisão que extingue sem resolução do mérito ou julga improcedentes os embargos à execução cabe apelação. Contudo, da decisão sobre os efeitos dos embargos (que serão dados *ope judicis*, tal qual se verificava no regime anterior) caberá agravo de instrumento.

XI) **Redistribuição do ônus da prova nos termos do art. 373, § 1º**

O CPC contém expressa previsão de que o magistrado pode, nos termos do mencionado artigo, redistribuir o ônus da prova, desde que presentes as circunstâncias ali mencionadas. Na hipótese, tratando-se de decisão que não versa sobre o mérito da causa, o recurso cabível é o do agravo de instrumento.

XII) **Conversão da ação individual em ação coletiva (*vetado*)**

XIII) **Outros casos expressamente previstos em lei**

Além de todas as hipóteses constantes de lei esparsas, além dos incisos em comento, o CPC enumera outras situações nas quais o recurso cabível será o de agravo de instrumento, a saber: (i) decisões interlocutórias proferidas em liquidação de sentença; (ii) no processo de execução; e (iii) no processo de inventário.

O agravo de instrumento possui uma peculiaridade que o difere de todos os demais recursos do ordenamento: **é o único recurso em que o órgão do Poder Judiciário que procederá à sua apreciação não terá à sua disposição todo o processo para a análise em confronto com as razões recursais.**

Fácil verificar que os demais recursos, quando enviados para o órgão destinatário (ou quando essa análise se operar pelo mesmo juízo, como é o caso dos embargos de declaração), todos têm acesso aos autos do processo. No caso do agravo de instrumento, as razões recursais serão levadas ao tribunal, mas o processo permanecerá em primeira instância.

Evidente que, para que o Tribunal tenha conhecimento da causa a fim de proceder ao julgamento, a lei determina o traslado de cópia de determinadas peças do processo para que se forme, com as razões recursais, um instrumento, que será remetido diretamente ao tribunal. Algumas peças são obrigatórias, outras facultativas, o que será visto adiante.

É necessário que se apresentem no agravo o nome e o endereço dos advogados do agravante e agravado (CPC, art. 1.016, IV). O nome do advogado do agravado ficará dispensado quando o agravo for interposto contra decisões liminares das quais o réu ainda não tenha sido citado.

O preparo dependerá da organização judiciária de cada Estado.

O agravo de instrumento possui, ao contrário da apelação, apenas o efeito devolutivo como regra. É possível, contudo, obter o efeito suspensivo ou ativo (antecipação dos efeitos da tutela recursal).

Lembre-se:

Agravo de Instrumento	
Efeito Suspensivo	Antecipação da Tutela Recursal ("efeito ativo")
Será requerido toda vez que o juiz der uma decisão positiva apta a prejudicar os interesses da parte a ser defendida. Há, na decisão, uma determinação no sentido de que algo seja cumprido; o magistrado concede algo que lhe trará prejuízos. Efeito suspensivo é requerido porque a outra parte pleiteou algo e o juiz concedeu.	Será requerida toda vez que o juiz der uma decisão negativa apta a prejudicar os interesses da parte a ser defendida. Há, na decisão, uma denegação de algo que lhe é necessário; o juiz nega algo que a parte por você defendida precisa com urgência. O efeito ativo é concedido porque a própria parte requereu algo que foi negado.

7.3.1 Estrutura básica do agravo de instrumento

Requisitos	Arts. 1015 e ss. do CPC.
Interposição	Dirigida ao Desembargador Presidente do Tribunal Competente, por meio de petição que deverá cumprir os requisitos dos arts. 1.016 e 1.017 do CPC.
Partes	Tratamento: agravante e agravado.
Hipóteses de cabimento	Decisões interlocutórias previstas no art. 1.015 e legislação extravagante. Exemplos: Arts. 17, 59, § 2º, e 100 da Lei n. 11.101/2005. Prazo: 15 dias.
Fundamento legal	Art. 1.015 e ss. do CPC.

Efeitos	Efeito devolutivo limitando-se à decisão agravada. De acordo com o art. 1.019, I, do CPC, poderá o agravante requerer *efeito suspensivo* para evitar lesão grave ou de difícil reparação ou a antecipação dos efeitos da tutela recursal ("efeito ativo") nos casos de provisão jurisdicional de urgência. Verificar legislação especial, como o art. 17, parágrafo único, da Lei n. 11.101/2005.
Petição de interposição	Dirigida diretamente ao Tribunal competente. Desnecessário qualificar as partes. Requerer o efeito pretendido, a intimação da parte contrária para apresentar contraminuta, se já tiver sido citada, e a juntada das custas de preparo. Indicar nome e endereço dos advogados do agravante e agravado.
Minuta de agravo de instrumento	Alegar a tempestividade e o cabimento. Atacar a decisão com fundamento na legislação pertinente. Justificar o pedido de efeito suspensivo ou da antecipação da tutela recursal.
Pedido	Conhecimento e provimento do recurso para reforma da decisão. Informar que irá cumprir o disposto no art. 1.018 do CPC. Indicar as peças obrigatórias e as facultativas que acompanham o recurso (art. 1.017 do CPC).

7.3.2 Peças práticas do agravo de instrumento

ANGELICUS NOMINATUS, mediante processo cognitivo comum ordinário aforado em 2016, postulou obter da empresa FUMUS COELI S.A. indenização por danos materiais e morais, sob a alegação de que do uso de cigarros por ela fabricados adquirira, por volta dos anos 90, implacável e incurável moléstia pulmonar. A Ré, na resposta apresentada, além de outras matérias, arguiu a ocorrência da prescrição extintiva da ação rejeitada pelo magistrado *a quo*, ao ensejo do saneamento do processo. Sustentou o juiz, em sua decisão, incidir na hipótese a prescrição vintenal, por se cuidar de reparação de danos oriundos de ato ilícito. O provimento veio à luz no quinquídio precedente.

Questão: Como constituído da Ré, atue em seu favor.

EXCELENTÍSSIMO SENHOR DOUTOR DESEMBARGADOR PRESIDENTE DO EGRÉGIO TRIBUNAL DE JUSTIÇA DO ESTADO DE SÃO PAULO

Distribuição com urgência.
Vara___
Processo___

FUMUS COELI S.A., por seu advogado que esta subscreve, com escritório na (endereço completo), local onde receberá todas as intimações, vem, respeitosamente, à presença de Vossa Excelência, com fulcro no art. 1.015 e seguintes do Código de Processo Civil, interpor o presente AGRAVO DE INSTRUMENTO COM PEDIDO DE EFEITO SUSPENSIVO, tendo em vista a respeitável decisão de fls., proferida pelo Meritíssimo Juízo da ... Vara Cível do Foro ... da Comarca de ...-SP, nos autos da Ação Indenizatória, Processo n. ..., que lhe move ANGELICUS NOMINATUS, consubstanciados nas razões anexas.

Outrossim, requer seja o presente recurso recebido e processado em seu regular efeito devolutivo, concedendo-lhe o efeito suspensivo por se tratar de dano de difícil ou incerta reparação.

A intimação da parte contrária para, querendo, apresentar contrarrazões no prazo de quinze dias.

Por fim, em cumprimento ao disposto no art. 1.016, inciso IV, do Código de Processo Civil, informa o nome e o endereço dos advogados das partes:

Nome e endereço do patrono do agravante:

Nome do Advogado, OAB do Advogado; Endereço profissional:

Nome e endereço do patrono do agravado:

Nome do Advogado; OAB do Advogado; Endereço profissional:

Requer ainda a juntada da guia de custas de preparo, devidamente recolhida.

Termos em que pede deferimento.

Local e data.

ADVOGADO ...

OAB ...

EGRÉGIO TRIBUNAL DE JUSTIÇA DO ESTADO DE SÃO PAULO

MINUTA DE AGRAVO DE INSTRUMENTO

Agravante: FUMUS COELI LTDA.
Agravado: ANGELICUS NOMINATUS
Processo n. ...
Vara de origem: ...

Egrégio Tribunal,
Colenda Câmara.

I – CABIMENTO E TEMPESTIVIDADE

Consoante se depreende das folhas ..., o agravante foi intimado da decisão no dia ..., tendo interposto o recurso no dia ..., cumprindo, portanto, a exigência dos 15 dias previstos em lei.

A questão objeto do presente recurso trata-se de mérito do processo, tendo em vista que versa sobre prescrição (art. 487, II, do Código de Processo Civil) e, portanto, é recorrível por agravo de instrumento, conforme autoriza o art. 1.015, II, do Código de Processo Civil.

II – RAZÕES RECURSAIS

Trata-se de ação indenizatória em que a Agravada requer a indenização por danos materiais e morais sob a alegação de que o uso de cigarros fabricados pela Agravante e por ela consumidos por volta dos anos 90 teria lhe causado implacável e incurável moléstia pulmonar.

A Agravante, em sua defesa, arguiu, entre outras matérias, a ocorrência da prescrição executiva da ação, que foi rejeitada pelo Ilustre magistrado *a quo*. Sustentou o nobre magistrado *a quo* que incide na hipótese a prescrição vintenal, por se cuidar de reparação de danos oriundos do ato ilícito.

Acontece que tal decisão não deve prosperar, uma vez que a ação indenizatória em questão refere-se a relação de consumo, sendo aplicável, desta forma, o prazo prescricional previsto no Código de Defesa do Consumidor.

Isso porque o agravado se enquadra na definição de consumidor prevista no art. 2º da lei n. 8.078/90 e o agravante na definição de fornecedor do art. 3º do mesmo diploma legal.

Ademais, a alegada responsabilidade do agravante no evento danoso refere-se à responsabilidade pelo fato do produto, preceituado no art. 12 do de tal estatuto.

Por conseguinte, dispõe o art. 27 do Código de Defesa do Consumidor que prescreve em 5 (cinco) anos a pretensão à reparação pelos danos causados por fato do produto, iniciando-se a contagem de prazo a partir do conhecimento do dano ou da autoria.

Tendo o agravado usado os cigarros e adquirido a moléstia pulmonar por volta dos anos 1990, a ação tendo sido proposta em 2016 e o prazo prescricional por fato do produto ser de 5 (cinco) anos, não há que se falar em não acolhimento da alegação de prescrição.

Assim, considerando que o direito da agravada está prescrito com fundamento no art. 27 do Código de Defesa do Consumidor, requer o Agravante seja reformada a decisão proferida pelo MM. Juízo *a quo*.

III – DA CONCESSÃO DO EFEITO SUSPENSIVO

A não concessão do efeito pretendido, nos termos do art. 1.019, I, do Código de Processo Civil, acarretará longa batalha judicial, sendo que o feito pode ser de pronto julgado, com resolução de mérito, nos termos do art. 487, II, daquele diploma legal. As custas, despesas processuais e demais encargos podem ser evitados no caso em apreço, respeitando-se, pois, o princípio da celeridade.

Assim, de acordo com o receio de grave lesão processual, bem como sua difícil reparação, necessária é a concessão do efeito suspensivo ao presente agravo para o fim de suspender o processo até a decisão a ser aqui proferida, oficiando-se, portanto, ao Meritíssimo Juízo *a quo*.

IV – DO PEDIDO

Diante do exposto, é a presente para requerer:

a) tendo em vista o preenchimento de todos os requisitos de admissibilidade recursais, seja admitido o recurso;

b) *seja recebido no seu regular efeito devolutivo com a concessão do efeito suspensivo*;

c) ao final, dado provimento ao recurso, reformando-se a decisão de primeira instância a fim de que seja declarada a prescrição do direito do agravado, julgando-se extinto o feito com resolução do mérito nos termos do art. 487, II, do Código de Processo Civil. Por oportuno, informa que dentro do prazo legal o agravante irá cumprir o determinado no art. 1.018 do Código de Processo Civil;

d) informa ainda que o presente agravo de instrumento é acompanhado pelas peças obrigatórias, conforme exige o art. 1.017 do Código de Processo Civil.

PEÇAS QUE INSTRUEM O PRESENTE RECURSO DE AGRAVO DE INSTRUMENTO

1) Procuração do agravante
2) Procuração do agravado
3) Cópia da decisão agravada de fls.
4) Certidão de intimação da decisão agravada
5) Cópia da petição que ensejou a decisão agravada
6) Cópia da petição inicial
7) Cópia da contestação apresentada nos autos

Termos em que pede deferimento.

Local e data.

ADVOGADO ...

OAB ...

Aulo Agério moveu ação de reintegração de posse contra Numério Negídio, em trâmite perante a 15ª Vara Cível de Santo André (Proc. 222/02), visando à recuperação da posse de imóvel que havia sido dado em comodato ao Réu pelo falecido genitor do Autor. O contrato de comodato foi celebrado há dois anos e seis meses e o fundamento da ação é o término do prazo ali estabelecido, de dois anos. A ação foi precedida da notificação de Numério Negídio para desocupação voluntária do imóvel, que não foi cumprida. Proposta a ação, foi indeferida a liminar pleiteada, sob o argumento de que a posse exercida por Numério Negídio conta mais de ano e dia e, por isso, o procedimento não comportaria essa providência. Essa situação vem causando prejuízos irreparáveis a Aulo Agério, que não possui outro lugar para morar.

Questão: Na qualidade de advogado de Aulo Agério, aja com a providência pertinente.

EXCELENTÍSSIMO SENHOR DOUTOR DESEMBARGADOR PRESIDENTE DO EGRÉGIO TRIBUNAL DE JUSTIÇA DO ESTADO DE SÃO PAULO

Distribuição com urgência.

AULO AGÉRIO, por seu advogado que esta subscreve, com escritório na (endereço completo), local onde receberá todas as intimações, vem, respeitosamente, à presença de Vossa Excelência, com fundamento no art. 1.015 e seguintes do Código de Processo Civil, interpor o presente AGRAVO DE INSTRUMENTO COM PEDIDO DE ANTECIPAÇÃO DOS EFEITOS DA TUTELA RECURSAL, tendo em vista a respeitável decisão de fls. ..., proferida pelo Meritíssimo Juízo da 15ª Vara Cível da Comarca de Santo André-SP, nos autos da Ação de Reintegração de Posse com Pedido de Liminar – Processo 222/02, proposta em face de NUMÉRIO NEGÍDIO, consubstanciados nas razões anexas.

Outrossim, requer seja o presente recurso recebido e processado em seu regular efeito devolutivo, concedendo-lhe a antecipação dos efeitos da tutela recursal (efeito ativo).

Por fim, em cumprimento ao disposto no art. 1.016, inciso IV, do Código de Processo Civil, informa o nome e endereço dos advogados das partes:

Nome e endereço do patrono do agravante:

Nome do Advogado:..., OAB do Advogado:...

Endereço profissional:

Deixa o Agravante de informar nome e endereço do patrono do Agravado, visto que ainda não foi efetuada sua citação.

Requer, ainda, a juntada da guia de custas de preparo, devidamente recolhida.

Termos em que pede deferimento.

Local e data.

ADVOGADO ...

OAB ...

EGRÉGIO TRIBUNAL DE JUSTIÇA DO ESTADO DE SÃO PAULO

MINUTA DE AGRAVO DE INSTRUMENTO

AGRAVANTE: AULO AGÉRIO
AGRAVADO: NUMÉRIO NEGÍDIO
15ª Vara Cível da Comarca de Santo André/SP
Processo n. 222/02 – Ação de Reintegração de Posse com Pedido de Liminar

Egrégio Tribunal,
Colenda Câmara.

I – CABIMENTO E TEMPESTIVIDADE

Consoante se depreende das folhas ..., o agravante foi intimado da decisão no dia ..., tendo interposto o recurso no dia ..., cumprindo, portanto, a exigência dos 15 dias previstos em lei.

A questão objeto do presente recurso trata-se de decisão interlocutória que versa sobre tutela provisória (art. 1.015, II, do Código de Processo Civil), razão pela qual é cabível o presente recurso de agravo de instrumento.

II – RAZÕES RECURSAIS

Trata-se de Recurso de Agravo de Instrumento com Pedido de Antecipação de Tutela, tendo em vista a respeitável decisão de fls. ..., que indeferiu o pedido de liminar requerido pelo Agravante, sob o argumento de que a posse exercida pelo Agravado conta mais de ano e dia e, portanto, o procedimento não comportaria essa providência.

A mencionada ação foi proposta visando à recuperação da posse do imóvel que havia sido dado em comodato ao Agravado pelo falecido genitor do Agravante.

Mencionado contrato de comodato foi celebrado há dois anos e seis meses e tinha prazo de dois anos, sendo certo que o Agravante, antes de ingressar com a demanda possessória, notificou o Agravado para a desocupação voluntária do imóvel, que não foi cumprida.

Contudo, mesmo estando preenchidos os requisitos para a concessão da medida liminar, o MM. Juízo *a quo* indeferiu a liminar pleiteada sob o argumento de que a posse exercida pelo Agravado conta mais de ano e dia e, portanto, incabível tal pretensão.

Entretanto, a respeitável decisão não merece prosperar, visto que contraria a legislação pátria, devendo ser reformada por este Egrégio Tribunal.

Isso porque o prazo de ano e dia, a que se refere o art. 558 do Código de Processo Civil, é contado a partir do esbulho ou turbação, o que no caso se deu quando da notificação enviada ao Agravado anteriormente à data da propositura da ação possessória e após o vencimento do prazo contratual, fatos que ocorreram a menos de ano e dia.

III – DA CONCESSÃO DA TUTELA ANTECIPADA RECURSAL

Pelo exposto, o Agravante demonstrou todos os requisitos estampados no art. 561 e incisos do Código de Processo Civil, fazendo jus ao deferimento da liminar, conforme prevê o art. 562 do mesmo diploma legal.

> Assim, negada em primeira instância, merece o Agravante, agora em sede recursal, a antecipação da tutela, prevista no art. 1.019, inciso I, do Código de Processo Civil.
>
> Ademais, e consoante o já apresentado, o Agravante não pode esperar o trâmite do processo e deste recurso sem que seja reconduzido ao seu imóvel, o que certamente lhe traria prejuízos, inclusive financeiros, na medida em que pretende fazer bom uso do bem imóvel.
>
> **IV – DO PEDIDO**
>
> Diante de todo o exposto, requer seja o presente recurso recebido e processado na forma de Agravo de Instrumento, concedendo-se de imediato a antecipação da tutela recursal, para determinar a imediata desocupação do imóvel, oficiando-se ao Juízo *a quo*, até ulterior julgamento, sendo, ao final, dado provimento ao recurso, reformando integralmente a decisão agravada, para que seja concedida a liminar pleiteada na petição inicial.
>
> Requer, outrossim, a majoração dos honorários advocatícios nos termos do art. 85, § 11, do Código de Processo Civil.
>
> **PEÇAS QUE INSTRUEM O PRESENTE RECURSO DE AGRAVO DE INSTRUMENTO**
>
> 1) Procuração do agravante
> 2) Procuração do agravado inexistente, visto que ainda não foi devidamente citada na ação, não possuindo, portanto, advogado constituído
> 3) Cópia da decisão agravada de fls.
> 4) Certidão de intimação da decisão agravada
> 5) Cópia da petição que ensejou a decisão agravada
> 6) Cópia da petição inicial
> 7) Cópia da contestação apresentada nos autos
>
> Termos em que pede deferimento.
>
> Local e data.
>
> ADVOGADO ...
>
> OAB ...

7.4 Embargos de declaração

Os embargos de declaração não têm como função principal a modificação do julgado. Esse mister compete aos demais recursos. A finalidade precípua dos embargos é esclarecer ou integrar uma decisão que padece de algum vício de conteúdo.

O art. 1.022 do CPC elenca as hipóteses de cabimento dos embargos de declaração:

> Art. 1.022. Cabem embargos de declaração contra qualquer decisão judicial para:
> I – esclarecer obscuridade ou eliminar contradição;
> II – suprir omissão de ponto ou questão sobre o qual devia se pronunciar o juiz de ofício ou a requerimento;
> III – corrigir erro material.
> Parágrafo único. Considera-se omissa a decisão que:
> I – deixe de se manifestar sobre tese firmada em julgamento de casos repetitivos ou em incidente de assunção de competência aplicável ao caso sob julgamento;
> II – incorra em qualquer das condutas descritas no art. 489, § 1º.

Pode-se dizer então que os embargos são um recurso de fundamentação vinculada, pois suas hipóteses de cabimento estão previamente enumeradas no CPC.

Os embargos têm cabimento contra qualquer decisão e em qualquer grau de jurisdição pelo simples motivo de que a parte tem direito a uma decisão clara (arts. 93, IX, da CF e 489, II, do CPC).

Os embargos possuem efeito devolutivo. Não há efeito suspensivo salvo se houver a demonstração de algum dos elementos do art. 1.026, § 1º, do CPC). Contudo, os embargos são dotados de efeito interruptivo e este é o seu principal efeito, pelo qual entende-se que da interposição dos embargos interrompe-se a contagem de prazo para outros recursos. A interrupção começa a correr da data do ajuizamento dos embargos e permanece até a decisão que o decidir.

Lembre-se:

Os embargos de declaração poderão ser opostos para fins de prequestionamento de recurso especial e extraordinário, de acordo com a Súmula 356 do STF.

7.4.1 Estrutura básica dos embargos de declaração

Requisitos	Art. 1.022 e ss. do CPC.
Interposição	Prolator da decisão.
Partes	Embargante e embargado.
Hipóteses de cabimento	Contra toda e qualquer decisão que houver obscuridade, contradição, omissão ou erro material. Prazo: 5 dias. Podem ser opostos para fins de prequestionamento.

Fundamento legal	Art. 1.022 e ss. do CPC.
Efeitos	Efeito devolutivo, interruptivo como regra, suspensivo, infringente ou modificativo, eventualmente.
Pedido	Requerer seja sanada a irregularidade.

7.4.2 Peça prática dos embargos de declaração

O condomínio X intentou ação de cobrança em face do condômino Y, visando ressarcir despesas extraordinárias referentes à pintura do prédio. No pedido, foi requerida a inclusão de multa prevista na convenção de condomínio para tais casos.

O Juiz da 38ª Vara Cível do Foro Central da Capital do Estado de São Paulo, onde tramitou a ação, ao proferir decisão de mérito acolhendo o pedido e julgando procedente a ação, condenou o réu ao pagamento, sem especificar se nestas verbas estaria incluída a multa.

Questão: Colocando-se como advogado do Condomínio, qual medida judicial deve ser aplicada na situação?

EXCELENTÍSSIMO JUÍZO DE DIREITO DA ... VARA CÍVEL DO FORO CENTRAL DA COMARCA DE SÃO PAULO-SP

Processo n. ...

CONDOMÍNIO X, já devidamente qualificado nos autos do processo em epígrafe, que move em face de CONDÔMINO Y, também devidamente qualificado, vem, respeitosamente, por seu advogado ao final assinado, à presença de Vossa Excelência, com fundamento no art. 1.022 e seguintes do Código de Processo Civil, opor os presentes EMBARGOS DE DECLARAÇÃO em face da sentença de folhas ..., pelas razões de fato e de direito a seguir aduzidas.

I – CABIMENTO E TEMPESTIVIDADE

Consoante se depreende das folhas ..., o embargante foi intimado da decisão no dia ..., tendo interposto o recurso no dia ..., cumprindo, portanto, a exigência dos 5 dias previstos em lei.

A questão objeto deste recurso torna imperiosa a adoção dos embargos de declaração, tendo em vista a omissão. Aliás, é o que preconiza o art. 1.022, II, do Código de Processo Civil.

II – DAS RAZÕES RECURSAIS

O embargante promoveu ação de cobrança em face do embargado objetivando o ressarcimento de despesas extraordinárias referentes à pintura do prédio. No pedido de mencionada demanda, requereu o embargante a inclusão da multa estabelecida na convenção de condomínio.

Ao proferir a respeitável sentença de folhas ..., o Ilustre Magistrado acolheu a pretensão do embargante, julgando procedente a ação, condenando o embargado ao pagamento, mas deixou de especificar se nas verbas ali mencionadas estaria incluída a multa prevista na convenção condominial.

Dessa forma, diante da omissão apontada, não restou alternativa senão a oposição desses embargos de declaração.

A respeitável sentença de fls., que julgou procedente a demanda, *data venia*, omitiu questão relevante requerida pelo Embargante, qual seja a inserção da multa prevista na convenção de condomínio para casos como o apontado na exordial.

Por conseguinte, por haver omissão sobre ponto sobre o qual o nobre Magistrado deveria se pronunciar, cabíveis são os presentes embargos, nos termos do art. 1.022, II, do Código de Processo Civil, para fazer incluir na condenação a multa ali prevista, exatamente nos termos apontados na petição inicial e com respaldo nos arts. 1.336 e seguintes do Código Civil.

III – DO PEDIDO

Diante de todo o exposto, requer:

a) tendo em vista o preenchimento de todos os requisitos de admissibilidade, seja admitido o recurso;

b) a interrupção da contagem de prazo para interposição de outros recursos;

c) sejam acolhidos estes embargos para suprimento da omissão apontada, para o fim de incluir na condenação a multa estabelecida na convenção condominial;

d) a majoração dos honorários advocatícios nos termos do art. 85, § 11, do CPC.

Termos em que pede deferimento.

Local e data.

ADVOGADO ...

OAB ...

7.5 Estrutura básica do recurso ordinário constitucional

Requisitos	Arts. 1.027 e 1.028 do CPC.
Interposição	Perante o presidente do Superior de Justiça, Tribunal Regional Federal ou de Tribunal de Justiça ou ainda perante o juiz federal da causa que prolatou a decisão recorrida, com as razões dirigidas ao STF ou STJ, dependendo do caso.
Partes	Tratamento: recorrente e recorrido.
Hipóteses de cabimento	Arts. 1.027 e ss. do CPC e 102, II, e 105, II, da CF. Será dirigido ao STF nos casos de denegação de mandado de segurança, *habeas data* e mandado de injunção decididos em única instância pelos tribunais superiores, que são o STJ, o TST, o TSE e o STM. Será dirigido ao STJ nos casos de denegação de mandado de segurança decidido em única instância pelos Tribunais Regionais Federais ou pelos Tribunais dos Estados e do Distrito Federal e Territórios, e, ainda, causas entre Estado estrangeiro ou organismo internacional, de um lado, e, de outro, Município ou pessoa residente ou domiciliada no País.
Fundamento legal	Art. 102, II, da CF/88 e art. 1.027, I, do CPC, se decisão denegatória em mandado de segurança impetrado perante os Tribunais Superiores. Art. 105, II, da CF/88 e art. 1.027, II, *a*, do CPC, se decisão denegatória em mandado de segurança impetrado perante os Tribunais Regionais ou Tribunais de Justiça.
Efeitos	Devolutivo e suspensivo.
Petição de interposição	Endereçado ao Presidente do Tribunal recorrido. Requerer a intimação da parte contrária para apresentar contrarrazões. Juntada da guia de preparo.
Razões de recurso ordinário constitucional	Endereçar ao STF/STJ. Demonstrar a tempestividade e o cabimento. Demonstrar o cabimento do recurso, conforme os arts. 102, II, ou 105, II, da CF/88. Reforçar a tese sustentada no recurso recorrido, utilizando lei, doutrina e jurisprudência.
Pedido	Conhecimento do recurso e provimento para reforma do acórdão recorrido. Inversão de sucumbência. Recebimentos nos efeitos devolutivo e suspensivo. Majoração dos honorários.

7.5.1 Peça prática de recurso ordinário constitucional

EXCELENTÍSSIMO SENHOR DOUTOR DESEMBARGADOR PRESIDENTE DO EGRÉGIO...
(Tribunal que julgou o mandado de segurança em única instância)

Processo n. ...

(Nome do recorrente), já qualificado nos autos em epígrafe, que move em face de (Nome do recorrido) por seu advogado que ao final subscreve, não se conformando com a respeitável decisão denegatória do Mandado de Segurança interposto, vem, respeitosamente, à presença de Vossa Excelência, com fundamento nos arts. 102, II, *a*, ou 105, II, *b*, da Constituição Federal, interpor RECURSO ORDINÁRIO pelas razões anexas.

Requer, ainda, a intimação da parte contrária para que, querendo, ofereça, dentro do prazo legal, suas contrarrazões, remetendo-se, ao final, os presentes autos ao E. (STF ou STJ).

Requer a juntada da inclusa guia de preparo devidamente recolhida.

Termos em que pede deferimento.

Local e data.

ADVOGADO ...

OAB ...

EGRÉGIO SUPREMO TRIBUNAL FEDERAL
(ou SUPERIOR TRIBUNAL DE JUSTIÇA)

RAZÕES DE RECURSO ORDINÁRIO CONSTITUCIONAL

Recorrente: ...
Recorrido: ...

Egrégio Tribunal
Colenda Turma

I – DA TEMPESTIVIDADE E DO CABIMENTO

Consoante se depreende dos autos, o recorrente foi intimado da decisão aos ... e protocolizou o presente recurso em ..., portanto no prazo de quinze dias previsto em lei (art. 1.005, § 5º, Código de Processo Civil).

Trata-se de decisão denegatória em sede de mandado de segurança impetrado perante o Superior Tribunal de Justiça. Portanto, cabível no caso o presente Recurso Ordinário Constitucional nos termos do art. 102, II, da Constituição Federal.

II – DAS RAZÕES RECURSAIS

Trata-se de Mandado de Segurança impetrado perante o E. Tribunal..., visando ...

Com efeito, a ... Câmara daquele Tribunal decidiu pela denegação do *mandamus*, nos seguintes termos:

"..."

(Transcrever a decisão denegatória ou os principais trechos)

(demais dados do problema)

Sendo assim, e pelas razões de direito que a seguir serão expostas, interpõe o recorrente o presente recurso, para que...

(Demonstrar o cabimento do RO para o caso, conforme art. 102, II, a, ou art. 105, II, b, da CF [+ arts. 1.027 e 1.028 do CPC].

Alegar o quanto foi apresentado no mandado de segurança denegado pelo Tribunal.

Adicionar legislação para reforço da tese).

III – DO PEDIDO

Diante do exposto, requer:

a) tendo em vista o preenchimento dos requisitos de admissibilidade, seja admitido o recurso;

b) seja recebido nos seus efeitos devolutivo e suspensivo;

c) ao final seja dado provimento com a reforma do acórdão recorrido (comentar com a especificação do pedido; exemplo: "concedendo-se a segurança pleiteada, a fim de suspender a exigibilidade do crédito tributário em discussão");

d) a inversão dos ônus da sucumbência para que fiquem ao encargo do recorrido;

e) a intimação do Ministério Público para, em querendo, se manifestar no feito;

f) a majoração dos honorários advocatícios nos termos do art. 85, § 11, do CPC.

Termos em que pede deferimento.

Local e data.

ADVOGADO ...

OAB ...

7.6 Recursos extraordinário e especial

Esses recursos objetivam, com outros institutos do ordenamento brasileiro como o Incidente de Resolução das Demandas Repetitivas e a Assunção de Competência, a preservação do princípio da unidade do ordenamento jurídico no nosso sistema. A finalidade desses recursos é assegurar que a Lei Federal e a Constituição Federal sejam aplicadas de maneira uniforme em todos os casos que necessitam de sua incidência.

Admitem-se nas causas julgadas pelos Tribunais em única ou última instância quando a decisão recorrida:

Recurso Extraordinário	Recurso Especial
Art. 102, III, da CF	Art. 105, III, da CF
a) Contrariar dispositivo da Constituição Federal (afrontar norma constitucional expressamente apontada). b) Declarar a inconstitucionalidade de tratado ou lei. c) Julgar válida lei ou ato do governo local contestado em face da CF. d) Julgar válida lei local contestada em face de lei federal.	a) Contrariar tratado de lei federal ou negar-lhe vigência (contrariedade de lei é, além de negar vigência, também interpretar erroneamente). b) Julgar válido ato ou lei de governo local contestado em face de lei federal (é uma espécie de negativa de vigência ou contrariedade à lei federal. Se a decisão recorrida afirmou a validade de lei ou ato local [Estadual ou Municipal] que está em confronto com norma federal, é porque deixou de aplicá-la). c) Der à lei federal interpretação divergente da que lhe haja atribuído outro tribunal.

a) Os recursos de estrito direito (como assim são chamados) cabem apenas de decisões oriundas de tribunal (Enunciado n. 203 da Súmula do STJ). A exceção fica por conta o eventual cabimento de recurso extraordinário contra decisões de Turma Recursal nos JECs e as causas de alçada (*v.g.*, art. 34 da Lei n. 6.830/80) conforme dispõe Enunciado n. 640 da Súmula do STF.

b) É necessário o prévio exaurimento das instâncias ordinárias, ou seja, a interposição desses recursos fica condicionada à não existência de mais nenhum outro recurso (ordinário) para aquela decisão.

c) Só podem veicular matéria de direito (Enunciado n. 7 da Súmula do STJ), vale dizer, estes recursos não se prestam a proceder ao reexame de prova nas instâncias superiores.

d) Serão recebidos apenas no seu efeito devolutivo e, como consequência, não impedem a execução do julgado por meio de cumprimento provisório. Contudo, é possível a concessão de efeito suspensivo *ope judicis*, nas hipóteses do art. 1.029, § 5º, do CPC (já com as alterações empreendidas pela Lei n. 13.256/2016).

Lembre-se:

Não admitidos os recursos extraordinário e especial, caberá agravo da decisão denegatória no prazo de 15 dias perante o tribunal *a quo*. Conforme dispõe a nova redação do CPC, com as alterações empreendidas pela Lei n. 13.256/2016:

"Art. 1.042. Cabe agravo contra decisão de presidente ou de vice-presidente do tribunal recorrido que inadmitir recurso extraordinário ou recurso especial, salvo quando fundada na aplicação de precedente de repercussão geral e de recurso especial repetitivo. I – (revogado); II – (revogado); III – (revogado).

§ 1º (Revogado): I – (revogado); II – (revogado);

a) (revogada); b) (revogada).

§ 2º A petição de agravo será dirigida ao presidente ou vice-presidente do tribunal de origem e independe do pagamento de custas e despesas postais, aplicando-se a ela o regime de repercussão geral e dos recursos especiais repetitivos, inclusive quanto à possibilidade de sobrestamento e de juízo de retratação.

7.6.1 Estrutura básica do recurso extraordinário

Requisitos	Art. 102, III, da CF/88 e art. 1.029 e ss. do CPC.
Interposição	A competência para julgamento é do STF, contudo deverá ser interposto perante o Presidente ou Vice-Presidente do Tribunal recorrido.
Partes	Tratamento: recorrente e recorrido.
Hipóteses de cabimento	Art. 102, III, da CF/88. Prazo: 15 dias.
Fundamento legal	Art. 102, III, da CF/88 e art. 1.029 e ss. do CPC.
Efeitos	Apenas efeito devolutivo.
Petição de interposição	Endereçada ao Presidente ou Vice-Presidente do Tribunal recorrido. Desnecessário qualificar as partes, salvo alteração. Requerer a intimação da parte contrária para apresentar contrarrazões, bem como a juntada da guia de custas de preparo. Recebimento do recurso apenas no efeito devolutivo.
Razões de recurso extraordinário	Endereçar ao STF. Demonstrar a tempestividade e o cabimento do recurso, bem como o prequestionamento da matéria. Demonstrar, em preliminar, a existência da repercussão geral, nos termos do § 3º do art. 102 da CF/88, bem como do art. 1.035 do CPC. Descrever as razões pelas quais deverá ser reformada a decisão, indicando qual artigo da Constituição Federal foi contrariado.
Pedido	Conhecimento do recurso e provimento para anular ou reformar o acórdão recorrido.

7.6.2 Peça prática de recurso extraordinário

EXCELENTÍSSIMO SENHOR DOUTOR DESEMBARGADOR PRESIDENTE DO EGRÉGIO TRIBUNAL DE JUSTIÇA DO ESTADO DE ...

Acórdão n. ...

(Nome do recorrente), devidamente qualificado nos autos, por seu advogado, não se conformando com o v. acórdão proferido às fls. ..., que negou provimento ao Recurso de ... interposto nos autos da Ação ... n. ..., vem, respeitosamente, à presença de Vossa Excelência, a teor do disposto no art. 102, III, da Constituição Federal e no art. 1.029 e seguintes do Código de Processo Civil, interpor o presente RECURSO EXTRAORDINÁRIO, consoante as razões de fato e direito adiante aduzidas.

Requer seja o presente recurso devidamente recebido em seu regular efeito devolutivo e processado, intimando-se a parte contrária para que ofereça as contrarrazões no prazo de 15 (quinze) dias, remetendo-se os autos, em seguida, ao Supremo Tribunal Federal.

Por fim, requer a juntada da guia comprobatória do recolhimento ora devido, a título de preparo.

Termos em que pede recebimento.

Local e data.

ADVOGADO ...

OAB ...

EGRÉGIO SUPREMO TRIBUNAL FEDERAL

RAZÕES DE RECURSO EXTRAORDINÁRIO

Recorrente: ...
Recorrido: ...
Egrégio Tribunal
Colenda Turma

I – DA TEMPESTIVIDADE E DO CABIMENTO

Consoante se depreende dos autos o recorrente foi intimado da decisão aos ... e protocolizou o presente recurso em ..., portanto no prazo de quinze dias previsto em lei (art. 1.005, § 5º, Código de Processo Civil).

Trata-se de decisão que violou à Constituição Federal. Portanto, cabível no caso o presente Recurso Extraordinário, nos termos do art. 102, III, *a*, da Constituição Federal.

II – DA REPERCUSSÃO GERAL

A matéria, objeto do presente recurso, reveste-se de relevância (política, econômica, social ou jurídica). Isso porque, quando se defende o direito ao ..., inegavelmente representa uma relevância para a sociedade.

Portanto, restou demonstrada a repercussão geral, nos termos do art. 1.035 do Código de Processo Civil.

III – PREQUESTIONAMENTO

[Demonstrar que a matéria levada à apreciação deste recurso já foi debatida na esfera jurisdicional inferior – requisito imprescindível para a peça: Súmula 282 STF.]

Consoante se depreende do acórdão recorrido a matéria, objeto do presente recurso, foi devidamente apreciada e, portanto, prequestionada à luz da Súmula 282 do STF.

IV – DAS RAZÕES RECURSAIS

1) Trata-se:

(Narrar a ação e os fatos constantes do problema que ensejaram do recurso)

2) O Tribunal *a quo* entendeu que:

No venerando acórdão, no que tange à aplicação do artigo... da Constituição Federal, entenderam os doutos julgadores que... *(Transcrever o trecho do acórdão com a afronta)*

3) Merece reforma:

O presente recurso é interposto com base na alínea ... do art. 102, III, da Carta Magna, uma vez que o venerando acórdão ora recorrido a contraria quando demonstra que... *[Apresentar a decisão atacada].*

Com isso, expressamente demonstrada está a violação ao artigo... da Constituição Federal. *[Desenvolvimento com citação da súmula sobre o tema e conclusão da tese]*

V – DO PEDIDO

Diante do exposto, requer:

a) tendo em vista o preenchimento dos requisitos de admissibilidade, seja admitido o recurso;

b) seja recebido no seu regular efeito devolutivo;

c) ao final seja dado provimento com a reforma do acórdão recorrido para o fim de...;

d) a inversão dos ônus da sucumbência para que fiquem ao encargo do recorrido;

e) a majoração dos honorários advocatícios nos termos do art. 85, § 11, do Código de Processo Civil.

Termos em que pede deferimento.

Local e data.

ADVOGADO ...

OAB ...

7.6.3 Estrutura básica do recurso especial

Requisitos	Art. 105, III, da CF/88 e art. 1.029 e ss. do CPC.
Interposição	A competência para julgamento é do STJ, devendo ser interposto perante o Presidente ou Vice-Presidente do Tribunal recorrido.
Partes	Tratamento: recorrente e recorrido.
Hipóteses de cabimento	Art. 105, III, da CF/88. Prazo: 15 dias.
Fundamento legal	Art. 105, III, da CF/88 e art. 1.029 e ss. do CPC.
Efeitos	Apenas efeito devolutivo.
Petição de interposição	Endereçada ao Presidente ou Vice-Presidente do Tribunal recorrido. Desnecessário qualificar as partes, salvo alteração. Requerer a intimação da parte contrária para apresentar contrarrazões, bem como a juntada da guia de custas de preparo.
Razões de recurso especial	Endereçar ao STJ. Demonstrar a tempestividade e o cabimento do recurso, bem como o prequestionamento da matéria. Se o recurso foi interposto fundamentado na alínea *a* do art. 105, III, da CF/88, deve-se demonstrar a lei federal que foi contrariada. Se o recurso foi interposto fundamentado na alínea *c* do art. 105, III, da CF/88, deve-se confrontar o acórdão recorrido com o utilizado como paradigma, cumprindo ao recorrente fazer prova da divergência nos termos do art. 1.029, § 1º, do CPC. A discussão deve versar unicamente sobre matéria de direito, e não sobre questões fáticas (nesse sentido, Súmula 7 do STJ).

Pedido	Conhecimento do recurso e provimento para anular ou reformar o acórdão recorrido.
Contrarrazões de recurso especial	– Art. 542 do CPC. – Em preliminar, verificar os pressupostos de admissibilidade. – Requerer o não recebimento e conhecimento do recurso e a manutenção da decisão recorrida.

7.6.4 Peça prática de recurso especial

Horácio propõe contra Aldo ação de reintegração de posse, pelo rito ordinário. Em contestação, Aldo alega a ilegitimidade do autor, pois só quem poderia propor a demanda seria o seu pai, legítimo proprietário e possuidor do imóvel (arts. 926 e 267, VI, do CPC) [atuais arts. 560 e 485, VI, do CPC]. No mérito, alega que estaria na posse de forma regular em razão de comodato. O juiz de primeiro grau rejeita a alegação de ilegitimidade, tendo Aldo interposto agravo na forma retida. Meses depois, a demanda vem a ser julgada procedente, tendo Aldo interposto apelação, requerendo que o Tribunal conheça preliminarmente do agravo retido. Ao julgar a apelação, o Tribunal de Justiça de São Paulo nega provimento por maioria de votos ao agravo retido, apreciado preliminarmente, e, por unanimidade de votos, nega provimento à apelação, tendo apreciado integralmente todas as questões debatidas.

Questão: Como advogado de Aldo, interponha o recurso cabível.

(Nota dos autores – no atual CPC não mais existe a figura do agravo retido).

EXCELENTÍSSIMO SENHOR DOUTOR DESEMBARGADOR PRESIDENTE DO EGRÉGIO TRIBUNAL DE JUSTIÇA DO ESTADO DE SÃO PAULO

Acórdão n. ...

ALDO, já devidamente qualificado nos autos do recurso de Apelação de número supramencionado interposto em face de HORÁCIO, também devidamente qualificado, vem, respeitosamente, por seu advogado que esta subscreve, à presença de Vossa Excelência, tendo em vista o venerando acórdão de fls. ..., que negou provimento ao agravo retido analisado preliminarmente em sede de recurso de apelação, com fulcro no art. 105, III, *a*, da Constituição Federal e no art. 1.029 e seguintes do Código de Processo Civil, interpor o presente Recurso Especial conforme razões anexas.

    Outrossim, requer seja o presente recurso recebido no seu regular efeito devolutivo e processado, remetendo-se os autos ao Colendo Superior Tribunal de Justiça.

    Ademais, requer a intimação da parte contrária para, querendo, apresentar contrarrazões no prazo legal, bem como a juntada da guia de custas de preparo devidamente recolhidas.

Termos em que pede recebimento.

Local e data.

ADVOGADO ...

OAB ...

COLENDO SUPERIOR TRIBUNAL DE JUSTIÇA

RAZÕES DE RECURSO ESPECIAL

Recorrente: Aldo
Recorrido: Horácio
...

Egrégio Tribunal
Colenda Câmara

I – DA TEMPESTIVIDADE E DO CABIMENTO

Primeiramente, cumpre destacar que o presente recurso é tempestivo, com base no art. 1.003, § 5º, do Código de Processo Civil, tendo em vista a intimação do acórdão pelo Diário Oficial do Estado de São Paulo em...

Assim, o recurso especial em questão deve ser recebido e processado, encaminhando-se os autos à Superior Instância.

Trata-se de acórdão proferido pelo Tribunal de Justiça em última instância que violou Lei Federal. Portanto, cabível no caso o presente recurso especial nos termos do art. 105, III, da Constituição Federal.

II – DO PREQUESTIONAMENTO

O venerando acórdão recorrido contrariou expressamente os arts. 560 e 485, VI, do Código de Processo Civil, tendo sido a matéria ampla e devidamente analisada pelo acórdão que não deu provimento, por maioria de votos, ao agravo retido, apreciado preliminarmente ao recurso de apelação. Presente, pois, a orientação da Súmula 282 do STF.

Ademais, tratando-se exclusivamente de matéria de direito, não há falar no presente recurso em apreciação de provas, consoante determinação da Súmula 7 do Superior Tribunal de Justiça.

Dessa forma, devidamente demonstrado o prequestionamento da matéria, passa-se a analisar o mérito do Recurso Especial, conforme abaixo.

III – DA RELEVÂNCIA

A matéria, objeto do presente recurso (questões de direito federal infraconstitucional), reveste-se de relevância. Isso porque, quando se defende o direito ao ..., inegavelmente representa uma relevância para a sociedade.

Portanto, restou demonstrada a repercussão geral, nos termos do art. 105, §§ 2º e 3º, da Constituição Federal.

IV – RAZÕES RECURSAIS

Trata-se de ação de reintegração de posse proposta pelo recorrido, pelo rito ordinário. Em sua contestação, o réu, ora recorrente, alegou ilegitimidade de parte do recorrido, uma vez que o mesmo não é o possuidor do imóvel supostamente esbulhado, requisito necessário para a propositura da demanda, nos termos do art. 560 do Código de Processo Civil. Por conseguinte, o recorrente requereu a extinção do processo sem resolução de mérito, nos termos do art. 485, VI, do mesmo diploma legal. No mérito, alegou que estaria de forma regular na posse do imóvel em razão do contrato de comodato.

A alegação de ilegitimidade foi rejeitada pelo MM Juiz de primeiro grau, tendo o recorrente interposto agravo retido cujo provimento, por ocasião da apreciação do recurso de apelação interposto pelo recorrente, foi negado por maioria de votos.

Insta consignar que, por unanimidade de votos, foi negado provimento à apelação, tendo o Egrégio Tribunal de Justiça do Estado de São Paulo apreciado integralmente todas as questões debatidas.

Neste sentido, o presente recurso é interposto com arrimo no art. 105, III, *a*, da Constituição Federal, uma vez que o v. acórdão recorrido contrariou as disposições dos arts. 560 e 485, VI, do Código de Processo Civil.

Isso porque os autos em questão referem-se à ação de reintegração de posse, que, conforme se depreende do art. 560 do Código de Processo Civil, só é legitimado a propor o possuidor do imóvel, o que não acontece na presente demanda, já que apenas o pai do recorrido é seu proprietário e possuidor.

Em contraste com tal dispositivo, o v. acórdão recorrido, por conseguinte, contrariou também o art. 485, IV, do Código de Processo Civil, uma vez que deixou de extinguir o feito sem resolução de mérito.

A ilegitimidade de parte é condição da ação e, consequentemente, leva à extinção do processo sem julgamento de mérito.

Clara, pois, a necessidade de reforma da decisão recorrida, uma vez que patente a ofensa aos seguintes dispositivos infraconstitucionais: arts. 560 e 485, VI, do Código de Processo Civil.

V – PEDIDO

Diante do exposto, requer:

a) tendo em vista o preenchimento dos requisitos de admissibilidade, seja admitido o recurso;

b) seja recebido no seu regular efeito devolutivo;

c) ao final seja dado provimento com a reforma do acórdão recorrido para o fim de reconhecer a ilegitimidade de parte do recorrido, julgando-se extinto o feito sem resolução de mérito;

d) a inversão dos ônus da sucumbência para que fiquem ao encargo do recorrido;

e) a majoração dos honorários advocatícios nos termos do art. 85, § 11, do Código de Processo Civil.

Termos em que pede deferimento.

Local e data.

ADVOGADO ...

OAB ...

7.7 Estrutura básica dos embargos de divergência

Os embargos de divergência constituem um recurso (CPC, arts. 994, IX, 1.043 e 1.044) com o objetivo de uniformizar a jurisprudência interna do Superior Tribunal de Justiça ou do Supremo Tribunal Federal.

Sua base legal vem prevista nos já referidos artigos, bem como no Regimento Interno dos dois Tribunais Superiores (RISTF, arts. 330-336, e RISTJ, arts. 266-267).

Cabimento:

Art. 1.043. É embargável o acórdão de órgão fracionário que:

I – em recurso extraordinário ou em recurso especial, divergir do julgamento de qualquer outro órgão do mesmo tribunal, sendo os acórdãos, embargado e paradigma, de mérito;

II – revogado pela Lei n. 13.256/2016;

III – em recurso extraordinário ou em recurso especial, divergir do julgamento de qualquer outro órgão do mesmo tribunal, sendo um acórdão de mérito e outro que não tenha conhecido do recurso, embora tenha apreciado a controvérsia;

IV – revogado pela Lei n. 13.256/2016.

Requisitos	Divergências de julgamentos no próprio Tribunal (STJ ou STF).
Interposição	Perante o relator da decisão recorrida.
Partes	Tratamento: embargante e embargado.
Hipóteses de cabimento	Arts. 1.043 e 1.044 do CPC. Prazo: 15 dias.

Fundamento legal	Arts. 1.043 e 1.044 do CPC. No STJ, art. 266 e ss. do seu Regimento Interno. No STF, art. 330 e ss. do seu Regimento Interno.
Efeitos	Efeito devolutivo, limitando-se à matéria recorrida.
Procedimento	É estabelecido nos regimentos internos dos Tribunais (STJ ou STF).

7.7.1 Peça prática de embargos de divergência

EXCELENTÍSSIMO SENHOR DOUTOR MINISTRO PRESIDENTE DO SUPREMO TRIBUNAL FEDERAL *[OU SUPERIOR TRIBUNAL DE JUSTIÇA]*

Recurso n. ...

(Nome do embargante), já devidamente qualificado nos autos do processo em referência em que contende com (nome do embargado), também já qualificado, vem, respeitosamente à presença de Vossa Excelência, tendo em vista o venerando acórdão de fls. ..., opor os presentes **EMBARGOS DE DIVERGÊNCIA** com fundamento no art. 1.043, inciso ..., do Código de Processo Civil, pelas razões anexas;
Requer seja recebido o recurso no seu regular efeito devolutivo.
Requer a juntada da inclusa guia de preparo devidamente recolhida.

Por fim, requer a intimação do Embargado para, querendo, apresentar contrarrazões no prazo de 15 dias.

Termos em que pede deferimento.

Local e data.

ADVOGADO ...

OAB ...

I – CABIMENTO E TEMPESTIVIDADE

Consoante se depreende de folhas ..., o Embargante foi intimado do acórdão no dia ..., e o recurso foi interposto no dia ... Portanto, preenchido o requisito da tempestividade do art. 1.003, § 5º, do Código de Processo Civil.

É cabível o presente recurso por haver divergência no Juízo de ... entre o acórdão embargado, proferido pela ... e o acórdão proferido pela ..., conforme certidão anexa, ambas deste Egrégio ... Isso porque (resumo da divergência).

Aliás, é o que dispõe o art. 1.043 do Código de Processo Civil:

Art. 1.043. É embargável o acórdão de órgão fracionário que:

I – em recurso extraordinário ou em recurso especial, divergir do julgamento de qualquer outro órgão do mesmo tribunal, sendo os acórdãos, embargado e paradigma, de mérito;

III – em recurso extraordinário ou em recurso especial, divergir do julgamento de qualquer outro órgão do mesmo tribunal, sendo um acórdão de mérito e outro que não tenha conhecido do recurso, embora tenha apreciado a controvérsia;

Ps. Os incisos II e IV foram revogados pela Lei 13.256/2016.

II – RAZÕES RECURSAIS

[Narrar o ocorrido no processo, com base nos dados fornecidos pelo problema]

Com efeito, assim ficou decidido no v. acórdão ora embargado:

"..."

[Transcrever o acórdão ou o trecho em que se demonstrará a divergência]

[Conclusão]

Não obstante, sobre a matéria discutida no presente recurso, o entendimento da ...Turma deste C. STF (ou STJ) diverge daquele apresentado no v. acórdão ora embargado, *verbis*:

"..."

[Demonstrar o acórdão, ou parte dele, divergente da decisão que ora se ataca]

[Fazer a conclusão]

III – DO PEDIDO

Diante de todo o exposto, tendo preenchido todos os requisitos de admissibilidade recursais, requer seja conhecido o recurso ora interposto, com recebimento no seu regular efeito devolutivo.

Requer ainda seja o recurso provido, alterando-se a decisão recorrida, aplicando-se o mesmo entendimento da ...Turma deste Egrégio Tribunal, para ... *(especificar a finalidade da alteração do acórdão)*. A majoração dos honorários advocatícios nos termos do art. 85, § 11, do Código de Processo Civil.

Termos em que pede deferimento.

Local e data.

ADVOGADO ...

OAB ...

7.8 Estrutura básica de recurso adesivo

Em regra, a interposição de um recurso não fica condicionada à apresentação de recurso pela parte contrária. Isso porque, no mais das vezes, apenas uma das partes sai vencida e consequentemente possui interesse recursal. O recurso que não se sujeita a outro para que produza seus regulares efeitos denomina-se recurso de fundamentação livre.

Não raro, contudo, existe a possibilidade de nenhum dos litigantes sair totalmente vitorioso na demanda, de modo que a sentença possa torná-los reciprocamente vencedores e vencidos, o que se denomina **sucumbência recíproca**.

Por vezes, a sucumbência por uma das partes é bem aceita, o que lhe subtrai a vontade de recorrer. Todavia, nada impede que a outra parte (também sucumbente) possa recorrer, o que, se procedente no tribunal, poderá agravar a decisão daquele já conformado com a parcial derrota.

Nesse caso, a parte que não recorreu será tomada de surpresa com o recurso interposto pela outra parte quando for intimada para apresentar contrarrazões. **A fim de evitar um agravamento da decisão (*reformatio in pejus*) e tendo perdido o prazo para o recurso, poderá a parte interpor o recurso adesivo.**

O recurso adesivo é clara manifestação da economia processual. Visa evitar a interposição precipitada do recurso pelo parcialmente vencido, já que tem a certeza de que poderá impugnar a decisão em outro momento.

Assim, dois são os requisitos para a utilização do recurso adesivo: **sucumbência recíproca e conformação inicial com o julgado**.

Dispõe o art. 997 do CPC que: *"Cada parte interporá o seu recurso independentemente, no prazo e observadas as exigências legais"*. Infere-se da leitura desse artigo que a parte, individualmente, interporá seu recurso no prazo, observadas as exigências legais, contudo, se as partes sucumbirem reciprocamente, é possível a interposição, no prazo das contrarrazões, de recurso adesivo. Observe esse exemplo: "A" ajuíza ação de cobrança contra "B", a fim de receber a quantia de R$ 5.000,00 (cinco mil reais). Na sentença, o juiz julga parcialmente procedente o pedido de "A", condenando "B" ao pagamento de R$ 2.500,00 (dois mil e quinhentos reais). "A" entende que a sentença foi justa e não recorre dela, contudo "B" interpõe recurso. Para evitar a reforma da sentença (*reformatio in pejus*) em razão do recurso interposto, no prazo das contrarrazões, "A" poderá recorrer adesivamente. Por esse motivo, afirma-se que o recurso adesivo não é espécie de recurso, pois não se encontra enumerado no rol do art. 994 do CPC, mas fica atrelado ao recurso da parte contrária, chamado principal. Alguns aspectos devem ser observados:

a) é cabível em apelação, recurso especial e extraordinário (art. 997, § 2º, II, do CPC);

b) dá-se a interposição no prazo para contrarrazões do recurso da outra parte;

c) é dependente do recurso principal;

d) o Ministério Público e terceiros não podem recorrer, pois a lei menciona apenas autor e réu.

Requisitos	Sucumbência parcial ou recíproca, conforme art. 997 do CPC.
Interposição	Perante autoridade competente para admitir o recurso principal.
Partes	Tratamento: recorrente e recorrido.
Hipóteses de cabimento	Apelação, recurso especial e recurso extraordinário (art. 997, § 2º, II, do CPC).
Fundamento legal	Art. 997 do CPC c/c os artigos referentes ao recurso principal.
Efeitos	Análogos aos do recurso principal.
Petição de interposição	Idêntica à do recurso principal.
Razões de recurso	Semelhantes às do recurso principal.
Pedido	Equivalente ao do recurso principal.

7.8.1 Peça prática de recurso adesivo

EXCELENTÍSSIMO JUÍZO DE DIREITO DA... VARA CÍVEL DA COMARCA DE... *[SEMPRE ENDEREÇADO AO JUÍZO* **A QUO***]*

Processo n. ...

(Nome do recorrente), já devidamente qualificado nos autos do processo em epígrafe, inconformado com a respeitável sentença de folhas ..., que lhe foi parcialmente favorável, vem, respeitosamente, à presença de Vossa Excelência, por seu advogado infra-assinado, com fundamento no art. 997 e seguintes do Código de Processo Civil, interpor RECURSO ADESIVO ao Recurso de apelação..., interposto por (nome do recorrido), já qualificado nos autos, com base nas razões em anexo.

Outrossim, requer seja a parte contrária intimada para, querendo, apresentar suas contrarrazões, no prazo de 15 (quinze) dias.

Requer, ainda, a remessa dos autos para o Egrégio Tribunal de Justiça do Estado de ..., para seu processamento e julgamento.

Por fim, requer a juntada da guia de custas de preparo, devidamente quitada, que a esta segue anexa.

Termos em que pede recebimento.

Local e data.

ADVOGADO ...

OAB ...

EGRÉGIO TRIBUNAL DE JUSTIÇA DO ESTADO DE...

RAZÕES DE RECURSO ADESIVO

Recorrente:...
Recorrido:...

Egrégio Tribunal
Colenda Turma

I – DA TEMPESTIVIDADE E DO CABIMENTO

Primeiramente, cumpre destacar que o presente recurso é tempestivo, com base no art. 1.003, § 5º, combinado com o art. 997, § 2º, I, ambos do Código de Processo Civil, tendo em vista a intimação do acórdão pelo Diário Oficial ...

Trata-se de sucumbência recíproca em que o recorrente se conformou inicialmente com o julgado, mas foi surpreendido com o recurso da parte contrária. Portanto, cabível em contrarrazões no caso o presente recurso adesivo nos termos do art. 997 Código de Processo Civil.

II – RAZÕES RECURSAIS

1) Trata-se:

[Narrar os fatos expostos pelo problema]

2) O MM. Juízo *a quo* entendeu que:

Demonstrar a decisão que ensejou a propositura do recurso na forma requerida, ou seja, salientando em especial a questão da sucumbência recíproca.

[Comprovar o cabimento do recurso na modalidade adesiva – art. 997 do CPC]

> 3) Merece reforma
>
> *Desenvolver todas as questões de direito que levam a reforma da parte que foi desfavorável ao recorrente.*
>
> *Vale salientar que em momento algum apresentam-se argumentos no sentido de contrarrazões ao recurso principal já interposto.*
>
> **III – DO PEDIDO**
>
> Diante do exposto, requer:
>
> a) tendo em vista o preenchimento dos requisitos de admissibilidade, seja admitido o recurso;
>
> b) seja recebido no seu regular efeito devolutivo e suspensivo;
>
> c) ao final seja dado provimento com a reforma do acórdão recorrido para o fim de...;
>
> d) a inversão dos ônus da sucumbência para que fiquem ao encargo do recorrido;
>
> e) a majoração dos honorários advocatícios nos termos do art. 85, § 11, do Código de Processo Civil.
>
> **Termos em que pede deferimento.**
>
> **Local e data.**
>
> **ADVOGADO ...**
>
> **OAB ...**

7.9 Estrutura do agravo interno

O agravo interno (que era também denominado antes da reforma do CPC de "agravo regimental") é recurso cabível contra decisão monocrática (unipessoal) proferida pelo relator nos tribunais (art. 932 do CPC). É cabível tanto de decisões de tribunais regionais (TJ, TRF) como de tribunais superiores (STF e STJ).

Requisitos	Arts. 932 e 1.021 do CPC e Regimento Internos do tribunal competente.
Interposição	A competência para julgamento é do próprio órgão colegiado, da qual o relator faça parte (art. 1.021 do CPC).

Partes	Tratamento: agravante e agravado.
Hipóteses de cabimento	Arts. 932 e 1.021 do CPC. Prazo: 15 dias.
Fundamento legal	Arts. 932 e 1.021 do CPC.
Efeitos	Apenas efeito devolutivo.
Petição de interposição	Endereçada ao próprio relator. Desnecessário qualificar as partes, salvo alteração. Requerer a intimação da parte contrária para apresentar contrarrazões, bem como a juntada das guias de custas de preparo. Requerer a reconsideração da decisão.
Razões de recurso especial	Endereçar ao colegiado. Demonstrar a tempestividade e o cabimento do recurso. Nas razões recursais demonstrar o equívoco do julgamento monocrático seja por ter inadmitido o recurso, seja por ter improvido o recurso ou alguma outra questão procedimental, como os efeitos do recurso.
Pedido	Conhecimento do recurso e provimento para anular ou reformar o acórdão recorrido.

7.9.1 Peça prática do agravo interno

EXCELENTÍSSIMO SENHOR DOUTOR DESEMBARGADOR RELATOR DO ACÓRDÃO... DA ... CÂMARA (TURMA) DO EGRÉGIO TRIBUNAL...

Processo ...

AGRAVANTE, por seu advogado que esta subscreve, nos autos da ação de indenização pelo procedimento comum em epígrafe, que move em face de AGRAVADO..., vem, respeitosamente, à presença de Vossa Excelência, tendo em vista a respeitável decisão de fls. ..., com fundamento no art. 1.021 do Código de Processo Civil, interpor o presente AGRAVO INTERNO, conforme razões anexas.

Outrossim, requer seja recebido o recurso no seu efeito devolutivo e a intimação da parte contrária para, querendo, apresentar suas contrarrazões, no prazo de 15 (quinze) dias.

Requer, ainda, a remessa dos autos para o órgão colegiado respectivo, para sua admissão, processamento e julgamento.

Por fim, requer a juntada das custas de preparo, devidamente quitadas, que a esta seguem anexas.

Termos em que pede recebimento.

Local e data.

ADVOGADO ...

OAB ...

EGRÉGIA ___ CÂMARA CÍVEL DO COLENDO TRIBUNAL ___

RAZÕES DE AGRAVO INTERNO

Agravante____
Agravado____

Egrégio Tribunal,
Colenda Câmara.

I – DA TEMPESTIVIDADE E DO CABIMENTO

Consoante se depreende dos autos, o recorrente foi intimado da decisão aos ... e protocolizou o presente recurso em ..., portanto no prazo de quinze dias previsto em lei (art. 1.005, § 5º, Código de Processo Civil).

Trata-se de decisão monocrática proferida pelo relator no Tribunal... portanto cabível o presente agravo interno, conforme art. 1.021 do Código de Processo Civil.

II – RAZÕES RECURSAIS

Trata-se...

A respeitável decisão...

Merece reforma...

III – PEDIDO

Diante do exposto, requer:

a) seja recebido e processado o presente recurso de agravo interno, tendo em vista o preenchimento dos requisitos de admissibilidade;

b) seja recebido no seu regular efeito devolutivo;

c) ao final seja dado provimento para o fim de ...;

d) a majoração dos honorários advocatícios nos termos do art. 85, § 11, do Código de Processo Civil.

Termos em que pede deferimento.

Local e data.

ADVOGADO ...

OAB ...

Execução 8

8.1 Estrutura básica da petição inicial de execução

Requisitos	Genéricos do art. 319 do CPC, que sejam compatíveis com a execução. Arts. 798 e 799 do CPC.
Competência	Art. 781 do CPC.
Partes	Tratamento: exequente e executado.
Hipóteses de cabimento e fundamento legal	• Art. 806 e ss. do CPC (execução para entrega de coisa certa). • Art. 811 e ss. do CPC (execução para entrega de coisa incerta). • Art. 815 e ss. do CPC (execução de obrigação de fazer). • Art. 824 e ss. do CPC (execução por quantia certa).
Fundamentação jurídica	Caracterizar a obrigação do título executivo extrajudicial, sua certeza, liquidez e exigibilidade (arts. 783 e 784 e ss. do CPC).
Pedido	• Execução para entrega de coisa: citação para, dentro de 15 (quinze) dias, satisfazer a obrigação ou apresentar embargos (art. 806 do CPC). • Execução para entrega de coisa incerta: quando a execução recair sobre coisas determinadas pelo gênero e quantidade, o devedor será citado para entregá-las individualizadas, se lhe couber a escolha; mas, se essa couber ao credor, este a indicará na petição inicial (art. 811 do CPC). • Execução de obrigação de fazer: citação para satisfazer a obrigação no prazo que o juiz lhe assinar, se outro não estiver determinado no título executivo. Se, no prazo fixado, o devedor não satisfizer a obrigação, é lícito ao credor, nos próprios autos do processo, requerer que ela seja executada à custa do devedor, ou haver perdas e danos; caso em que ela se converte em indenização (art. 815 e ss. do CPC).

Pedido	• Execução por quantia certa: citação para, no prazo de 3 (três) dias, efetuar o pagamento da dívida, acrescido de juros, correção monetária, honorários advocatícios. Não efetuado o pagamento, o oficial de justiça procederá de imediato à penhora de bens e à sua avaliação, lavrando-se o respectivo auto e de tais atos intimando, na mesma oportunidade, o executado (art. 829 do CPC).
Valor da causa	Valor do título.

8.2 Estrutura básica da petição inicial de execução por quantia certa contra a Fazenda Pública

Requisitos	Genéricos do art. 319 do CPC que sejam compatíveis com a execução (art. 771, parágrafo único, do CPC). Art. 910 e ss. do CPC.
Competência	Juiz da causa.
Partes	Tratamento: exequente e executado.
Hipóteses de cabimento e fundamento legal	Arts. 910 do CPC e 100 da CF. Apenas execução por quantia certa. Demonstrar o débito da Fazenda Pública.
Fundamentação jurídica	Caracterizar o título executivo, em regra, sentença condenatória transitada em julgado. Execução contra a Fazenda Pública fundada em título executivo extrajudicial é controvertida.
Pedido	Citação, por oficial de justiça, da Fazenda Pública para opor embargos em 30 (trinta) dias; não apresentando os embargos no prazo legal, deverá o juiz requisitar o pagamento por intermédio do presidente do tribunal competente, fazendo-se o pagamento na ordem de apresentação do precatório e à conta do respectivo crédito.
Valor da causa	Valor do título.

Lembre-se:

Forma de pagamento: art. 100 da CF/88.

Vide art. 17, § 1º, Lei n. 10.259/2001 (Juizados Especiais Federais).

8.2.1 Peça prática de execução por quantia certa

EXCELENTÍSSIMO JUÍZO DE DIREITO DA... VARA CÍVEL DA COMARCA DE...

A, empresa com sede nesta capital, na Rua..., inscrita no CNPJ/MF sob n. ..., vem, por seu advogado, que recebe intimação em seu escritório (endereço completo), conforme instrumento de mandato anexo (documento ...), propor a presente ação de EXECUÇÃO POR QUANTIA CERTA em face de firma B, sediada nesta Capital, na Rua..., na forma que lhe faculta o art. 824 do Código de Processo Civil, pelas razões de fato e de direito a seguir expostas.

A Exequente vendeu materiais de construção à Executada, na forma e quantidade discriminadas na fatura anexa (documento ...).

Todavia, tendo sido apresentada a duplicata para aceite, a Executada se recusou a aceitá-la, sem qualquer amparo legal que justificasse tal recusa.

Diante de tal fato, a Exequente providenciou o protesto de referida duplicata, sem que a Executada efetuasse o pagamento de referido título (documento ...).

Dessa forma, esgotadas todas as formas de receber amigavelmente seu crédito, não resta alternativa à Exequente a não ser ajuizar a presente ação executiva, já que a duplicata apresentada e não aceita pela Executada constitui-se num título executivo extrajudicial líquido, certo e exigível, na forma estabelecida pelos arts. 784, inciso I, e 783 do Código de Processo Civil.

De acordo com a memória de cálculo abaixo, o valor devido se perfaz da seguinte forma:

> Valor devido R$
> Atualização monetária R$
> Custas R$
> Honorários R$
> Valor total R$

Diante do exposto, é a presente para requerer a citação da executada, no endereço indicado no preâmbulo desta, para, no prazo de 3 (três) dias, efetuar o pagamento no valor de R$..., acrescido de juros e correção monetária, honorários advocatícios e custas processuais.

Requer, ainda, na hipótese de, não efetuado o pagamento, a determinação para que o oficial de justiça proceda de imediato à penhora de tantos bens quantos bastem para o pagamento da dívida e sua avaliação, nos termos do art. 829, § 1º, do Código de Processo Civil.

Requer a expedição de certidão com os dados do processo para proceder a averbação em cartórios sujeitos a registro que contenham bens do executado nos termos do art. 828, CPC.

> Dá-se à presente o valor de R$ ..., valor do título.
>
> Termos em que pede deferimento.
>
> Local e data.
>
> ADVOGADO ...
>
> OAB ...

8.3 Estrutura básica da petição inicial de execução de alimentos

Requisitos	Genéricos do art. 319 do CPC, que sejam compatíveis com a execução (art. 771, parágrafo único, do CPC). Art. 911 e ss. do CPC e §§ 2º a 7º do art. 528 (art. 911, parágrafo único, do CPC).
Competência	Regras gerais de competência.
Partes	Tratamento: exequente e executado.
Hipóteses de cabimento/ Fundamento legal/ Fundamentação jurídica	Art. 911 do CPC.
Pedido	a) Citação do executado, para que pague em três dias a pensão alimentícia devida, provar que já o fez ou apresentar justificação pelo inadimplemento, sob pena de prisão, nos termos do art. 528, § 3º, do Código de Processo Civil. b) Condenação do executado ao pagamento das custas processuais e dos honorários advocatícios a serem arbitrados por Vossa Excelência.
Valor da causa	Valor da dívida.

Lembre-se:

Súmula 309 do STJ e art. 528, § 7º, do CPC: "O débito alimentar que autoriza a prisão civil do alimentante é o que compreende as três prestações anteriores ao ajuizamento da execução e as que se vencerem no curso do processo".

8.3.1 Peça prática de execução de alimentos

EXCELENTÍSSIMO JUÍZO DE DIREITO DA... VARA DA FAMÍLIA E DAS SUCESSÕES DO FORO DE...

Distribuição por dependência
Ação de separação consensual
Processo n. ...

(Nome completo e qualificação), por seu advogado, devidamente constituído através de instrumento de mandato, que recebe intimações em seu escritório (endereço completo), vem, respeitosamente, à presença de Vossa Excelência, com fundamento nos arts. 911 e seguintes do Código de Processo Civil, apresentar EXECUÇÃO DE ALIMENTOS em face de (nome completo e qualificação) pelos motivos de fato e de direito a seguir aduzidos:

A Exequente é filha do Executado, fruto do casamento havido com a Sra. ...

Entretanto, por razões que não importam ao deslinde da presente lide, o Executado e a genitora da Exequente promoveram sua separação consensual, que tramitou perante esse Meritíssimo Juízo, processo em epígrafe.

Nos autos da mencionada Ação de Separação Judicial Consensual, ficou estabelecido, no acordo homologado, que o Executado deveria pagar pensão alimentícia à Exequente, nos seguintes termos:

1)...

2)...

Contudo, o Executado não vem honrando com o pagamento da pensão alimentícia fixada por esse Digníssimo Juízo.

Cabe ressaltar que essa prática deletéria do Executado teve início no mês de ...

Por conseguinte, até o corrente mês, o débito alimentar do Executado cumula o montante de R$..., conforme memória de cálculo anexa.

É cediço que a respeitável sentença proferida por esse Meritíssimo Juízo nos autos da Ação de Separação Consensual tornou-se título executivo judicial, ou seja, declaração imperativa geradora da presente execução.

Assim, após inúmeras e infrutíferas tentativas de composição amigável, não resta alternativa à Exequente senão o ajuizamento da presente demanda, a fim de ver saldado o débito do Executado, vital à sua subsistência.

Diante do exposto, requer Intimação do executado para que pague em 3 (três) dias a pensão alimentícia devida, referente as parcelas devidas, provar que já o fez ou apresentar justificação pelo inadimplemento, sob pena de ser a decisão protestada e prisão, conforme determina o art. 528 e seus parágrafos do Código de Processo Civil.

Sejam incluídas, desde já, na presente execução as parcelas que se vencerem no curso do processo, conforme art. 911 do Código de Processo Civil.

Outrossim, a Exequente requer sejam fixados, desde já, honorários advocatícios, à razão de 10% (dez por cento) sobre o montante da dívida exequenda, na forma do art. 22, parágrafo único, da Lei n. 6.515/77, a serem objeto da execução comum.

Requer, por fim, a intimação do Ministério Público, nos termos do art. 178 do Código de Processo Civil.

Dá-se à presente o valor de R$...

Termos em que pede deferimento.

Local e data.

ADVOGADO ...

OAB ...

8.4 Estrutura básica da petição inicial dos embargos à execução

Requisitos	Arts. 319 (no que for compatível) e 914 e ss. do CPC.
Competência	Distribuição por dependência ao processo de execução (art. 914, § 1º, do CPC).
Partes	Tratamento: embargante e embargado.
Hipóteses de cabimento	Art. 914 do CPC.
Fundamento legal	Arts. 319 e 914 e ss. do CPC.
Fatos	Narrativa do ocorrido para demonstrar seu direito.
Fundamentação jurídica	Matéria a ser alegada em sede de embargos à execução (art. 917 do CPC): I – inexequibilidade do título ou inexigibilidade da obrigação; II – penhora incorreta ou avaliação errônea; III – excesso de execução ou cumulação indevida de execuções; IV – retenção por benfeitorias necessárias ou úteis, nos casos de execução para entrega de coisa certa; V – incompetência absoluta ou relativa do juízo da execução; VI – qualquer matéria que lhe seria lícito deduzir como defesa em processo de conhecimento.

Fundamentação jurídica	Demonstrar a necessidade de concessão de efeito suspensivo (art. 919, § 1º, do CPC). Quando a tese for excesso de execução, deverá o embargante indicar o valor que entende correto, apresentando memória de cálculo (art. 917, § 3º, do CPC).
Pedido	a) distribuição por dependência ao processo de execução; b) requerer efeito suspensivo aos embargos nos termos do art. 919, § 1º, do CPC; c) intimação do embargado, na pessoa de seu advogado, para que apresente a defesa, no prazo de quinze dias; d) procedência dos embargos, para o fim de anular/desconstituir o título executivo; e) condenação do embargado ao pagamento de custas, honorários advocatícios e demais despesas.
Provas	Protestar por provas que poderão demonstrar a veracidade dos fatos alegados.
Valor da causa	Valor do proveito econômico desejado.

8.4.1 Peça prática dos embargos à execução

EXCELENTÍSSIMO JUÍZO DE DIREITO DA... VARA CÍVEL DA COMARCA DE... *[Dirigir ao juízo da execução]*

Execução n. ...
Distribuição por dependência

...(nome completo, qualificação completa, domicílio e residência do embargante-executado), vem, respeitosamente, à presença de Vossa Excelência, com fundamento nos arts. 914 e seguintes do Código de Processo Civil, opor os presentes EMBARGOS À EXECUÇÃO em face de (nome completo e qualificação do embargado, residência e domicílio), pelos motivos de fato e de direito que passa a expor:

I – DA TEMPESTIVIDADE E DO CABIMENTO

Demonstrar a tempestividade dos embargos e o seu cabimento no caso concreto;

II – DOS FATOS

a) Narrar a relação jurídica subjacente entre exequente e executado.

b) Narrar a execução proposta.

c) Traçar um breve resumo da inexigibilidade do título (que será objeto de explanação aprofundada no direito).

III – DO DIREITO

Elementos previstos no art. 919 do CPC

[Razões pelas quais os embargos devem ser julgados procedentes. Essas razões podem ser de ordem apenas processual, ou relativas ao mérito]

IV – DA CONCESSÃO DO EFEITO SUSPENSIVO

Demonstrar os elementos ensejadores para a concessão do efeito suspensivo aos embargos (requisitos da tutela provisória: *fumus* e *periculum*), bem como requerer a juntada de guia de depósito para fins de garantia do juízo (art. 919, § 1º, do CPC).

V – DO PEDIDO

Diante do exposto, requer sejam os presentes embargos devidamente recebidos e distribuídos por dependência à Execução n. ..., ofertando prazo para que o embargado se manifeste no prazo de quinze dias e, ao final, sejam julgados procedentes para o fim de *[anular/desconstituir o título que fundamenta a execução ora intentada]*

A condenação do embargado nas custas e honorários advocatícios a serem arbitrados por Vossa Excelência.

A juntada da inclusa guia de custas devidamente recolhida.

A concessão do efeito suspensivo nos termos do art. 919, § 1º, do CPC.

Requer-se provar o alegado por todos os meios em direito admitidos, em especial o depoimento pessoal do embargado, oitiva de testemunhas, as quais serão tempestivamente arroladas, e juntada de novos documentos que se façam necessários.

Por fim, requer que todas as publicações/intimações sejam efetivadas em nome de (nome do advogado/OAB), com escritório profissional na (endereço completo).

Dá-se à causa o valor de R$... (valor do proveito econômico desejado).

Termos em que pede deferimento.

Local e data.

ADVOGADO ...

OAB ...

Tutela de Urgência e Tutela de Evidência   9

9.1 Breves considerações

O CPC empreendeu profundas alterações no regime das **tutelas de urgência** (cautelar e antecipada) e de **evidência** (que, apesar da aparente novidade, já existia no regime anterior sem a devida sistematização que agora possui). Pelo novo sistema, a tutela provisória com base na urgência pode ser antecedente ou incidental. Será incidental quando apresentada no curso de um processo já existente e antecedente quando apresentada antes do pedido principal.

A lei, portanto, trouxe duas inovações: (i) a possibilidade de se criar uma tutela antecipada satisfativa antecedente, e não apenas em conjunto com o pedido principal (como se verificava no regime jurídico do CPC/73); (ii) a alteração da nomenclatura da cautelar "preparatória" para "antecedente". Isso porque, no CPC, a cautelar apresentada antes do pedido principal não constitui "mais uma" demanda autônoma em que servirá de apoio a outra demanda a ser apresentada. No regime atual, uma vez apresentada a cautelar, o pedido principal virá nos mesmos autos em que se requereu o pedido acautelatório.

A tutela de evidência, por sua vez, não poderá ser antecedente, pois não tem como pressuposto a urgência, e sim a correta distribuição do ônus do processo entre as partes, com base na alta probabilidade do direito postulado.

Nos termos do art. 300 do Código de Processo Civil de 2015, "a tutela de urgência será concedida quando houver elementos que evidenciem a **probabilidade do direito e o perigo de dano ou o risco ao resultado útil do processo**. Ao exigir para a concessão da tutela provisória de urgência (antecipada ou cautelar) a probabilidade do direito e o perigo da demora, tratou de uniformizar aquilo que não poderia ser tratado como figuras distintas. Ademais, não se tem mais como requisito da tutela antecipada a prova inequívoca. Os requisitos para a concessão de medida de urgência dependem exclusivamente da convicção do magistrado.

Probabilidade do direito	Constitui técnica de julgamento que permite ao juiz conceder o direito, contentando-se com apenas um bom indício de prova. Como o juízo de certeza pertence à tutela de conhecimento, a tutela provisória trabalha com um cálculo de probabilidades de que o objeto do processo principal dará o direito àquele que pede a providência antecipada (cautelar ou antecipada).
Perigo da demora	Consiste no interesse específico que justifica a emanação da providência antecipada. É a justificativa para a falta de aptidão do procedimento comum em resolver determinadas situações que devem ser verificadas antes do seu momento normal. Deve haver de fato perigo de dano, posto que ninguém se previne se não teme um prejuízo.

Tutela de evidência:

Constitui numa tutela antecipada sem *periculum in mora*.

A tutela de evidência constitui técnica de antecipação ou sumarização do procedimento, quando as circunstâncias fáticas ou jurídicas do processo já demonstrem que o julgamento da causa pode ser efetivado, prescindindo de todas as formalidades que o procedimento exige. É a tutela da provável posição jurídica de vantagem. Além das hipóteses previstas em procedimentos especiais (embargos de terceiro e as ações possessórias, por exemplo, são procedimentos quer permitem a concessão de liminar com base na evidência do direito), o art. 311 do CPC enumera as quatro situações em que se autoriza da concessão da tutela antecipada de evidência. Importante frisar que apenas os incisos II e III autorizam a concessão liminar. As demais somente após a manifestação do réu no processo:

I – ficar caracterizado o abuso do direito de defesa ou o manifesto propósito protelatório da parte;

II – as alegações de fato puderem ser comprovadas apenas documentalmente e houver tese firmada em julgamento de casos repetitivos ou em súmula vinculante;

III – se tratar de pedido reipersecutório fundado em prova documental adequada do contrato de depósito, caso em que será decretada a ordem de entrega do objeto custodiado, sob cominação de multa;

IV – a petição inicial for instruída com prova documental suficiente dos fatos constitutivos do direito do autor, a que o réu não oponha prova capaz de gerar dúvida razoável.

9.2 Estrutura básica da petição inicial com tutela de urgência

9.2.1 Estrutura básica da petição inicial com tutela de urgência de natureza antecipada requerida em caráter antecedente

Objetivo	Antecipação, total ou parcial, dos efeitos daquilo que se pretende na sentença, fazendo com que o conteúdo da decisão liminar e o da sentença final sejam coincidentes. Ocorre nos casos em que o autor não possui todos os documentos necessários para instruir, desde já, a causa principal.
Competência	Art. 299 do CPC. O juízo competente para conhecer do pedido principal.
Partes	Autor e réu.
Fundamento legal	Arts. 303 e 304 do CPC.
Perigo da Demora	Narrativa do ocorrido, demonstrando o receio de grave dano ao direito do autor.
Probabilidade do Direito	Quando a urgência for contemporânea à propositura da ação, a petição inicial pode limitar-se ao requerimento da tutela antecipada e à indicação do pedido de tutela final, com a exposição da lide, do direito que se busca realizar e do perigo de dano ou do risco ao resultado útil do processo.
Pedido	a) A concessão da tutela antecipada, liminarmente, para o fim de____ expedindo-se ofício ao____. Caso Vossa Excelência não esteja convencido, requer a concessão de prazo para prestação de caução ou designação de audiência de justificação prévia. b) A citação do réu pelo correio para comparecer em audiência de conciliação ou mediação. Caso reste infrutífera, que, querendo, apresente defesa no prazo de 15 dias, sob pena de revelia. c) A intimação do réu para que apresente recurso, sob pena de estabilização da tutela antecipada nos termos do art. 304 do CPC. d) Informar que o pedido final será de____. e) O aditamento da petição inicial no prazo de 15 dias para apresentar mais argumentos e novos documentos. f) A condenação do réu às custas e honorários advocatícios a serem arbitrados por Vossa Excelência. g) A juntada da inclusa guia de custas devidamente recolhida. h) Que as intimações sejam dirigidas ao advogado... no endereço... i) Manifestar o interesse na designação de audiência de conciliação ou mediação.
Provas	Protestar por provas que poderão demonstrar a veracidade dos fatos alegados.
Valor da causa	Regra geral do art. 292 do CPC.

9.2.1.1 Petição inicial com tutela de urgência de natureza antecipada requerida em caráter antecedente

EXCELENTÍSSIMO JUÍZO DE DIREITO DA __VARA CÍVEL DA COMARCA DE MANAUS – AM

Distribuição por Urgência

ANTONIO..., nacionalidade..., estado civil..., profissão..., inscrito no Cadastro de Pessoas Físicas sob n. ... e com RG n. ..., endereço eletrônico..., residente e domiciliado na cidade de Manaus, Estado do Amazonas, no endereço..., por seu advogado devidamente constituído pelo instrumento de mandato anexo (documento 1), que recebe intimação em seu escritório ..., vem, respeitosamente, à presença de Vossa Excelência, com fundamento nos arts. 300 e seguintes do Código de Processo Civil, propor a presente AÇÃO DE REPARAÇÃO DE DANOS, COM PEDIDO DE TUTELA ANTECIPADA EM CARATER ANTECEDENTE em face de EMPRESA DE TRANSPORTES "X" LTDA., pessoa jurídica de direito privado, inscrita no CNPJ sob n. ..., com sede na Rua ..., n. ..., Bairro..., nesta Capital, pelos motivos de fato e de direito que a seguir expõe:

I – DOS FATOS

O autor foi atropelado por um caminhão de propriedade da empresa ré, que trafegava em local proibido por não respeitar a vedação para o tráfego de veículos pesados, além de seu motorista se encontrar embriagado, conforme se verifica no Boletim de Ocorrência anexo à presente.

Como consequência, o autor passou por diversos danos físicos, sofrendo perda considerável de sua capacidade e laboral, conforme se comprova pelos laudos médicos ora juntados aos autos.

Impedido de trabalhar, o autor não possui meios de prover sua própria sobrevivência, necessitando urgentemente de pensão alimentícia, razão pela qual recorre ao Poder Judiciário para requerer a tutela antecipada em caráter antecedente, em virtude da possibilidade de ocorrência de dano grave, nos termos do art. 300 do Código de Processo Civil.

II – DA PROBABILIDADE DO DIREITO

Nos termos do art. 950 do Código Civil, "se da ofensa resultar defeito pelo qual o ofendido não possa exercer o seu ofício ou profissão, ou se lhe diminua a capacidade de trabalho, a indenização, além das despesas do tratamento e lucros cessantes até ao fim da convalescença, incluirá pensão correspondente à importância do trabalho para que se inabilitou, ou da depreciação que ele sofreu".

Esse é exatamente o caso dos autos, eis que os danos causados ao autor o impedem de exercer sua profissão, consoante comprovam os laudos anexos.

Por outro lado, cumpre ressaltar que a responsabilidade da empresa ré pelos danos causados por seu empregado independe da prova da culpa, nos termos dos arts. 932, III, e 933 do Código Civil.

Trata-se, por conseguinte, de hipótese de responsabilidade objetiva, cabendo à ré responder pelo dano causado por seu motorista embriagado que transitava em local proibido.

III – DO PERIGO DA DEMORA

Como visto, o autor não consegue exercer a sua atividade laboral, em decorrência dos danos causados pelo acidente promovido por culpa exclusiva do motorista da empresa ré.

Saliente-se que o requerente não possui reservas financeiras nem tem a quem recorrer para prover a sua própria subsistência, encontrando-se em situação insustentável, o que evidencia a urgente necessidade de fixação dos alimentos devidos pela empresa ré e a concessão da tutela antecipada para a preservação da vida e da dignidade do autor.

Cabe ressaltar que, antes do acidente, o autor percebia salário de R$ 3.500,00 na empresa "Y", exercendo a função de _____, conforme comprovam os documentos anexos. Contudo, em virtude dos efeitos lesivos do acidente causado pelo veículo de propriedade da empresa ré, o requerente perdeu seu emprego e não possui mais nenhuma fonte de renda.

Por essa razão, impõe-se a fixação da pensão alimentícia ora pleiteada na quantia de R$ 3.500,00 mensais, independentemente da reparação de outros danos que serão pleiteados em momento oportuno.

IV – O PEDIDO

Isso posto, requer:

a) a concessão da tutela antecipada, liminarmente, para o fim de fixar a pensão alimentícia devida pela ré na quantia de R$ 3.500,00 mensais. Caso Vossa Excelência não esteja convencido, requer a concessão de prazo para prestação de caução ou designação de audiência de justificação prévia;

b) a citação do réu pelo correio para comparecer em audiência de conciliação ou mediação. Caso reste infrutífera, que, querendo, apresente defesa no prazo de 15 dias, sob pena de revelia;

c) a intimação do réu para que apresente recurso, sob pena de estabilização da tutela antecipada, nos termos do art. 304 do Código de Processo Civil;

d) informa que o pedido final será de reparação de danos decorrentes de acidentes de veículos;

e) o aditamento da petição inicial no prazo de 15 dias para apresentar mais argumentos e novos documentos;

f) a condenação do réu nas custas e honorários advocatícios a serem arbitrados por Vossa Excelência;

g) a juntada da inclusa guia de custas devidamente recolhida;

h) que as intimações sejam dirigidas ao advogado... no endereço...;

i) manifesta o autor o interesse na designação de audiência de conciliação ou mediação;

j) protesta provar o alegado por todos os meios de prova em direito admitidos.

Atribui-se à causa o valor de R$ 42.000,00 (correspondente a doze prestações alimentícias).

Termos em que pede deferimento.

Local e data.

ADVOGADO ...

OAB ...

9.2.1.2 Petição inicial com pedido de tutela antecipada incidental

A – TUTELA ANTECIPADA REQUERIDA NA PI

ENDEREÇAMENTO
Distribuição com urgência
QUALIFICAÇÃO
[NOME DA AÇÃO + COM TUTELA ANTECIPADA]

I – DOS FATOS

II – DO DIREITO

III – DA TUTELA ANTECIPADA

Portanto, conforme demonstrado no corpo da presente petição inicial, restou patente a probabilidade do direito do autor.

Contudo, além dessa situação, está presente o perigo de dano.

Caso Vossa Excelência não conceda a antecipação de tutela... (narrar a situação legitimante da urgência).

Este juízo tem a possibilidade de conceder ou não a antecipação de tutela. Em havendo a concessão da tutela, o autor procederá a cirurgia, afastando seu risco de morte e, durante a instrução processual, provará a existência do seu direito.

Caso Vossa Excelência, apenas em atenção à eventualidade, entenda, ao final do processo, que o autor não tinha direito à intervenção cirúrgica, essa decisão é altamente reversível, pois condenará o autor a pagar ao réu a cirurgia que usufruiu e supostamente não tinha direito.

Contudo, se Vossa Excelência negar a cirurgia, o autor poderá sofrer consequências gravíssimas (até mesmo seu óbito). Se, ao final do processo, em cognição exauriente, se verificar o direito do autor, essa decisão será fatalmente irreversível.

Portanto, restaram demonstrados os requisitos do *fumus boni iuris* e do *periculum in mora* nos termos do art. 300 do Código de Processo Civil.

IV – DO PEDIDO

Isso posto, requer:

A – A concessão da tutela antecipada, liminarmente, para o fim de_____, expedindo-se ofício para o Plano de Saúde____. Caso o réu não cumpra o preceito, requer a fixação de multa pecuniária diária a ser arbitrada por Vossa Excelência. Caso entenda necessário, requer a este juízo prazo para prestação de caução ou que se designe audiência de justificação prévia a fim de esclarecimento dos fatos;

(os demais pedidos são iguais ao procedimento comum)

B – Citação + aud. 334 + defesa + revelia

C – Procedência + finalidade

D – Condenação custas + honorários

E – Recolhimento de custas

F – Intimação ADVOGADO...G – Provas

H – Interesse na audiência

Valor da causa

B – TUTELA ANTECIPADA REQUERIDA NO CURSO DO PROCESSO

EXCELENTÍSSIMO JUÍZO DE DIREITO DA 45ª VARA CÍVEL DA COMARCA DE GUAXUPÉ – MINAS GERAIS

Processo____

ANTONIO CARLOS, já qualificado por seu advogado, que esta subscreve, nos autos da ação de cobrança em epígrafe que move em face de MARIA ROCHA, igualmente qualificada, vem, respeitosamente, à presença de Vossa Excelência, expor e requerer o quanto segue:

(Narra a situação)

Portanto, em virtude de todo o exposto, e tendo demonstrado a presença dos requisitos ensejadores, requer a concessão da tutela antecipada para o fim de se determinar____.

Termos em que pede deferimento.

Local e data.

ADVOGADO ...

OAB ...

9.2.2 Estrutura básica da petição inicial com tutela de urgência de natureza cautelar requerida em caráter antecedente

Objetivo	Medida de apoio para preservar o resultado útil do processo.
Competência	Art. 299 do CPC. O juízo competente para conhecer do pedido principal.
Partes	Autor e réu.
Fundamento legal	Arts. 305 e 310 do CPC.
Perigo da demora	Narrativa do ocorrido, demonstrando o perigo de dano ou o risco ao resultado útil do processo.
Probabilidade do Direito	A petição inicial deve indicar a lide e seu fundamento e a exposição sumária do direito que se objetiva assegurar.
Pedido	a) A concessão da tutela cautelar, liminarmente, para o fim de ____. Caso Vossa Excelência não esteja convencido, requer a concessão de prazo para prestação de caução ou designação de audiência de justificação prévia. b) A citação do réu pelo correio para, querendo, apresentar defesa no prazo de 5 dias sob pena de revelia. c) Efetivada a tutela cautelar, o autor formulará o pedido principal de ____ no prazo de 30 (trinta) dias. **Obs.:** O pedido principal pode ser formulado com o pedido de tutela cautelar, nos termos do art. 308, § 1º, do CPC. f) A aplicação da fungibilidade do art. 305, parágrafo único, do CPC, caso assim entenda o juízo. g) A condenação do réu nas custas e honorários advocatícios a serem arbitrados por Vossa Excelência. h) A juntada da inclusa guia de custas devidamente recolhida. i) Que as intimações sejam dirigidas ao advogado... no endereço... j) Manifestar o interesse na designação de audiência de conciliação ou mediação.
Provas	Protestar por provas que poderão demonstrar a veracidade dos fatos alegados.
Valor da causa	Regra geral do art. 292 do CPC.

9.2.2.1 Petição inicial com tutela de urgência de natureza cautelar requerida em caráter antecedente

EXCELENTÍSSIMO JUÍZO DE DIREITO DA ___ VARA CÍVEL DA COMARCA DE VITÓRIA – ES

Distribuição por urgência

BENTO..., nacionalidade..., estado civil..., profissão..., inscrito no Cadastro de Pessoas Físicas sob n. ... e com RG n. ..., endereço eletrônico ..., residente e domiciliado na cidade de Vitória, Estado do Espírito Santo, no endereço ..., por seu advogado devidamente constituído pelo instrumento de mandato anexo (documento 1), que recebe intimação em seu escritório ..., vem, respeitosamente, à presença de Vossa Excelência, com fundamento nos arts. 305 e seguintes do Código de Processo Civil, requerer a TUTELA CAUTELAR EM CARÁTER ANTECEDENTE em face de BRUNA..., nacionalidade..., estado civil..., profissão..., inscrita no Cadastro de Pessoas Físicas sob n. ... e com RG n. ..., endereço eletrônico..., residente e domiciliada na Rua ..., n. ..., Bairro..., nesta Capital, pelos motivos de fato e de direito que a seguir expõe:

I – DOS FATOS

O autor é credor da ré, em virtude da celebração de contrato de prestação de serviços no valor de R$ 50.000,00, devidamente executados pelo requerente na data de __, consoante comprovam os documentos anexos.

No entanto, o autor tomou conhecimento que a ré pôs à venda os dois únicos imóveis desembaraçados de sua propriedade, o primeiro situado nesta comarca da Capital do Espírito Santo e o segundo situado na cidade de Vila Velha, também neste mesmo estado, consoante fazem prova as certidões anexas.

Tais vendas representam a pretensão da requerida de dilapidar seu patrimônio para furtar-se ao pagamento da indenização.

Por ser assim, tendo em vista que a dilapidação do patrimônio da ré poderá comprometer sua solvibilidade, não restou alternativa ao autor senão requerer a presente tutela cautelar de arresto, em caráter antecedente.

II – DA PROBABILIDADE DO DIREITO

Os negócios de transmissão onerosa do devedor insolvente ou por eles reduzidos à insolvência caracterizam a fraude contra credores, nos termos do art. 159 do Código Civil.

No caso dos autos, a tentativa da ré de alienar seus bens para levar-se à situação de insolvência evidencia a ação fraudulenta levada a efeito para prejudicar o autor, impondo-se a concessão da tutela jurisdicional para a preservação dos interesses do requerente.

Por conseguinte, justifica-se a concessão da tutela cautelar de arresto ante os evidentes atos de insolvência que vem praticando a ré e sua manifesta intenção de furtar-se ao pagamento da quantia de R$ 50.000,00 devidas ao autor.

Comprovam-se, assim, os requisitos para a obtenção da mencionada tutela cautelar, em razão da prova literal da dívida da ré e da tentativa de alienar seu patrimônio, levando-se à situação de insolvência.

III – DO PERIGO DA DEMORA

A demora da prestação da atividade jurisdicional poderá causar graves danos ao autor que não conseguirá obter a satisfação de sua pretensão, em virtude da possível insolvência da ré, fazendo com que a ação de cobrança a ser ajuizada pelo requerente no prazo de 30 dias não tenha um resultado útil.

Por ser assim, imperiosa se faz a concessão da liminar *inaudita altera parte* para que sejam arrestados os bens imóveis da requerida, indicados para garantia do provimento jurisdicional.

IV – DO PEDIDO

Diante do exposto, é a presente para requerer a Vossa Excelência que se digne em:

a) a concessão da tutela cautelar, liminarmente, para o fim de ____. Caso Vossa Excelência não esteja convencido, requer a concessão de prazo para prestação de caução ou designação de audiência de justificação prévia;

b) a citação do réu pelo correio para, querendo, apresentar defesa no prazo de 5 dias sob pena de revelia;

c) efetivada a tutela cautelar, o autor formulará o pedido principal de cobrança no valor de R$ 50.000,00 no prazo de 30 (trinta) dias;

d) a aplicação da fungibilidade do art. 305, parágrafo único, do Código de Processo Civil, caso assim entenda o juízo;

e) a condenação do réu nas custas e honorários advocatícios a serem arbitrados por Vossa Excelência;

f) a juntada da inclusa guia de custas devidamente recolhida;

g) que as intimações sejam dirigidas ao advogado... no endereço...;

h) manifesta o autor o interesse na designação de audiência de conciliação ou mediação.

Protesta provar o alegado por todos os meios de prova em direito admitidos.

Dá-se à causa o valor de R$ 50.000,00 (cinquenta mil reais).

Termos em que pede deferimento.

Local e data.

ADVOGADO ...

OAB ...

9.2.2.2 Petição inicial com tutela de urgência de natureza cautelar requerida em caráter incidental

EXCELENTÍSSIMO JUÍZO DE DIREITO DA 33ª VARA CÍVEL DA COMARCA DE VITÓRIA – ES

Distribuição por urgência e por dependência ao processo....

BENTO..., nacionalidade..., estado civil..., profissão..., inscrito no Cadastro de Pessoas Físicas sob n. ... e com RG n. ..., endereço eletrônico ..., residente e domiciliado na cidade de Vitória, Estado do Espírito Santo, no endereço ..., por seu advogado devidamente constituído pelo instrumento de mandato anexo (documento 1), que recebe intimação em seu escritório ..., vem, respeitosamente, à presença de Vossa Excelência, nos autos da ação____ em epígrafe, com fundamento nos arts. 305 e seguintes do Código de Processo Civil, requerer a TUTELA CAUTELAR EM CARÁTER INCIDENTAL em face de BRUNA..., nacionalidade..., estado civil..., profissão..., inscrita no Cadastro de Pessoas Físicas sob n. ... e com RG n. ..., endereço eletrônico..., residente e domiciliada na Rua ..., n. ..., Bairro..., nesta Capital, pelos motivos de fato e de direito que a seguir expõe:

I – DOS FATOS

O autor é credor da ré, em virtude da celebração de contrato de prestação de serviços no valor de R$ 50.000,00, devidamente executados pelo requerente na data de __, consoante comprovam os documentos anexos.

No entanto, o autor tomou conhecimento de que a ré pôs à venda os dois únicos imóveis desembaraçados de sua propriedade, o primeiro situado nesta comarca da Capital do Espírito Santo e o segundo situado na cidade de Vila Velha, também neste mesmo estado, consoante fazem prova as certidões anexas.

Tais vendas representam a pretensão da requerida de dilapidar seu patrimônio para furtar-se ao pagamento da indenização.

Por ser assim, tendo em vista que a dilapidação do patrimônio da ré poderá comprometer sua solvibilidade, não restou alternativa ao autor senão requerer a presente tutela cautelar de arresto, em caráter antecedente.

II – DA PROBABILIDADE DO DIREITO

Os negócios de transmissão onerosa do devedor insolvente ou por eles reduzidos à insolvência caracterizam a fraude contra credores, nos termos do art. 159 do Código Civil.

No caso dos autos, a tentativa da ré de alienar seus bens para levar-se à situação de insolvência evidencia a ação fraudulenta levada a efeito para prejudicar o autor, impondo-se a concessão da tutela jurisdicional para a preservação dos interesses do requerente.

Por conseguinte, justifica-se a concessão da tutela cautelar de arresto ante os evidentes atos de insolvência que vem praticando a ré e sua manifesta intenção de furtar-se ao pagamento da quantia de R$ 50.000,00 devidas ao autor.

Comprovam-se, assim, os requisitos para a obtenção da mencionada tutela cautelar, em razão da prova literal da dívida da ré e da tentativa de alienar seu patrimônio, levando-se à situação de insolvência.

III – DO PERIGO DA DEMORA

A demora da prestação da atividade jurisdicional poderá causar graves danos ao autor que não conseguirá obter a satisfação de sua pretensão, em virtude da possível insolvência da ré, fazendo com que a ação de cobrança a ser ajuizada pelo requerente no prazo de 30 dias não tenha um resultado útil.

Por ser assim, imperiosa se faz a concessão da liminar *inaudita altera parte* para que sejam arrestados os bens imóveis da requerida, indicados para garantia do provimento jurisdicional.

IV – DO PEDIDO

Diante do exposto, é a presente para requerer a Vossa Excelência que se digne em:

a) a concessão da tutela cautelar, liminarmente, para o fim de ____. Caso Vossa Excelência não esteja convencido, requer a concessão de prazo para prestação de caução ou designação de audiência de justificação prévia;

b) a citação do réu pelo correio para, querendo, apresentar defesa no prazo de 5 dias sob pena de revelia;

c) a aplicação da fungibilidade do art. 305, parágrafo único, do Código de Processo Civil, caso assim entenda o juízo;

d) a condenação do réu nos honorários advocatícios a serem arbitrados por Vossa Excelência;

e) que as intimações sejam dirigidas ao advogado... no endereço...;

Protesta provar o alegado por todos os meios de prova em direito admitidos.

Termos em que pede deferimento.

Local e data.

ADVOGADO ...

OAB ...

Procedimentos Especiais 10

10.1 Ação de consignação em pagamento

O pagamento em consignação representa forma especial de extinção da obrigação efetivada por meio do depósito judicial ou em estabelecimento bancário, da coisa devida, a fim de liberar o devedor de seu cumprimento, sem que venha a incorrer em mora.

Como se vê, é possível que a consignação se dê pela via judicial ou extrajudicial. O depósito extrajudicial só é permitido quando se tratar de obrigação em dinheiro, hipótese em que será realizado no local do pagamento, em estabelecimento bancário oficial, nos termos do art. 539, § 1º, do CPC, o que não impede que seja efetivado em estabelecimento bancário particular nos casos de ausência de estabelecimento oficial.

Uma vez efetuado o depósito extrajudicial, faz-se necessária a cientificação do credor, por carta com aviso de recebimento, assinalando-lhe o prazo de dez dias para formalizar sua recusa. Passado esse prazo, contado do retorno do aviso de recebimento, sem a manifestação de recusa, considera-se liberado o devedor do vínculo obrigacional, ficando à disposição do credor a quantia depositada. Contudo, se o credor oferecer recusa expressa, dentro do prazo de dez dias, manifestada por escrito ao estabelecimento bancário, o devedor poderá propor a ação de consignação em pagamento dentro de um mês, instruindo a inicial com a prova do depósito e da mencionada recusa. Caso a ação consignatória não seja proposta dentro de referido prazo, ficará sem efeito o depósito, podendo levantá-lo o depositante.

Já o depósito judicial se efetiva pelo ajuizamento da ação de consignação em pagamento, cuja previsão encontra-se nos arts. 539 a 549 do novo Código de Processo Civil. A opção pela via judicial não está condicionada ao prévio procedimento do depósito extrajudicial. Possuem legitimidade ativa para a consignatória o devedor ou terceiro, nos termos do art. 539 do novo CPC, em consonância com a legislação de direito material que autoriza o pagamento por terceiro interessado ou não, conforme dispõem os arts. 304 e seguintes do Código Civil. A legitimidade passiva será do credor, mas, havendo dúvida sobre quem deva legitimamente receber, proceder-se-á à consignação para que se determine a quem caberá o objeto do pagamento, liberando-se o devedor de suas obrigações (art. 547 do CPC). O foro do local onde a obrigação deva ser satisfeita é o competente para processar e julgar a consignação em pagamento (arts. 540 e 53, III, *d*, do CPC), regra que pode ser afastada pela vontade das partes, consubstanciada por cláusula de eleição de foro. No entanto, tratando-se de pagamento que consista na tradição de bem imóvel ou em prestações relativas a imóvel, a consignação deverá ser proposta no lugar onde está situado o bem (arts. 328 do CC e 47 do CPC).

É importante ressalvar que a Lei n. 8.245/91 estabelece, em seu art. 67, procedimento específico para a ação de consignação em pagamento de aluguéis e acessórios. Por conseguinte, esse será o procedimento a ser utilizado para o depósito judicial dos aluguéis e acessórios da locação de imóvel urbano regidos pela Lei do Inquilinato, ao passo que os demais casos seguirão o procedimento especial previsto pelos arts. 539 a 549 do novo CPC. As principais diferenças entre os dois procedimentos podem ser demonstradas pelo seguinte quadro:

	CPC	LEI N. 8.245/91
Fundamento legal	Arts. 539 a 549.	Art. 67 da Lei n. 8.245/91.
Competência	a) foro do local do pagamento (arts. 540 do CPC e 337 do CC); b) se a coisa devida for imóvel ou corpo certo que deva ser entregue no mesmo lugar onde está, poderá o devedor citar o credor para vir ou mandar recebê-la, sob pena de ser depositada (art. 341, CC); c) foro de eleição.	Foro do lugar da situação do imóvel (art. 58, II, da Lei n. 8.245/91); Foro de eleição (art. 58, II, da Lei n. 8.245/91).
Momento do depósito inicial	5 (cinco) dias contados de seu deferimento (art. 542, I, do CPC). Obs.: Ressalvada a hipótese de ocorrência de depósito extrajudicial.	24 (vinte e quatro) horas contadas do momento da intimação (art. 67, II, da Lei n. 8.245/91).
Momento do depósito das prestações sucessivas	Até 5 (cinco) dias contados da data do respectivo vencimento (art. 541 do CPC).	Na data dos respectivos vencimentos (art. 67, III, da Lei n. 8.245/91).

Valor da causa	Regra: o valor da coisa ou a quantia consignada. Exceção: No caso de prestações vencidas e vincendas, considerar-se-ão umas e outras, e o valor das prestações vincendas será igual a uma prestação anual, se a obrigação for por tempo indeterminado ou por tempo superior a 1 (um) ano, e, se por tempo inferior, será igual à soma das prestações (art. 291, § 2º, do CPC).	12 meses de aluguel (art. 58, III, da Lei n. 8.245/91).

10.1.1 Estrutura básica da ação de consignação em pagamento

Requisitos	Art. 319 do CPC.
Competência	Art. 540 do CPC: lugar do pagamento.
Partes	Tratamento: autor e réu.
Hipóteses de cabimento	Art. 335 do CC.
Fundamento legal	Arts. 539 a 549 do CPC + art. 334 e ss. do CC.
Fatos e fundamentos jurídicos do pedido	Discorrer sobre a relação jurídica que envolve o autor e o réu. Por exemplo: sobre o contrato celebrado entre as partes e que dá origem à propositura da ação consignatória. Ressalvar o fato que dá origem ao pedido de depósito. Exemplo: a recusa do credor. Ressalvar que o devedor tem direito ao pagamento, para extinguir a obrigação, com a sua consequente liberação do vínculo obrigacional. Discorrer sobre a hipótese de cabimento da consignação, prevista em um dos incisos do art. 335 do Código Civil. Tratando-se de consignação precedida de depósito em estabelecimento bancário, deve-se discorrer sobre o seu procedimento, conforme previsto no art. 539 do CPC, fazendo especial remissão à cientificação do credor por carta com aviso de recebimento, assinado o prazo de 10 (dez) dias para a manifestação de recusa. Nesses casos, deve o autor (devedor) fazer a prova do depósito e da recusa ou comprovar o decurso do prazo de dez dias sem manifestação do réu (credor). Tratando-se de prestações sucessivas, deve o autor ressalvar a necessidade de promover o depósito das quantias que se vencerem no curso do processo, nos termos do art. 541 do CPC. Demonstrar a necessidade de autorização do depósito da quantia para que seja extinta a obrigação.

Direito	Indicação dos artigos da lei material ou processual que incidem sobre a hipótese fática.
Pedido	O depósito da quantia ou da coisa devida, a ser efetivado no prazo de 5 (cinco) dias contados do deferimento, cessando-se para o devedor os juros e os riscos sobre a coisa, ressalvada a hipótese de a quantia já ter sido depositada em estabelecimento bancário, pelo procedimento previsto no art. 539 do CPC, em que se requererá a juntada da prova do depósito e da recusa do credor (art. 539, § 3º, do CPC). A citação do réu para levantar o depósito ou oferecer contestação. Se o objeto da prestação for coisa indeterminada e a escolha couber ao credor, será este citado para exercer o direito dentro de 5 (cinco) dias, se outro prazo não constar de lei ou do contrato, ou para aceitar que o devedor a faça, devendo o juiz, ao despachar a petição inicial, fixar lugar, dia e hora em que se fará a entrega, sob pena de depósito (art. 543 do CPC). A procedência do pedido para que seja declarada extinta a obrigação com a consequente liberação do devedor do vínculo obrigacional. Tratando-se de prestações sucessivas, deve-se pedir o deferimento do depósito das quantias vincendas, que será realizado em até 5 (cinco) dias contados da data do respectivo vencimento. A opção do autor pela realização ou não de audiência de conciliação ou de mediação. A condenação do réu ao pagamento das custas processuais e dos honorários advocatícios a serem arbitrados pelo Digno Juízo. A juntada da guia de custas devidamente recolhida. Que as intimações sejam dirigidas ao advogado... no endereço... As provas com que o autor pretende demonstrar a verdade dos fatos alegados.
Provas	Protestar por provas que poderão demonstrar a veracidade dos fatos alegados.
Valor da causa	Em regra, o valor da causa representará o valor da coisa ou a quantia consignada. No entanto, tratando-se de prestações vencidas e vincendas, considerar-se-á o valor de umas e outras. Assim, o valor das prestações vincendas será igual a uma prestação anual, se a obrigação for por tempo indeterminado, ou por tempo superior a 1 (um) ano, e, se por tempo inferior, será igual à soma das prestações (art. 291, § 2º, do CPC).

Lembre-se:

Na petição inicial, deve-se narrar o fato ou o comportamento do credor que está impedindo o devedor de cumprir a sua obrigação. Esta narrativa deve, em regra, levar em consideração a hipótese consignatória prevista no art. 335 do Código Civil e que será explorada no mérito. Lembrando, obviamente, que a recusa deve ser enquadrada como um comportamento do credor, ou seja, do réu.

10.1.2 Peça prática de ação de consignação em pagamento

PROBLEMA

Ricardo contratou, para auxiliá-lo no gerenciamento de seu patrimônio pessoal, os serviços da Canarinho Contabilidade Ltda. O contrato previra a possibilidade de sua denúncia unilateral, por qualquer das partes, "mediante a concessão de um pré-aviso de 30 (trinta) dias". Frustrados seus planos profissionais para o futuro próximo, Ricardo resolveu, por conveniência própria, denunciar o contrato, convocando os representantes legais da Canarinho Contabilidade Ltda. e entregando-lhes carta, mediante recibo, notificando-os de sua intenção. Passados trinta dias, Ricardo procurou a Canarinho Contabilidade Ltda., em sua sede (local do pagamento, segundo o contrato), para viabilizar o pagamento da última parcela, e, para sua surpresa, a sociedade negou-se ao recebimento porque pretendia indenização maior, por lucros cessantes.

Questão: Na qualidade de advogado de Ricardo, diligencie no afã de seus interesses. Atente que Ricardo é domiciliado em Goiânia, ao passo que a Canarinho Contabilidade Ltda. tem sede em São Paulo, no bairro da Liberdade. O valor pretendido pela Canarinho é de R$ 10.000,00 (dez mil reais).

EXCELENTÍSSIMO JUÍZO DE DIREITO DA ... VARA CÍVEL DA COMARCA DE SÃO PAULO-SP

RICARDO..., nacionalidade..., estado civil..., profissão..., inscrito no Cadastro de Pessoas Físicas sob n. ... e com RG n. ..., endereço eletrônico..., residente e domiciliado na cidade de Goiânia, Estado de Goiás, no endereço..., por seu advogado devidamente constituído pelo instrumento de mandato anexo (doc. 1), que recebe intimação em seu escritório ..., vem, respeitosamente, à presença de Vossa Excelência, com fundamento nos arts. 539 e seguintes do Código de Processo Civil, propor a presente AÇÃO DE CONSIGNAÇÃO EM PAGAMENTO em face de CANARINHO CONTABILIDADE LTDA., pessoa jurídica de direito privado, inscrita no CNPJ sob n. ..., com sede na Rua ..., n. ..., Bairro da Liberdade, nesta Capital, pelos motivos de fato e de direito que a seguir expõe:

I – DOS FATOS

O autor contratou os serviços da empresa ré para que efetuasse o gerenciamento de sua contabilidade, consoante comprova o contrato anexo.

No curso do contrato o autor decidiu denunciar o contrato e para tanto, notificou a empresa ré com 30 dias de antecedência, informando as razões de sua decisão, cumprindo com os termos da cláusula... do contrato celebrado entre as partes. Importante ressaltar que referida notificação foi devidamente entregue ao representante da empresa ré, conforme comprova o recibo anexo.

Passado o prazo de trinta dias, o autor dirigiu-se à empresa ré para efetuar o pagamento da última parcela devida em razão da prestação dos serviços de contabilidade objeto do contrato firmado pelas partes, mas recebeu recusa expressa de seu representante, sob a alegação de que a denúncia unilateral não poderia ser levada a efeito pelo autor, não obstante a existência de previsão contratual expressa nesse sentido. Além disso, o representante da ré justificou a recusa em receber a última parcela com o argumento de que pretendia uma indenização, a título de lucros cessantes, pela quebra do contrato por parte do autor.

Diante dos fatos narrados, não houve alternativa ao autor senão a propositura da presente demanda, para que seja extinta a sua obrigação, com o pagamento da parcela devida.

II – DO DIREITO

Pretende o autor, com a presente ação, a consignação da parcela que entende devida, extinguindo-se, por conseguinte, sua obrigação, com a sua consequente liberação do vínculo obrigacional.

Antes de adentrar no mérito, cumpre mencionar que, conforme previsão contratual, as prestações pagas pelo autor durante a vigência do contrato deveriam ser satisfeitas na sede da empresa, nesta Capital, o que firma a competência desta comarca para o ajuizamento da presente demanda, a teor do art. 540 do Código de Processo Civil.

No que tange ao mérito, cabe ressalvar que o contrato de prestação de serviços firmado pelas partes prevê expressamente em sua cláusula... a possibilidade de denúncia unilateral, por qualquer das partes, desde que fosse concedido um aviso com 30 dias de antecedência.

E assim procedeu o autor, notificando previamente a empresa ré, em estrito cumprimento aos termos do contrato objeto da presente lide e a teor da regra disposta pelo art. 473 do Código Civil.

Contudo, decorrido o prazo de 30 dias contados da notificação, recebeu o autor recusa expressa do representante da ré e receber o pagamento da parcela devida para a extinção da obrigação entre as partes, o que justifica o ajuizamento da presente ação consignatória.

Com efeito, existindo estipulação expressa no contrato firmado entre as partes, no sentido de que era permitida a denúncia unilateral do contrato, mediante a apresentação de pré-aviso, torna-se injustificada a recusa da ré em receber a última parcela do contrato.

Com isso, insere-se o presente caso na hipótese prevista no inciso I do art. 335 do Código Civil, *verbis*:

"Artigo 335. A consignação tem lugar:

I – se o credor não puder, ou, sem justa causa, recusar receber o pagamento, ou dar quitação na devida forma".

Com o permissivo legal acima exposto, e diante da recusa da Empresa Canarinho Contabilidade Ltda. em receber o pagamento da última parcela, é a presente para que o autor possa consignar a quantia que entende devida, extinguindo-se a obrigação.

III – O PEDIDO

Pelo exposto, requer digne-se deferir o depósito da quantia de R$..., que será efetivado no prazo de 5 (cinco) dias contados de seu deferimento, cessando-se para o devedor os juros e os riscos sobre a coisa.

Requer-se a citação pessoal do réu para levantar o depósito ou oferecer contestação, sob pena de revelia.

Requer a procedência do pedido para que seja declarada extinta a obrigação com a consequente liberação do devedor do vínculo obrigacional e a condenação da empresa ré ao pagamento das custas processuais e dos honorários advocatícios a serem arbitrados por esse Digno Juízo.

Informa o autor que possui interesse na realização de audiência de conciliação ou de mediação.

Requer a juntada da guia de custas devidamente recolhida.

Requer, ainda, que as intimações sejam dirigidas ao advogado... no endereço...

Protesta e requer provar o alegado por todos os meios de prova em Direito admitidos, em especial pelo depoimento pessoal da representante da ré, oitiva de testemunhas etc., que ficam desde já requeridas ainda que não especificadas.

Dá-se à causa o valor de R$... (valor da parcela).

Termos em que pede deferimento.

Local e data.

ADVOGADO ...

OAB ...

10.2 Estrutura básica da ação de exigir contas

Requisitos	Arts. 319 e 550 do CPC.
Competência	Art. 46 do CPC – foro do domicílio do réu ou de eleição.
Partes	Tratamento: autor e réu.
Hipóteses de cabimento	Art. 550 do CPC.
Fundamento legal	Arts. 550 a 553 do CPC.
Fatos e fundamentos jurídicos do pedido	Discorrer sobre a relação jurídica que envolve o autor e o réu e sobre o dever deste último prestar contas ao primeiro. O autor deve especificar, detalhadamente, as razões pelas quais exige as contas, instruindo-a com documentos comprobatórios dessa necessidade, se existirem – art. 550, § 1º, do CPC.

Direito	Indicação dos artigos da lei material ou processual que incidem sobre a hipótese fática.
Pedido	Citação para que o réu preste as contas ou ofereça contestação no prazo de 15 (quinze) dias, sob pena de julgamento antecipado do mérito (art. 550 do CPC); Procedência do pedido para condenar o réu a prestar as contas no prazo de 15 (quinze) dias, sob pena de não lhe ser lícito impugnar as que o autor apresentar (art. 550, § 5º, do CPC); Declaração em sentença do eventual saldo credor, para que se constitua o título executivo judicial nos termos do art. 552 do CPC; A condenação do réu ao pagamento das custas processuais e dos honorários advocatícios a serem arbitrados pelo Digno Juízo; A opção do autor pela realização ou não de audiência de conciliação ou de mediação; A juntada da guia de custas devidamente recolhida; Que as intimações sejam dirigidas ao advogado... no endereço...
Provas	Protestar por provas que poderão demonstrar a veracidade dos fatos alegados.
Valor da causa	Proveito econômico, valor discutido.

Lembre-se:

Não pleiteie indenização. Se, por exemplo, restar apurado eventual desvio de dinheiro, a prestação não é o caminho para essa discussão, devendo ser proposta ação autônoma.

10.2.1 Peça prática da ação de exigir contas

EXCELENTÍSSIMO JUÍZO DE DIREITO DA VARA CÍVEL DO FORO ... DA COMARCA DE ...

Camila..., nacionalidade..., estado civil..., profissão..., inscrita no Cadastro de Pessoas Físicas sob n. ... e com RG n. ..., endereço eletrônico..., residente e domiciliada na cidade de Macapá, Estado do Amapá, no endereço..., por seu advogado devidamente constituído pelo instrumento de mandato anexo (doc. 1), que recebe intimação em seu escritório ..., vem, respeitosamente, à presença de Vossa Excelência, com fundamento nos arts. 550 e seguintes do Código de Processo Civil, propor a presente AÇÃO DE PRESTAÇÃO DE CONTAS em face de Armando..., nacionalidade..., que vivia em união estável com Marcia..., profissão..., inscrita no Cadastro de Pessoas Físicas sob n. ... e com RG n. ..., endereço eletrônico..., residente e domiciliada na cidade de Belo Horizonte, Estado de Minas Gerais, no endereço..., por seu advogado devidamente constituído pelo instrumento de mandato anexo (doc. 1), que recebe intimação em seu escritório ...pelos motivos de fato e de direito a seguir expostos:

I – DOS FATOS

O autor, em ... *[Narrar os fatos demonstrando a relação jurídica entre as partes, destacando a obrigação de prestação de contas por parte do réu e o direito de exigir as contas do autor. Em seguida, discorra sobre o descumprimento dessa obrigação.]*

Dessa forma, não restou alternativa ao autor senão a propositura da presente demanda para a satisfação de sua pretensão.

II – DO DIREITO

A presente demanda visa ... *[introduzir a matéria que será utilizada para demonstrar o direito do autor. Por exemplo, se as partes firmaram contrato de mandato, destaque o art. 668 do CC].*

Portanto, restando provado o direito do autor, resta claro que ... *[concluir todas as teses].*

III – DO PEDIDO

Pelo exposto, requer a citação do réu para que preste as contas ou ofereça contestação no prazo de 15 (quinze) dias, sob pena de julgamento antecipado do mérito, nos termos do art. 550, § 4º, do Código de Processo Civil.

Requer a procedência do pedido para condenar o réu a prestar as contas no prazo de 15 (quinze) dias, sob pena de não lhe ser lícito impugnar as que o autor apresentar.

Requer, ainda, a declaração em sentença do eventual saldo credor, para que se constitua o título executivo judicial nos termos do art. 552 do Código de Processo Civil.

Requer a condenação do réu ao pagamento das custas processuais e dos honorários advocatícios a serem arbitrados por esse Digno Juízo.

Informa o autor que possui interesse na realização de audiência de conciliação ou de mediação.

Requer a juntada da guia de custas devidamente recolhida e que as intimações sejam dirigidas ao advogado... no endereço...

Protesta e requer provar o alegado por todos os meios em direito admitidos, sem exceção, notadamente pelo depoimento pessoal das partes, prova documental, pericial e demais que se fizerem necessárias, que ficam desde já requeridas ainda que não especificadas.

Dá-se à causa o valor de R$... (montante das contas a serem prestadas).

Termos em que pede deferimento.

Local e data.

ADVOGADO ...

OAB ...

10.3 Interditos possessórios

HIPÓTESE DE CABIMENTO	CONFIGURAÇÃO	CARACTERÍSTICA	AÇÃO A SER PROPOSTA
Esbulho	Agressão que priva o possuidor de sua posse.	O possuidor perde a posse.	Ação de Reintegração de Posse.
Turbação	Agressão que não priva o possuidor de sua posse.	O possuidor continua na posse.	Ação de Reintegração de Posse.
Ameaça	A agressão ainda não ocorreu. Agressão em potência.	O possuidor tem o justo receio de ser molestado em sua posse.	Ação de Interdito Proibitório.

10.3.1 Estrutura básica da ação de manutenção e reintegração de posse

Requisitos	Arts. 319 e 554 a 566 do CPC.
Competência	a) Bens móveis: art. 46 do CPC. b) Bens Imóveis: art. 47 do CPC.
Partes	Tratamento: autor e réu.
Hipóteses de cabimento	a) Turbação na Ação de Manutenção de Posse. b) Esbulho na Ação de Reintegração de Posse.
Fundamento legal	Art. 554 e ss. do CPC e arts. 1.196 e 1.210 e ss. do CC.
Fatos e fundamentos jurídicos do pedido	– É importante ressalvar nos fatos a posse do autor e os motivos que o levam a propositura da ação de manutenção ou de reintegração de posse, ressaltando a turbação ou o esbulho praticado pelo réu. – No Direito, deve-se discorrer sobre os requisitos do art. 561 do CPC: "Art. 561. Incumbe ao autor provar: I – a sua posse; II – a turbação ou o esbulho praticado pelo réu; III – a data da turbação ou do esbulho; IV – a continuação da posse, embora turbada, na ação de manutenção, ou a perda da posse, na ação de reintegração." – Abrir um tópico para a liminar e discorrer sobre os requisitos para a sua concessão previstos no art. 562 do CPC.
Direito	Indicação dos artigos da lei material ou processual que incidem sobre a hipótese fática. Necessidade de concessão da liminar (para as ações de força nova).

Pedido	a) deferir, sem ouvir o réu, a expedição do mandado liminar de manutenção ou de reintegração de posse (art. 562 do CPC); b) requerer a designação de audiência de justificação caso o juiz determine que o autor deve justificar o alegado, nos termos do art. 562 do CPC; c) a citação do réu: – No caso de ação possessória em que figure no polo passivo grande número de pessoas, serão feitas a citação pessoal dos ocupantes que forem encontrados no local e a citação por edital dos demais, determinando-se, ainda, a intimação do Ministério Público e, se envolver pessoas em situação de hipossuficiência econômica, da Defensoria Pública (art. 554, § 1º, do CPC); – Caso não disponha das informações pessoais dos réus, poderá o autor, na petição inicial, requerer ao juiz diligências necessárias à sua obtenção (art. 319, § 1º, do CPC); d) procedência para tornar definitivos os efeitos da liminar pleiteada, com a condenação do réu ao pagamento indenização por perdas e danos e pelos frutos conforme dispõem os incisos I e II do art. 555 do CPC; e) a adoção de todas as medidas necessárias para evitar nova turbação ou esbulho, bem como para que se proceda ao cumprimento da tutela provisória ou final, nos termos do art. 555, parágrafo único, inciso I, do CPC; f) a aplicação da fungibilidade do art. 554 do CPC; g) a condenação do réu ao pagamento das custas processuais e dos honorários advocatícios a serem arbitrados pelo Digno Juízo; h) a opção do autor pela realização ou não de audiência de conciliação ou de mediação; i) a juntada da guia de custas devidamente recolhida; j) que as intimações sejam dirigidas ao advogado... no endereço.
Provas	Protestar por provas que poderão demonstrar a veracidade dos fatos alegados.
Valor da causa	Valor do bem.

Lembre-se:

O procedimento especial dos arts. 554 e seguintes do CPC aplica-se às ações de manutenção e de reintegração de posse propostas dentro de ano e dia da turbação ou do esbulho afirmado na petição inicial. Nesses casos, deve-se pedir a distribuição por urgência. Passado esse prazo, porém, o procedimento será comum, não perdendo o caráter possessório.

Nas ações possessórias, a participação do cônjuge do autor ou do réu somente é indispensável nas hipóteses de composse ou de ato por ambos praticado (art. 73, § 2º, do CPC).

10.3.1.1 Peça prática de reintegração de posse

PROBLEMA

Mario e sua mulher Regina, residentes e domiciliados na cidade de Recife-PE, adquiriram um terreno de 3.000 m² na cidade de João Pessoa-PB, com o objetivo de lá construírem um imóvel residencial. O vizinho do imóvel, Reinaldo, aproveitou-se do fato de os novos donos não residirem no mesmo município e acabou por construir um novo muro divisório, invadindo parcialmente o terreno do casal e tomando-lhe mais de 100 m². Quando Mario e Regina foram visitar o imóvel, um mês atrás, tomaram ciência da invasão e foram falar com Reinaldo. No entanto, foram repelidos veementemente por seu vizinho, que, aos berros, disse que o muro sempre esteve naquele local e que se eles continuassem a insistir na questão sofreriam graves danos.

Questão: Proponha, como advogado dos proprietários, a medida judicial pertinente, visando à desocupação do imóvel.

EXCELENTÍSSIMO JUÍZO DE DIREITO DA ... VARA CÍVEL DA COMARCA DE JOÃO PESSOA – PB

Distribuição por urgência

REGINA..., nacionalidade..., casada, profissão..., inscrita no Cadastro de Pessoas Físicas sob n. ... e com RG n. ..., endereço eletrônico..., e seu marido, MARIO..., nacionalidade..., casado, profissão..., inscrito no Cadastro de Pessoas Físicas sob n. ... e com RG n. ..., endereço eletrônico..., ambos residentes e domiciliados na cidade de Recife, Estado do Amapá, no endereço..., por seu advogado devidamente constituído pelo instrumento de mandato anexo (documento 1), vêm, respeitosamente, à presença de Vossa Excelência, com fundamento no art. 554 e seguintes do Código de Processo Civil, propor a presente AÇÃO DE REINTEGRAÇÃO DE POSSE COM PEDIDO LIMINAR em face de REINALDO..., nacionalidade..., estado civil..., profissão..., inscrito no Cadastro de Pessoas Físicas sob n. ... e com RG n. ..., endereço eletrônico..., residente e domiciliado na cidade de João Pessoa, Estado da Paraíba, no endereço..., pelos motivos de fato e de direito a seguir expostos:

I – DOS FATOS

Os autores adquiriram um terreno com metragem de 3.000 m², nesta Capital, no endereço..., consoante faz prova a certidão da matrícula anexa (doc. 2).

O objetivo dos autores, ao realizar referida compra, sempre foi o de construir um imóvel residencial, para que pudessem visitá-lo regularmente, pois têm especial afeição pela capital da Paraíba.

Entretanto, há cerca de um mês, quando visitavam o imóvel em questão, descobriram que o réu, proprietário do imóvel vizinho, havia construído um novo muro divisório, invadindo o terreno de propriedade dos autores, conforme comprovam os documentos anexos.

Instado a destruir o muro, desocupando a área que pertence aos autores, o réu respondeu que não iria fazê-lo e chegou a fazer expressas ameaças à integridade física dos requerentes.

A fim de que o réu desocupe o imóvel e desfaça a obra nele realizada de forma ilícita, propõem os autores a presente demanda para a obtenção da tutela jurisdicional.

II – DO DIREITO

Visa a presente demanda, como acima demonstrado, a desocupação do imóvel por parte do réu, que construiu de forma irregular um novo muro divisório entre os imóveis vizinhos, invadindo em 100 m² o terreno dos autores, configurando-se o esbulho parcial, o que justifica a propositura da presente demanda.

Os autores comprovam todos os requisitos previstos pelo art. 561 do Código de Processo Civil, o que ora se demonstra:

I) A posse dos autores encontra-se provada pelo exercício dos poderes inerentes a propriedade, nos termos do art. 1.196 do Código Civil, desde o momento em que adquiriram o imóvel objeto da presente lide, conforme se comprova pelos documentos anexos;

II) O esbulho parcial perpetrado pelo réu se comprova pelas fotografias e documentos anexos;

III) Os autores tomaram ciência do esbulho praticado pelo réu há trinta dias, quando foram visitar o imóvel situado nesta Capital, como provam os documentos anexos;

IV) Os autores estão sendo privados da posse do imóvel em tela, em razão das ações praticadas pelo réu, o que configura a perda da posse, caracterizadora do esbulho possessório, na exata hipótese de cabimento da presente demanda.

Cabe ressaltar que o Código Civil brasileiro, em seu art. 1.210, resguarda ao possuidor o direito de ser restituído na posse em caso de esbulho, o que confirma o direito dos autores de serem reintegrados na posse do imóvel objeto da presente lide.

III – DA LIMINAR

Cumpridos os requisitos essenciais dispostos pelos arts. 560 e 561 do Código de Processo Civil e tendo os autores ajuizado a presente demanda dentro do prazo de ano e dia do esbulho praticado pelo réu, impõe-se a expedição do mandado liminar de reintegração de posse, nos termos do art. 562 Código de Processo Civil.

IV – DO PEDIDO

Por todo o exposto, requerem se digne deferir, sem ouvir o réu, a expedição do mandado liminar de reintegração de posse. Caso contrário, requerem a designação da audiência de justificação nos termos do art. 562 Código de Processo Civil.

Requerem a citação pessoal do réu, para que apresente a sua defesa em 15 dias, sob pena de revelia.

Requerem a procedência do pedido para tornar definitivos os efeitos da liminar pleiteada, com a condenação do réu ao pagamento de indenização por perdas e danos e pelos frutos conforme dispõem os incisos I e II do art. 555 do Código de Processo Civil.

Requerem, ainda, a adoção de todas as medidas necessárias para evitar nova turbação ou esbulho, bem como para que se proceda ao cumprimento da tutela provisória ou final, nos termos do art. 555, parágrafo único, inciso I, do Código de Processo Civil.

Requerem a aplicação da fungibilidade do art. 554 do Código de Processo Civil.

Requerem a condenação do réu ao pagamento das custas processuais e dos honorários advocatícios a serem arbitrados pelo Digno Juízo.

Informam, outrossim, que possuem interesse na realização de audiência de conciliação ou de mediação.

Requerem a juntada da guia de custas devidamente recolhida e que as intimações sejam dirigidas ao advogado... no endereço...

Protestam provar o alegado por todos os meios em direito admitidos, que ficam desde já requeridos ainda que não especificados.

Dá-se à causa o valor de R$... (valor da área invadida).

Termos em que pede deferimento.

Local e data.

ADVOGADO ...

OAB ...

10.3.2 Estrutura básica da ação de interdito proibitório

Requisitos	Arts. 319 e 567 e 568 do CPC.
Competência	a) Bens móveis: art. 46 do CPC. b) Bens Imóveis: art. 47 do CPC.
Partes	Tratamento: autor e réu.
Hipóteses de cabimento	Ameaça: o justo receio de ser molestado na posse.
Fundamento legal	Arts. 567 e 568 do CPC e arts. 1.196 e 1.210 e ss. do CC.

Fatos e fundamentos jurídicos do pedido	– É importante ressalvar nos fatos a posse do autor e os motivos que o levam à propositura da ação de interdito proibitório, ressaltando a ameaça praticada pelo réu e o justo receio do autor em ser molestado em sua posse. – No Direito, deve-se discorrer sobre os requisitos do art. 561 do CPC, fazendo-se as devidas adaptações à hipótese de cabimento do interdito proibitório (ameaça): "Art. 561. Incumbe ao autor provar: I – a sua posse; II – a turbação ou o esbulho praticado pelo réu (a ameaça praticada pelo réu); III – a data da turbação ou do esbulho (a data da ameaça); IV – a continuação da posse, embora turbada, na ação de manutenção, ou a perda da posse, na ação de reintegração (o justo receio do autor em ser molestado em sua posse)." – Abrir um tópico para a liminar e discorrer sobre os requisitos para a sua concessão previstos no art. 562 do CPC.
Direito	Indicação dos artigos da lei material ou processual que incidem sobre a hipótese fática. Necessidade de concessão da liminar (para as ações de força nova).
Pedido	a) Requerer ao juiz que segure o autor da turbação ou esbulho iminente, mediante mandado proibitório em que se comine ao réu determinada pena pecuniária caso transgrida o preceito (art. 567 CPC); b) Requerer a designação de audiência de justificação caso o juiz determine que o autor deve justificar o alegado, nos termos do art. 562 do CPC; c) A citação do réu: – No caso de ação possessória em que figure no polo passivo grande número de pessoas, serão feitas a citação pessoal dos ocupantes que forem encontrados no local e a citação por edital dos demais, determinando-se, ainda, a intimação do Ministério Público e, se envolver pessoas em situação de hipossuficiência econômica, da Defensoria Pública (art. 554, § 1º, do CPC); – Caso não disponha das informações pessoais dos réus poderá o autor, na petição inicial, requerer ao juiz diligências necessárias a sua obtenção (art. 319, § 1º, do CPC); d) Procedência para tornar definitivos os efeitos da liminar pleiteada, com a condenação do réu ao pagamento das custas processuais e dos honorários advocatícios a serem arbitrados pelo Digno Juízo; e) A adoção de todas as medidas necessárias para que se proceda ao cumprimento da tutela provisória ou final, nos termos do art. 555, parágrafo único, inciso I, do CPC; f) A aplicação da fungibilidade do art. 554 do CPC; g) A opção do autor pela realização ou não de audiência de conciliação ou de mediação; h) A juntada da guia de custas devidamente recolhida; i) Que as intimações sejam dirigidas ao advogado... no endereço...

Provas	Protestar por provas que poderão demonstrar a veracidade dos fatos alegados.
Valor da causa	Valor do bem.

10.4 Estrutura básica de inventário na forma de arrolamento sumário

Requisitos	Arts. 319 e 660 e ss. do CPC.
Competência	Último domicílio do autor da herança (art. 48 do CPC).
Partes	Tratamento: inventariante e inventariado.
Hipóteses de cabimento	Art. 1.784 e ss. do CC.
Fundamento legal	Art. 1.784 e ss. do CC; art. 659 e ss. do CPC.
Fatos e fundamentos jurídicos do pedido	– Qualificar o inventariado, os herdeiros e o cônjuge ou o companheiro sobrevivente. – Informar se o *de cujus* deixou dívidas. – Descrever os bens a partilhar, atribuindo-lhes o devido valor para fins de partilha. – Apresentar o plano de partilha.
Pedido	A nomeação do inventariante que designarem; Homologação da partilha apresentada, para os devidos fins e efeitos de direito.
Valor da causa	Valor do monte-mor partilhável.

10.4.1 Peça prática de inventário na forma de arrolamento sumário

EXCELENTÍSSIMO JUÍZO DE DIREITO DA ... VARA DA FAMÍLIA E SUCESSÕES DA COMARCA DE... ESTADO DE ...

MARIA..., nacionalidade..., viúva, profissão..., inscrita no Cadastro de Pessoas Físicas sob n. ... e com RG n. ..., endereço eletrônico..., residente e domiciliada na cidade de..., Estado de..., no endereço...; JOSÉ..., nacionalidade..., estado civil, profissão..., inscrito no Cadastro de Pessoas Físicas sob n. ... e com RG n. ..., endereço eletrônico..., residente e domiciliada na cidade de..., Estado de..., no endereço ...; e ANTONIO..., nacionalidade..., estado civil, profissão..., inscrito no Cadastro de Pessoas Físicas sob o n. ... e com RG n. ..., endereço eletrônico..., residente e domiciliada na cidade de..., Estado de..., no endereço...;

por seus advogados devidamente constituídos (documentos 1, 2 e 3), vêm, respeitosamente, à presença de Vossa Excelência, com fundamento no art. 659 e seguintes do Código de Processo Civil e no art. 1.784 e seguintes do Código Civil, requerer a abertura do INVENTÁRIO dos bens deixados por SEBASTIÃO..., abaixo qualificado, que deverá ser processado na forma de ARROLAMENTO SUMÁRIO, falecido em..., na cidade de..., Estado de..., conforme comprova certidão de óbito anexa (doc. 4), deixando bens e herdeiros, sem deixar testamento ou qualquer disposição de última vontade.

Outrossim, requerem seja nomeado para o cargo de inventariante a viúva MARIA..., que, em cumprimento ao disposto no art. 659 do Código de Processo Civil, declara os títulos dos herdeiros, os bens do espólio, atribuir para fins de partilha, qualificando o inventariado e apresentando o plano de partilha com pedido de quinhões, nos seguintes termos:

I – DO INVENTARIADO

SEBASTIÃO..., nacionalidade..., casado pelo regime de... com a inventariante (certidão de casamento anexa), profissão..., inscrito no Cadastro de Pessoas Físicas sob n. ... e com RG n. ..., residente e domiciliado na cidade de..., Estado de..., no endereço...

II – DO CÔNJUGE SOBREVIVENTE

É viúva meeira e herdeira necessária do falecido a inventariante MARIA..., nacionalidade..., viúva, profissão..., inscrita no Cadastro de Pessoas Físicas sob n. ... e com RG n. ..., endereço eletrônico..., residente e domiciliada na cidade de..., Estado de..., no endereço..., casada com o Inventariado pelo regime de... (documento 5).

III – HERDEIROS

São herdeiros necessários do falecido, seus filhos, todos maiores e capazes:

a) JOSÉ..., nacionalidade..., estado civil, profissão..., inscrito no Cadastro de Pessoas Físicas sob n. ... e com RG n. ..., endereço eletrônico..., residente e domiciliado na cidade de..., Estado de..., no endereço..., nascido aos... (documento 6); e

b) ANTONIO..., nacionalidade..., estado civil, profissão..., inscrito no Cadastro de Pessoas Físicas sob n. ... e com RG n. ..., endereço eletrônico..., residente e domiciliado na cidade de..., Estado de..., nascido aos... (documento 7).

IV – BENS A PARTILHAR

1) O imóvel... (descrição conforme certidão anexa). Valor Venal: R$... (documento 8).

2) O imóvel... (descrição conforme certidão anexa). Valor Venal: R$... (documento 9).

3) O imóvel... (descrição conforme certidão anexa). Valor Venal: R$... (documento 10).

V – DAS DÍVIDAS DO FALECIDO

O falecido não deixou dívidas.

VI – MONTE-MOR PARTILHÁVEL

Valor total do monte-mor: R$...

VII – PLANO DE PARTILHA

Os pagamentos deverão ser efetuados nos seguintes termos:

a) Pagamento à viúva-meeira, MARIA, de sua parte, no valor de R$..., da seguinte maneira:

a.1) 100% do imóvel descrito no item 1 dos bens a partilhar, no valor de R$...

b) Pagamento ao herdeiro, JOSÉ, de sua parte, no valor de R$..., da seguinte maneira:

b.1) 100% do imóvel descrito no item 1 dos bens a partilhar, no valor de R$...

c) Pagamento ao herdeiro, ANTONIO, de sua parte, no valor de R$..., da seguinte maneira:

c.1) 100% do imóvel descrito no item 1 dos bens a partilhar, no valor de R$...

Nestas condições, requerem os herdeiros do falecido, bem como a cônjuge sobrevivente, se digne Vossa Excelência de homologar a presente partilha, para que produza os devidos efeitos, determinando-se a expedição do competente formal de partilha.

Requerem, ainda, a juntada das inclusas certidões de quitação dos tributos federais, estaduais e municipais, especialmente a guia de recolhimento do Imposto de Transmissão *Causa Mortis* e Doação – ITCMD.

Dá-se à causa o valor de R$... (valor do monte-mor partilhável).

Termos em que pede deferimento.

Local e data.

ADVOGADO ...

OAB ...

10.5 Estrutura básica dos embargos de terceiro

Requisitos	Arts. 319 e 677 do CPC.
Competência	Os embargos serão distribuídos por dependência ao juízo que ordenou a constrição e autuados em apartado (art. 676, *caput*, do CPC). Nos casos de ato de constrição realizado por carta, os embargos serão oferecidos no juízo deprecado, salvo se indicado pelo juízo deprecante o bem constrito ou se já devolvida a carta (art. 676, parágrafo único, do CPC).
Partes	Tratamento: embargante/embargado. **Dica:** Será legitimado passivo o sujeito a quem o ato de constrição aproveita, assim como o será seu adversário no processo principal quando for sua a indicação do bem para a constrição judicial (art. 677, § 4º, do CPC).
Fundamento legal	Arts. 674 e ss. do CPC.
Fatos e fundamentos jurídicos do pedido	a) Discorrer sobre o ocorrido nos autos principais e sobre a constrição ou ameaça de constrição sobre bens que se encontravam na posse do embargante ou sobre os quais tenha direito incompatível com o ato constritivo (art. 674 do CPC); b) Demonstração da condição de terceiro proprietário, inclusive fiduciário, ou possuidor, do embargante (art. 674, 1º, do CPC); **Dica:** Nos termos do § 2º do art. 674 do CPC, considera-se terceiro, para ajuizamento dos embargos: I – o cônjuge ou companheiro, quando defende a posse de bens próprios ou de sua meação, ressalvado o disposto no art. 843; II – o adquirente de bens cuja constrição decorreu de decisão que declara a ineficácia da alienação realizada em fraude à execução; III – quem sofre constrição judicial de seus bens por força de desconsideração da personalidade jurídica, de cujo incidente não fez parte; IV – o credor com garantia real para obstar expropriação judicial do objeto de direito real de garantia, caso não tenha sido intimado, nos termos legais dos atos expropriatórios respectivos. c) Fazer a prova sumária da posse do embargante ou de seu domínio e da qualidade de terceiro, oferecendo documentos e rol de testemunhas (art. 677, *caput*, do CPC); **Dica:** O possuidor direto pode alegar, além da sua posse, o domínio alheio. d) Abrir um tópico para a concessão da liminar e falar da suspensão das medidas constritivas sobre os bens litigiosos objeto dos embargos, bem como a manutenção ou a reintegração provisória da posse, se o embargante a houver requerido (art. 678, *caput*, do CPC).
Direito	Indicação dos artigos da lei material ou processual que incidem sobre a hipótese fática.

Pedido	a) A concessão da liminar pleiteada para o fim de determinar a suspensão das medidas constritivas sobre os bens litigiosos objeto dos embargos, bem como a manutenção ou a reintegração provisória da posse (art. 678 do CPC); b) Caso contrário, requerer a designação de audiência de justificação para que o embargante possa fazer a prova de sua posse (art. 677, § 1º, do CPC); c) Oferecer caução para a concessão da ordem de manutenção ou de reintegração de posse, caso assim entenda o Digno Juízo (art. 678, parágrafo único, do CPC); d) A citação do embargado na pessoa de seu procurador ou sua citação pessoal se o embargado não tiver procurador constituído nos autos da ação principal, para que apresente sua contestação em 15 dias (arts. 677, § 3º, e 679 do CPC); e) A procedência do pedido para que o ato de constrição judicial indevida seja cancelado, com o reconhecimento do domínio, da manutenção da posse ou da reintegração definitiva do bem ou do direito ao embargante (art. 681 do CPC); f) A condenação do réu ao pagamento das custas processuais e dos honorários advocatícios a serem arbitrados pelo Digno Juízo; g) A opção do autor pela realização ou não de audiência de conciliação ou de mediação; h) A juntada da guia de custas devidamente recolhida; e i) Que as intimações sejam dirigidas ao advogado... no endereço...
Provas	Protestar por provas que poderão demonstrar a veracidade dos fatos alegados.
Valor da causa	Valor do bem.

Lembre-se:

Os embargos podem ser opostos a qualquer tempo no processo de conhecimento enquanto não transitada em julgado a sentença e, no cumprimento de sentença ou no processo de execução, até 5 (cinco) dias depois da adjudicação, da alienação por iniciativa particular ou da arrematação, mas sempre antes da assinatura da respectiva carta.

10.5.1 Peça prática de embargos de terceiro

EXCELENTÍSSIMO JUÍZO DE DIREITO DA 1ª VARA CÍVEL DA COMARCA DE CAMPINAS – SP

Distribuição por dependência ao processo n. ...

MARIA..., nacionalidade..., viúva, profissão..., inscrita no Cadastro de Pessoas Físicas sob n. ... e com RG n. ..., endereço eletrônico..., residente e domiciliada na cidade de..., Estado de..., no endereço..., por seu advogado devidamente constituído pelo instrumento de mandato anexo (documento 01), que recebe intimações em seu escritório..., vem, respeitosamente, à presença de Vossa Excelência, com fundamento nos arts. 674 e seguintes do Código de Processo Civil, opor os presentes EMBARGOS DE TERCEIRO, com pedido de liminar, em face de JOSÉ..., nacionalidade..., estado civil, profissão..., inscrito no Cadastro de Pessoas Físicas sob n. ... e com RG n. ..., endereço eletrônico..., residente e domiciliada na cidade de..., Estado de..., no endereço..., pelas razões de fato e de Direito a seguir aduzidas:

I – DOS FATOS

Tramita perante este Digníssimo Juízo a execução de título extrajudicial, processo n. ..., proposta pelo ora embargado em face de Antonio... Naqueles autos, o exequente, ora embargado, indicou a penhora o imóvel situado no endereço..., de propriedade do executado e de sua esposa, a ora embargante, posto que casados pelo regime de comunhão universal de bens.

Ocorre que a dívida que dá fundamento ao processo executivo ajuizado pelo ora embargado decorre de contrato de fiança prestada exclusivamente por Antonio..., sem a indispensável outorga uxória de sua esposa, a embargante.

Além disso, a constrição decorrente da penhora determinada por esse Digno Juízo atinge bem pertencente à embargante, que não é parte no processo executivo, confirmando-se, por conseguinte, a sua qualidade de terceiro e a legitimidade para a propositura da presente demanda, razão pela qual recorreu ao Judiciário para a satisfação de sua pretensão.

II – DO DIREITO

Por força do regime da comunhão universal de bens que regula as relações patrimoniais entre a embargante e seu marido Antonio..., o imóvel objeto da presente lide pertence ao casal, desde o momento de sua aquisição com o ato de registro no competente cartório de registro de imóveis, consoante comprova a certidão anexa.

Por conseguinte, comprova-se a titularidade da embargante sobre o bem imóvel que é objeto da presente lide, além do fato de exercer a sua posse desde o momento de sua aquisição conforme comprovam os documentos anexos e as testemunhas arroladas ao final.

Ocorre que referido imóvel é objeto de constrição judicial decorrente de penhora levada a efeito no processo principal do qual são partes o embargado e o marido da embargante, exclusivamente. Assim sendo, comprova-se a condição de terceiro proprietário e possuidor da embargante, eis que defende a posse de bens próprios ou de sua meação, nos termos do § 2º do art. 674 do Código de Processo Civil.

Ademais, a dívida que fundamenta o processo executivo ajuizado pelo embargado decorre de fiança prestada sem a imprescindível outorga uxória, em afronta à norma insculpida pelo inciso III do art. 1.647 do Código de Processo Civil.

Por essa razão, impõe-se para o caso em questão a aplicação da Súmula 332 do Superior Tribunal de Justiça ao estabelecer que a "A fiança prestada sem autorização de um dos cônjuges implica a ineficácia total da garantia", o que requer a embargante.

III – DA LIMINAR

Dispõe o *caput* do artigo do Código de Processo Civil que, estando suficientemente provado o domínio ou a posse do embargante, determinar-se-á a suspensão das medidas constritivas sobre os bens litigiosos objeto dos embargos, bem como a manutenção ou a reintegração provisória da posse, se o embargante a houver requerido.

No caso em questão a embargante comprovou de forma peremptória que é meeira do bem imóvel objeto da constrição judicial, além do fato de que se encontra em sua posse desde o momento de sua aquisição, fazendo jus a concessão da liminar de que trata o art. 678, *caput*, do Código de Processo Civil.

IV – DO PEDIDO

Pelo exposto requer a embargante:

a) A concessão da liminar pleiteada para o fim de determinar a suspensão das medidas constritivas sobre o bem imóvel objeto dos presentes embargos, bem como a manutenção ou a reintegração provisória de sua posse, oferece caução idônea para a concessão da ordem de manutenção ou de reintegração de posse, caso assim entenda o Digno Juízo;

b) Caso contrário, requer a designação de audiência de justificação para que o embargante possa fazer a prova de sua posse;

c) A citação do embargado na pessoa de seu procurador para que apresente sua contestação em 15 dias;

d) A procedência do pedido para que o ato de constrição judicial indevida seja cancelado, com o reconhecimento da ineficácia da garantia fidejussória prestada ao embargado, bem como o reconhecimento do domínio da embargante e a sua consequente manutenção definitiva na posse do bem imóvel objeto destes embargos;

e) A condenação do réu ao pagamento das custas processuais e dos honorários advocatícios a serem arbitrados pelo Digno Juízo;

f) A juntada da guia de custas devidamente recolhida e que as intimações sejam dirigidas ao advogado... no endereço...

Informa a embargante que possui interesse na realização de audiência de conciliação ou de mediação.

Protesta provar o alegado por todos os meios em direito admitidos, especialmente pela oitiva das testemunhas abaixo arroladas e outras provas que se fizerem necessárias ao esclarecimento da demanda.

Dá-se à causa o valor de R$... (valor do bem penhorado).

Termos em que pede deferimento.

ADVOGADO ...

OAB ...

Rol de testemunhas

1. ...

2. ...

3. ...

10.6 Estrutura básica da petição inicial em ação monitória

Requisitos	Arts. 700, § 2º, e 319 do CPC.
Competência	Lugar onde a obrigação deve ser satisfeita (art. 53, II, *d*, do CPC).
Partes	Tratamento: autor e réu.
Hipóteses de cabimento	A ação monitória pode ser proposta por aquele que afirmar, com base em prova escrita sem eficácia de título executivo, ter direito de exigir do devedor capaz: I – o pagamento de quantia em dinheiro; II – a entrega de coisa fungível ou infungível ou de bem móvel ou imóvel; III – o adimplemento de obrigação de fazer ou de não fazer (art. 700, *caput*, do CPC). **Dica:** A prova escrita pode consistir em prova oral documentada, nos termos do § 1º do art. 700 do CPC.
Fundamento legal	Art. 700 e ss. do CPC.
Fatos e fundamentos jurídicos do pedido	– Discorrer sobre o direito do autor de exigir do devedor capaz: a) o pagamento de quantia em dinheiro; ou b) a entrega de coisa fungível ou infungível ou de bem móvel ou imóvel; ou c) o adimplemento de obrigação de fazer ou de não fazer. – Apresentar a prova escrita de uma das hipóteses de cabimento acima elencadas. – Explicitar, sob pena de indeferimento da inicial, nos termos dos §§ 2º e 4º do art. 700 do CPC: I – a importância devida, instruindo-a com memória de cálculo; II – o valor atual da coisa reclamada; III – o conteúdo patrimonial em discussão ou o proveito econômico perseguido.
Direito	Indicação dos artigos da lei material ou processual que incidem sobre a hipótese fática.

Pedido	a) A expedição de mandado de pagamento, de entrega de coisa ou para execução de obrigação de fazer ou de não fazer, com a citação do réu e a concessão do prazo de 15 (quinze) dias para o cumprimento e o pagamento de honorários advocatícios de cinco por cento do valor atribuído à causa (art. 701 do CPC); b) A constituição de pleno direito em título executivo judicial, independentemente de qualquer formalidade, se não realizado o pagamento e não apresentados os embargos previstos no art. 702 do CPC, observando-se, no que couber, as normas atinentes ao cumprimento de sentença; c) A opção do autor pela realização ou não de audiência de conciliação ou de mediação; d) A juntada da guia de custas devidamente recolhida; e e) Que as intimações sejam dirigidas ao advogado... no endereço...
Valor da causa	O valor da causa deverá corresponder à importância prevista para: a) o pagamento de quantia em dinheiro; ou b) a entrega de coisa fungível ou infungível ou de bem móvel ou imóvel; ou c) o adimplemento de obrigação de fazer ou de não fazer.

Lembre-se:

É grande a variedade da prova documental hábil a instruir a petição inicial. Entre eles, os mais comuns são:

a) Súmula 247, STJ: "O contrato de abertura de crédito em conta-corrente, acompanhado do demonstrativo de débito, constitui documento hábil para o ajuizamento da ação monitória";

b) Súmula 299, STJ: "É admissível a ação monitória fundada em cheque prescrito";

c) Súmula 384, STJ: "Cabe ação monitória para haver saldo remanescente oriundo de venda extrajudicial de bem alienado fiduciariamente em garantia";

d) Títulos de crédito sem algum requisito exigido em lei (ex.: duplicata sem aceite);

e) O documento assinado pelo devedor, mas sem testemunhas;

f) Confissões de dívida carentes de testemunhas instrumentárias;

g) Acordos e transações não homologados;

h) As cartas ou bilhetes de que se possa inferir confissão de dívida;

i) Carta confirmando a aprovação do valor do orçamento e a execução dos serviços.

10.6.1 Peça prática de petição inicial de ação monitória

PROBLEMA

Com o propósito de realizar sua convenção anual, no próximo mês de junho, a Opticom informática Ltda., empresa sediada em Blumenau-SC, reservou 50 (cinquenta) apartamentos no Hotel Bem-Estar Ltda., localizado em Salvador-BA. A contratação foi realizada no mês de janeiro, por meio de troca de correspondência, tendo o hotel enviado seu orçamento, por escrito, e a Opticom informática aceitado integralmente os termos ali propostos, por igual via. No orçamento, o hotel ressalvou que os apartamentos estariam automaticamente reservados mediante aceitação da proposta e, caso a Opticom informática desistisse da reserva, que o fizesse mediante prévio aviso com o mínimo de 45 (quarenta e cinco) dias de antecedência, sob pena de arcar com o valor correspondente a 20% (vinte por cento) do preço total ajustado, a título de cláusula penal. Em maio, a menos de 30 (trinta) dias do evento, a Opticom informática resolveu cancelá-lo, alegando razões de conveniência empresarial, e se recusa a pagar qualquer quantia ao hotel, porque este não teria tido prejuízo.

Questão: Na qualidade de advogado do Hotel Bem-Estar Ltda., opere em favor deste. Anote que o preço contratado importava em R$ 100.000,00 (cem mil reais).

EXCELENTÍSSIMO JUÍZO DE DIREITO DA ... VARA CÍVEL DA COMARCA DE SALVADOR-BA

HOTEL BEM-ESTAR LTDA., pessoa jurídica de Direito Privado, com sede na ..., rua ..., nesta Capital do Estado da Bahia, devidamente inscrita no CNPJ sob n. ..., endereço eletrônico..., neste ato representada na forma do seu contrato social, por seu diretor..., por seu advogado devidamente constituído pelo instrumento de mandato anexo, que recebe intimações em seu escritório, no endereço ..., vem, respeitosamente, à presença de Vossa Excelência, com fundamento nos arts. 700 e seguintes do Código de Processo Civil, propor a presente AÇÃO MONITÓRIA em face de OPTICOM INFORMÁTICA LTDA., pessoa jurídica de Direito Privado, devidamente inscrita no CNPJ sob n. ..., com sede na cidade de Blumenau, Estado de Santa Catarina, no endereço..., pelos motivos de fato e de direito a seguir expostos:

I – DOS FATOS

No último mês de janeiro, o Hotel Bem-Estar Ltda., ora autor, reservou 50 (cinquenta) apartamentos para que a empresa ré realizasse sua convenção anual, no mês de junho próximo passado.

Após as tratativas comerciais, realizadas por meio de correspondência, a contratação se concretizou, com o aceite da empresa ré na proposta final de R$ 100.000,00 (cem mil reais), consoante se comprova pelo documento escrito ora juntado aos autos.

Estipulou-se que, no caso de eventual desistência da reserva por parte da ré, esta se comprometia a notificar o autor com antecedência de 45 (quarenta e cinco) dias, sob pena de arcar com o valor correspondente a 20% (vinte por cento) do preço total ajustado, a título de cláusula penal.

Ocorre que em maio/..., a menos de 30 (trinta) dias do evento, a ré resolveu cancelá-lo, alegando razões de conveniência empresarial, e recusando-se a pagar qualquer quantia ao autor.

Apesar das inúmeras tentativas do Autor de compor-se amigavelmente com a Ré, não lhe restou alternativa senão a propositura da presente demanda.

II – DO DIREITO

Sabe-se que a ação monitória é o instrumento processual para cobrança de quantia certa comprovada por documento escrito sem eficácia de título executivo, nos termos do art. 700 do Código de Processo Civil.

No presente caso, o autor é titular de crédito comprovado por prova escrita de dívida em dinheiro, sem força de título executivo (documento anexo), devida a não paga pela empresa ré, cujos representantes recusam-se a proceder ao seu pagamento, confirmando-se assim a hipótese de cabimento da presente ação monitória e a pretensão resistida da requerida que dá ensejo ao presente processo.

Assim sendo, e em cumprimento ao inciso I do § 2º do art. 700 do Código de Processo Civil, informa o autor que o valor total da dívida da ré, correspondente à multa de 20% prevista no contrato celebrado entre as partes, soma, atualmente, a quantia de R$..., conforme se demonstra pela memória de cálculo anexa.

Cabe ressaltar que, de acordo com o disposto no art. 408 do Código Civil, "Incorre de pleno direito o devedor na cláusula penal, desde que, culposamente, deixe de cumprir a obrigação ou se constitua em mora". No caso dos autos, a empresa ré deixou de cumprir com suas obrigações, razão pela qual a ela impõe-se a aplicação da multa de 20% prevista na avença celebrada entre as partes.

Dessa forma, tem-se que o título é certo, uma vez que há ausência de dúvida quanto à existência do crédito, e que se trata de título líquido, posto que seu valor é definido em R$... (memória de cálculo anexa).

O documento escrito firmado entre as partes apenas carece de eficácia de título executivo, o que autoriza o ajuizamento da presente ação monitória.

III – DO PEDIDO

Pelo exposto, requer se digne deferir a expedição de mandado de pagamento da quantia de R$... (memória de cálculo anexa), com a citação do réu e a concessão do prazo de 15 (quinze) dias para o cumprimento e o pagamento de honorários advocatícios de cinco por cento do valor atribuído à causa, ou para que apresente os embargos à monitória.

Requer-se a constituição de pleno direito o título executivo judicial, independentemente de qualquer formalidade, se não realizado o pagamento e não apresentados os embargos previstos no art. 702 do Código de Processo Civil, observando-se, no que couber, as normas atinentes ao cumprimento de sentença.

Informa o autor que possui interesse na realização de audiência de conciliação ou de mediação.

Requer a juntada da guia de custas devidamente recolhida e que as intimações sejam dirigidas ao advogado... no endereço...

Dá-se à causa o valor de R$ ... (valor da dívida).

Termos em que pede deferimento.

Local e data.

ADVOGADO ...

OAB ...

PARTE 2

LEGISLAÇÃO EXTRAVAGANTE

1 Locações – Lei n. 8.245/91

1.1 Disposições gerais

A locação de imóveis é um dos mais importantes temas do Direito e é constantemente exigido em exames. Sua disciplina está prevista tanto no Código Civil quanto na Lei n. 8.245/91 (Lei de Locações ou do Inquilinato), cujo âmbito de aplicação se restringe às relações contratuais de imóveis urbanos com destinação residencial, para temporada e não residencial.

Assim, estão excluídas do alcance da Lei n. 8.245/91 as locações de bens móveis e imóveis rurais, bem como as situações descritas no parágrafo único do seu art. 1º, as quais serão ditadas pelos dispositivos do Código Civil e eventuais leis especiais.

A Lei do Inquilinato, em seu art. 58, prevê algumas particularidades com relação ao procedimento das ações que envolvem locações urbanas. É importante que você se lembre delas:

- a) **Prazo:** os processos tramitam normalmente durante as férias forenses.
- b) **Competência:** foro do lugar da situação do imóvel (exceção feita aos contratos que elejam foro específico).
- c) **Valor da causa:** 12 meses de aluguel. Exceção no caso do art. 47, II: três vezes o salário vigente à época do ajuizamento da ação.

d) **Citação:** se houver previsão no contrato, a intimação, citação ou notificação se dará por correspondência com aviso de recebimento (AR). Tratando-se de pessoa jurídica, poderá ocorrer, ainda, por meio de fax ou telex, aplicando-se, quando necessário, as regras gerais do CPC.

e) **Efeito dos recursos:** serão recebidos no efeito devolutivo.

1.2 Estrutura básica da ação de despejo por denúncia vazia – Locação de imóvel residencial prevista pela Lei n. 8.245/91

Requisitos	Arts. 319 do CPC e 59 da Lei n. 8.245/91.
Competência	Regra geral nas locações: foro do imóvel (art. 58, II, da Lei n. 8.245/91).
Legitimidade	a) Ativa: Locador. b) Passiva: Locatário. Obs.: É possível que essa ação seja ajuizada pelo locatário em face do sublocatário.

Fundamento legal	a) Arts. 5º e 59 da Lei n. 8.245/91: procedimento.
	b) Regime contratual:
	  a) Locação residencial por prazo igual ou superior a 30 meses: art. 46, § 2º, da Lei n. 8.245/91;
	  b) Locação residencial por prazo inferior a 30 meses: art. 46, inciso V, da Lei n. 8.245/91;
	  c) Locação por temporada: art. 50, parágrafo único, da Lei n. 8.245/91;
	  d) Locação não residencial: art. 57 da Lei n. 8.245/91.

Fatos e fundamentos jurídicos	Discorrer sobre a relação locatícia entre as partes, detalhando o regime do contrato (locação por temporada, residencial ou não residencial), o prazo do contrato, valor dos aluguéis e a garantia locatícia. Ressaltar a possibilidade de o locador efetuar retomada do imóvel por denúncia vazia e a recusa do locatário em devolver o bem. Comprovar a notificação do locatário com 30 dias para desocupação (requisito essencial para a propositura da ação de despejo por denúncia vazia).
Pedido	a) citação do réu; b) procedência do pedido para o fim de se rescindir o contrato de locação celebrado entre as partes, decretando-se o despejo do réu, com a retomada do imóvel em 30 dias (conferir os prazos do art. 63 da Lei n. 8.245/91); c) a condenação do réu ao pagamento das custas processuais e dos honorários advocatícios a serem arbitrados por esse Digno Juízo; d) informar se possui interesse na realização de audiência de conciliação ou de mediação; e) requerer a juntada da guia de custas devidamente recolhida; Requer que as intimações sejam dirigidas ao advogado... no endereço...

Provas	Protestar por provas que poderão demonstrar a veracidade dos fatos alegados.
Valor da causa	Regra geral: 12 meses do valor do aluguel.

Lembre-se:

Havendo sublocatários, todos deverão ser intimados e poderão intervir no processo como assistentes (art. 59, § 2º, da Lei n. 8.245/91).

É possível apresentar pedido liminar para imediata desocupação do imóvel se o caso concreto puder ser enquadrado em uma das hipóteses do § 1º do art. 59 da Lei do Inquilinato.

1.2.1 Peça prática de ação de despejo por denúncia vazia

EXCELENTÍSSIMO JUÍZO DE DIREITO DA ... VARA CÍVEL DO *[Foro da situação do imóvel]*

SILVIO..., nacionalidade..., estado civil..., profissão..., inscrito no Cadastro de Pessoas Físicas sob n. ... e com RG n. ..., endereço eletrônico..., residente e domiciliado na cidade de Goiânia, Estado de Goiás, no endereço..., por seu advogado devidamente constituído pelo instrumento de mandato anexo (documento 1), que recebe intimação em seu escritório ..., vem, respeitosamente, à presença de Vossa Excelência, com fundamento nos arts. 59 e seguintes da Lei n. 8.245/91, propor a presente AÇÃO DE DESPEJO pelo procedimento comum, em face de CASSIO..., nacionalidade..., estado civil..., profissão..., inscrito no Cadastro de Pessoas Físicas sob n. ... e com RG n. ..., endereço eletrônico..., residente e domiciliado na cidade de..., Estado de ..., no endereço..., pelas razões de fato e de direito que a seguir expõe.

I – DOS FATOS

O autor, na qualidade de locador, celebrou contrato de locação residencial com o réu, locatário, tendo por objeto imóvel situado em..., celebrado por prazo de 30 meses, cujo valor atual dos aluguéis mensais corresponde a R$..., garantidos por fiança prestada pelo Sr. Antonio..., conforme comprova o contrato de locação anexo.

No entanto, passado o prazo de trinta meses, o presente contrato foi prorrogado por prazo indeterminado, autorizando a sua retomada por denúncia vazia, o que representa a pretensão do autor.

Por conseguinte, o autor notificou o réu, concedendo-lhe o prazo de trinta dias para a desocupação, em cumprimento ao disposto no § 2º do art. 46 da Lei n. 8.245/91, consoante se verifica pelo documento anexo.

Entretanto, decorrido o prazo de trinta dias, o locatário recusa-se a desocupar o imóvel objeto da presente lide, não restando alternativa ao autor senão a propositura da presente ação de despejo para lograr obter a retomada do imóvel.

II – DO DIREITO

Dispõe o § 1º do art. 46 da Lei n. 8.245/91 que, nos contratos de locação residencial ajustados por escrito e por prazo igual ou superior a trinta meses, findo o prazo ajustado, se o locatário continuar na posse do imóvel alugado por mais de trinta dias sem oposição do locador, presumir-se-á prorrogada a locação por prazo indeterminado.

Já o § 2º do mesmo dispositivo legal determina que, uma vez prorrogado o contrato por prazo indeterminado, o locador poderá denunciá-lo a qualquer tempo, concedido o prazo de trinta dias para desocupação.

No caso dos autos, após a prorrogação do contrato por prazo indeterminado e não pretendendo mais a sua manutenção, o autor promoveu a notificação premonitória do despejo do réu, nos exatos termos do § 2º do art. 46 da Lei n. 8.245/91, sem, contudo, obter êxito, eis que o réu se recusa a desocupá-lo, o que consubstancia a pretensão resistida do locatário e comprova o direito do autor à decretação do despejo.

III – DO PEDIDO

Por todo o exposto, requer-se a citação do réu para que, querendo, apresente sua defesa, sob pena de revelia.

Requer-se a procedência do pedido, com a rescisão do contrato, a decretação do despejo e a retomada do imóvel em 30 dias, bem como a condenação do réu aos pagamentos das custas processuais e dos honorários advocatícios.

Informa o autor que possui interesse na realização de audiência de conciliação ou de mediação.

Requer, ainda, a juntada da guia de custas devidamente recolhida e que as intimações sejam dirigidas ao advogado... no endereço...

Protesta provar o alegado por todos os meios de prova em direito admitidos, em especial pelo depoimento pessoal do réu, oitiva de testemunhas, juntada de novos documentos, expedição de ofícios e demais, que ficam desde já requeridos ainda que não especificados.

Dá-se à causa o valor de R$... (12 meses de aluguel).

Termos em que pede deferimento.

Local e data.

ADVOGADO ...

OAB ...

1.3 Estrutura básica da ação de despejo por falta de pagamento

Requisitos	Arts. 319 do CPC e 62 da Lei n. 8.245/91.
Competência	Regra geral nas locações: foro do imóvel – art. 58, II, da Lei n. 8.245/91.
Legitimidade	A) Ativa: locador. B) Passiva: locatário e fiador (se houver). Obs.: É possível que essa ação seja ajuizada pelo locatário em face do sublocatário.
Fundamento legal	Direito Material: arts. 9º, III, e 23, I, da Lei n. 8.245/91. Direito Processual: art. 62 da Lei n. 8.245/1991.
Fatos e fundamentos jurídicos do pedido	Discorrer sobre a relação locatícia entre as partes, detalhando o regime do contrato (locação por temporada, residencial ou não residencial), o prazo do contrato, valor dos aluguéis e a garantia locatícia. Ressaltar o descumprimento de obrigação legal e contratual do locatário que consiste no pagamento dos aluguéis e acessórios da locação. Apresentar cálculo discriminado dos valores devidos e não pagos pelo locatário. Discorrer sobre as garantias locatícias, como por exemplo, a obrigação do fiador ou a existência de seguro de fiança locatícia.
Pedido	a) A citação do locatário para responder ao pedido de rescisão e do locatário e do fiador para responderem ao pedido de cobrança, ou para efetuarem a purgação da mora. b) A procedência do pedido, com a rescisão da locação, a decretação do despejo e a retomada do imóvel em 15 dias, nos termos do art. 63, § 1º, b, da Lei n. 8.245/91. c) A condenação dos réus ao pagamento dos aluguéis e acessórios vencidos no valor de R$..., conforme memória de cálculo anexa, bem como dos vincendos até a efetiva desocupação do imóvel. d) A condenação do réu ao pagamento das custas processuais e dos honorários advocatícios a serem arbitrados por esse Digno Juízo. e) Informar se possui interesse na realização de audiência de conciliação ou de mediação. f) A juntada da guia de custas devidamente recolhida. g) Que as intimações sejam dirigidas ao advogado... no endereço...
Provas	Protestar por provas que poderão demonstrar a veracidade dos fatos alegados.
Valor da causa	Regra geral: 12 meses o valor do aluguel.

Lembre-se:

É possível cumular a ação de despejo com a cobrança dos aluguéis e acessórios da locação (art. 62, *i*, da Lei n. 8.245/91). Neste caso, será necessário anexar o demonstrativo de cálculo do débito.

Com a redação dada pela Lei n. 12.112/2009, é possível apresentar pedido liminar para imediata desocupação do imóvel, desde que não haja garantia contratual prevista (art. 59, § 1º, IX, da Lei do Inquilinato).

Havendo sublocatários, todos deverão ser intimados e poderão intervir no processo como assistentes (art. 59, § 2º, da Lei n. 8.245/91).

Se o contrato estiver garantido por fiança, citar-se-á o locatário para responder ao pedido de rescisão e o locatário e os fiadores para responderem ao pedido de cobrança, devendo ser apresentado, com a inicial, cálculo discriminado do valor do débito (art. 62, I, da Lei n. 8.245/91).

1.3.1 Peça prática de ação de despejo por falta de pagamento cumulada com cobrança de aluguéis e acessórios da locação

EXCELENTÍSSIMO JUÍZO DE DIREITO DA ... VARA CÍVEL DO *[Foro da situação do imóvel]*

Elisa..., nacionalidade..., estado civil..., profissão..., inscrito no Cadastro de Pessoas Físicas sob n. ... e com RG n. ..., endereço eletrônico..., residente e domiciliada na cidade de Campo Grande, Estado do Mato Grosso do Sul, no endereço..., por seu advogado devidamente constituído pelo instrumento de mandato anexo (documento 1), que recebe intimação em seu escritório ..., vem, respeitosamente, à presença de Vossa Excelência, com fundamento nos arts. 9º, inciso III, 21, inciso I, e 62 e seguintes da Lei n. 8.245/91, propor a presente AÇÃO DE DESPEJO POR FALTA DE PAGAMENTO COMULADA COM COBRANÇA DE ALUGUÉIS E ACESSÓRIOS DA LOCAÇÃO, pelo procedimento comum, em face de Alessandro..., nacionalidade..., estado civil..., profissão..., inscrito no Cadastro de Pessoas Físicas sob n. ... e com RG n. ..., endereço eletrônico..., residente e domiciliado na cidade de..., Estado de ..., no endereço... e Eugênio..., nacionalidade..., solteiro, profissão..., inscrito no Cadastro de Pessoas Físicas sob n. ... e com RG n. ..., endereço eletrônico..., residente e domiciliado na cidade de..., Estado de ..., no endereço..., pelas razões de fato e de direito que a seguir expõe.

I – DOS FATOS

A autora, na qualidade de locadora, celebrou contrato de locação não residencial com o corréu Alessandro, locatário, tendo por objeto imóvel situado em... O prazo de mencionado contrato é de 24 meses, o valor atual dos aluguéis mensais corresponde a R$..., garantidos por fiança prestada pelo corréu Eugênio, conforme comprova o documento anexo.

No entanto, o locatário não pagou os aluguéis referentes aos meses de... Também não pagou o condomínio do mesmo período em afronta à disposição contratual expressa na cláusula... do contrato de locação, bem como em violação ao art. 23, incisos I e XII, da Lei n. 8.245/91.

Por conseguinte, o valor total da dívida dos réus soma a quantia de R$..., já devidamente atualizada e acrescida da multa contratual, dos juros de mora e dos honorários advocatícios conforme se verifica na memória de cálculo anexa.

Mesmo constituído em mora, o locatário recusa-se a adimplir com suas obrigações legais e contratuais, o que obriga a autora a recorrer ao Poder Judiciário para a satisfação de sua pretensão.

II – DO DIREITO

Dispõe o art. 9º da Lei n. 8.245/91 que a locação poderá ser desfeita em decorrência da falta de pagamento do aluguel e demais encargos. Além disso, estabelece o art. 23 do mesmo diploma legal que são deveres do locatário pagar pontualmente o aluguel e os encargos da locação, legal ou contratualmente exigíveis, no prazo estipulado (inciso I) e pagar as despesas ordinárias de condomínio (inciso II).

No caso dos autos, o locatário não honrou com o pagamento dos aluguéis referentes aos meses de ... nem pagou as despesas condominiais do mesmo período, em inadimplemento obrigacional que impõe a propositura da presente demanda.

Outrossim, deve-se ressaltar que o presente contrato de locação está garantido por fiança prestada pelo corréu Eugênio, que se obriga a satisfazer ao autor as obrigações devidas pelo corréu Alessandro, nos exatos termos do art. 818 do Código Civil.

III – DO PEDIDO

Por todo o exposto, requer-se:

a) a citação do locatário para responder ao pedido de rescisão e do locatário e do fiador para responderem ao pedido de cobrança, ou para efetuarem a purgação da mora;

b) a procedência do pedido, com a rescisão da locação, a decretação do despejo e a retomada do imóvel em 15 dias, nos termos do art. 63, § 1º, alínea *b*, da Lei n. 8.245/91;

c) a condenação dos réus ao pagamento dos aluguéis e acessórios vencidos no valor de R$..., conforme memória de cálculo anexa, bem como dos vincendos até a efetiva desocupação do imóvel;

d) a condenação do réu ao pagamento das custas processuais e dos honorários advocatícios a serem arbitrados por esse Digno Juízo;

e) a juntada da guia de custas devidamente recolhida e que as intimações sejam dirigidas ao advogado... no endereço...

Informa a autora que tem interesse na realização de audiência de conciliação ou de mediação.

Protesta provar o alegado por todos os meios de prova em direito admitidos, em especial pelo depoimento pessoal do réu, oitiva de testemunhas, juntada de novos documentos, expedição de ofícios e demais, que ficam desde já requeridos ainda que não especificados.

> Dá-se à causa o valor de R$... (12 meses de aluguel).
>
> Termos em que pede deferimento.
>
> Local e data.
>
> ADVOGADO ...
>
> OAB ...

1.4 Estrutura básica de ação renovatória

Requisitos	Art. 319 do CPC e art. 71, I a VII, da Lei n. 8.245/91.
Competência	Regra geral nas locações: foro do imóvel – art. 58, II, da Lei n. 8.245/91.
Legitimidade	A) Ativa: locatário. B) Passiva: locador. **Obs.:** 1) O direito à renovação do contrato pode ser exercido pelos cessionários ou sucessores da locação. 2) No caso de sublocação total do imóvel, o direito a renovação somente poderá ser exercido pelo sublocatário. 3) Quando o contrato autorizar que o locatário utilize o imóvel para as atividades de sociedade de que faça parte e que a esta passe a pertencer o fundo de comércio, o direito a renovação poderá ser exercido pelo locatário ou pela sociedade. 4) Dissolvida a sociedade comercial por morte de um dos sócios, o sócio sobrevivente fica sub-rogado no direito a renovação, desde que continue no mesmo ramo.
Fundamento legal	Arts. 51 e 71 da Lei n. 8.245/91.
Fatos e fundamentos jurídicos do pedido	Discorrer sobre a relação locatícia entre as partes, detalhando o regime do contrato (locação por temporada, residencial ou não residencial), o prazo do contrato, valor dos aluguéis e a garantia locatícia. Ressaltar o cumprimento dos requisitos do art. 51 da Lei n. 8.245/91, comprovando tratar-se de locação para fins comerciais, empresariais, industriais ou civis com fins lucrativos, bem como o fato de o locatário cumprir cumulativamente com os seguintes requisitos: I – o contrato

Fatos e fundamentos jurídicos do pedido	a renovar tenha sido celebrado por escrito e com prazo determinado; II – o prazo mínimo do contrato a renovar ou a soma dos prazos ininterruptos dos contratos escritos seja de cinco anos; III – o locatário esteja explorando seu comércio, no mesmo ramo, pelo prazo mínimo e ininterrupto de três anos. Ressalvar que a propositura da ação renovatória dentro do interregno de um ano, no máximo, até seis meses, no mínimo, anteriores à data da finalização do prazo do contrato em vigor, como dispõe o § 5º do art. 51 da Lei do Inquilinato. Nos termos do art. 71 da Lei n. 8.245/91, instruída a petição inicial com: I – prova do preenchimento dos requisitos dos incisos I, II e III do art. 51; II – prova do exato cumprimento do contrato em curso; III – prova da quitação dos impostos e taxas que incidiram sobre o imóvel e cujo pagamento lhe incumbia; IV – indicação clara e precisa das condições oferecidas para a renovação da locação; V – indicação do fiador quando houver no contrato a renovar e, quando não for o mesmo, com indicação do nome ou denominação completa, número de sua inscrição no Ministério da Fazenda, endereço e, tratando-se de pessoa natural, a nacionalidade, o estado civil, a profissão e o número da carteira de identidade, comprovando, desde logo, mesmo que não haja alteração do fiador, a atual idoneidade financeira; VI – prova de que o fiador do contrato ou o que o substituir na renovação aceita os encargos da fiança, autorizado por seu cônjuge, se casado for; VII – prova, quando for o caso, de ser cessionário ou sucessor, em virtude de título oponível ao proprietário. Se a ação for proposta pelo sublocatário do imóvel ou de parte dele, serão citados o sublocador e o locador, como litisconsortes, salvo se, em virtude de locação originária ou renovada, o sublocador dispuser de prazo que admita renovar a sublocação; na primeira hipótese, procedente a ação, o proprietário ficará diretamente obrigado à renovação.
Pedido	a) citação do réu; b) procedência do pedido para o fim de se renovar o contrato de locação celebrado entre as partes, por igual prazo, nas condições propostas pelo autor; c) a condenação do réu ao pagamento das custas processuais e dos honorários advocatícios a serem arbitrados por esse Digno Juízo; d) informar se possui interesse na realização de audiência de conciliação ou de mediação; e) requerer a juntada da guia de custas devidamente recolhida; f) que as intimações sejam dirigidas ao advogado... no endereço...
Provas	Protestar por provas que poderão demonstrar a veracidade dos fatos alegados.
Valor da causa	Regra geral: 12 meses do valor do aluguel.

1.4.1 Peça prática de ação renovatória

EXCELENTÍSSIMO JUÍZO DE DIREITO DA ... VARA CÍVEL DA COMARCA DE *[Foro da situação do imóvel]*

EMPRESA X, pessoa jurídica de Direito Privado, com sede na ..., rua ..., nesta Capital do Estado da Bahia, devidamente inscrita no CNPJ sob n. ..., endereço eletrônico, por seu advogado devidamente constituído, conforme instrumento de mandato anexo (documento 1), que recebe intimações em seu escritório..., vem, respeitosamente, à presença de Vossa Excelência, com fundamento nos arts. 51 e 71 e ss. da Lei 8.245/1991, propor a presente AÇÃO RENOVATÓRIA em face de BARTOLOMEU..., nacionalidade..., estado civil..., profissão..., inscrito no Cadastro de Pessoas Físicas sob n. ... e com RG n. ..., endereço eletrônico..., residente e domiciliado na cidade de..., Estado de ..., no endereço..., pelas razões de fato e de direito que a seguir expõe.

I – DOS FATOS

A Autora, na qualidade de locatária, celebrou contrato de locação com o Réu, locador, tendo por objeto imóvel situado nesta comarca (endereço completo).

O prazo de referido contrato é de cinco anos *[Fazer a ressalva expressa na hipótese de se tratar de vários contratos cuja soma dá cinco anos, consoante art. 51, II, Lei 8.245/1991]*, com vencimento em ..., valor dos aluguéis atuais equivalente a R$..., tendo como fiador o Sr. (qualificação completa – mencionar o estado civil), conforme comprova o documento anexo.

Durante todo o curso do contrato, a Autora pagou pontualmente os aluguéis e demais encargos da locação, conforme comprovam os recibos anexos.

Também honrou com o pagamento de todos os impostos e taxas que se encontram sob sua responsabilidade, consoante fazem prova os documentos ora anexados.

Desse modo, é possível verificar que se encontram preenchidos todos os requisitos para a renovação do contrato de locação objeto da presente lide, apesar da recusa expressa do réu, devidamente comprovada pela missiva anexa.

Nessas condições, não resta alternativa à Autora senão promover a presente ação renovatória, com o objetivo de proteger o fundo de empresa formado nos últimos anos.

II – DO DIREITO

Consoante se infere, a autora observa todos os requisitos estabelecidos no art. 71 da Lei n. 8.245/91.

Veja-se que o contrato em tela foi ajustado pelo prazo de 5 (cinco) anos, conforme prescreve o art. 51, inciso II, da Lei de Regência.

Ademais, todos os encargos da locação foram plenamente quitados pela autora, conforme comprovam os documentos anexos.

Desse modo, para a renovação do contrato de locação por um prazo de cinco anos, oferece a Autora, a título de aluguéis, a quantia de R$...

Como garantia pelo pagamento de referidos aluguéis será mantido o mesmo fiador do contrato a ser renovado (qualificação completa), que concorda com os termos da presente e com a renovação do contrato de fiança, consoante faz prova a declaração por ele subscrita e que consta com a expressa anuência de seu cônjuge (qualificação completa). Para a prova de sua idoneidade financeira, requer a autora a juntada das certidões anexas.

Reiteram-se as demais cláusulas e condições do contrato a ser renovado, conforme minuta anexa.

III – DO DIREITO

Por todo o exposto, preenchidos todos os requisitos para a renovação do contrato objeto da presente lide, requer-se a citação do réu para que, querendo, apresente sua defesa, sob pena de revelia.

Requer seja julgada procedente a presente ação, para o fim de se renovar o contrato de locação em tela por mais cinco anos, nas condições aqui propostas, com a condenação do réu ao pagamento das custas processuais e dos honorários advocatícios a serem arbitrados por esse Digno Juízo.

Informa a autora que possui interesse na realização de audiência de conciliação ou de mediação.

Requer a juntada da guia de custas devidamente recolhida e que as intimações sejam dirigidas ao advogado... no endereço...

Protesta provar o alegado por todos os meios de prova em direito admitidos, em especial pelo depoimento pessoal do réu, oitiva de testemunhas, juntada de novos documentos, expedição de ofícios e demais, que ficam desde já requeridos ainda que não especificados.

Dá-se à causa o valor de R$... (12 meses do aluguel proposto).

Termos em que pede deferimento.

Local e data.

ADVOGADO...

OAB...

1.4.2 Peça prática de contestação à ação renovatória

EXCELENTÍSSIMO JUÍZO DE DIREITO DA ... VARA CÍVEL DA COMARCA DE *[Foro da situação do imóvel]*

Processo n. ...

BARTOLOMEU..., nacionalidade..., estado civil..., profissão..., inscrito no Cadastro de Pessoas Físicas sob n. ... e com RG n. ..., endereço eletrônico..., residente e domiciliado na cidade de..., Estado de ..., no endereço..., por seu advogado devidamente constituído pelo instrumento de mandato anexo (doc. 1), que recebe intimações em seu escritório..., nos autos da AÇÃO RENOVATÓRIA objeto do processo em epígrafe, que lhe promove a EMPRESA X, já qualificada, vem, respeitosamente, à presença de Vossa Excelência, apresentar sua defesa, pelas razões a seguir expostas.

I – FATOS E FUNDAMENTOS

De início cabe salientar que a autora não preenche os requisitos estabelecidos pelos arts. 51 e 71 da Lei do Inquilinato, eis que o contrato celebrado entre as partes não possui prazo determinado.

Além disso, a proposta formulada pela autora não representa o valor locativo real do imóvel na época da renovação, excluída a valorização trazida por ela ao ponto ou lugar, consoante comprovam as avaliações de imobiliárias anexas.

Outrossim, deve-se ressaltar que o réu recebeu proposta bastante superior de terceiro, o Sr. Aristides..., consoante comprova o documento anexo, subscrito pelo proponente e por duas testemunhas, com clara indicação do ramo de atividade que pretende explorar, bastante distinto daquele ora explorado pela autora no imóvel objeto da presente lide.

Como se vê, a empresa autora não preenche os requisitos autorizadores da renovação compulsória da locação, razão pela qual impõe-se a improcedência da presente demanda.

Por outro lado, conforme o disposto pelo § 4º do art. 72 da Lei n. 8.245/91, requer o réu se digne fixar aluguel provisório, para vigorar a partir do primeiro mês do prazo do contrato a ser renovado, conforme valores indicados pelas avaliações de imobiliárias supramencionadas.

Ademais, impõe-se a fixação de prazo de até seis meses após o trânsito em julgado da sentença para desocupação do imóvel, o que desde já se requer.

Por todo o exposto, requer-se a fixação de aluguéis provisórios na quantia de R$... correspondentes a 80% dos pretendidos pelo locador.

Requer seja julgada improcedente a presente demanda renovatória, determinando-se a desocupação do imóvel locado no prazo máximo de trinta dias, nos termos do art. 74 da Lei n. 8.245/91.

Caso não seja esse o entendimento de Vossa Excelência, requer a fixação dos aluguéis definitivos na quantia de R$..., com a condenação da autora ao pagamento das diferenças apuradas entre os aluguéis provisórios e os definitivos, devidas de uma só vez, nos termos do art. 73 da Lei 8.245/1991.

Requer, por fim, a condenação da autora ao pagamento das custas processuais e dos honorários advocatícios a serem arbitrados por Vossa Excelência.

Protesta provar o alegado por todos os meios de prova em direito admitidos, em especial pelo depoimento pessoal da autora, oitiva de testemunhas, juntada de novos documentos, expedição de ofícios e demais, que ficam desde já requeridos ainda que não especificados.

Termos em que pede deferimento.

Local e data.

ADVOGADO ...

OAB...

1.5 Estrutura básica de ação revisional de aluguel

Requisitos	Arts. 319 do CPC e art. 68 da Lei n. 8.245/91.
Competência	Regra geral nas locações: foro do imóvel – art. 58, II, da Lei n. 8.245/1991.
Legitimidade	1) Ação revisional ajuizada pelo locador: A) Ativa: locador. B) Passiva: locatário e fiador (se houver). 2) Ação revisional ajuizada pelo locatário: A) Ativa: locatário. B) Passiva: locador.
Fundamento legal	Arts. 19 e 68 a 70 da Lei n. 8.245/91.
Procedimento	Apesar de o *caput* do art. 68 da Lei n. 8.245/91 estabelecer que a ação revisional segue o rito sumário, com o advento do novo Código de Processo Civil e a supressão desse rito em nosso ordenamento, a ação revisional de aluguéis seguirá o procedimento comum estabelecido pelos arts. 318 e seguintes do CPC, com a ressalva do § 1º do art. 1.046: "§ 1º As disposições da Lei n. 5.869, de 11 de janeiro de 1973, relativas ao procedimento sumário e aos procedimentos especiais que forem revogadas aplicar-se-ão às ações propostas e não sentenciadas até o início da vigência deste Código".
Fatos e fundamentos jurídicos do pedido	a) Discorrer sobre a relação locatícia entre as partes, detalhando o regime do contrato (locação por temporada, residencial ou não residencial), o prazo do contrato, valor dos aluguéis e a garantia locatícia.

Fatos e fundamentos jurídicos do pedido	b) Discorrer sobre o art. 19 da Lei n. 8.245/91 que autoriza, após três anos de vigência do contrato ou do acordo anteriormente realizado, a revisão judicial do aluguel, a fim de ajustá-lo ao preço de mercado, caso não haja acordo entre as partes.
	c) Ressaltar a divergência entre o valor do aluguel atualmente pago e o seu valor de mercado, fazendo a sua devida comprovação.
	d) Indicar o valor do aluguel cuja fixação é pretendida.
	e) Discorrer sobre as garantias locatícias se houver.
	f) Abrir tópico para os aluguéis provisórios, indicando elementos para a sua fixação pelo juiz, que serão devidos desde a citação, nos seguintes moldes:
	  1) em ação proposta pelo locador, o aluguel provisório não poderá ser excedente a 80% (oitenta por cento) do pedido;
	  2) em ação proposta pelo locatário, o aluguel provisório não poderá ser inferior a 80% (oitenta por cento) do aluguel vigente.
	g) Ressaltar que o aluguel fixado na sentença retroage à citação, e as diferenças devidas durante a ação de revisão, descontados os alugueres provisórios satisfeitos, serão pagas corrigidas, exigíveis a partir do trânsito em julgado da decisão que fixar o novo aluguel.

Pedido	a) A fixação do aluguel provisório, nos termos do art. 68 da Lei n. 8.245/91:
	  1) em ação proposta pelo locador, o aluguel provisório não poderá ser excedente a 80% (oitenta por cento) do pedido;
	  2) em ação proposta pelo locatário, o aluguel provisório não poderá ser inferior a 80% (oitenta por cento) do aluguel vigente.
	b) A citação do réu, para que, querendo, ofereça sua defesa.
	c) A procedência do pedido para o fim de fixar os aluguéis definitivos na quantia de R$..., condenando-se os réus ao pagamento das diferenças devidas durante a ação de revisão, nos termos do art. 69 da Lei n. 8.245/91.
	d) Se for o caso, requerer a fixação de periodicidade de reajustamento do aluguel diversa daquela prevista no contrato revisando, bem como adotar outro indexador para reajustamento do aluguel.
	e) A condenação do réu ao pagamento das custas processuais e dos honorários advocatícios a serem arbitrados por esse Digno Juízo.
	f) Informar se possui interesse na realização de audiência de conciliação ou de mediação.
	g) Requerer a juntada da guia de custas devidamente recolhida.
	h) Que as intimações sejam dirigidas ao advogado... no endereço...

Provas	Protestar por provas que poderão demonstrar a veracidade dos fatos alegados, principalmente a prova pericial.
Valor da causa	Regra geral: 12 meses do valor do aluguel.

1.5.1 Peça prática de ação revisional de aluguel

José e Juscelino celebraram contrato de locação, por meio do qual este locava àquele imóvel de sua propriedade, para instalação de estabelecimento comercial mantido por José. Passados seis anos de relação contratual contínua e formalizada, houve significativa queda do preço de mercado das locações nas vizinhanças do imóvel. Com isso, o preço justo dos alugueres seria, no entender de José, R$ 3.000,00 (três mil reais) mensais, em vez dos R$ 5.000,00 (cinco mil reais) vigentes.

Questão: Como advogado de José, proponha a ação cabível para readequar o valor locatício. Considere que José é domiciliado em Londrina-PR, local do imóvel, ao passo que Juscelino é domiciliado em Campinas-SP.

EXCELENTÍSSIMO JUÍZO DE DIREITO DA ... VARA CÍVEL DA COMARCA DE LONDRINA-PR

JOSÉ..., nacionalidade..., estado civil..., profissão..., inscrito no Cadastro de Pessoas Físicas sob n. ... e com RG n. ..., endereço eletrônico..., residente e domiciliado na cidade de Londrina, Estado do Paraná, no endereço..., por seu advogado devidamente constituído pelo instrumento de mandato anexo (documento 1), que recebe intimações em seu escritório..., vem, respeitosamente, à presença de Vossa Excelência, com fundamento nos arts. 19 e 68 a 70 da Lei n. 8.245/91, propor a presente AÇÃO REVISIONAL DE ALUGUEL, pelo procedimento comum, em face de JUSCELINO... nacionalidade..., estado civil..., profissão..., inscrito no Cadastro de Pessoas Físicas sob n. ... e com RG n. ..., endereço eletrônico..., residente e domiciliado na cidade de..., Estado de ..., no endereço..., Campinas-SP, pelas razões de fato e de direito que passa a aduzir.

I – DOS FATOS

O autor é locatário de um imóvel situado na rua ..., n. ..., nesta cidade de Londrina, Estado do Paraná, mantendo nele um estabelecimento comercial há mais de 6 (seis) anos (contrato anexo).

O valor do aluguel pago ao locador, ora réu, atualmente, soma a quantia de R$ 5.000,00.

No entanto, com o passar dos anos, todos os imóveis da redondeza sofreram uma queda no valor de mercado, que, consequentemente, refletiu no preço dos alugueres, conforme provam os documentos anexos.

Esse fato também ocorreu com o imóvel objeto da presente lide, cujo valor atual de mercado equivale a R$ 3.000,00, bastante inferior aos R$ 5.000,00 pagos atualmente, o que se comprova pelas avaliações de imobiliárias anexas.

Por essa razão, o autor intentou negociar um acordo de revisão dos aluguéis com o réu, porém foi repelido veementemente, não restando alternativa senão recorrer ao Poder Judiciário para a satisfação de sua pretensão.

II – DO DIREITO

Dispõe o art. 19 da Lei n. 8.245/91 que, "não havendo acordo, o locador ou o locatário, após 3 (três) anos de vigência do contrato ou do acordo anteriormente realizado, poderão pedir revisão judicial do aluguel, a fim de ajustá-lo ao preço de mercado".

Portanto, passados 6 (seis) anos da vigência do contrato locatício, possui legitimidade, o locatário, para requerer a revisão dos valores que vêm sendo pagos.

Para comprovar a queda do valor de mercado dos alugueres daquela região, apresenta, nesta oportunidade, os documentos que fazem prova dessa desvalorização, onde se encontra o prédio locado, tais como recortes de jornais com os preços dos alugueres, informativos imobiliários e periódicos, bem como avaliações de imobiliárias (documentos. ... a ...).

Cabe ressaltar que a manifesta desproporção entre o valor do aluguel atualmente pago pelo autor e o valor de mercado do aluguel do imóvel objeto da presente lide representa quebra do equilíbrio contratual, em situação que caracteriza extrema vantagem para o réu e prestações excessivamente onerosas para o autor, fato esse repelido por nosso ordenamento.

III – DOS ALUGUÉIS PROVISÓRIOS

Nos termos do art. 68, inciso II, alínea *b*, da Lei do Inquilinato, impõe-se a fixação de aluguéis provisórios, que serão devidos desde a citação e não poderão ser inferiores a 80% (oitenta por cento) do aluguel vigente, o que desde já se requer.

Além disso, de acordo com o que dispõe o *caput* do art. 69 da Lei n. 8.245/91, cabe ressaltar que o aluguel fixado na sentença retroagirá à citação, e as diferenças devidas durante a ação de revisão, descontados os alugueres provisórios satisfeitos, serão pagas corrigidas, exigíveis a partir do trânsito em julgado da decisão que fixar o novo aluguel.

IV – DO PEDIDO

Por todo o exposto, requer-se:

a) a fixação do aluguel provisório, que não poderá ser inferior a 80% (oitenta por cento) do aluguel vigente nos termos do art. 68, inciso II, alínea *b*, da Lei n. 8.245/91;

b) a citação do réu, para que, querendo, ofereça sua defesa;

c) a procedência do pedido para o fim de fixar os aluguéis definitivos na quantia de R$ 3.000,00, condenando-se os réus ao pagamento das diferenças devidas durante a ação de revisão, nos termos do art. 69 da Lei n. 8.245/91;

d) a condenação do réu ao pagamento das custas processuais e dos honorários advocatícios a serem arbitrados por esse Digno Juízo;

e) requerer a juntada da guia de custas devidamente recolhida;

f) que as intimações sejam dirigidas ao advogado... no endereço...

Informar o autor que possui interesse na realização de audiência de conciliação ou de mediação.

> Protesta provar o alegado por todos os meios em direito admitidos, em especial pelo depoimento pessoal do réu, pelas provas documentais juntadas, pela perícia, cujos quesitos seguem anexos e pela oitiva das testemunhas abaixo arroladas.
>
> Dá-se à causa o valor de R$ 72.000,00 (12 vezes o valor do aluguel).
>
> Termos em que pede deferimento.
>
> Local e data.
>
> ADVOGADO ...
>
> OAB ...

1.6 Estrutura básica da ação de consignação em pagamento de aluguéis e acessórios da locação regidos pela Lei n. 8.245/91

Requisitos	Art. 319 do CPC.
Competência	a) foro do lugar da situação do imóvel (art. 58, II, Lei n. 8.245/91); b) foro de eleição (art. 58, II, Lei n. 8.245/91).
Partes	Tratamento: autor e réu.
Hipóteses de cabimento	Art. 335 do CC e art. 67 da Lei n. 8.245/91.
Fundamento legal	Art. 67 da Lei n. 8.245/91 + art. 334 e ss. do CC.
Fatos e fundamentos jurídicos do pedido	Discorrer sobre a relação jurídica locatícia que envolve o autor e o réu, tratando do contrato de locação e especificando os aluguéis e acessórios da locação com indicação dos respectivos valores (art. 67, I, da Lei n. 8.245/91). Ressalvar o fato que dá origem ao pedido de depósito. Exemplo: a recusa do locador. Ressalvar que o locatário/sublocatário tem direito ao pagamento, para extinguir a obrigação, com a sua consequente liberação do vínculo obrigacional. Discorrer sobre a hipótese de cabimento da consignação, prevista em um dos incisos do art. 335 do Código Civil e no art. 67 da Lei n. 8.245/91.

Fatos e fundamentos jurídicos do pedido	– por se tratar de prestações sucessivas, ressaltar o fato de que o pedido envolverá a quitação das obrigações que vencerem durante a tramitação do feito e até ser prolatada a sentença de primeira instância, devendo o autor promover os depósitos nos respectivos vencimentos (art. 67, III, da Lei n. 8.245/91).
Direito	Indicação dos artigos da lei material ou processual que incidem sobre a hipótese fática.
Pedido	a) O depósito da quantia ou da coisa devida, a ser efetivado no prazo de 24 (vinte e quatro) horas contados da devida intimação (art. 67, II, da Lei n. 8.245/91); b) A citação do réu para levantar o depósito ou oferecer contestação; c) A procedência do pedido para declarar quitadas as obrigações, condenando o réu ao pagamento das custas e honorários de vinte por cento do valor dos depósitos (art. 67, IV, da Lei n. 8.245/91); d) A quitação das obrigações que vencerem durante a tramitação do feito e até ser prolatada a sentença de primeira instância, devendo o autor promover os depósitos nos respectivos vencimentos (art. 67, III, da Lei n. 8.245/91); e) A opção do autor pela realização ou não de audiência de conciliação ou de mediação; f) A juntada da guia de custas devidamente recolhida; g) Que as intimações sejam dirigidas ao advogado... no endereço...
Provas	Protestar por provas que poderão demonstrar a veracidade dos fatos alegados.
Valor da causa	12 meses de aluguel (art. 58, III, da Lei n. 8.245/91).

Lembre-se:

A Ação de Consignação em Pagamento de Aluguéis e Acessórios da Locação tem cabimento para os contratos de locação de imóvel urbano regidos pela Lei n. 8.245/91. Nos demais casos, deve-se seguir o procedimento previsto nos arts. 539 a 549 do Código de Processo Civil.

1.6.1 Peça prática da ação de consignação em pagamento de aluguéis e acessórios da locação regidos pela Lei n. 8.245/91

Camila vive em união estável com Alberto há dez anos. O casal possui um filho de 5 anos de idade e vive em um imóvel alugado, na cidade de Belo Horizonte-MG. O contrato de locação foi celebrado por Alberto com a Imobiliária X, administradora dos bens de Pedro, o locador, residente e domiciliado em Vitória-ES. O prazo de referido contrato é de 30 meses, o valor do aluguel atual de R$ 3.000,00 (três mil reais) e o fiador é Murilo, pai do locatário. No entanto, passados 10 meses da celebração do contrato, Alberto veio a falecer, vítima de um acidente de carro. Dias após o seu funeral, Camila dirigiu-se a sede da Imobiliária X para efetuar o pagamento dos aluguéis, na data de seu vencimento. Contudo, foi surpreendida pela veemente recusa de Otávio, dono da imobiliária, alegando que o contrato havia sido celebrado com Alberto, e não com outra pessoa, e que, por essa razão, ela teria que desocupar o imóvel. Além disso, foi obrigada a receber uma notificação, subscrita por Otávio, em que era informada que tinha dez dias para promover a desocupação, sob pena de ajuizamento de uma ação de despejo. Por conseguinte, Camila procura os seus serviços, pedindo para que tome as medidas judiciais cabíveis para que possa adimplir com as obrigações decorrentes do contrato de locação, ilidindo o despejo. Estava acompanhando de seu sogro, Murilo, que se dispõe a permanecer como fiador. Ajuíze a medida cabível para a defesa de seu interesse.

EXCELENTÍSSIMO JUÍZO DE DIREITO DA ... VARA CÍVEL DA COMARCA DE BELO HORIZONTE-MG

CAMILA..., nacionalidade..., que vivia em união estável com Alberto..., profissão..., inscrita no Cadastro de Pessoas Físicas sob n. ... e com RG n. ..., endereço eletrônico..., residente e domiciliada na cidade de Belo Horizonte, Estado de Minas Gerais, no endereço..., por seu advogado devidamente constituído pelo instrumento de mandato anexo (doc. 1), que recebe intimação em seu escritório ..., vem, respeitosamente, à presença de Vossa Excelência, com fundamento no art. 67 da Lei n. 8.245/91, propor a presente AÇÃO DE CONSIGNAÇÃO EM PAGAMENTO em face de PEDRO..., nacionalidade..., estado civil..., profissão..., inscrito no Cadastro de Pessoas Físicas sob n. ... e com RG n. ..., endereço eletrônico..., residente e domiciliado na cidade de Vitória, Estado do Espírito Santo, no endereço..., pelos motivos de fato e de direito que a seguir expõe.

I – DOS FATOS

A autora viveu em união estável com o Senhor Alberto..., falecido aos..., e que celebrou contrato de locação com o réu, tendo por objeto o imóvel situado no endereço...

O contrato de locação em tela foi celebrado pelo prazo de 30 meses, o valor atual dos aluguéis soma a quantia de R$ 3.000,00 e a garantia locatícia está representada por fiança prestada pelo Sr. Murilo..., conforme se verifica no documento anexo.

Com o falecimento do locatário, a autora, sua companheira, dirigiu-se a imobiliária X, administradora do imóvel locado pelo réu, no último dia..., para efetuar o pagamento dos aluguéis devidos em razão da presente locação, em cumprimento aos termos de sua cláusula...

No entanto, a autora foi surpreendida pela recusa formal apresentada pelo Sr. Otávio, dono da Imobiliária X, alegando que o contrato foi celebrado com o falecido Alberto e que ela não teria legitimidade para permanecer no imóvel locado.

Além disso, a autora foi obrigada a dar ciência da notificação expedida pela Imobiliária X, em que se requer a desocupação do imóvel em 10 dias (documento anexo).

Por essas razões, não restou alternativa à autora senão a propositura da presente ação consignatória para a obtenção da tutela jurisdicional.

II – DO DIREITO

Com o falecimento do Sr. Alberto..., a autora sub-rogou-se em seus direitos e obrigações referentes ao contrato de locação objeto da presente demanda, de acordo com os termos do inciso I do art. 11 da Lei n. 8.245/91.

Trata-se de hipótese de sub-rogação legal que comprova a condição de locatária da autora, em sub-rogação ao locatário já falecido, obrigando-se o réu ao cumprimento do contrato de locação até o seu termo final.

Por conseguinte, verifica-se que a recusa injustificada do réu constitui hipótese de cabimento da presente ação consignatória, nos termos do art. 335, I, do Código Civil.

Outrossim, tem a autora o direito de efetuar o depósito judicial, para cumprir com suas obrigações contratuais, evitando-se assim a configuração da mora.

Por essa razão, faz-se imperioso o deferimento do depósito da quantia de R$..., referentes aos aluguéis e acessórios da locação do mês vencido, conforme planilha anexa.

Por fim, cumpre ressaltar que o fiador Sr. Murilo... concorda expressamente em continuar garantindo o pagamento dos aluguéis e acessórios da locação, conforme se depreende do documento anexo.

III – DO PEDIDO

Pelo exposto, requer se digne deferir o depósito da quantia de R$..., que será efetuado no prazo de 24 horas da intimação da r. decisão pelo seu deferimento.

Requer a citação pessoal do réu para que levante os valores depositados ou apresente sua defesa, sob pena de revelia.

Requer a procedência do pedido para o fim de declarar quitadas as obrigações da autora, condenando-se o réu ao pagamento das custas e honorários de vinte por cento do valor dos depósitos, nos termos do art. 67, inciso IV, da Lei n. 8.245/91.

Requer, ainda, o deferimento do depósito das quantias que se vencerem durante a tramitação do feito e até ser prolatada a sentença de primeira instância, que será efetuado nos respectivos vencimentos e a sua consequente quitação.

Informa a autora que possui interesse na realização de audiência de conciliação ou mediação.

Requer a juntada da guia de custas anexa.

Informa o endereço para a intimação de seu advogado...

Protesta provar o alegado por todos os meios de prova em direito admitidos, que ficam desde já requeridos ainda que não especificados.

Dá-se a causa o valor de R$ 36.000,00

Termos em que pede deferimento.

Local e data.

ADVOGADO ...

OAB ...

Mandado de Segurança 2

2.1 Estrutura básica da petição inicial de mandado de segurança

Requisitos	Art. 6º da Lei n. 12.016/2009.
Competência	Arts. 102 a 109 e 121 da CF; Constituições Estaduais, leis de organização judiciária e regimentos internos dos Tribunais. Define-se em razão da qualificação (federal, estadual ou municipal) e da hierarquia da autoridade pública ou da delegação titularizada pelo particular.
Partes	Tratamento: impetrante e impetrado.
Fundamento legal	Art. 1º da Lei n. 12.016/2009. Verificar o art. 5º da Lei n. 12.016/2009.
Fatos e fundamentos jurídicos do pedido	Narrativa do ocorrido. Demonstrar violação ou justo receio de sofrê-la a direito líquido e certo, por ilegalidade ou abuso de poder por parte da autoridade.
Pedido	a) Liminar para suspender ato que deu motivo ao pedido; b) Notificação da autoridade coatora para prestar informações; c) Procedência para que seja concedida a ordem para (especificar); d) Intimação do Ministério Público.
Provas	Não há protesto por provas. Todos os documentos pertinentes devem ser juntados na inicial.
Valor da causa	Fins de alçada.

2.1.1 Peça prática de mandado de segurança

EXCELENTÍSSIMO JUÍZO DE DIREITO DA ... VARA CÍVEL DA COMARCA DE ...

Distribuição com urgência
Mandado de segurança com pedido de concessão de liminar

FEDERICO..., nacionalidade..., estado civil..., profissão..., inscrito no Cadastro de Pessoas Físicas sob n. ... e com RG n. ..., endereço eletrônico..., residente e domiciliado na cidade de Vitória, Estado do Espírito Santo, no endereço..., por seus advogados devidamente constituídos pelo instrumento de mandato anexo (documento 1), vem, respeitosamente, à presença de Vossa Excelência, com fundamento no art. 5º, inciso LXIX, da Constituição Federal e nas disposições da Lei n. 12.016/2009, impetrar o presente MANDADO DE SEGURANÇA *com pedido de concessão de liminar*, contra ato praticado pelo (Qualificar a autoridade coatora), pelas razões de fato e de direito que passa a expor.

I – DOS FATOS

[Discorrer sobre os fatos ocorridos, com ênfase especial no ato ilegal e abusivo praticado pela autoridade coatora que fere o direito líquido e certo do impetrante.]

II – DO DIREITO

[Fumus boni iuris.]

[Discorrer sobre o direito líquido e certo do impetrante.

Concluir de forma a comprovar que o direito líquido e certo do impetrante foi violado pelo ato ilegal e abusivo perpetrado pela autoridade coatora. Ex.:

"Dessa forma, absolutamente ilegal e arbitrário o ato praticado pelo..., o que consubstancia a hipótese de cabimento do presente mandado de segurança".]

III – DA LIMINAR

[Periculum in mora]

[Discorrer sobre o periculum in mora, que é a iminência de ocorrer dano irreparável em face da ilegalidade que ofende aquele direito líquido e certo.]

IV – DO PEDIDO

Diante de todo o exposto, uma vez demonstrado o direito líquido e certo do impetrante, presentes os requisitos do relevante fundamento e do *periculum in mora*, e comprovada a ilegalidade flagrante perpetrada pelo ..., requer-se a concessão de liminar, para o fim de ..., com a expedição do competente ofício à autoridade coatora.

Outrossim, requer-se a notificação da autoridade coatora a fim de que preste suas informações no prazo 10 dias, com a consequente oitiva do ilustre representante do Ministério Público, no prazo de cinco dias.

Requer, por fim, seja ao final concedida a segurança, para se tornarem definitivos os efeitos da liminar pleiteada, assegurando-se o direito líquido e certo do impetrante.

Dá à causa o valor de ...

Termos em que pede deferimento.

Local e data.

ADVOGADO...

OAB...

Ação Civil Pública 3

3.1 Estrutura básica da petição inicial de ação civil pública

Requisitos	Lei n. 7.347/85.
Competência	Art. 2º da Lei n. 7.347/85.
Partes	Tratamento: autor e réu. Observação: legitimidade ativa: art. 5º da Lei n. 7.347/85; legitimidade passiva: qualquer pessoa que houver concorrido com o dano.
Hipóteses de cabimento	Art. 1º da Lei n. 7.347/85.
Fundamento legal	Lei n. 7.347/85.
Fatos e fundamentos jurídicos do pedido	Descrever a ação que acarretou o dano moral e patrimonial causado ao meio ambiente, ao consumidor, à ordem urbanística, a bens e direitos de valor artístico, estético, histórico, turístico e paisagístico, à honra e à dignidade de grupos raciais, étnicos ou religiosos, ao patrimônio público e social, a qualquer outro interesse difuso ou coletivo, ou por infração da ordem econômica.
Pedido	a) Liminar para suspensão das ações que estão causando o dano alegado; b) Citação do réu, para responder à ação; c) Procedência da ação para a condenação do réu a fazer ou deixar de praticar o ato, sob pena de multa, sem prejuízo das demais medidas de apoio; d) Intimação do Ministério Público, quando este não for parte.
Provas	Protestar por provas que poderão demonstrar a veracidade dos fatos alegados.
Valor da causa	Fins de alçada.

3.1.1 Peça prática da inicial de ação civil pública

EXCELENTÍSSIMO JUÍZO DE DIREITO DA ... VARA CÍVEL DA COMARCA DE ...

O representante do Ministério Público, com fundamento no art. 5º da Lei n. 7.347, de 24.07.1985, vem propor contra ... (nome da empresa), com sede nesta cidade, na ... (endereço), AÇÃO CIVIL PÚBLICA pelos motivos de fato e de direito que passa a expor:

1. A Empresa adquiriu a chácara denominada ... (nome), onde se encontra sediada, pretendendo ali instalar oficina de conserto de suas máquinas e depósito de material e de destroços de veículos acabados.

2. O local, conforme se pode verificar das fotografias inclusas, é dos mais aprazíveis do bairro, composto de vivendas ajardinadas, algumas antigas, com arborização feita a capricho, ali funcionando duas escolas, justamente confinantes com o terreno da Empresa.

3. Consoante se pode concluir, a obra construída constitui-se em legítima agressão ao meio ambiente, à estética e à paisagem da Rua ..., agressão verificável a um simples exame das fotografias ora exibidas.

4. Regem-se pela Lei n. 7.347, de 1985, as ações de responsabilidades por danos causados: "I – ao meio ambiente; II – ao consumidor; III – aos bens e direitos de valor artístico, estético, histórico, turístico e paisagístico [...]" (art. 1º). A ação poderá ter por objeto a condenação em dinheiro, ou o cumprimento de obrigação de fazer ou não fazer (art. 3º).

5. Em face do exposto, requer:

a) A concessão de medida liminar para que se suspendam os serviços de construção;

b) A citação da (nome da empresa), na pessoa de seu representante legal (nome), para responder, sob pena de revelia, aos termos da presente ação, que visa à obrigação de não fazer a obra acima mencionada;

c) Que, a final, seja a ré condenada a abster-se da realização do ato danoso aos interesses da comunidade e a pagar as custas e honorários de advogado.

Protesta por prova pericial, oral e demais necessárias.

Dá à causa o valor de ...

Termos em que pede deferimento.

Local e data.

ADVOGADO ...

OAB...

Ação Popular 4

4.1 Estrutura básica da petição inicial de ação popular

Requisitos	Art. 7º da Lei n. 4.717/65.
Competência	Art. 5º da Lei n. 4.717/65.
Partes	Tratamento: autor e réu. Observação: legitimidade ativa: art. 1º da Lei n. 4.717/65; legitimidade passiva: art. 6º da Lei n. 4.717/65.
Hipóteses de cabimento	Arts. 2º, 3º e 4º da Lei n. 4.717/65.
Fundamento legal	Art. 5º, LXXIII, da CF e Lei n. 4.717/65.
Fatos e fundamentos jurídicos do pedido	a) Descrever o ato lesivo; b) Demonstrar qualquer ato elencado nos arts. 2º, 3º e 4º da Lei n. 4.717/65, além do binômio ilegalidade-lesividade; c) Art. 37 da CF: princípios da administração pública.
Pedido	a) Citação do réu, para apresentar a defesa que entender cabível, sob pena de revelia; b) Intimação do Ministério Público; c) Procedência da ação, decretando-se a nulidade dos atos impugnados; d) Sucumbência.
Provas	Protestar por provas que poderão demonstrar a veracidade dos fatos alegados.
Valor da causa	Fins de alçada.

4.1.1 Peça prática da inicial de ação popular

EXCELENTÍSSIMO JUÍZO DE DIREITO DA ... VARA CÍVEL DA COMARCA DE ...

FRANCISCO..., nacionalidade..., estado civil..., profissão..., inscrito no Cadastro de Pessoas Físicas sob n. ... e com RG n. ..., endereço eletrônico..., residente e domiciliado na cidade de Vitória, Estado do Espírito Santo, no endereço..., vem, respeitosamente, à presença de Vossa Excelência, propor AÇÃO POPULAR nos termos do art. 5º, LXXIII, da Constituição Federal e art. 4º, *i*, da Lei n. 4.717/65, em face do Prefeito do Município de ..., o Ilmo. Sr. ..., pelos motivos que passa a expor.

1. Como demonstram as publicações anexas (documentos 1-5), a Municipalidade, por seu órgão executivo máximo, contratou com a Construtora ... a construção de um grupo escolar e de um mercado-modelo nos locais denominados ... O custo das duas obras é de, respectivamente, R$... (valor por extenso) e R$... (valor por extenso), importâncias obviamente superiores aos preços de mercado e aos recursos ordinários da Prefeitura, cujo "sacrifício" só é explicável por se tratar de obras inventadas em tempo de eleição.

2. Os atos são nulos porque realizados sem a necessária concorrência pública, com infração, portanto, do art. ... da Lei Municipal ..., de ... Além disso, os beneficiários, de idoneidade financeira duvidosa, não têm firma registrada, o que põe em dúvida sua idoneidade técnica.

3. Destarte, os contratos, nulos, de difícil execução, prenunciam graves prejuízos ao erário público. Nesse sentido, qualquer cidadão será parte legítima para pleitear a anulação ou a declaração de nulidade de atos lesivos ao patrimônio dos Municípios (arts. 1º e 2º da Lei n. 4.717, de 29.06.1965).

> "Art. 1º Qualquer cidadão será parte legítima para pleitear a anulação ou a declaração de nulidade de atos lesivos ao patrimônio da União, do Distrito Federal, dos Estados, dos Municípios, de entidades autárquicas, de sociedades de economia mista (Constituição, art. 141, § 38), de sociedades mútuas de seguro nas quais a União represente os segurados ausentes, de empresas públicas, de serviços sociais autônomos, de instituições ou fundações para cuja criação ou custeio o tesouro público haja concorrido ou concorra com mais de 50% (cinquenta por cento) do patrimônio ou da receita anual, de empresas incorporadas ao patrimônio da União, do Distrito Federal, dos Estados e dos Municípios, e de quaisquer pessoas jurídicas ou entidades subvencionadas pelos cofres públicos. [...]."

> "Art. 2º São nulos os atos lesivos ao patrimônio das entidades mencionadas no artigo anterior, nos casos de: *a)* incompetência; *b)* vício de forma; *c)* ilegalidade do objeto; *d)* inexistência dos motivos; *e)* desvio de finalidade."

4. Com efeito, para o êxito da ação popular é necessário que o ato, além de ilegítimo, seja também lesivo ao patrimônio público. Em face do exposto, requer:

> a) A citação do Prefeito Municipal e interessados para, sob pena de revelia, responderem aos termos da presente ação, em que se pleiteia e espera a decretação da nulidade dos atos impugnados;

> b) A condenação dos réus nas custas e honorários advocatícios de 20%.

Dá-se à causa o valor de R$... (valor por extenso).

Protesta por prova pericial, oral e demais necessárias.

Dá à causa o valor de ...

Termos em que pede deferimento.

Local e data.

ADVOGADO ...

OAB ...

PARTE 3
PREVISÃO DAS PEÇAS EM PROCESSO CIVIL

PEÇA	CABIMENTO	FUNDAMENTO
INICIAIS		
Ação de cobrança	Relação obrigacional; existência de crédito sem documento escrito.	Art. 319 do CPC; art. 397 e seguintes do CC.
Ação de indenização	Ilícito contratual ou extracontratual; fato do produto ou serviço (CDC).	Art. 319 do CPC; arts. 186 e 927 do CC; arts. 12 e 14 do CDC.
Ação rescisória	Impugnação (desfazimento) de decisão transitada em julgado.	Arts. 966 e seguintes do CPC.
Ação anulatória	Anular ato praticado pelas partes.	Art. 966, § 4º, do CPC.
Ação de execução	Existência de título executivo extrajudicial com obrigação certa, líquida e exigível.	Arts. 806 e seguintes (entrega de coisa certa); arts. 811 e seguintes (entrega de coisa incerta); arts. 815 e seguintes (obrigação de fazer); arts. 824 e seguintes (quantia certa), todos do CPC.
ESPECIAIS		
Consignação em pagamento	Hipóteses previstas no art. 335 do CC. Em regra, depositar o que entende devido quando há recusa do credor em receber.	Arts. 539 e seguintes do CPC; arts. 335 e 304 do CC.
Ação de exigir contas	Exigir contas e provas relativas a bens e valores de terceiros.	Arts. 550 e seguintes do CPC.
POSSESSÓRIAS		
Reintegração de posse	Esbulho. Perda total ou parcial da posse.	Arts. 554 e seguintes do CPC; arts. 1.210 e seguintes do CC.

PEÇA	CABIMENTO	FUNDAMENTO
POSSESSÓRIAS		
Manutenção da posse	Turbação. Violação da posse. Embaraço ao seu livre uso.	Arts. 554 e seguintes do CPC; arts. 1.210 e seguintes do CC.
Interdito proibitório	Ameaça iminente + certeza de futura violação.	Arts. 567 e seguintes do CPC; arts. 1.210 e seguintes do CC.
Imissão na posse	Você pode entrar com essa ação porque você é proprietário ou possuidor. a) Se possuidor, é fácil: você quer sua posse, mas nunca a teve (por isso não é reintegração, em que você foi "retirado" da posse). Exemplo: você recebe um imóvel em comodato de A, mas quando vai exercer seu direito de ficar na posse do imóvel, B (que ali está) não permite. Nesse caso é imissão na posse. Aqui o autor tem direito à posse e o réu o dever de transferi-la. b) Se proprietário, você não quer discutir a propriedade (esta é certa), mas você deseja entrar no imóvel que alguém está impedindo. O réu só pode querer discutir a nulidade do seu título, mas não se afirmar proprietário (leia-se ele não quer a propriedade, quer apenas desqualificar a sua condição como proprietário).	Art. 319 do CPC; arts. 1.228 e seguintes do CC.
Reivindicatória	Esta peça será utilizada quando ambos (autor e réu) se dizem PROPRIETÁRIOS do bem. Assim, se você (autor) adquiriu o bem pelo registro pode ingressar com essa ação.	Arts. 319 e seguintes do CPC; arts. 1.228 e seguintes do CC.
Quanti minoris (redibitória)	Condenação à restituição do preço pago a maior.	Arts. 319 e seguintes do CPC; arts. 441 e seguintes e art. 616 do CC.
DIVERSAS		
Reclamação	I – preservar a competência do tribunal; II – garantir a autoridade das decisões do tribunal;	

PEÇA	CABIMENTO	FUNDAMENTO
DIVERSAS		
Reclamação	III – garantir a observância de enunciado de súmula vinculante e de decisão do Supremo Tribunal Federal em controle concentrado de constitucionalidade; IV – garantir a observância de acórdão proferido em julgamento de incidente de resolução de demandas repetitivas ou de incidente de assunção de competência.	Arts. 988 e seguintes do CPC.
Embargos de terceiro	Terceiro (que não tem responsabilidade) prejudicado por constrição (ou ameaça) de um bem em que é proprietário ou possuidor.	Arts. 674 e seguintes do CPC.
Ação monitória	Documento escrito sem força de título executivo que objetive entrega de coisa fungível ou infungível, bem móvel ou imóvel ou dinheiro.	Arts. 700 e seguintes do CPC.
Adjudicação compulsória	Adjudicação do imóvel, servindo a sentença como título de translação. Obrigar a entrega de imóvel por força de contrato.	Arts. 15 e seguintes do Decreto-lei n. 58/37; art. 501 do CPC.
Dano infecto	Reparação necessária no imóvel + caução pelo dano iminente.	Art. 319 do CPC; arts. 937, 1.277 e 1.280 do CC.
Pauliana (Revocatória)	Declaração de nulidade de ato praticado por devedor insolvente (fraude contra credores).	Art. 319 do CPC; arts. 158 e 178, II, do CC.
Declaratória de nulidade de ato jurídico	Declaração de nulidade do ato.	Art. 319 do CPC; arts. 104, 166 e 168 do CC.
Mandado de segurança	Violação ou justo receio em relação a direito líquido e certo, por autoridade coatora.	Lei n. 12.016/2009.
Ação civil pública	Dano ao meio ambiente, consumidor etc. (interesse difuso ou coletivo) por infração de ordem econômica.	Lei n. 7.347/85.
Ação popular	Ato lesivo previsto nos arts. 2º e seguintes da Lei n. 4.717/65.	Lei n. 4.717/65.

PEÇA	CABIMENTO	FUNDAMENTO
FAMÍLIA/ SUCESSÕES		
Divórcio consensual	Cessação do vínculo conjugal.	Art. 319 do CPC; Lei n. 6.515/77; art. 226, § 6º, da CF; art. 1.580 do CC.
Alimentos	Relação de parentesco + necessidade do autor e possibilidade do réu.	Lei n. 5.478/68; arts. 1.694 e seguintes do CC.
Alimentos gravídicos	Verba de caráter alimentar destinada às despesas adicionais do período de gravidez e que sejam dela decorrentes.	Lei n. 11.804/2008.
Separação de corpos	Afastamento imediato de um dos cônjuges por alguma circunstância grave.	Arts. 1.566 e seguintes do CC; Lei n. 6.515/77.
Investigação de paternidade	Reconhecimento da filiação.	Art. 1.606 do CC; Lei n. 8.560/92, ECA.
Dissolução de união estável	Declaração de dissolução da união estável.	Lei n. 9.278/96.
Inventário	Transmissão dos bens do falecido aos seus sucessores.	Arts. 610 e seguintes do CPC.
Petição de herança	Omissão quanto à pessoa de um dos sucessores, preterido na ação que versou sobre a partilha.	Art. 628 do CPC; arts. 1.824 e seguintes do CC.
Interdição	Declaração de incapacidade para os atos da vida civil.	Arts. 747 e seguintes do CPC; arts. 1.767 e seguintes do CC.
LOCAÇÃO		
Despejo por denúncia vazia	Possibilidade de retomada do imóvel sem justificativa.	Arts. 5º, 57 e 59 da Lei n. 8.245/91.
Despejo por falta de pagamento	Falta de pagamento dos alugueres e demais encargos.	Arts. 9º e 59 da Lei n. 8.245/91.
Renovatória	Renovação do contrato.	Arts. 51 e 71 da Lei n. 8.245/91.
Revisional	Revisão do valor objeto da relação locatícia.	Arts. 19 e 68 e seguintes da Lei n. 8.245/91.
DEFESAS		
Contestação	Defesa em face da petição inicial – contra as pretensões autorais.	Arts. 335 e seguintes do CPC.

PEÇA	CABIMENTO	FUNDAMENTO
DEFESAS		
Reconvenção	Ação do réu no contexto de processo já instaurado. Pretensão própria.	Arts. 343 e seguintes do CPC.
Alegação de incompetência	Preliminar na contestação.	Art. 64 do CPC.
Alegação de impedimento	Petição simples. O magistrado não poderá julgar a causa pela parcialidade.	Arts. 144 e 146 do CPC.
Alegação de suspeição	Petição simples. O magistrado não poderá julgar a causa pela parcialidade.	Arts. 145 e 146 do CPC.
RECURSOS		
Apelação	Recurso cabível contra as sentenças e decisões interlocutórias não agraváveis.	Arts. 1.009 e seguintes do CPC.
Agravo de instrumento	Recurso cabível contra as decisões interlocutórias taxativamente previstas no art. 1.015 do CPC.	Arts. 1.015 e seguintes do CPC.
Embargos de declaração	Esclarecer ou integrar decisão contraditória, obscura, com erro material ou omissa.	Arts. 1.022 e seguintes do CPC.
Recurso ordinário	Recurso contra decisão denegatória em mandado de segurança impetrado perante os Tribunais Superiores ou contra decisão denegatória em mandado de segurança impetrado perante os Tribunais Regionais ou Tribunais de Justiça.	Art. 102, II, da CF; art. 1.027, I, do CPC; art. 105, II, da CF; art. 1.027, II, do CPC.
Recurso especial	Contra acórdão de tribunal que: a) contrariar tratado ou lei federal, ou negar-lhes vigência; b) julgar válido ato de governo local contestado em face de lei federal; c) der a lei federal interpretação divergente da que lhe haja atribuído outro tribunal.	Art. 105, III, da CF; arts. 1.029 e seguintes do CPC.
Recurso extraordinário	Contra decisão que não caiba mais recurso comum (ordinário) que: a) contrariar dispositivo desta Constituição; b) declarar a inconstitucionalidade de tratado ou lei federal; c) julgar válida lei ou ato de governo local contestado em face desta Constituição; d) julgar válida lei local contestada em face de lei federal.	Art. 102, III, da CF; arts. 1.029 e seguintes do CPC.

PEÇA	CABIMENTO	FUNDAMENTO
RECURSOS		
Recurso adesivo	Recurso adstrito a um outro principal, interposto pelo parcial vencedor da lide. Aplica-se para apelação, REsp e RE.	Arts. 997 e seguintes do CPC.
Recurso inominado	Recurso contra sentença proferida no âmbito dos Juizados Especiais Cíveis.	Arts. 41 e seguintes da Lei n. 9.099/95.
Contrarrazões	Impugnação aos recursos, de forma geral.	Art. 1.010, § 1º, do CPC, quando apelação.
DEMAIS PEÇAS		
Impugnação ao cumprimento de sentença	Hipóteses previstas no art. 525, § 1º, do CPC, que visa afastar o prosseguimento de cumprimento de título judicial.	Arts. 525, § 1º, e seguintes do CPC.
Embargos à execução	Matérias previstas no art. 917 do CPC. Impugnação ao processo autônomo de execução (título extrajudicial).	Arts. 319, 914, 915 e 917 e seguintes do CPC.
Requerimento ao cumprimento de sentença	Para dar início à execução de título executivo judicial.	Arts. 319 e 524 do CPC.

PARTE 4
EXERCÍCIOS

Peças Profissionais 1

1. **(XXI Exame de Ordem Unificado)** Em junho de 2009, Soraia, adolescente de 13 anos, perde a visão do olho direito após explosão de aparelho de televisão, que atingiu superaquecimento após permanecer 24 horas ligado ininterruptamente. A TV, da marca Eletrônicos S/A, fora comprada dois meses antes pela mãe da vítima. Exatos sete anos depois do ocorrido, em junho de 2016, a vítima propõe ação de indenização por danos morais e estéticos em face da fabricante do produto.

Na petição inicial, a autora alegou que sofreu dano moral e estético em razão do acidente de consumo, atraindo a responsabilidade pelo fato do produto, sendo dispensada a prova da culpa, razão pela qual requer a condenação da ré ao pagamento da quantia de R$ 50.000,00 (cinquenta mil reais) a título de danos morais e de R$ 50.000,00 (cinquenta mil reais) pelos danos estéticos sofridos.

No mais, realizou a juntada de todas as provas documentais que pretende produzir, inclusive laudo pericial elaborado na época, apontando o defeito do produto, destacando, desde já, a desnecessidade de dilação probatória.

Recebida a inicial, o magistrado da 1ª Vara Cível da Comarca Y, determinou a citação da ré e após oferecida a contestação, na qual não se requereu produção de provas, decidiu proferir julgamento antecipado, decretando a improcedência dos pedidos da autora, com base em dois fundamentos:

(i) *inexistência de relação de consumo, com consequente inaplicabilidade do Código de Defesa do Consumidor, pois a vítima/autora da ação já alegou, em sua inicial, que não participou da relação contratual com a ré, visto que foi sua mãe quem adquiriu o produto na época; e*

(ii) *prescrição da pretensão autoral em razão do transcurso do prazo de três anos, previsto no art. 206, § 3º, inciso V, do Código Civil.*

Na qualidade de advogado(a) de Soraia, elabore a peça processual cabível para a defesa imediata dos interesses de sua cliente, no último dia do prazo recursal, indicando seus requisitos e fundamentos nos termos da legislação vigente. Não deve ser considerada a hipótese de embargos de declaração.

Obs.: a peça deve abranger todos os fundamentos de Direito que possam ser utilizados para dar respaldo à pretensão. A simples menção ou transcrição do dispositivo legal não confere pontuação.

2. (**XXII Exame de Ordem Unificado**) A editora Cruzeiro lançou uma biografia da cantora Jaqueline, que fez grande sucesso nas décadas de 1980 e 1990, e, por conta do consumo exagerado de drogas, dentre outros excessos, acabou por se afastar da vida artística, vivendo reclusa em uma chácara no interior de Minas Gerais, há quase vinte anos.

Poucos dias após o início da venda dos livros, e alguns dias antes de um evento nacional organizado para sua divulgação, por meio de oficial de justiça, a editora foi citada para responder a uma ação de indenização por danos morais cumulada com obrigação de fazer, ajuizada por Jaqueline. No mesmo mandado, a editora foi intimada a cumprir decisão do Juízo da 1ª Vara Cível da Comarca da Capital do Estado de São Paulo, que deferiu a antecipação de tutela para condenar a ré a não mais vender exemplares da biografia, bem como a recolher todos aqueles que já tivessem sido remetidos a pontos de venda e ainda não tivessem sido comprados, no prazo de setenta e duas horas, sob pena de multa diária de cinquenta mil reais.

A decisão acolheu os fundamentos da petição inicial, no sentido de que a obra revela fatos da imagem e da vida privada da cantora sem que tenha havido sua autorização prévia, o que gera lesão à sua personalidade e dano moral, nos termos dos arts. 20 e 21 do Código Civil, e que, sem a imediata interrupção da divulgação da biografia, essa lesão se ampliaria e se consumaria de forma definitiva, revelando o perigo de dano irreparável e o risco ao resultado útil do processo.

A editora procura você como advogado(a), informando que foi intimada da decisão há três dias (mas o mandado somente foi juntado aos autos no dia de hoje) e que pretende dela recorrer, pois entende que não se justifica a censura à sua atividade, por tratar-se de informações verdadeiras sobre a vida de uma celebridade, e afirma que o recolhimento dos livros lhe causará significativos prejuízos, especialmente com o cancelamento do evento de divulgação programado para ser realizado em trinta dias.

Na qualidade de advogado(a) da editora Cruzeiro, elabore o recurso cabível voltado a impugnar a decisão que deferiu a antecipação da tutela descrita no enunciado, afastados embargos de declaração.

Obs.: a peça deve abranger todos os fundamentos de Direito que possam ser utilizados para dar respaldo à pretensão. A simples menção ou transcrição do dispositivo legal não confere pontuação.

3. (XXIII Exame de Ordem Unificado) Ricardo, cantor amador, contrata Luiz, motorista de uma grande empresa, para transportá-lo, no dia 2 de março de 2017, do Município Canto Distante, pequena cidade no interior do Estado do Rio de Janeiro onde ambos são domiciliados, até a capital do Estado. No referido dia, será realizada, na cidade do Rio de Janeiro, a primeira pré-seleção de candidatos para participação de um concurso televisivo de talentos musicais, com cerca de vinte mil inscritos. Os mil melhores candidatos pré-selecionados na primeira fase ainda passarão por duas outras etapas eliminatórias, até que vinte sejam escolhidos para participar do programa de televisão. Luiz costuma fazer o transporte de amigos nas horas vagas, em seu veículo particular, para complementar sua renda; assim, prontamente aceita o pagamento antecipado feito por Ricardo.

No dia 2 de março de 2017, Luiz se recorda de que se esquecera de fazer a manutenção periódica de seu veículo, motivo pelo qual não considera seguro pegar a estrada. Assim, comunica a Ricardo que não poderá transportá-lo naquele dia, devolvendo-lhe o valor que lhe fora pago. Ricardo acaba não realizando a viagem até o Rio de Janeiro e, assim, não participa da pré-seleção do concurso.

Inconformado, Ricardo ingressa com ação indenizatória em face de Luiz menos de um mês após o ocorrido, pretendendo perdas e danos pelo inadimplemento do contrato de transporte e indenização pela perda de uma chance de participar do concurso. A ação foi regularmente distribuída para a Vara Cível da Comarca de Canto Distante do Estado do Rio de Janeiro. Citado, o réu alegou em contestação que Ricardo errou ao não tomar um ônibus na rodoviária da cidade, o que resolveria sua necessidade de transporte. Ao final da instrução processual, é proferida sentença de total procedência do pleito autoral, tendo o juízo fundamentado sua decisão nos seguintes argumentos:

i) *o inadimplemento contratual culposo foi confessado por Luiz, devendo ele arcar com perdas e danos, nos termos do art. 475 do Código Civil, arbitrados no montante de cinco vezes o valor da contraprestação originalmente acordada pelas partes;*

ii) *o fato de Ricardo não ter contratado outro tipo de transporte para o Rio de Janeiro não interrompe o nexo causal entre o inadimplemento do contrato por Luiz e os danos sofridos;*

iii) *Ricardo sofreu evidente perda da chance de participar do concurso, motivo pelo qual deve ser indenizado em montante arbitrado pelo juízo em um quarto do prêmio final que seria pago ao vencedor do certame.*

Na qualidade de advogado(a) de Luiz, indique o meio processual adequado à tutela integral do seu direito, elaborando a peça processual cabível no caso, excluindo-se a hipótese de embargos de declaração, indicando os seus requisitos e fundamentos nos termos da legislação vigente.

Obs.: a peça deve abranger todos os fundamentos de Direito que possam ser utilizados para dar respaldo à pretensão. A simples menção ou transcrição do dispositivo legal não confere pontuação.

4. (XXIV Exame de Ordem Unificado) Marilene procura você, como advogado(a), assustada, porque, há duas semanas, recebeu a visita de um Oficial de Justiça, que entregou a ela um Mandado de Citação e Intimação. O Mandado refere-se à ação de execução de título extrajudicial ajuizada por Breno, distribuída para a 1ª Vara Cível da Comarca da Capital do Estado de São Paulo, em que é pretendida a satisfação de crédito de R$ 15.000,00 (quinze mil reais), consubstanciado em instrumento particular de confissão de dívida, subscrito por Marilene e duas testemunhas, e vencido há mais de um mês.

Breno indicou à penhora valores que Marilene tem em três contas bancárias, um carro e o imóvel em que reside com sua família. Alegou ainda que a executada estaria buscando desfazer-se dos bens, razão pela qual o juízo deferiu de plano a indisponibilidade dos ativos financeiros de Marilene pelo sistema eletrônico gerido pela autoridade supervisora do sistema financeiro nacional. Pelo andamento processual no sítio do Tribunal de Justiça do Estado de São Paulo, você verifica que o mandado de citação e intimação positivo foi juntado aos autos há dois dias.

Marilene, muito nervosa, relata que manteve relacionamento com Breno, durante o qual ele insistiu que ela assinasse alguns papéis, informando se tratar de documentos necessários para que ele pudesse receber um benefício previdenciário acumulado. Ela, sem muito estudo, assinou, acreditando estar apenas declarando que ele, Breno, ainda não tinha recebido R$ 15.000,00 (quinze mil reais), aos quais alegava fazer jus frente ao INSS. Informa, inclusive, que uma das pessoas que assinou como testemunha é uma vizinha sua, que sabe que ele a induziu a acreditar que estava assinando apenas uma declaração para que ele obtivesse o benefício. Esclarece que, quando o relacionamento acabou, Breno se tornou agressivo e afirmou que tomaria dela as economias que sabia ter em uma poupança, mas, na época, ela achou que era uma ameaça vazia de um homem ressentido. Ela está especialmente preocupada em resguardar sua moradia e os valores que tem em uma de suas contas bancárias, que é uma poupança, que se tornou fundamental para a subsistência da família, já que sua mãe está se submetendo a um tratamento médico que pode vir a demandar a utilização dessas economias, informando que, em caso de necessidade, preferia ficar sem o carro que sem o dinheiro. Gostaria, todavia, de impugnar o processo executivo como um todo, para não mais sofrer nas mãos de Breno.

Na qualidade de advogado(a) de Marilene, elabore a defesa cabível voltada a impugnar a execução que foi ajuizada, desconsiderando a impugnação prevista no art. 854, § 3º, do CPC.

Obs.: a peça deve abranger todos os fundamentos de Direito que possam ser utilizados para dar respaldo à pretensão. A simples menção ou transcrição do dispositivo legal não confere pontuação.

5. (XXV Exame de Ordem Unificado) Em uma determinada ação indenizatória que tramita na capital do Rio de Janeiro, o promitente comprador de um imóvel, Serafim, pleiteia da promitente vendedora, Incorporadora X, sua condenação ao pagamento de quantias indenizatórias a título de (i) lucros cessantes em razão da demora exacerbada na entrega da unidade imobiliária e (ii) danos morais. Todas as provas pertinentes e relevantes dos fatos constitutivos do direito do autor foram carreadas nos autos.

Na contestação, a ré suscitou preliminar de ilegitimidade passiva, apontando como devedora de eventual indenização a sociedade Construtora Y contratada para a execução da obra. Alegou, no mérito, o descabimento de danos morais por mero inadimplemento contratual e, ainda, aduziu que a situação casuística não demonstrou a ocorrência dos lucros cessantes alegados pelo autor.

O juízo de primeira instância, transcorridos regularmente os atos processuais sob o rito comum, acolheu a preliminar de ilegitimidade passiva.

Da sentença proferida já à luz da vigência do CPC, o autor interpôs recurso de apelação, mas o acórdão no Tribunal de Justiça correspondente manteve integralmente a decisão pelos seus próprios fundamentos, sem motivar específica e casuisticamente a decisão.

O autor, diante disso, opôs embargos de declaração por entender que havia omissão no Acórdão, para prequestionar a violação de norma federal aplicável ao caso em tela. No julgamento dos embargos declaratórios, embora tenha enfrentado os dispositivos legais aplicáveis à espécie, o Tribunal negou provimento ao recurso e também aplicou a multa prevista na lei para a hipótese de embargos meramente protelatórios.

Na qualidade de advogado(a) de Serafim, indique o meio processual adequado para a tutela integral do seu direito em face do acórdão do Tribunal, elaborando a peça processual cabível no caso, excluindo-se a hipótese de novos embargos de declaração, indicando os seus requisitos e fundamentos nos termos da legislação vigente.

Obs.: a peça deve abranger todos os fundamentos de Direito que possam ser utilizados para dar respaldo à pretensão. A simples menção ou transcrição do dispositivo legal não confere pontuação.

6. **(XXVI Exame de Ordem Unificado)** Aline é proprietária de uma pequena casa situada na cidade de São Paulo, residindo no imóvel há cerca de 5 anos, em terreno constituído pela acessão e por um pequeno pomar. Pouco antes de iniciar obras no imóvel, Aline precisou fazer uma viagem de emergência para o interior de Minas Gerais, a fim de auxiliar sua mãe que se encontrava gravemente doente, com previsão de retornar dois meses depois a São Paulo. Aline comentou a viagem com vários vizinhos, dentre os quais, João Paulo, Nice, Marcos e Alexandre, pedindo que "olhassem" o imóvel no período.

Ao retornar da viagem, Aline encontrou o imóvel ocupado por João Paulo e Nice, que nele ingressaram para fixar moradia, acreditando que Aline não retornaria a São Paulo. No período, João Paulo e Nice danificaram o telhado da casa ao instalar uma antena "pirata" de televisão a cabo, o que, devido às fortes chuvas que caíram sobre a cidade, provocou graves infiltrações no imóvel, gerando um dano estimado em R$ 6.000,00 (seis mil reais). Além disso, os ocupantes vêm colhendo e vendendo boa parte da produção de laranjas do pomar, causando um prejuízo estimado em R$ 19.000,00 (dezenove mil reais) até a data em que Aline, 15 dias após tomar ciência do ocorrido, procura você, como advogado.

Na qualidade de advogado(a) de Aline, elabore a peça processual cabível voltada a permitir a retomada do imóvel e a composição dos danos sofridos no bem.

Obs.: a peça deve abranger todos os fundamentos de Direito que possam ser utilizados para dar respaldo à pretensão. A simples menção ou transcrição do dispositivo legal não confere pontuação.

7. **(XXVII Exame de Ordem Unificado)** Paulo e Kátia se conheceram em 2010, quando trabalhavam para a sociedade empresária Voz, e se tornaram amigos desde então. Na época, Paulo era casado com Beatriz e tinha um filho, Glauco, de um ano; Kátia estava noiva de Fábio.

Passado certo tempo, Kátia terminou o noivado com Fábio e se aproximou ainda mais de Paulo, que acabou se separando de sua esposa, Beatriz. Em 2015, Paulo e Kátia casaram-se no regime da comunhão universal de bens e, em 2017, Paulo se desfez dos imóveis que possuía para adquirir um novo imóvel para residirem.

Em 2018, com a crise que se instalou no país, Paulo ficou desempregado e começou a ter dificuldades para pagar a pensão alimentícia de seu filho, Glauco, menor impúbere, tendo, por fim, deixado de quitá-la. Em razão de tais fatos, Beatriz, ex-esposa de Paulo, ajuíza uma demanda de execução de alimentos para garantir os direitos de seu filho.

Durante o trâmite da execução de alimentos, que tramita perante a 15ª Vara Cível da Cidade do Rio de Janeiro, o imóvel adquirido por Kátia e Paulo é penhorado. Kátia fica muito apreensiva com a situação, pois se trata do único imóvel do casal.

Na qualidade de advogado(a) de Kátia, elabore a defesa cabível voltada a impugnar a execução que foi ajuizada. **(Valor: 5,00)**

Obs.: o(a) examinando(a) deve fundamentar suas respostas. A mera citação do dispositivo legal não confere pontuação.

8. **(XXVIII Exame de Ordem Unificado)** Julia dirigia seu veículo na Rua 001, na cidade do Rio de Janeiro, quando sofreu uma batida, na qual também se envolveu o veículo de Marcos. O acidente lhe gerou danos materiais estimados em R$ 40.000,00 (quarenta mil reais), equivalentes ao conserto de seu automóvel. Marcos, por sua vez, também teve parte de seu carro destruído, gastando R$ 30.000,00 (trinta mil reais) para o conserto.

Diante do ocorrido, Julia pagou as custas pertinentes e ajuizou ação condenatória em face de Marcos, autuada sob o n. 11111111111 e distribuída para a 8ª Vara Cível da Comarca da Capital do Estado do Rio de Janeiro, com o objetivo de obter indenização pelo valor equivalente ao conserto de seu automóvel, alegando que Marcos teria sido responsável pelo acidente, por dirigir acima da velocidade permitida. Julia informou, em sua petição inicial, que não tinha interesse na designação de audiência de conciliação, inclusive porque já havia feito contato extrajudicial com Marcos, sem obter êxito nas negociações. Julia deu à causa o valor de R$ 1.000,00 (hum mil reais).

Marcos recebeu a carta de citação do processo pelo correio, no qual fora dispensada a audiência inicial de conciliação, e procurou um advogado para representar seus interesses, dado que entende que a responsabilidade pelo acidente foi de Julia, que estava dirigindo embriagada, como atestou o boletim de ocorrência, e que ultrapassou o sinal vermelho. Entende que, no pior cenário, ambos concorreram para o acidente, porque, apesar de estar 5% acima do limite de velocidade, Julia teve maior responsabilidade, pelos motivos expostos. Aproveitando a oportunidade, Marcos pretende obter de Julia indenização em valor equivalente ao que dispendeu pelo conserto do veículo. Marcos não tem interesse na realização de conciliação.

Na qualidade de advogado(a) de Marcos, elabore a peça processual cabível para defender seus interesses, indicando seus requisitos e fundamentos, nos termos da legislação vigente. Considere que o aviso de recebimento da carta de citação de Marcos foi anexado aos autos no dia 04/02/2019 (segunda-feira), e que não há feriados no mês de fevereiro. **(Valor: 5,00)**

Obs.: a peça deve abranger todos os fundamentos de Direito que possam ser utilizados para dar respaldo à pretensão. A simples menção ou transcrição do dispositivo legal não confere pontuação.

9. (XXIX Exame de Ordem Unificado) Joana adquiriu, na condição de consumidora final, um automóvel em uma das concessionárias da sociedade empresária Carros S.A., com pagamento parcelado, e a sociedade empresária passou a debitar, mês a mês, o triplo do valor pactuado para cada parcela, o que ficou comprovado pela simples análise dos contratos e dos seus extratos bancários, com o débito dos valores em triplo.

Joana tentou resolver a questão diretamente com a sociedade empresária, mas o funcionário da concessionária apenas afirmou que poderia ter ocorrido um erro no sistema, sem dar qualquer justificativa razoável, e afirmou que não havia o que fazer para corrigir a cobrança.

Joana então procurou você, como advogado(a), para ajuizar ação em face da sociedade empresária Carros S.A. com pedidos de obrigação de não fazer, para que a sociedade parasse de realizar as cobranças em excesso, e condenatório, para devolução em dobro dos valores cobrados em excesso, com atualização monetária e juros legais, e para indenização por danos morais pelos transtornos causados a Joana.

Distribuída a ação para uma das varas cíveis da Comarca de São Paulo, houve contestação pela Carros S.A. apenas informando que havia agido corretamente, e o pedido foi julgado improcedente. Não houve recurso, e o trânsito em julgado da sentença ocorreu em 19/02/2019.

Algumas semanas depois, você e Joana tomaram conhecimento de que o juiz, que prolatou a sentença, era casado com a advogada que assinou a contestação e única advogada constituída pela Carros S.A. no referido processo. Agora, pretendem novamente discutir a questão em juízo, para que haja reanálise dos mesmos pedidos formulados e julgados improcedentes, porque as cobranças ainda estão sendo realizadas, em excesso.

Na condição de advogado(a) de Joana, elabore a peça processual cabível para a defesa dos interesses de sua cliente, indicando seus requisitos e fundamentos, assim como a data-limite para o ajuizamento, nos termos da legislação vigente.

Obs.: a peça deve abranger todos os fundamentos de Direito que possam ser utilizados para dar respaldo à pretensão. A simples menção ou transcrição do dispositivo legal não confere pontuação.

10. (XXX Exame de Ordem Unificado) Priscila comprou um carro de Wagner por R$ 28.000,00 (vinte e oito mil reais). Para tanto Priscila pagou um sinal no valor de R$ 10.000,00 (dez mil reais), tendo sido o restante dividido em nove parcelas sucessivas de R$ 2.000,00 (dois mil reais), a cada 30 dias. As parcelas foram pagas regularmente até a sétima, quando Priscila, por ter sido dispensada de seu emprego, não conseguiu arcar com o valor das duas prestações restantes.

Priscila entrou em contato com Wagner, diretamente, explicando a situação e informando que iria tentar conseguir o valor restante para quitar o débito, tendo Wagner mencionado que a mesma não se preocupasse e que aguardaria o pagamento das parcelas, até o vencimento da última. Tal instrução foi transmitida pelo vendedor à compradora por mensagem de texto.

Apesar disso, cinco dias antes do vencimento da nona parcela, quando Priscila conseguiu um empréstimo com um amigo para quitar as parcelas, ela não conseguiu encontrar Wagner nos endereços onde comumente dava-se a quitação das prestações, a residência ou o local de trabalho de Wagner, ambos na cidade de São Paulo.

Priscila soube, no mesmo dia em que não encontrou Wagner, que estava impossibilitada de trabalhar em uma sociedade empresária, pois o credor incluíra seu nome no Serviço de Proteção ao Crédito (SPC), em virtude da ausência de pagamento das últimas parcelas.

Esperando ver-se livre da restrição, quitando seu débito, Priscila efetuou o depósito de R$ 4.000,00 (quatro mil reais) no dia do vencimento da última parcela, em uma agência bancária de estabelecimento oficial na cidade de São Paulo. Cientificado do depósito, Wagner, no quinto dia após a ciência, recusou-o, imotivadamente, mediante carta endereçada ao estabelecimento bancário.

Como advogado(a) de Priscila, redija a medida processual mais adequada para que a compradora obtenha a quitação do seu débito e tenha, de imediato, retirado seu nome do cadastro do SPC.

Obs.: a peça deve abranger todos os fundamentos de Direito que possam ser utilizados para dar respaldo à pretensão. A simples menção ou transcrição do dispositivo legal não confere pontuação.

11. **(XXXI Exame de Ordem Unificado)** Carla, domiciliada em Porto Alegre, firmou, em sua cidade, com o *Banco Só Descontos S/A*, sediado no Rio de Janeiro, um contrato de empréstimo, de adesão, subscrito por duas testemunhas, com cláusula de eleição de foro também no Rio de Janeiro, por meio do qual obteve R$ 200.000,00 (duzentos mil reais) para pagar seus estudos na faculdade. O vencimento das parcelas do empréstimo ocorreria em 05/01/2018, 05/05/2018 e 05/09/2018.

No primeiro vencimento, tudo correu conforme o programado, e Carla pagou o valor devido ao *Banco Só Descontos S/A*. Não obstante, na segunda data de vencimento, devido a dificuldades financeiras, Carla não conseguiu realizar o pagamento. O *Banco Só Descontos S/A*, então, notificou Carla, em junho de 2018, sobre o vencimento antecipado da dívida. Indicou, na referida notificação, que, considerando os encargos remuneratórios e moratórios e outras tarifas, o valor da dívida totalizava R$ 250.000,00, já descontada a parcela paga por Carla. Esta, assustada com o valor e sem condições financeiras, não realizou o pagamento da dívida.

Em novembro de 2018, o *Banco Só Descontos S/A* ajuizou ação de execução em face de Carla, na Comarca do Rio de Janeiro, indicada no contrato de empréstimo como foro de eleição, distribuída para a 1ª Vara Cível e autuada sob o nº 0000-0000XXXX, pelo valor de R$ 350.000,00 (trezentos e cinquenta mil reais), e indicou à penhora o único imóvel de Carla, no qual reside com seu marido, José. Houve decisão, determinando a citação de Carla e postergando a análise sobre o pedido de penhora e constrição de bens para momento futuro.

Carla foi citada e o mandado cumprido foi juntado aos autos em 01/08/2019, uma quinta-feira. Carla procurou seu advogado a fim de analisar qual seria a melhor medida processual para, a um só tempo, afastar a penhora de seu único imóvel, em que reside com seu marido, questionar a tramitação da ação na Comarca do Rio de Janeiro, vez que tem domicílio em Porto Alegre, e questionar o valor do crédito, que, em sua visão, é excessivo.

Relatou Carla que, embora reconheça a existência do contrato de empréstimo, não concorda com o valor indicado pelo *Banco Só Descontos S/A*, que incluiu no cálculo diversas tarifas não previstas no contrato, além de não terem aplicado na atualização monetária os parâmetros contratados, e sim taxas mais elevadas e abusivas, o que estaria claro na planilha de débito. Após consultar um contador, Carla constatou que a dívida seria equivalente a R$ 180.000,00 (cento e oitenta mil reais), valor muito inferior ao indicado pelo *Banco Só Descontos S/A*, e que seria comprovado mediante dilação probatória. Ainda quer impedir os atos de bloqueio de seus bens, de modo que pretende contratar seguro-garantia para a referida execução.

Na qualidade de advogado de Carla, elabore a peça processual cabível para a defesa dos interesses de sua cliente, indicando seus requisitos e fundamentos, assim como a data-limite para o ajuizamento, nos termos da legislação vigente. Considere que não há feriados ou suspensão de expediente forense.

Obs.: a peça deve abranger todos os fundamentos de Direito que possam ser utilizados para dar respaldo à pretensão. A simples menção ou transcrição do dispositivo legal não confere pontuação.

12. **(XXXII Exame de Ordem Unificado)** Acácia celebrou com o Banco XXG contrato de empréstimo, no valor de R$ 480.000,00 (quatrocentos e oitenta mil reais), a ser quitado em 48 parcelas mensais de R$ 10.000,00 (dez mil reais), para aquisição de um apartamento situado na cidade de Vitória, Espírito Santo, concedendo em garantia, mediante alienação fiduciária, o referido apartamento, avaliado em R$ 420.000,00 (quatrocentos e vinte mil reais).

Após o pagamento das primeiras 12 parcelas mensais, totalizando R$ 120.000,00 (cento e vinte mil reais), Acácia parou de realizar os pagamentos ao Banco XXG, que iniciou o procedimento de execução extrajudicial da garantia fiduciária, conforme previsto na Lei n. 9.514/97. Acácia foi intimada e não purgou a mora, e o imóvel foi a leilão em duas ocasiões, não havendo propostas para sua aquisição, de modo que houve a consolidação da propriedade do imóvel ao Banco XXG, com a quitação do contrato de financiamento.

Acácia ajuizou, em seguida, ação condenatória em face do Banco XXG, distribuída para a 1ª Vara Cível de Vitória e autuada sob o nº 001234, sob a alegação de que, somados os valores do imóvel e das parcelas pagas, o Banco XXG teria recebido R$ 540.000,00 (quinhentos e quarenta mil reais), mais do que o valor concedido a título de empréstimo. Acácia formulou pedido condenatório pretendendo o recebimento da diferença, ou seja, R$ 60.000,00 (sessenta mil reais), assim como postulou a concessão dos benefícios da justiça gratuita, alegando não possuir condições financeiras para arcar com as custas processuais e os honorários sucumbenciais.

O Banco XXG, citado, apresentou sua contestação, afirmando que a pretensão não encontraria respaldo jurídico, à luz do regime previsto na Lei n. 9.514/97, requerendo a improcedência da pretensão. Demonstrou que Acácia possuiria 4 (quatro) imóveis, além de participação societária em 3 (três) empresas, e condição financeira apta ao pagamento das custas e dos honorários, requerendo o indeferimento da justiça gratuita à Acácia.

O juiz concedeu o benefício da justiça gratuita que havia sido postulado na inicial em decisão interlocutória e, após, julgou procedentes os pedidos, condenando o Banco XXG a restituir o valor de R$ 60.000,00 (sessenta mil reais) e a arcar com as custas processuais e os honorários sucumbenciais em 10% do valor da condenação. A sentença foi publicada em 03/05/2021, segunda-feira, sendo certo que não possui omissão, obscuridade ou contradição.

Considerando apenas as informações expostas, elabore, na qualidade de advogado(a) do Banco XXG, a peça processual cabível para defesa dos interesses de seu cliente, que leve o tema à instância superior, indicando seus requisitos e fundamentos, nos termos da legislação vigente. O recurso deverá ser datado no último dia do prazo para apresentação. Desconsidere a existência de feriados nacionais ou locais. (Valor: 5,00)

> **Obs.:** o(a) examinando(a) deve abranger todos os fundamentos de Direito que possam ser utilizados para dar respaldo à pretensão. A mera citação do dispositivo legal não confere pontuação.

13. (**XXXIII Exame de Ordem Unificado**) João Paulo, residente na cidade do Rio de Janeiro, ao tentar comprar um eletrodoméstico, foi informado pelo estabelecimento vendedor que não seria possível aceitar o pagamento financiado, em virtude de uma negativação de seu nome junto aos cadastros restritivos de crédito pelo Banco XYZ, sediado no Rio de Janeiro. João Paulo ficou surpreso, tendo em vista que nunca contratou com tal banco.

Diante do ocorrido, João Paulo buscou informações e verificou que a dívida, origem da negativação, era referente a um contrato de empréstimo de R$ 10.000,00 que ele nunca celebrou, sendo, portanto, fruto de alguma fraude com seu nome. João Paulo dirigiu-se ao banco, pedindo a imediata exclusão de seu nome do cadastro restritivo de crédito, o que foi negado pelo Banco XYZ.

Diante desse cenário, João Paulo entra em contato com você, como advogado(a), pois pretende a retirada imediata de seu nome dos cadastros restritivos de crédito, já que nunca contraiu a dívida apontada, além de indenização por danos morais no equivalente a R$ 30.000,00.

Na condição de advogado(a) de João Paulo, elabore a peça processual cabível e mais adequada para a tutela integral de todos os pedidos. (Valor: 5,00)

> **Obs.:** a peça deve abranger todos os fundamentos de Direito que possam ser utilizados para dar respaldo à pretensão. A simples menção ou transcrição do dispositivo legal não confere pontuação.

14. (XXXIV Exame de Ordem Unificado) Para adquirir um carro de luxo da marca Tenz, Alexandre aceitou o contrato de compra e venda imposto pela *Concessionária Alfa*, no qual havia cláusula estipulando que eventual conflito entre as partes seria solucionado por arbitragem.

Duas semanas após a aquisição, Alexandre sofreu um acidente decorrente de uma falha no sistema de *airbag* do veículo, que, por sorte, não lhe custou a vida. Fato é que, três meses após o acidente, a *Concessionária Alfa* realizou o *recall* de alguns veículos da marca Tenz, dentre os quais estava o veículo adquirido por Alexandre.

Assim que soube desse *recall*, Alexandre ajuizou uma ação pelo procedimento comum contra a *Concessionária Alfa*, visando reaver o valor pago na compra do veículo e uma indenização pelos prejuízos decorrentes do acidente de carro.

A *Concessionária Alfa* apresentou uma contestação genérica, na qual não impugnou os argumentos apresentados por Alexandre, gerando presunção de veracidade sobre esses, e tampouco mencionou a existência de cláusula compromissória no contrato de compra e venda.

Após a apresentação de réplica, o MM. Juízo da 5ª Vara Cível de Maceió intimou as partes, de ofício e com fundamento no Art. 10 do CPC, para se manifestarem sobre a eventual ausência de jurisdição do Poder Judiciário em virtude da existência de cláusula compromissória existente no contrato de compra e venda.

Alexandre não apresentou manifestação, enquanto a *Concessionária Alfa* defendeu que somente um tribunal arbitral escolhido pelas partes possuiria competência para solucionar a controvérsia *sub judice*.

Em seguida, o MM. Juízo da 5ª Vara Cível de Maceió acolheu a preliminar de convenção de arbitragem e extinguiu o processo, sem resolução de mérito, na forma do Art. 485, inciso VII, do CPC.

A sentença foi publicada em 01/07/2021, quinta-feira, sendo certo que não possui omissão, obscuridade ou contradição.

Considerando apenas as informações expostas, elabore, na qualidade de advogado(a) de Alexandre, a peça processual cabível para defesa dos interes-

ses de seu cliente, que leve o tema à instância superior, indicando seus requisitos e fundamentos, nos termos da legislação vigente. O recurso deverá ser datado no último dia do prazo para apresentação. Desconsidere a existência de feriados nacionais ou locais. (Valor: 5,00)

Obs.: a peça deve abranger todos os fundamentos de Direito que possam ser utilizados para dar respaldo à pretensão. A simples menção ou transcrição do dispositivo legal não confere pontuação.

15. (**XXXV Exame de Ordem Unificado**) Jorge, empresário, decide delegar a gestão de seus bens imóveis a Miguel. Assim o faz, por via de contrato, no qual outorga poderes gerais a Miguel, de modo a extrair os melhores resultados financeiros na administração dos bens. Estipulou-se que, a cada operação de gestão que resultasse lucrativa, o outorgado teria direito à remuneração de 5% (cinco por cento) sobre a receita gerada.

Miguel, então, decide vender um apartamento de Jorge, em nome deste, porque Maria fez uma oferta para pagamento de preço apenas 10% abaixo do mercado, colocando-se à disposição para o pagamento à vista, no valor de R$ 1.000.000,00 (um milhão de reais). Miguel, então, em nome de Jorge, firmou, com Maria, instrumento particular de compromisso de compra e venda, recebendo um sinal de R$ 20.000,00 (vinte mil reais). Ato contínuo, comunicou a Jorge acerca da transação finalizada, informando que irá transferir o valor da venda, com a dedução de sua remuneração, compensando os valores.

Revoltado, Jorge esbraveja com Miguel, acusando-o de prometer a venda de um imóvel que não era para ser alienado, ressaltando que os poderes que lhe foram outorgados não abrangiam o direito de alienar imóveis.

Pediu-lhe que desfizesse o negócio, deixando claro que ele não tem poder para vender seus imóveis, uma vez que não tem interesse em se desfazer deles.

Miguel aceita a crítica, comunicando que conseguiu desfazer a operação contratual com Maria, mas informou que lhe é devido o valor de 5% da venda (R$ 50.000,00), pelo esforço despendido, fazendo incidir a cláusula de remuneração. Afirma, ainda, que teve de devolver o sinal, em dobro, para Maria, totalizando R$ 40.000,00 (quarenta mil reais). Solicita, assim, o depósito de R$ 90.000,00 (noventa mil reais) em sua conta.

Indignado, Jorge não efetua o pagamento, revogando os poderes concedidos a Miguel. Dias depois, recebe mandado de citação da 1ª Vara Cível da Comarca de Curitiba, para integrar o polo passivo da Ação de Cobrança movida por Miguel.

Na qualidade de advogado(a) de Jorge, elabore a peça processual cabível para tutelar os interesses de seu cliente, indicando requisitos e fundamentos nos termos da legislação vigente. (Valor: 5,00)

Obs.: a peça deve abranger todos os fundamentos de Direito que possam ser utilizados para dar respaldo à pretensão. A simples menção ou transcrição do dispositivo legal não confere pontuação.

16. **(XXXVI Exame de Ordem Unificado)** João ajuizou ação monitória em face de Daniel, instruída com instrumento particular de confissão de dívida, assinada por Daniel e sem assinatura de testemunhas, em que Daniel confessa ser devedor da quantia de R$ 200.000,00 em favor de João, resultante de contrato de mútuo anteriormente firmado entre as partes, e assumindo o compromisso de efetuar a quitação integral do débito em 30 dias, a contar da assinatura do instrumento particular de confissão de dívida. João recolheu devidamente as custas judiciais.

Daniel, regularmente citado, opõe embargos monitórios, sustentando como tese defensiva e não instruindo sua defesa com qualquer documento, que o valor pleiteado por João é excessivo, sem indicar o montante que entende correto. Em acréscimo, aponta que João somente lhe disponibilizou R$ 100.000,00, razão pela qual o pagamento do montante de R$ 200.000,00, em seu entender, é indevido.

Em resposta aos embargos, João, preliminarmente, pugnou pelo não conhecimento dos embargos monitórios, ante a falta de indicação do valor que entende correto. Quanto ao mérito, aponta que o valor de R$ 200.000,00, alegadamente excessivo, é resultante da soma da quantia emprestada a Daniel, equivalente a R$ 180.000,00, e R$ 20.000,00 dizem respeito à cláusula penal e aos juros compensatórios que foram pactuados entre as partes na hipótese de descumprimento da avença.

Além disso, João apontou que houve o empréstimo do valor de R$ 180.000,00, instruindo sua resposta com extratos bancários que comprovam a efetiva transferência desta soma para Daniel.

O juiz da 2ª Vara Cível da Comarca do Rio de Janeiro, que não se manifestou na sentença acerca da preliminar levantada e da defesa apresentada por João, julgou procedentes os embargos monitórios, entendendo pela improcedência da pretensão de João, deixando de constituir o título executivo e o condenando ao pagamento das custas e honorários advocatícios. Após a prolação da sentença, foram rejeitados embargos de declaração por decisão publicada em 03/06/2021, quinta-feira.

Na qualidade de advogado de João, elabore a peça processual cabível em defesa de seus interesses. O recurso deverá ser datado no último dia do prazo para sua apresentação. Desconsidere a existência de feriados nacionais ou locais. (Valor: 5,00)

Obs.: a peça deve abranger todos os fundamentos de Direito que possam ser utilizados para dar respaldo à pretensão. A simples menção ou transcrição do dispositivo legal não confere pontuação.

17. **(XXXVII Exame de Ordem Unificado)** Ana celebrou, em 01/03/2022, com a revendedora de automóveis Velocidade, em Maceió, contrato de compra e venda de seu primeiro veículo, pelo valor de R$ 50.000,00. Na data da alienação, foram efetuados o pagamento integral da quantia devida e a entrega do bem, tudo mediante recibo.

Em virtude de estar assoberbada de afazeres, Ana somente procurou o Detran/AL para realizar a transferência de registro de propriedade do automóvel em 10/12/2022, tendo sido impedida de fazê-lo por constar uma penhora desse bem, promovida em 20/11/2022 nos autos da Execução por título extrajudicial n. 12345, em trâmite na 5ª Vara Cível de Maceió.

Tal ação havia sido ajuizada em 15/07/2022 pela financeira XYZ em face de Velocidade, na qual a exequente buscava a satisfação de uma dívida de R$ 10.000,00, contraída em abril de 2022 e não quitada em seu vencimento, fixado para 10/05/2022.

Em consulta aos autos da execução, Ana constatou que foi a executada Velocidade quem indicou à penhora o automóvel por ela adquirido.

Tendo em vista a constrição existente em seu automóvel e o impedimento de transferência desse bem para seu nome, Ana busca uma solução jurídica para seu caso.

Na qualidade de advogado(a) de Ana, elabore a peça processual cabível para a defesa dos interesses de sua cliente, indicando seus requisitos e fundamentos, nos termos da legislação vigente. (Valor: 5,00)

Padrão de resposta/espelho de correção – Peças profissionais

1. **(XXI Exame de Ordem Unificado)** A decisão em questão tem natureza jurídica de sentença, na forma do art. 203, § 1º, do art. 487, incisos I e II, e do art. 490, todos do CPC. Com efeito, extinguiu-se o processo, com resolução do mérito, rejeitando o pedido de indenização pelo fato do produto, ao entender que a vítima não se qualificava como consumidora, na forma da lei, decidindo, também, de ofício, pelo reconhecimento da prescrição da pretensão autoral. Em virtude disso, o meio processual adequado à impugnação do pronunciamento jurisdicional, a fim de evitar que faça coisa julgada, é o recurso de apelação, de acordo com o art. 1.009 do CPC. Deve-se, para buscar a tutela integral ao interesse da autora, impugnar cada um dos capítulos da sentença, isto é, tanto a inexistência da relação de consumo quanto o reconhecimento de ofício da prescrição. Ademais, como a autora já produziu toda a prova pré-constituída que julga adequada, deve devolver toda a matéria, pugnando pelo provimento total do recurso de apelação, para que o Tribunal examine as demais questões, sem determinar o retorno do processo ao juízo de primeiro grau, na forma do art. 1.013, § 4º, do CPC.

Quanto ao primeiro ponto, deve-se sustentar a existência de relação de consumo entre a autora da ação, vítima de acidente de consumo, e a ré, fabricante do produto defeituoso que lhe causou dano moral e estético. Nesse caso, a despeito de não ter participado, como parte, da relação contratual de compra e venda do produto, a autora é qualificada como consumidora, pois, nas hipóteses de responsabilidade pelo fato do produto, é consumidor toda pessoa que *"utiliza o produto ou serviço como destinatário final"* (art. 2º, *caput*, do CDC), assim como *"equiparam-se aos consumidores todas as vítimas do evento"* (art. 17 do CDC).

Presente a relação de consumo, deve-se postular pelo julgamento do mérito, sem necessidade de retorno dos autos à instância inferior, alegando que a fabricante responde, independentemente de culpa, pelos danos causados por defeitos de fabricação de produtos que ponham em risco a segurança dos consumidores, como ocorreu no caso vertente (art. 12, *caput* e § 1º, do CDC).

Quanto ao segundo capítulo da sentença, deve-se pretender o afastamento da prescrição. Isso porque não corre prescrição contra absolutamente incapaz (art. 198, inciso I, do CC), razão pela qual o termo inicial de contagem do prazo prescricional de 5 (cinco) anos (art. 27 do CDC) efetivou-se apenas em 2012, quando a autora completou 16 anos, tornando-se relativamente capaz. Dessa forma, a prescrição de sua pretensão ocorreria apenas em 2017.

Nessa linha, deve-se requerer a reforma da sentença para que o pedido seja julgado, desde logo, procedente, mediante o reconhecimento da relação de consumo e o afastamento da prescrição, dando provimento integral ao recurso de apelação, com o julgamento do mérito da demanda, na medida em que o feito se encontra maduro para julgamento.

Distribuição dos pontos

Item	Pontuação
Endereçamento O recurso deve ser interposto perante o juízo sentenciante (0,10), 1ª. Vara Cível da Comarca Y, com as respectivas razões endereçadas ao Tribunal (0,10).	0,00/0,10/0,20
Partes Indicação da apelante, Soraia, (0,10) e da apelada, Eletrônicos S/A (0,10).	0,00/0,10/0,20
Cabimento Recurso cabível, com fundamento no art. 1.009, *caput*, do CPC/15 (0,10).	0,00/0,10

Item	Pontuação
Fundamentação Jurídica/Legal Demonstrar a relação de consumo, ao indicar a autora da ação como consumidora, por utilizar o produto como destinatária final, **OU** por equiparação (0,70), na forma do art. 2º, *caput*, do CDC **OU** do art. 17 do CDC (0,10).	0,00/0,70/0,80
Demonstrar que a ré responde objetivamente pelo dano causado pelo defeito do produto (0,70), na forma do art. 12, *caput*, do CDC (0,10).	0,00/0,70/0,80
Demonstrar que o prazo prescricional é de 5 (cinco) anos (0,70), na forma do art. 27 do CDC (0,10).	0,00/0,70/0,80
Demonstrar que o termo inicial de contagem do prazo prescricional se efetiva com a cessação da incapacidade absoluta (0,70), na forma do art. 198, inciso I, do CC (0,10).	0,00/0,70/0,80
Formular corretamente os pedidos Deduzir pedido de afastamento da prescrição reconhecida pelo juízo *a quo* (0,30).	0,00/0,30
Pleitear que haja o julgamento pelo Tribunal sem o retorno do processo ao Juízo de primeiro grau (0,30), na forma do art. 1.013, § 4º, do CPC/15 (0,10).	0,00/0,30/0,40
Conhecimento (admissibilidade) (0,20) e provimento do recurso **OU** reforma da decisão para julgar procedentes os pedidos deduzidos na inicial (0,20).	0,00/0,20/0,40
Demonstrar o recolhimento do preparo (0,10).	0,00/0,10
Fechamento da Peça (Indicar a inserção de local, data, assinatura e OAB) (0,10).	0,00/0,10

2. (XXII Exame de Ordem Unificado) A decisão impugnada é uma decisão interlocutória que concedeu tutela provisória, razão pela qual o recurso cabível para sua impugnação é o agravo de instrumento (art. 1.015, inciso I, do CPC), cuja interposição deve ocorrer dentro dos próximos quinze dias úteis (art. 1.003, § 5º, do CPC), já que se contam da data da juntada aos autos do mandado de intimação (art. 231, inciso II, do CPC).

No mérito, deve ser impugnada a probabilidade do direito, de acordo com a interpretação conforme à Constituição dada aos arts. 20 e 21 do CC pela jurisprudência superior, no sentido de ser inexigível autorização de pessoa biografada. A ponderação, nesta hipótese, deve privilegiar a liberdade de expressão, assegurada pelo art. 5º, IX, da Constituição da República, especialmente em se tratando de pessoa notória, cabível somente, em caso de abuso, a responsabilização posterior, mas não a censura prévia.

Deve ser deduzido pedido de concessão de efeito suspensivo ao agravo, de forma a evitar risco de dano grave, na forma do art. 995, parágrafo único e/ou art. 1.019, inciso I, ambos do CPC.

Distribuição dos pontos

Item	Pontuação
Endereçamento: A petição deve ser endereçada ao Tribunal de Justiça do Estado de São Paulo (0,10).	0,00/0,10
Nome e qualificação das partes: agravante: Editora Cruzeiro (0,10); agravada Jaqueline (0,10).	0,00/0,10/0,20
Indicação dos nomes e endereços dos Advogados (art. 1.016, IV, do CPC/15) (0,10).	0,00/0,10
Cabimento: indicar que a decisão agravada é interlocutória e concessiva de tutela provisória (0,40), segundo o art. 1.015, inciso I, do CPC/15 (0,10).	0,00/0,40/0,50
Tempestividade: indicar que o recurso foi interposto em até quinze dias (0,20) úteis, conforme o art. 1.003, § 5º, do CPC/15 (0,10), contados da data da juntada aos autos do mandado de intimação (0,20), conforme o art. 231, inciso II, do CPC/15 (0,10).	0,00/0,20/0,30/ 0,40/0,50/0,60
Fundamentação Jurídica/Legal:	
A – Afirmar a ausência de probabilidade do direito (0,30):	0,00/0,30
A.1 – por ser desnecessária a autorização prévia do biografado (0,40), em razão de interpretação conforme a Constituição dada aos arts. 20 e 21 do CC (0,20).	0,00/0,20/0,40/0,60
A.2 – em razão do exercício regular da liberdade de expressão (0,40), conforme o art. 5º, IX, da Constituição da República (0,10).	0,00/0,40/0,50
A.3 – por se tratar de fatos verdadeiros (0,30) e pessoa notória ou pública (0,20).	0,00/0,20/0,30/0,50
Fundamentação do efeito suspensivo: Demonstrar os danos graves ou de difícil reparação que a manutenção da decisão ocasionará (0,30) e a probabilidade de provimento do recurso (0,30), na forma do art. 995, parágrafo único, OU art. 1.019, I do CPC (0,10).	0,00/0,30/0,40/0,60/0,70
Pedidos:	
Pedido de atribuição de efeito suspensivo ao recurso (0,30).	0,00/0,30

Item	Pontuação
Pedido de provimento do recurso (0,10) para reformar da decisão OU indeferir a tutela provisória (0,30).	0,00/0,10/0,30/0,40
Juntada do comprovante de recolhimento de custas ou pedido de gratuidade de justiça (0,10).	0,00/0,10
Fechamento da peça: local, data e assinatura (0,10).	0,00/0,10

3. **(XXIII Exame de Ordem Unificado)** A decisão tem natureza jurídica de sentença, na forma do art. 203, § 1º, do art. 487, inciso I, e do art. 490, todos do CPC. Com efeito, extinguiu-se o processo, com resolução do mérito, para deferir integralmente os pedidos formulados na ação. Em virtude disso, o meio processual adequado à impugnação do provimento judicial, a fim de evitar que faça coisa julgada, é o *Recurso de Apelação,* segundo o art. 1.009 do CPC. Deve-se buscar a tutela integral do interesse do réu, pugnando-se ao final pela integral reforma da sentença. O recurso deve impugnar especificamente os três fundamentos da sentença, nos seguintes termos:

i) A hipótese é de responsabilidade contratual, isto é, oriunda do inadimplemento do negócio firmado entre as partes, motivo pelo qual o art. 475 do Código Civil reconhece ao credor inadimplido o direito de pedir a resolução e cobrar perdas e danos. No entanto, essa indenização depende da demonstração de algum prejuízo efetivamente sofrido pelo credor, não decorrendo do simples fato da resolução. Não se justifica, assim, o arbitramento realizado pelo juízo sentenciante, desamparado por qualquer elemento probatório, até porque Ricardo aceitou espontaneamente o preço pago como forma de resolução do contrato.

ii) O fato de Ricardo não ter tomado nenhuma medida para, minorando as consequências do inadimplemento, realizar a viagem para o Rio de Janeiro configura fato concorrente da vítima, nos termos do art. 945 do Código Civil. Assim, caso se reconheça algum dano imputável a Luiz, o montante indenizatório deverá ser reduzido proporcionalmente ao fato concorrente de Ricardo.

iii) Nos moldes de seu desenvolvimento doutrinário e jurisprudencial, a figura da perda de uma chance exige, para a sua configuração, que exista a probabilidade séria e real de obtenção de um benefício, o que não restou demonstrado no presente caso, tendo em vista que não havia certeza mínima sequer quanto à participação de Ricardo do concurso televisivo.

Por fim, o fechamento da peça: local, data, assinatura e OAB.

Distribuição dos pontos

Item	Pontuação
Endereçamento: o recurso deve ser interposto perante o Juízo da Vara Cível da Comarca de Canto Distante no Estado do Rio de Janeiro, com as respectivas razões (0,10).	0,00/0,10
Indicação do apelante (0,10) e do apelado (0,10).	0,00/0,10/0,20
Endereçamento das razões recursais ao Tribunal de Justiça do Estado do Rio de Janeiro (0,10).	0,00/0,10
Recolhimento do preparo ou de gratuidade da justiça (0,10) e tempestividade (0,10).	0,00/0,10/0,20
Cabimento do recurso: Art. 1.009 do CPC/15 (0,10).	0,00/0,10
Fundamentação jurídica:	
i-a) A hipótese é de responsabilidade contratual (0,50), motivo pelo qual o art. 475 do Código Civil reconhece o direito do credor inadimplido a resolver o contrato e cobrar perdas e danos (0,10).	0,00/0,50/0,60
i-b) Essa indenização depende da demonstração de algum prejuízo efetivamente sofrido por Ricardo, não decorrendo do simples fato da resolução (0,50).	0,00/0,50
ii-a) O fato de Ricardo não ter tomado nenhuma medida para realizar a viagem para o Rio de Janeiro configura fato concorrente da vítima (0,50), nos termos do art. 945 do Código Civil (0,10).	0,00/0,50/0,60
ii-b) Caso se reconheça algum dano imputável a Luiz, o montante indenizatório deverá ser reduzido proporcionalmente (0,50).	0,00/0,50
iii) A figura da perda de uma chance exige, para a sua configuração, que exista a probabilidade séria e real de obtenção de um benefício (0,60), o que não restou demonstrado no presente caso, tendo em vista que não havia certeza mínima sequer quanto à participação de Ricardo do concurso televisivo (0,60).	0,00/0,60/1,20
Formular corretamente os pedidos:	
Reforma da sentença (0,40) para julgar improcedentes os pedidos deduzidos na inicial (0,40).	0,00/0,40/0,80
Fechamento da peça: local, data, assinatura e OAB (0,10).	0,00/0,10

4. (XXIV Exame de Ordem Unificado) Tendo em vista estar instaurado o processo executivo e que se busca impugnar a validade do negócio jurídico que gerou o título executivo e também os atos de penhora atuais e futuros, a medida cabível são os Embargos do Devedor à Execução, regulamentados no art. 914 e seguintes do CPC. A petição deve ser endereçada ao mesmo juízo competente para a execução (1ª Vara Cível da Comarca da Capital do Estado de São Paulo), conforme o art. 61 do CPC, identificando Marilene como embargante executada e Breno como embargado exequente. O prazo para apresentação dos embargos é de quinze dias, conforme o art. 915 do CPC. O prazo se conta da data da juntada do mandado, conforme o art. 231 do CPC.

Os embargos devem pleitear a desconstituição do título executivo, com base no art. 917, incisos I ou VI, do CPC, em razão de se basear em negócio jurídico viciado por dolo, conforme o art. 145 do Código Civil. Marilene foi induzida em erro por Breno, que a levou a crer que estava realizando uma declaração de que ele não tinha recebido um benefício previdenciário quando, na verdade, estava subscrevendo uma confissão de dívida. Tendo sido vítima de artifício para a celebração de negócio jurídico que, se ciente da realidade dos fatos, não realizaria, ela tem direito à anulação do negócio e, consequentemente, à desconstituição do título executivo em que se baseia o processo.

Os embargos devem pleitear também o reconhecimento da impenhorabilidade da conta poupança de Marilene, até o valor de 40 salários mínimos, com base no art. 833, inciso X, do CPC, bem como do imóvel em que reside com sua família, por se tratar de bem de família, com base no art. 1º da Lei n. 8.009/90.

Deve ser pleiteada a suspensão do processo executivo, tendo em vista a presença dos requisitos do *periculum in mora*, decorrente da necessidade dos valores para o tratamento médico da mãe, bem como está garantido o juízo pela penhora dos valores existentes nas demais contas, conforme exigido no art. 919, § 1º, do CPC.

Deve ser requerida a produção de prova testemunhal, para a oitiva de sua vizinha que pode corroborar a existência do vício no negócio, a juntada do comprovante de recolhimento de custas ou pedido de gratuidade de justiça e das cópias relevantes do processo executivo, já que os embargos constituirão autos apartados.

Deve-se pedir a desconstituição do título executivo, com a anulação da confissão de dívida, bem como a extinção do processo executivo, com julgamento de mérito, dando-se à causa o valor exequendo, ou seja, R$ 15.000,00 (quinze mil reais).

Por fim, o fechamento, com a indicação de local, data, assinatura e inscrição OAB.

Distribuição dos pontos

Item	Pontuação
I – Endereçamento:	
a) a petição deve ser endereçada à **1ª Vara Cível** da Comarca da Capital do Estado de São Paulo (0,10).	0,00/0,10

Item	Pontuação
b) Distribuição por Dependência (0,10).	0,00/0,10
II – Nome e qualificação das partes: embargante: Marilene, qualificação (0,10); embargado: Breno, qualificação (0,10).	0,00/0,10/0,20
III – Tempestividade:	
a) indicar que a petição foi protocolada no prazo de 15 (quinze) dias (0,10), conforme o art. 915 do CPC (0,10).	0,00/0,10/0,20
b) O prazo deve ser contado da data da juntada aos autos do mandado de citação (0,10), conforme o art. 231 do CPC (0,10).	0,00/0,10/0,20
IV – Fundamentação Jurídica/Legal:	
a) demonstração da necessidade de desconstituição do título executivo (0,20), com base no art. 917, incisos I ou VI, do CPC (0,10).	0,00/0,20/0,30
b) existência de vício de consentimento (dolo) (0,40), conforme o art. 145 do Código Civil (0,10).	0,00/0,40/0,50
c) reconhecimento da impenhorabilidade da poupança (0,40), até o valor de 40 salários mínimos (0,20), com base no art. 833, inciso X, do CPC (0,10).	0,00/0,40/0,50/0,60/0,70
d) reconhecimento da impenhorabilidade do imóvel (0,40), por se tratar de bem de família (0,20), com base no art. 1º da Lei n. 8.009/90 (0,10).	0,00/0,40/0,50/ 0,60/0,70
V – Pedido de recebimento dos embargos com atribuição de **efeito suspensivo** (0,10), com fundamento no art. 919, § 1º, do CPC (0,10).	0,00/0,10/0,20
a) presente o *periculum in mora* decorrente do risco de dano pelo prosseguimento da execução com a indisponibilidade dos bens da executada (0,20).	0,00/0,20
b) presente o *fumus boni iuris* consistente na plausibilidade da tese apresentada pela Embargante (0,20).	0,00/0,20
c) demonstração de garantia do juízo pela penhora dos bens (0,10).	0,00/0,10
VI – Pedidos	
a) desconstituição do título executivo (0,25), com a anulação da confissão de dívida (0,15).	0,00/0,15/0,25/0,40
b) Pedido de extinção do processo executivo (0,20).	0,00/0,20

Item	Pontuação
c) Pedido de produção de prova testemunhal (0,10).	0,00/0,10
d) Juntada do comprovante de recolhimento de custas ou pedido de gratuidade de justiça (0,10).	0,00/0,10
e) condenação em custas (0,10) e honorários advocatícios (0,10).	0,00/0,10/0,20
Indicação do valor da causa (0,10).	0,00/0,10
Juntar as cópias relevantes (0,10).	0,00/0,10
Fechamento: local, data, assinatura e OAB (0,10).	0,00/0,10

5. (XXV Exame de Ordem Unificado) A medida cabível para Serafim, em seu processo, é a interposição do Recurso Especial para o STJ, cujas razões recursais devem rechaçar a ilegitimidade passiva da incorporadora imobiliária, visto que é ela responsável solidária pelos danos ocasionados, na forma do art. 25, § 1º, do Código de Defesa do Consumidor, do art. 942 do Código Civil ou do art. 30 da Lei n. 4.591/64. Além disso, o examinando deve abordar a prática do ilícito contratual e os danos sofridos. Ao final, o pedido recursal deve ser no sentido de obter a anulação do acórdão em razão da falta de fundamentação específica e, caso o STJ entenda que a invalidação será excessivamente prejudicial ao recorrente, deve ser pedida reforma integral do julgado, com base no art. 282, § 2º, do CPC.

Em relação à multa aplicada em razão do entendimento do Tribunal (embargos protelatórios), esta também deve ser rechaçada pelo examinando, por se tratar de recurso com finalidade de prequestionamento, o que resulta na inaplicabilidade do art. 1.026, § 2º, do CPC e na violação ao enunciado de Súmula de Jurisprudência predominante do STJ (Súmula 98).

Distribuição dos pontos

Item	Pontuação
Endereçamento	
O recurso deverá ser interposto perante o presidente ou o vice-presidente do tribunal recorrido (Rio de Janeiro) (0,10).	0,00/0,10
Indicação do recorrente (0,10) e do recorrido (0,10).	0,00/0,10/0,20
Interposição no prazo de 15 dias (0,10), na forma do art. 1.003, § 5º, do CPC (0,10).	0,00/0,10/0,20

Item	Pontuação
Preparo ou gratuidade de Justiça (0,10).	0,00/0,10
Cabimento	
1. Decisão advinda de Tribunal (0,20) e decisão proferida em última instância (0,20).	0,00/0,20/0,40
2. Requisito específico de violação à Lei Federal (0,40).	0,00/0,40
3. Fundamento legal: art. 105, inciso III, alínea *a*, da CRFB/88 OU art. 1.029 do CPC (0,10). **Obs.:** A pontuação do fundamento legal somente será considerada se mencionado qualquer dos itens acima que tratam do cabimento.	0,00/0,10
Fundamentação	
Prequestionamento realizado pela via dos Embargos de Declaração (0,50), nos termos do art. 1.025 do CPC (0,10).	0,00/0,50/0,60
Ausência de fundamentação específica do acórdão recorrido (0,20), violando o disposto no art. 489, § 1º, do CPC (0,10).	0,00/0,20/0,30
Legitimidade passiva da Incorporadora porque não observada a responsabilidade solidária prevista (0,60).	0,00/0,60
Indicação de violação do disposto no art. 7, parágrafo único, OU art. 25, § 1º, do CDC OU art. 942 do CC OU do art. 30 da Lei n. 4.591/64 (0,10). **Obs.:** A pontuação do fundamento legal somente será considerada se mencionado o item anterior que trata da fundamentação.	0,00/0,10
Alegação da prática do ilícito contratual (0,20).	0,00/0,20
Identificação dos danos sofridos: lucros cessantes (0,20) e dano moral (0,20).	0,00/0,20/0,40
Aplicação de multa indevida nos Embargos declaratórios por se tratar de recurso com finalidade de prequestionamento (0,50), o que resulta na inaplicabilidade do art. 1.026, § 2º, do CPC (0,10).	0,00/0,50/0,60
Pedidos	
1. de admissão do recurso (0,10).	0,00/0,10
2. de provimento para anular o acórdão do Tribunal local (0,20).	0,00/0,20
3. eventual, para a reforma integral da decisão recorrida (0,10).	0,00/0,10

Item	Pontuação
4. eventual, provimento parcial para afastar a aplicação da multa (0,20).	0,00/0,20
Fechamento	
Local, data, assinatura e OAB (0,10).	0,00/0,10

6. (XXVI Exame de Ordem Unificado) A peça processual cabível na espécie é uma Petição Inicial. Considerando que ocorreu esbulho possessório, na forma do art. 1.210 do CC, deve ser proposta Ação de Reintegração de Posse. Como o esbulho ocorreu há menos de ano e dia da propositura da demanda (art. 558 do CPC), pois Aline tomou conhecimento do esbulho dentro deste prazo, deve ser requerida a adoção do procedimento previsto no art. 560 e seguintes do CPC.

A peça deve ser endereçada a um dos juízos cíveis da Comarca de São Paulo, considerando a competência absoluta do foro de situação do imóvel para a ação possessória imobiliária (art. 47, § 2º, do CPC).

No mérito, deve ser afirmada a existência de esbulho possessório, bem como a caracterização da posse de João Paulo e Nice como posse de má-fé, nos termos do art. 1.201 do CC, considerando sua clandestinidade. Também deve ser demonstrada a extensão dos danos sofridos no imóvel.

Deve ser formulado requerimento de concessão de liminar em ação possessória, na forma do art. 562 do CPC, eis que preenchidos os requisitos do art. 561 do CPC.

Deve ser requerida, além da reintegração de posse, a condenação dos réus ao pagamento de indenização por perdas e danos e pelos frutos colhidos, na forma do art. 1.216 e do art. 1.218, ambos do CC, considerando a caracterização da posse como posse de má-fé. Tal cumulação objetiva é possível com fulcro no art. 555, *caput*, incisos I e II, do CPC.

Quanto às provas, deve ser requerida a produção de prova testemunhal, a fim de demonstrar a clandestinidade da posse. Da mesma forma, deve ser requerida a produção de prova pericial, para comprovação da ocorrência dos danos sofridos no imóvel, e em razão da coleta e alienação dos frutos naturais do imóvel.

O valor da causa deve corresponder a R$ 25.000,00 (vinte e cinco mil reais), nos termos do art. 292, inciso VI, do CPC.

Por fim, o fechamento, com a indicação de local, data, assinatura e inscrição OAB.

Distribuição dos pontos

Item	Pontuação
Endereçamento	
1. A petição deve ser endereçada a um dos juízos cíveis da Comarca de São Paulo (0,10).	0,00/0,10
Nome e qualificação das partes: autora Aline (0,10); réus João Paulo e Nice (0,10).	0,00/0,10/0,20
Cabimento da ação possessória	
2. Indicar que é uma ação de reintegração de posse (0,30), com base no art. 560 do CPC OU no art. 1.210 do CC (0,10).	0,00/0,30/0,40
3. Adoção do procedimento especial para a tutela da posse, pois o esbulho ocorreu há menos de ano e dia (0,30), segundo o art. 558 do CPC (0,10).	0,00/0,30/0,40
Fundamentação jurídica/legal	
4. Afirmação de esbulho possessório OU perda da posse OU que Aline era possuidora do bem anteriormente (0,40), cumprindo-se o disposto no art. 561 do CPC (0,10).	0,00/0,40/0,50
5. Direito à reintegração na posse (0,20) em razão da posse de má-fé dos réus (0,40), nos termos do art. 1.201 do CC (0,10) OU injusta (0,40), nos termos do art. 1.200 do CC (0,10).	0,00/0,20/0,40/0,50/ 0,60/0,70
6. Direito à indenização pela ocorrência dos danos ao imóvel e sua indicação (0,30), na forma do art. 1.218 do CC (0,10).	0,00/0,30/0,40
7. Direito à indenização pela perda dos frutos (0,30), por força do art. 1.216 do CC (0,10).	0,00/0,30/0,40
8. Direito à reintegração provisória liminar na posse (0,40), com base no art. 562 do CPC (0,10).	0,00/0,40/0,50
Formular corretamente os pedidos:	
9. Pedido de concessão de liminar em ação possessória, determinando a reintegração provisória de Aline na posse do imóvel (0,30).	0,00/0,30
10. Pedido de produção de prova testemunhal (0,10).	0,00/0,10
11. Pedido de produção de prova pericial (0,10).	0,00/0,10
12. Pedido de reintegração definitiva na posse do imóvel (0,30).	0,00/0,30
13. Pedido de condenação dos réus ao pagamento de indenização de R$ 6.000,00 em razão dos danos materiais ocasionados ao telhado do imóvel (0,20).	0,00/0,20

Item	Pontuação
14. Pedido de condenação dos réus ao pagamento de indenização de R$ 19.000,00, pelos frutos colhidos e percebidos (0,20).	0,00/0,20
15. Dar à causa o valor de R$ 25.000,00 (vinte e cinco mil reais) (0,10).	0,00/0,10
Fechamento	
16. Local, data, assinatura e OAB (0,10).	0,00/0,10

7. **(XXVII Exame de Ordem Unificado)** Tendo em vista estar instaurado o processo executivo e que se busca impugnar a penhora do imóvel, a medida cabível são os *Embargos de Terceiro*, regulamentados no Art. 674 e seguintes do CPC/15.

A petição deve ser endereçada ao mesmo juízo competente para a execução (15ª Vara Cível da Comarca da Capital do Estado do Rio de Janeiro), conforme o Art. 61 do CPC/15, identificando Kátia como embargante e Beatriz como embargada.

Deve ser declarada a tempestividade dos embargos, informando que os mesmos foram interpostos antes da adjudicação, da alienação por iniciativa particular ou da arrematação.

Os embargos devem pleitear a desconstituição da penhora, tendo em vista que Kátia e Paulo estão casados no regime de comunhão universal de bens, ditado pelo Art. 1.667 do CC e seguintes. Daí decorre o fato de que todos os bens presentes e futuros são comunicados entre os cônjuges, tal qual o imóvel que Paulo adquiriu para residirem.

Ainda, deve ser frisado que a nova redação do Art. 3º, inciso III, da Lei n. 8.009/90 afirma que, apesar de a dívida decorrente de pensão alimentícia ser exceção aos casos de impenhorabilidade, devem ser resguardados os direitos sobre o bem do seu coproprietário que, com o devedor, integre união estável ou conjugal.

Importante ressaltar que Kátia é parte legítima para ajuizar a medida em razão da sua condição de terceira, na forma do Art. 674, § 2º, I, do CPC e da Súmula 134 do STJ.

Deve ser pleiteada a ineficácia da penhora em relação à meação, em razão da prova da propriedade e da posse, bem como da qualidade de terceiro, por Kátia, na forma do Art. 678 do CPC.

Deve ser requerida a juntada do comprovante de recolhimento de custas ou pedido de gratuidade de justiça, bem como a juntada da prova sumária da posse ou do domínio, e da qualidade de terceira, nos termos do Art. 677 do CPC.

Deve ser atribuído valor à causa.

Por fim, o fechamento, com a indicação de local, data, assinatura e inscrição OAB.

Distribuição dos pontos

Item	Pontuação
Endereçamento	
15ª Vara Cível do Rio de Janeiro (0,10).	0,00/0,10
Distribuição por dependência (0,10).	0,00/0,10
Nome e qualificação das partes: Kátia (embargante) (0,10) e Beatriz (embargada) OU Glauco, representado por Beatriz (embargado) (0,10).	0,00/0,10/0,20
Tempestividade	
Indicar que a ação foi proposta antes da adjudicação, da alienação por iniciativa particular ou da arrematação (0,30), nos termos do Art. 675 do CPC (0,10).	0,00/0,30/0,40
Fundamentos	
I. Legitimidade para interpor os embargos por se tratar de terceira (0,50), na forma do Art. 674, § 2º, I, do CPC OU da Súmula 134 do STJ (0,10).	0,00/0,50/0,60
II. Demonstrar que a embargante é meeira do imóvel objeto da execução (0,50), em razão do regime de comunhão universal de bens (0,20), conforme o Art. 1.667 do CC (0,10).	0,00/0,50/0,60/0,70/0,80
III. Caracterização do imóvel como bem de família (0,50), nos termos do Art. 1º da Lei n. 8.009/90 (0,10).	0,00/0,50/0,60
IV. Os direitos do cônjuge devem ser resguardados quando da penhora do imóvel (0,70), de acordo com o Art. 3º, inciso III, da Lei n. 8.009/90 (0,10).	0,00/0,70/0,80
Pedidos	
Demonstração do recolhimento de custas OU indicação de dispensa legal do seu recolhimento OU pedido de gratuidade de Justiça (0,10).	0,00/0,10
Juntada da prova sumária da posse ou do domínio e da qualidade de terceira OU Juntada de documentos, nos termos do Art. 677 do CPC (0,30).	0,00/0,30
Produção de todos os meios de prova cabíveis (0,10).	0,00/0,10
Procedência dos embargos de terceiro para, em relação à meação da embargante, declarar a ineficácia da penhora OU para desconstituir a penhora OU para resguardar os direitos da embargante enquanto cônjuge (0,50).	0,00/0,50
Condenação em custas (0,10) e honorários advocatícios (0,10) OU condenação nos ônus da sucumbência (0,20).	0,00/0,10/0,20

Item	Pontuação
Indicação do Valor da Causa (0,10).	0,00/0,10
Fechamento	
Local, data, assinatura e OAB (0,10).	0,00/0,10

8. (XXVIII Exame de Ordem Unificado) A peça processual cabível é uma *contestação* (Art. 335 do CPC), *com reconvenção* (Art. 343 do CPC), apresentada no prazo de 15 dias úteis (Art. 219 do CPC) a partir da juntada do AR relativo à carta de citação (Art. 335 e Art. 231, inciso I, ambos do CPC), ou seja, até 25 de fevereiro de 2019.

O examinando deverá apresentar a contestação dirigida ao processo n. 11111111111, para a 8ª Vara Cível da Comarca da Capital do Estado do Rio de Janeiro.

Na contestação, deverá alegar, em preliminar, incorreção do valor da causa, que deve corresponder ao proveito econômico pretendido por Julia, nos termos do Art. 292, inciso V, do CPC (ou seja, R$ 40.000,00).

No mérito da contestação, deverá indicar como os fatos ocorreram, defendendo a ausência de responsabilidade pelo acidente, porque não praticou ilícito (Art. 927 e Art. 186 do Código Civil), imputando à Julia a responsabilidade exclusiva pelo acidente. Subsidiariamente, deve defender a responsabilidade concorrente de Julia (Art. 945 do CC).

Na reconvenção, deverá reiterar a responsabilidade de Julia, e demonstrar os prejuízos sofridos com o conserto de seu veículo, comprovando-o com notas fiscais e comprovantes de pagamento dos R$ 30.000,00, para comprovar a extensão do dano (Art. 944 do Código Civil).

Ao final, deve requerer a improcedência do pedido de Julia, ou subsidiariamente, o reconhecimento de culpa concorrente, reduzindo-se o valor da indenização. Deve requerer também a procedência do pedido reconvencional.

Distribuição dos pontos

Item	Pontuação
Endereçamento	
1. Petição endereçada à 8ª Vara Cível da Comarca da Capital do Estado do Rio de Janeiro (0,10), indicando o número da ação de origem (0,10).	0,00/0,10/0,20
Partes	
2. Nomes de Marcos (0,10) e Julia (0,10) e qualificação, ou indicação de que as partes já estão qualificadas.	0,00/0,10/0,20

Item	Pontuação
Preliminar da contestação	
3. Alegar a incorreção do valor da causa (0,20), nos termos do Art. 337, III, do CPC (0,10).	0,00/0,20/0,30
4. Indicar que o valor da causa deve ser o proveito econômico pretendido (0,20), conforme o Art. 292, inciso V, do CPC (0,10).	0,00/0,20/0,30
Mérito da contestação/reconvenção	
5. Exposição dos fatos – explorar a dinâmica do acidente, indicando que Julia estava embriagada (0,10) e ultrapassou o sinal vermelho (0,10).	0,00/0,10/0,20
6. Defender a ausência de responsabilidade pelo acidente, porque não praticou ilícito (0,50), segundo o Art. 927 OU o Art. 186, ambos do Código Civil (0,10).	0,00/0,50/0,60
7. Imputar a Julia a responsabilidade exclusiva pelo acidente (0,50).	0,00/0,50
8. Subsidiariamente, deve defender a responsabilidade concorrente de Julia (0,50), segundo o Art. 945 do Código Civil (0,10).	0,00/0,50/0,60
9. Na reconvenção, diante da responsabilidade de Julia, demonstrar os prejuízos sofridos com o conserto de seu veículo (0,50), nos termos do Art. 944 do Código Civil (0,10).	0,00/0,50/0,60
Pedidos	
10. Requerer o acolhimento da preliminar (0,10) e a improcedência dos pedidos formulados por Julia (0,20).	0,00/0,10/0,20/0,30
11. Subsidiariamente, requerer a procedência parcial em razão da responsabilidade concorrente (0,20).	0,00/0,20
12. Requerer a procedência do pedido reconvencional, para condenação da autora-reconvinda ao pagamento da indenização no valor de R$ 30.000,00 (0,20).	0,00/0,20
13. Condenação em custas (0,10) e honorários advocatícios (0,10) OU condenação nos ônus da sucumbência (0,20).	0,00/0,10/0,20
Provas	
14. Juntada das notas fiscais e comprovantes de pagamento dos R$ 30.000,00 (0,10).	0,00/0,10
15. Juntada do boletim de ocorrência (0,10).	0,00/0,10
16. Protesto pela produção das provas em direito admitidas (0,10).	0,00/0,10

Item	Pontuação
Tempestividade	
17. Indicação de data dentro do prazo de 15 dias úteis a partir da juntada do AR relativo à carta de citação, ou seja, até 25/02/2019 (0,10).	0,00/0,10
Fechamento	
18. Indicação de valor da causa para a reconvenção (R$ 30.000,00) (0,10).	0,00/0,10
19. Local, data (até 25/02/2019), assinatura do advogado e OAB (0,10).	0,00/0,10

9. (XXIX Exame de Ordem Unificado) A peça processual cabível é a **petição inicial de Ação Rescisória** (Arts. 966 e seguintes do CPC), fundada no Art. 966, inciso II, do CPC, considerando que restou configurado o impedimento do magistrado, por força da previsão constante do Art. 144, inciso III, do CPC.

A peça deve ser dirigida ao Tribunal de Justiça de São Paulo, no prazo máximo de dois anos contados do trânsito em julgado, ou seja, até 19/02/2021.

Na petição, que deve conter os requisitos do Art. 319 do CPC, Joana deve:

(i) alegar impedimento do magistrado, nos termos do Art. 144, inciso III, do CPC, e, por consequência, ser hipótese de ajuizamento de Rescisória (Art. 966, inciso II, do CPC), requerendo a rescisão do julgado;

(ii) cumular ao pedido de rescisão o de novo julgamento dos pedidos antes formulados, expondo que:

a. É consumidora, nos termos do Art. 2º do CDC.

b. A cobrança em triplo está em excesso, considerando o próprio valor pactuado no contrato, de modo que a prática deve ser coibida e os valores cobrados em excesso devolvidos em dobro, com correção monetária e juros legais, na forma do Art. 42, parágrafo único, do CDC;

c. Por fim, deve pedir a condenação a indenizar Joana por danos morais (Art. 6º, inciso VI, do CDC, **OU** Art. 186 e Art. 927, ambos do CC).

Joana também deve depositar ou requerer o depósito da importância de 5% do valor da causa (Art. 968, inciso II, do CPC).

Deve requerer a condenação, ao final, do pagamento dos ônus sucumbenciais pela ré.

Por fim, deve-se apontar o valor da causa, fechando-se a peça com a indicação do local, da data (até 19/02/2021), da assinatura e da inscrição OAB.

Distribuição dos pontos

Item	Pontuação
Endereçamento	
1. A peça deve ser encaminhada ao Tribunal de Justiça de São Paulo (0,10).	0,00/0,10
Partes	
2. Nome e qualificação de Joana (autora) (0,10) e Carros S.A. (ré) (0,10).	0,00/0,10/0,20
Tempestividade	
3. Indicar a data-limite para o ajuizamento (19/02/2021) **OU** respeito ao prazo decadencial de 2 anos do trânsito em julgado (0,40), conforme o Art. 975 do CPC (0,10).	0,00/0,40/0,50
Fundamentos Jurídicos	
4. Cabimento da ação rescisória em razão do impedimento do magistrado (0,40), na forma do Art. 966, inciso II, do CPC (0,10).	0,00/0,40/0,50
5. Impedimento em razão do casamento do magistrado com a advogada da parte (0,20), nos termos do Art. 144, inciso III, do CPC (0,10).	0,00/0,20/0,30
6. Afirmar que Joana é consumidora (0,50), nos termos do Art. 2º do CDC (0,10).	0,00/0,50/0,60
7. Os valores cobrados em excesso devem ser devolvidos em dobro (0,50), na forma do Art. 42, parágrafo único, do CDC (0,10).	0,00/0,50/0,60
8. É devida a indenização por danos morais pelos transtornos causados (0,50), com base no Art. 6º, inciso VI, do CDC, **OU** no Art. 927 do CC (0,10).	0,00/0,50/0,60
Pedidos	
9. Rescisão do julgado (0,40).	0,00/0,40
10. Novo julgamento, com a procedência de todos os pedidos antes formulados (0,40) (obrigação de não fazer, para que a sociedade parasse de realizar as cobranças em excesso, e condenatório, para devolução em dobro dos valores cobrados em excesso e para indenização por danos morais).	0,00/0,40
11. Depósito do valor de 5% do valor da causa (0,20), segundo o Art. 968, inciso II, do CPC (0,10) **OU** benefício da gratuidade da justiça (0,20), nos termos do Art. 968, §1º, do CPC (0,10).	0,00/0,20/0,30

Item	Pontuação
12. Condenação da ré ao pagamento dos ônus sucumbenciais (0,20) **OU** condenação da ré ao ressarcimento das custas (0,10) e ao pagamento dos honorários advocatícios (0,10).	0,00/0,10/0,20
13. Requerimento de produção de provas (0,10).	0,00/0,10
14. Valor da causa (0,10).	0,00/0,10
Fechamento	
15. Local, data, assinatura e inscrição OAB (0,10).	0,00/0,10

10. (XXX Exame de Ordem Unificado) Priscila deverá ajuizar uma ação de *consignação em pagamento*, conforme o Art. 539 e seguintes do CPC.

A petição inicial deverá obedecer aos requisitos gerais do Art. 319 do CPC, sendo dirigida a uma das Varas Cíveis da Comarca de São Paulo, de acordo com o Art. 540 do CPC, indicando, no polo ativo, Priscila, e, no polo passivo, Wagner, com a qualificação completa de ambas as partes.

Deve ser arguida a tempestividade da presente ação, proposta dentro do prazo de um mês da recusa de recebimento do valor depositado, conforme Art. 539, § 3º, do CPC.

O examinando deve mencionar que a inviabilidade do pagamento das duas parcelas decorreu da impossibilidade de localização do réu, no mesmo *modus operandi* que foi utilizado para a realização de todos os pagamentos desde o início.

Em seguida, deve o examinando ressaltar o prazo de favor obtido por Priscila, que efetuou o pagamento integral das parcelas remanescentes na data acordada com Wagner.

Deve o examinando informar que a autora realizou o depósito bancário, em instituição oficial, tendo o réu além de recusado o pagamento, inserido o nome da autora nos cadastros restritivos de crédito, o que a impossibilitou de conseguir um novo emprego.

Deve ser requerida a antecipação dos efeitos da tutela para exclusão do nome de Priscila dos cadastros restritivos de crédito, eis que o valor do débito já se encontra depositado, bem como a negativação está impedindo que Priscila consiga um novo emprego, estando presentes o *fumus boni iuris* e o *periculum in mora*.

Nos pedidos, deverá o examinando requerer a citação do réu para levantar o depósito ou contestar, conforme Art. 542, inciso II, do CPC, e a confirmação da quitação do débito, uma vez que o valor já se encontra depositado, com a consequente extinção da obrigação e a confirmação da tutela antecipada.

Deve ser mencionada a juntada dos seguintes documentos: contrato de compra e venda, documento do veículo, comprovante do depósito e manifestação por escrito da recusa de recebimento do valor depositado assinada por Wagner.

O valor da causa será de R$ 4.000,00, considerando que faltam duas prestações de R$ 2.000,00 cada.

Por fim, o fechamento, com a indicação de local, data, assinatura e inscrição OAB.

Distribuição dos pontos

Item	Pontuação
Endereçamento	
1. Vara Cível de São Paulo (0,10).	0,00/0,10
2. Nome e qualificação das partes: Priscila (autora) (0,10) e Wagner (réu) (0,10).	0,00/0,10/0,20
Tempestividade	
3. A ação foi ajuizada dentro do prazo de um mês da recusa do levantamento do depósito pelo réu (0,20), conforme o Art. 539, § 3º, do CPC (0,10).	0,00/0,20/0,30
Fundamentos de mérito	
4. Cabimento da consignação em pagamento em razão da impossibilidade de realizar o pagamento (0,40), de acordo com o Art. 539, *caput*, do CPC (0,10) **E** Art. 335, inciso I **OU** inciso III, do CC (0,10).	0,00/0,40/0,50/0,60
5. A caracterização do prazo de favor (0,40).	0,00/0,40
6. O depósito bancário do valor integral restante em instituição oficial (0,35), no vencimento da última parcela (0,15), de acordo com o Art. 539, § 1º, do CPC **OU** Art. 334 do CC (0,10).	0,00/0,35/0,45/0,50/0,60
7. A notificação do credor (0,20) e a recusa imotivada do réu em levantar o depósito (0,30).	0,00/0,20/0,30/0,50
Fundamentos da tutela antecipada	
8. *Fumus boni iuris* consistente na ilegalidade da inclusão do nome da autora em cadastro restritivo de crédito (0,30).	0,00/0,30
9. *Periculum in mora* consistente na dificuldade de a autora conseguir emprego (0,30).	0,00/0,30
Pedidos	

Item	Pontuação
10. Concessão da tutela antecipada para a exclusão do nome da autora dos cadastros restritivos de crédito (0,20).	0,00/0,20
11. Citação do réu para levantar o depósito ou contestar a ação (0,20).	0,00/0,20
12. Confirmação da tutela concedida (0,20).	0,00/0,20
13. Extinção da obrigação (0,30), de acordo com o Art. 546 do CPC (0,10).	0,00/0,30/0,40
14. Condenação em custas (0,10) e honorários advocatícios (0,10) **OU** ônus da sucumbência (0,20).	0,00/0,10/0,20
15. Indicação do Valor da Causa: R$ 4.000,00 (0,20).	0,00/0,20
16. Juntada dos documentos (0,10) e protesto pela produção de outras provas (0,10).	0,00/0,10/0,20
Fechamento	
17. Local, data, assinatura e OAB (0,10).	0,00/0,10

11. (XXXI Exame de Ordem Unificado) A peça processual cabível é a de embargos à execução (Art. 914 do CPC), que independe de penhora e deve ser dirigida ao Juízo em que tramita a execução, por dependência. O prazo é de 15 (quinze) dias úteis (Art. 915 e Art. 219, ambos do CPC), a partir da juntada aos autos do mandado cumprido. Considerando que na contagem dos prazos se exclui o dia do começo (Art. 224), verifica-se que o prazo se encerraria em 22/08/2019.

Nos embargos, que devem ser apresentados, seguindo os requisitos do Art. 319 do CPC, Carla pode alegar:

(i) incompetência do juízo da execução, invocando a aplicação do Código de Defesa do Consumidor, em razão da abusividade da cláusula de eleição de foro inserta em contrato de adesão (Art. 917, inciso V, do CPC c/c. o Art. 54 do CDC).

(ii) impenhorabilidade de seu imóvel, que é bem de família, nos termos do Art. 917, inciso II, c/c. o Art. 833 do CPC e o Art. 1º da Lei n. 8.009/90;

(iii) excesso de execução (Art. 917, § 2º, inciso I, do CPC), indicando o motivo do excesso, ou seja, cobrança de tarifas não previstas no contrato, e aplicação de atualização monetária fora dos parâmetros contratados, e taxas abusivas (Art. 6º, incisos IV e V **e** Art. 51, inciso IV, ambos do CDC), e apontando o valor devido (Art. 917, inciso III, § 3º, do CPC), qual seja, de R$ 180.000,00.

Deve pedir, portanto, o reconhecimento da incompetência do juízo e a remessa dos autos ao juízo de Porto Alegre, onde reside, a impenhorabilidade de seu imóvel, e, ainda, o excesso de execução, para que a execução prossiga apenas pela quantia de R$ 180.000,00.

Considerando que Carla pretende contratar seguro-garantia, deve-se formular pedido de concessão de efeito suspensivo aos embargos à execução (Art. 919 c/c. o Art. 845 e o Art. 848, todos do CPC), indicando os requisitos da tutela provisória e apresentando o seguro-garantia.

Por fim, o fechamento da peça.

Distribuição dos pontos

Item	Pontuação
Endereçamento e tempestividade	
1. A peça deve ser encaminhada à 1ª Vara Cível da Comarca do Rio de Janeiro (0,10).	0,00/0,10
2. Distribuição por dependência à execução (0,10).	0,00/0,10
3. Preâmbulo – nomes e qualificação: autor (0,10) e réu (0,10).	0,00/0,10/0,20
4. Tempestividade: oferta em 15 dias (0,10), por força do Art. 915 do CPC (0,10).	0,00/0,10/0,20
Fundamentos jurídicos	
5. Cabimento dos *Embargos à Execução,* na forma do Art. 914 do CPC (0,10).	0,00/0,10
6. Alegar a incidência do CDC na relação de consumo (0,20) conforme Art. 2º, *caput,* **ou** Art. 3º, *caput,* do CDC (0,10).	0,00/0,20/0,30
7. Incompetência do juízo da execução (0,25) na forma do Art. 917, inciso V, do CPC (0,10).	0,00/0,25/0,35
8. Alegar a abusividade da cláusula de eleição de foro inserta em contrato de adesão (0,15), na forma do Art. 54 do CDC (0,10).	0,00/0,15/0,25
9. Impenhorabilidade do bem de família (0,40), nos termos do Art. 832 do CPC, **ou** Art. 1º da Lei n. 8.009/90 (0,10).	0,00/0,40/0,50
10. Excesso de execução (0,25), na forma do Art. 917, *caput,* inciso III (0,10), bem como os motivos do excesso (0,15), na forma do Art. 917, § 2º, inciso I, do CPC (0,10).	0,00/0,25/0,35/ 0,40/0,50/0,60

Item	Pontuação
11. Indicação do valor devido (0,20). (Art. 917, § 3º, do CPC) (0,10).	0,00/0,20/0,30
Pedidos	
12. Pedido de concessão de efeito suspensivo aos embargos, sujeito à apresentação de seguro-garantia (0,20), haja vista a demonstração dos requisitos da tutela provisória (0,30), na forma do Art. 919, § 1º, do CPC (0,10).	0,00/0,20/0,30/ 0,40/0,50/0,60
13. Pedido para que haja o reconhecimento da incompetência do juízo da Comarca do Rio de Janeiro (0,15) e a remessa dos autos ao juízo da Comarca de Porto Alegre (0,25).	0,00/0,15/0,25/0,40
14. Pedido de reconhecimento da impenhorabilidade de seu imóvel (0,30).	0,00/0,30
15. Pedido de reconhecimento do excesso de execução no que ultrapassar a quantia de R$ 180.000,00 (0,30).	0,00/0,30
16. Pedido de produção de provas (0,10).	0,00/0,10
17. Condenação do embargado ao pagamento de verbas de sucumbência (0,10).	0,00/0,10
18. Valor da causa: equivalente ao valor controvertido, ou seja, R$ 170.000,00 (0,10).	0,00/0,10
Fechamento	
19. Local, data, assinatura e inscrição OAB (0,10).	0,00/0,10

12. (XXXII Exame de Ordem Unificado) A peça processual cabível é o recurso de apelação (Art. 1.009 do CPC), interposto no prazo de 15 dias úteis, ou seja, em 24/05/2021. O examinando deverá interpor o recurso em petição dirigida ao juízo de primeiro grau (Art. 1.010), contendo o nome e a qualificação das partes, além de requerer a intimação para apresentação de contrarrazões e a remessa ao tribunal independentemente do juízo de admissibilidade. Nas razões recursais, deverá indicar os fatos ocorridos, bem como fundamentar juridicamente seu pleito. Inicialmente, caberá formular pedido de revogação do benefício da justiça gratuita (Art. 1.009, § 1º), porque não sujeita a recurso de Agravo (Art. 1.015). Deverá indicar que Acácia possui 4 imóveis e participação societária em 3 empresas, possuindo condições de arcar com custas e honorários, não sendo hipótese de incidência do Art. 98 do CPC. No mérito, o examinando deverá alegar que o Banco XXG seguiu estritamente o procedimento previsto no Art. 26 e no Art. 27, ambos da Lei n. 9.514/97, que prevê expressamente o "perdão legal" no Art. 27, §§ 5º e 6º, *in verbis*: "§ 5º Se, no segundo leilão, o maior lance oferecido não for igual ou superior ao valor referido no § 2º, considerar-se-á extinta a dívida e exonerado o credor da obrigação de que trata o § 4º. § 6º Na hipótese de que trata o parágrafo anterior, o credor, no prazo de cinco dias a contar da data do segundo leilão, dará ao devedor quitação da dívida, mediante termo próprio". O examinando deverá formular o pedido de reforma da decisão que concedeu a justiça gratuita e da sentença, para julgar improcedente o pedido, com a condenação de Acácia ao pagamento integral das custas e honorários, majorados para fase recursal (Art. 85 do CPC). Deve, a seguir, proceder ao encerramento da peça.

Distribuição dos pontos

Item	Pontuação
Endereçamento	
1. Interposição da apelação por petição dirigida ao juízo da 1ª Vara Cível de Vitória (0,10).	0,00/0,10
2. Endereçamento das razões recursais ao Tribunal de Justiça (0,10).	0,00/0,10
3. Apelante: Banco XXG. (0,10); Apelada: Acácia (0,10), número do processo (001234) (0,10).	0,00/0,10/0,20/0,30
4. Cabimento: recurso cabível para reforma de sentença é a apelação (0,10), nos termos do Art. 1.009, do CPC (0,10).	0,00/0,10/0,20
5. Tempestividade: apelação interposta tempestivamente, a saber, no dia 24/05/2021, último dia do prazo para recurso (0,20).	0,00/0,20
6. Recolhimento do devido preparo recursal (0,10) conforme Art. 1.007 do CPC (0,10).	0,00/0,10/0,20
7. Intimação da Apelada, para, querendo, apresentar contrarrazões (0,10), nos termos do Art. 1.010, § 1º, do CPC (0,10).	0,00/0,10/0,20
8. Exposição dos Fatos (0,10).	0,00/0,10
Razões recursais	
9. Revogação da justiça gratuita, considerando a situação financeira de Acácia (0,80), não se enquadrando no benefício da gratuidade, constante do Art. 98 do CPC ou do Art. 5º, inciso LXXIV, da CRFB (0,10).	0,00/0,80/0,90
10. Requerimento de intimação da parte autora para pagamento das custas em virtude da revogação da gratuidade (0,40), sob pena de extinção do processo sem análise do mérito (0,20), na forma do Art. 102 do CPC (0,10).	0,00/0,40/0,50/0,60/0,70

Item	Pontuação
11. Fundamentação da improcedência do pedido formulado por Acácia, considerando a ocorrência da extinção da obrigação (0,80), conforme o Art. 27, § 5º, da Lei n. 9.514/97 (0,10).	0,00/0,80/0,90
Pedidos	
12. Pedido de reforma da decisão interlocutória que deferiu a justiça gratuita (0,30).	0,00/0,30
13. Pedido de reforma da sentença (0,10), para julgar improcedente o pedido (0,40).	0,00/0,10/0,40/0,50
14. Condenação da recorrida ao pagamento integral das custas processuais (0,10) e honorários de sucumbência (0,10).	0,00/0,10/0,20
Fechamento	
15. Local, data (24/05/2021) e assinatura por advogado (0,10).	0,00/0,10

13. (XXXIII Exame de Ordem Unificado) Tendo em vista que os objetivos de João Paulo são a retirada imediata de seu nome dos cadastros restritivos de crédito, bem como a declaração de inexistência da dívida, além de indenização por danos morais no equivalente a R$ 30.000,00, a peça cabível é uma petição inicial, de conhecimento, com pedidos de declaração e condenação.

A petição deve ser endereçada a uma das Varas ou um dos Juizados Cíveis da Comarca da capital do Estado do Rio de Janeiro, foro do domicílio do autor consumidor, foro competente nos termos do Art. 101, inciso I, do CDC, bem como foro de domicílio do réu, competente com base no Art. 46 do CPC. João Paulo deve ser indicado como autor e o Banco XYZ, como réu.

Nos fundamentos, deve ser destacado que o autor não celebrou o contrato. João, outrossim, é consumidor por equiparação, na forma do Art. 17 ou Art. 29, ambos do CDC. Ademais, a existência dos elementos da responsabilidade civil objetiva: o ilícito pelo Banco XYZ, que levou à ocorrência de danos ao autor. Ao lado da informação da impossibilidade de contratação, que causou danos a João Paulo, deve ser defendido que a inclusão do nome do autor, indevidamente, em cadastros restritivos de crédito, leva a dano moral *in re ipsa*.

Diante da necessidade de retirada imediata do nome do autor dos cadastros restritivos de crédito, deve haver pedido de tutela de urgência, com a demonstração da presença de seus requisitos.

Deve haver a demonstração dos requisitos para a inversão do ônus da prova, qual seja, a verossimilhança das alegações de João Paulo, por força do Art. 6º, inciso VIII, do CDC.

No pedido, devem ser requeridos:

(i) a concessão de tutela de urgência liminar sem a oitiva da parte contrária, para a retirada do nome do autor dos cadastros restritivos;

(ii) a confirmação da tutela liminar;

(iii) a declaração de inexistência da dívida;

(iv) a inversão do ônus da prova;

(v) a produção de todas as provas em direito admitidas;

(vi) o pagamento de indenização por danos morais no montante de R$ 30.000,00;

(vii) a condenação ao pagamento das custas e dos honorários de sucumbência ou isenção na hipótese de Juizado Especial.

Deve ser atribuído à causa o valor de R$ 40.000,00, consistente no total do benefício econômico envolvido.

Por fim, o fechamento, com a indicação de local, data, assinatura e inscrição OAB.

Distribuição dos pontos

Item	Pontuação
Endereçamento	
1. Vara Cível **ou** Juizado Especial Cível da Comarca da capital do Estado do Rio de Janeiro (0,10).	0,00/0,10
2. Nome e qualificação das partes: João Paulo (autor) (0,10) e *Banco XYZ* (réu) (0,10).	0,00/0,10/0,20
Fundamentos	
3. Exposição fática (0,20).	0,00/0,20
4. João é consumidor por equiparação (0,30), na forma do Art. 17 ou Art. 29, ambos do CDC (0,10).	0,00/0,30/0,40
5. Ocorrência de ilícito, pela celebração de contrato fraudulento, com inclusão do nome do autor em cadastro restritivo de crédito (0,50), na forma do Art. 14, *caput* ou § 1º, do CDC ou Art. 186 do CC ou Art. 927 do CC (0,10).	0,00/0,50/0,60
6a. Ocorrência de dano moral (0,20).	0,00/0,20
6b. *In re ipsa* ou presumido (0,20).	0,00/0,20
6c. Pela inclusão indevida do nome de João Paulo nos cadastros restritivos de crédito (0,30).	0,00/0,30
7a. Alegação da responsabilidade objetiva (0,20).	0,00/0,20

Item	Pontuação
7b. Existência de nexo causal entre o ilícito e os danos (0,20).	0,00/0,20
8a. Possibilidade de concessão de tutela de urgência sem a oitiva da parte contrária (0,20), na forma do Art. 300 do CPC (0,10), diante da presença dos requisitos:	0,00/0,20/0,30
8b. *fumus boni iuris* (0,10),	0,00/0,10
8c. *periculum in mora* (0,10),	0,00/0,10
8d. reversibilidade da medida (0,10).	0,00/0,10
9. Demonstração de que suas alegações são verossímeis, a ensejar a inversão do ônus da prova (0,20), na forma do Art. 6º, inciso VIII, do CDC (0,10).	0,00/0,20/0,30
Pedidos	
10. Concessão de tutela liminar sem a oitiva da parte contrária, para retirada do nome dos cadastros restritivos de crédito (0,20).	0,00/0,20
11. Confirmação da tutela liminar (0,20).	0,00/0,20
12. Declaração de inexistência da dívida ou do contrato (0,30).	0,00/0,30
13. Condenação ao pagamento de indenização por danos morais (0,30).	0,00/0,30
14. Condenação em custas e honorários advocatícios ou condenação nos ônus da sucumbência ou isenção de custas e honorários advocatícios no caso de Juizado Especial (0,10).	0,00/0,10
15. Pedido de inversão do ônus da prova (0,10).	0,00/0,10
16. Pedido de produção de todas as provas cabíveis (0,10).	0,00/0,10
17. Indicação do valor da causa: R$ 40.000,00 (0,10).	0,00/0,10
Fechamento	
18. Local, data, assinatura e OAB (0,10).	0,00/0,10

14. (XXXIV Exame de Ordem Unificado) A peça processual cabível é o recurso de *apelação* (Art. 1.009 do CPC), interposto no prazo de 15 dias úteis, ou seja, 22/07/2021.

O examinando deverá interpor o recurso em petição dirigida ao juízo de primeiro grau (Art. 1.010 do CPC), contendo o nome e a qualificação das partes, além de requerer a intimação para apresentação de contrarrazões e a remessa ao tribunal, independentemente do juízo de admissibilidade.

Nas razões recursais, deverá indicar os fatos ocorridos, bem como fundamentar juridicamente seu pleito.

O examinando deverá alegar que o MM. Juízo da 5ª Vara Cível de Maceió não poderia ter extinguido o processo sem resolução de mérito, porque a ausência de alegação na contestação da *Concessionária Alfa* sobre a existência da convenção de arbitragem implica a aceitação da jurisdição estatal e renúncia do juízo arbitral, na forma do Art. 337, § 6º, do CPC. Além disso, o MM. Juízo da 5ª Vara Cível de Maceió não poderia ter extinguido o processo sem resolução de mérito em virtude da ineficácia da convenção de arbitragem uma vez que, por força do Art. 4º, § 2º, da Lei de Arbitragem (Lei n. 9.307/96), esse negócio jurídico celebrado em contrato de adesão somente seria eficaz se Alexandre iniciasse o procedimento arbitral ou concordasse com sua instituição.

O examinando deverá invocar o Art. 1.013, § 3º, inciso I, do CPC, postulando o imediato julgamento do mérito pelo tribunal, alegando que o defeito no produto fornecido e a responsabilidade da *Concessionária Alfa* não foram especificamente impugnados. Aplica-se a responsabilidade objetiva da *Concessionária Alfa* por força do Art. 12 do CDC.

O examinando deverá formular o pedido de reforma da decisão, inicialmente, com base no Art. 1.013, § 3º, inciso I, do CPC, postulando o imediato julgamento do mérito pelo tribunal, na forma do citado dispositivo processual, e, ato contínuo, a procedência do pedido com a condenação da Ré à restituição do valor pago e à fixação de indenização pelos prejuízos decorrentes do acidente. Deve, a seguir, proceder ao encerramento da peça.

Distribuição dos pontos

Item	Pontuação
Endereçamento	
1. A apelação deve ser dirigida ao Juízo de Direito da 5ª Vara Cível da Comarca de Maceió (0,10).	0,00/0,10
2. Remessa das razões ao Tribunal de Justiça de Alagoas (0,10).	0,00/0,10
Partes	
3. Nome e qualificação de Alexandre (apelante) (0,10) e da *Concessionária Alfa* (apelado) (0,10).	0,00/0,10/0,20
Tempestividade	
4. Interposição no prazo de 15 dias (0,10), ou seja, 22/07/21 (0,10), último dia do prazo, na forma do Art. 1.003, § 5º, do CPC (0,10).	0,00/0,10/0,20/0,30

Item	Pontuação
Regularidade Formal	
5. Preparo (0,20).	0,00/0,20
6. Intimação do apelado para a oferta de contrarrazões (0,20), na forma do Art. 1.010, §1º, do CPC (0,10).	0,00/0,20/0,30
7. Exposição dos fatos (0,20).	0,00/0,20
Fundamentação	
8. A ausência de alegação na contestação sobre a existência de convenção de arbitragem (0,20) implica a aceitação da jurisdição estatal e renúncia do juízo arbitral (0,40), na forma do Art. 337, § 6º, do CPC (0,10).	0,00/0,20/0,30/0,40/ 0,50/0,60/0,70
9. O negócio jurídico celebrado em contrato de adesão somente seria eficaz se Alexandre iniciasse o procedimento arbitral ou concordasse com sua instituição (0,50), conforme Art. 4º, § 2º, da Lei n. 9.307/96 (0,10).	0,00/0,50/0,60
10. Invocar o Art. 1.013, § 3º, inciso I, do CPC (0,10), postulando o imediato julgamento do mérito pelo tribunal (0,30), tendo em vista a apresentação de contestação genérica (0,20).	0,00/0,30/0,40/ 0,50/0,60
11. Alegar que o defeito no produto fornecido e a responsabilidade da *Concessionária Alfa* não foram especificamente impugnados (0,20).	0,00/0,20
12. Aplica-se a responsabilidade objetiva da *Concessionária Alfa* (0,50) por força do Art. 12 do CDC (0,10).	0,00/0,50/0,60
Pedidos	
13. Pedido de reforma da sentença com julgamento imediato do mérito pelo tribunal (0,20).	0,00/0,20
14. Procedência do pedido (0,20), para que a ré seja condenada à restituição do valor pago e à fixação de indenização pelos prejuízos decorrentes do acidente (0,20).	0,00/0,20/0,40
15. Inversão dos ônus de sucumbência (0,20). OU Condenação do recorrido ao pagamento das custas (0,10) e dos honorários advocatícios (0,10).	0,00/0,10/0,20
Fechamento	
16. Local, data (22/07/21), assinatura e inscrição OAB (0,10).	0,00/0,10

15. (XXXV Exame de Ordem Unificado) Cabe a Jorge, na forma do Art. 335 do CPC, oferecer *contestação*, tempestiva e no prazo de 15 dias, com os seguintes fundamentos:

O contrato firmado entre Jorge e Miguel é qualificado como *contrato de mandato*, regulado pelo Art. 653 e seguintes do Código Civil.

Na hipótese vertente, como Jorge (mandante) outorgou apenas poderes gerais para Miguel (mandatário) gerir seus imóveis, sua representação se limitava aos poderes de administração, como delimita o Art. 661, *caput*, do Código Civil. A propósito, o Art. 661, § 1º, esclarece que "para alienar (...) depende a procuração de poderes especiais e expressos", razão pela qual a ausência de tais poderes – especiais e expressos – importa exercício exorbitante do mandato.

O Art. 662 do Código Civil prevê que os atos praticados por quem não tenha poderes suficientes *são ineficazes em relação àquele em cujo nome foram praticados, salvo se os ratificar*. Como Jorge não emitiu ratificação, expressa ou tácita, trata-se de negócio jurídico ineficaz perante o mandante, proprietário do imóvel.

Por outro lado, o mandante só tem o dever de pagar a remuneração ao mandatário *na conformidade do mandato conferido*, segundo o Art. 675 ou o Art. 676 ambos do CC.

Finalmente, incabível o pedido de reembolso do prejuízo que o mandatário teve com a restituição das arras, em dobro, à promitente compradora, na medida em que é do mandatário a obrigação de indenizar qualquer prejuízo causado por sua culpa, como preceitua o Art. 667, *caput,* do Código Civil.

Portanto, a ação deve ter seus pedidos julgados improcedentes.

Distribuição dos pontos

Item	Pontuação
Endereçamento	
1. A peça de defesa deve ser apresentada perante o juízo onde a ação foi distribuída, 1ª Vara Cível da Comarca de Curitiba (0,10).	0,00/0,10
2. Qualificação do réu, Jorge (0,10), e do autor, Miguel (0,10).	0,00/0,10/0,20
Tempestividade	
3. Demonstrar a tempestividade da peça, oferecida dentro do prazo de 15 dias úteis (0,10), na forma do Art. 335 do CPC (0,10).	0,00/0,10/0,20
Fundamentação Jurídica/Legal	
4. Qualificar o contrato de mandato (0,50), na forma do Art. 653 do CC (0,10).	0,00/0,50/0,60

Item	Pontuação
5. Demonstrar que os poderes gerais outorgados implicam apenas poderes de administração (0,50), nos termos do Art. 661, *caput*, do CC (0,10).	0,00/0,50/0,60
6. Destacar que para alienar os imóveis dependeria de procuração com poderes especiais e expressos (0,50), nos moldes do Art. 661, § 1º, do CC (0,10).	0,00/0,50/0,60
7. Apontar que o exercício exorbitante do mandato gera a ineficácia do ato em relação àquele em cujo nome foi praticado (0,40), na medida que não houve ratificação do ato praticado (0,20) na forma do Art. 662 do CC (0,10).	0,00/0,20/0,30/ 0,40/0,50/0,60/0,70
8. Asseverar que o mandante só tem o dever de pagar a remuneração ao mandatário nos limites do mandato conferido (0,50), como determina o Art. 675 ou o Art.676, ambos do CC (0,10).	0,00/0,50/0,60
9. Indicar que não tem o dever de restituir o prejuízo pelo pagamento das arras em dobro (0,20), porque é do mandatário a obrigação de indenizar qualquer prejuízo causado por culpa sua (0,30), como preceitua o Art. 667, *caput*, do CC (0,10).	0,00/0,20/0,30/ 0,40/0,50/0,60
Pedidos	
10. Improcedência dos pedidos fixados na inicial (0,30), na forma do Art. 487, inciso I, do CPC (0,10).	0,00/0,30/0,40
11. Condenação em custas e/ou despesas processuais (0,10).	0,00/0,10
12. Condenação em honorários de sucumbência (0,10).	0,00/0,10
13. Protesto pela produção de provas (0,10).	0,00/0,10
Fechamento	
14. Local, data, nome e OAB (0,10).	0,00/0,10

16. (XXXVI Exame de Ordem Unificado) A peça processual a ser elaborada é a *apelação em embargos monitórios* (Art. 702, § 9º c/c. o Art. 1.009, ambos do CPC).

A apelação deve ser endereçada ao Juízo de Direito da 2ª Vara Cível da Comarca do Rio de Janeiro. O apelante é João e o apelado é Daniel. Deve ser indicada a tempestividade da peça recursal, na forma do Art. 1.003, § 5º, do CPC, e indicar ter efetuado o preparo do recurso, na forma do Art. 1.007 do CPC. Tendo em vista que a publicação ocorreu no dia 03/06/2021, quinta-feira, o termo final para apresentação da apelação é o dia 24/06/2021, considerando o prazo de 15 dias.

João, preliminarmente, deve sustentar que a sentença é nula ante a ausência de fundamentação, tendo descumprido o disposto no Art. 489, § 1º, inciso IV, do CPC ou Art. 11 do CPC ou Art. 93, inciso IX, da CF.

Em acréscimo, deve-se apontar que Daniel não indicou o valor que entende correto, violando o Art. 702, § 2º, do CPC, tampouco, trouxe aos autos demonstrativo discriminado e atualizado da dívida. Tal omissão enseja o não conhecimento/rejeição da alegação de excesso nos embargos monitórios, na forma do Art. 702, § 3º, do CPC. Quanto ao mérito, João deve indicar que, nos termos do Art. 586 do CC, o mutuário é obrigado a restituir ao mutuante o que dele recebeu, acrescido dos juros compensatórios e cláusula penal pactuada (Art. 408 do CC).

João deve requerer a nulidade da sentença. Além disso, em razão de o processo se encontrar em condições de imediato julgamento, João deve requerer que o Tribunal julgue improcedente o pedido dos embargos monitórios opostos por Daniel, com lastro no Art. 488 e no Art. 702, §§ 2º e 3º, ambos do CPC, e constitua o título executivo judicial.

Deve-se requerer a inversão dos ônus da sucumbência.

Por fim, local, data (24/06/2021), assinatura e inscrição OAB.

Distribuição dos pontos

Item	Pontuação
Endereçamento	
1. A apelação deve ser dirigida ao Juízo de Direito da 2ª Vara Cível da Comarca do Rio de Janeiro (0,10).	0,00/0,10
2. As razões devem ser dirigidas ao Tribunal de Justiça do Rio de Janeiro (0,10).	0,00/0,10
Partes	
3. Nome e qualificação de João (apelante) (0,10) e de Daniel (apelado) (0,10).	0,00/0,10/0,20
Tempestividade	
4. Interposição no prazo de 15 dias (0,10), ou seja, 24/06/21 (0,10), último dia do prazo, na forma do Art. 1.003, § 5º, do CPC (0,10).	0,00/0,10/0,20/0,30
Regularidade Formal	
5. Preparo (0,10), na forma do Art. 1.007 do CPC (0,10).	0,00/0,10/0,20
6. Intimação do apelado para a oferta de contrarrazões (0,20), na forma do Art. 1.010, § 1º, do CPC (0,10).	0,00/0,20/0,30
7. Exposição dos fatos (0,10).	0,00/0,10
Fundamentação	

Item	Pontuação
8. Nulidade da sentença ante a ausência de fundamentação (0,50), tendo descumprido o disposto no Art. 489, § 1º, inciso IV, do CPC ou no Art. 11 do CPC ou no Art. 93, inciso IX, da CF (0,10).	0,00/0,50/0,60
9. O apelado não declarou o valor que entende correto ou apresentou o demonstrativo da dívida (0,50), violando o Art. 702, § 2º, do CPC (0,10).	0,00/0,50/0,60
10. A omissão de Daniel enseja o não conhecimento/rejeição da alegação de excesso nos embargos monitórios (0,50), na forma do Art. 702, § 3º, do CPC (0,10).	0,00/0,50/0,60
11.a. O mutuário é obrigado a restituir o valor emprestado (0,50), nos termos do Art. 586 do CC (0,10).	0,00/0,50/0,60
11.b. Acrescido dos juros compensatórios (0,10).	0,00/0,10
11.c. Acrescido da cláusula penal pactuada (0,10), nos termos do Art. 408 do CC (0,10).	0,00/0,10/0,20
Pedidos	
12. Declaração de nulidade da sentença (0,25).	0,00/0,25
13.a. Reforma da sentença (0,20).	0,00/0,20
13.b. Julgamento de improcedência/rejeição do pedido dos embargos monitórios (0,15).	0,00/0,15
13.c. Constituição do título executivo judicial (0,10).	0,00/0,10
14. Inversão dos ônus de sucumbência (0,20). ou Condenação do recorrido ao pagamento das custas (0,10) e dos honorários advocatícios (0,10).	0,00/0,10/0,20
Fechamento	
15. Local, data (24/06/2021), assinatura e inscrição OAB (0,10).	0,00/0,10

17. **(XXXVII Exame de Ordem Unificado)** A peça correta para defender os interesses de Ana é a *petição inicial da ação de embargos de terceiro*.

O foro competente é o da 5ª Vara Cível de Maceió/AL, devendo ser requerida a distribuição por dependência aos autos da Execução n. 12345, na forma do Art. 676 do CPC.

Ana deverá figurar como autora dos embargos de terceiro, tendo Velocidade e XYZ como réus. As partes devem estar devidamente qualificadas.

A autora deverá indicar a tempestividade dos embargos de terceiro, nos termos do Art. 675 do CPC.

Ana deverá narrar os fatos em tela, alegando que a loja Velocidade também é legitimada passiva, nos termos do Art. 677, § 4º, do CPC, na medida em que indicou à penhora o automóvel adquirido.

Na petição inicial, deverá ser sustentado que Ana é a proprietária do automóvel, pois a transferência de propriedade do automóvel se deu com a tradição, na forma do Art. 1.267 do CC. Portanto, não há fraude à execução, uma vez que a aquisição do veículo foi anterior à dívida/ação de execução (Art. 792, inciso III, do CPC ou Súmula 375 do STJ).

Ana deverá fazer a prova sumária de seu domínio e da qualidade de terceiro, mediante a juntada do contrato de compra e venda e do recibo de pagamento, conforme previsto no Art. 677, *caput*, do CPC, requerendo a suspensão da penhora, com a manutenção provisória da posse, na forma do Art. 678, *caput*, do CPC.

Deverá ser formulado o pedido de cancelamento da penhora, com o reconhecimento do domínio do bem pela Autora, consoante o disposto no Art. 681 do CPC.

Ana deverá requerer a produção de todas as provas em direito admitidas, bem como a condenação dos réus nos ônus da sucumbência.

Por fim, deverá ser indicado o valor da causa de R$ 50.000,00, por ser o valor do bem controvertido, encerrando-se a petição com local, data, assinatura e inscrição na OAB.

Distribuição dos pontos

Item	Pontuação
Regularidade Formal	
1. A petição inicial deve ser dirigida à 5ª Vara Cível da Comarca de Maceió/AL (0,10).	0,00/0,10
2. Distribuição por dependência à ação de Execução n. 12345 (0,15), na forma do Art. 676 do CPC (0,10).	0,00/0,15/0,25
3. Nome e qualificação das partes: Ana (autora) (0,10); XYZ (réu) (0,10) e *Velocidade* (réu) (0,10).	0,00/0,10/0,20/0,30
4. Tempestividade, nos termos do Art. 675 do CPC (0,10).	0,00/0,10
Fatos e Fundamentos Jurídicos	
5. Síntese dos fatos (0,10).	0,00/0,10
6. *Velocidade* é legitimada passiva (0,15), pois indicou à penhora o automóvel adquirido (0,25), nos termos do Art. 677, § 4º, do CPC (0,10).	0,00/0,15/0,25/0,35/0,40/0,50

Item	Pontuação
7. Alegação de que Ana é a proprietária do automóvel (0,30), pois a transferência de propriedade do automóvel se deu com a tradição (0,20), nos termos do Art. 1.267 do CC (0,10).	0,00/0,20/0,30/ 0,40/0,50/0,60
8. A alienação do veículo não configurou fraude à execução (0,30), pois sua aquisição foi anterior à dívida/ação de execução (0,20) (Art. 792 do CPC ou Súmula 375 do STJ) (0,10).	0,00/0,20/0,30/ 0,40/0,50/0,60
9. Prova sumária do domínio (0,30), consubstanciada no contrato de compra e venda e no recibo de pagamento (0,20), e da qualidade de terceiro (0,25), conforme previsto no Art. 677, *caput*, do CPC (0,10).	0,00/0,25/0,30/0,35/ 0,40/0,50/0,55/0,60/ 0,65/0,75/0,85
Pedidos	
10. Suspensão liminar da penhora (0,25), com a manutenção provisória da posse (0,15), na forma do Art. 678, *caput*, do CPC (0,10).	0,00/0,15/0,25/0,35/ 0,40/0,50
11. Procedência do pedido com o cancelamento da penhora (0,25), com o reconhecimento do domínio do bem pela autora (0,15), na forma do Art. 681 do CPC (0,10).	0,00/0,15/0,25/0,35/ 0,40/0,50
12. Produção de todas as provas em direito admitidas (0,20).	0,00/0,20
13. Condenação dos réus nos ônus da sucumbência (0,20) **ou** condenação dos réus no pagamento de custas processuais (0,10) e honorários advocatícios (0,10).	0,00/0,10/0,20
Fechamento	
14. Valor da causa: equivalente ao bem controvertido, ou seja, R$ 50.000,00 (0,10).	0,00/0,10
15. Local, data, assinatura e inscrição OAB (0,10).	0,00/0,10

Questões Dissertativas 2

1. (XXI Exame de Ordem Unificado)

Questão 1

Ana, menor impúbere, é filha de José e Maria, ambos com apenas 18 (dezoito) anos de idade, desempregados e recém-aprovados para ingresso na Faculdade de Direito Alfa. As respectivas famílias do casal possuem considerável poder aquisitivo, porém se recusam a ajudá-los no sustento da pequena Ana, em razão de desentendimentos recíprocos. Destaca-se, por fim, que todos os avós são vivos e exercem profissões de destaque. Com esteio na hipótese proposta, responda aos itens a seguir.

A) Os avós são obrigados a prestar alimentos em favor de sua neta? Em hipótese positiva, cuida-se de obrigação solidária?

B) A ação de alimentos pode ser proposta por Ana, representada por seus pais, sem incluir necessariamente todos os avós no polo passivo da demanda?

Questão 2

Miguel e Joana, irmãos, figuram respectivamente como locatário e fiadora em contrato de locação residencial celebrado com Antônio, no qual consta cláusula em que Joana renuncia ao benefício de ordem. Diante da ausência de pagamento dos valores acordados, Antônio promoveu ação de execução por título extrajudicial em face de ambos os devedores. Miguel foi citado cinco dias úteis antes de Joana, sendo que o comprovante de citação de Joana foi juntado aos autos vinte dias úteis após o de Miguel. Diante do exposto, responda aos itens a seguir.

A) Opostos embargos à execução por Joana, esta pleiteia que primeiro sejam penhorados os bens de Miguel. Deve ser acolhida essa alegação?

B) O prazo para Miguel apresentar embargos à execução findou antes ou depois de iniciar o prazo para Joana embargar a execução?

C) O prazo para oposição de embargos seria de 15 (quinze) dias, contados em dobro, se Miguel e Joana possuíssem advogados distintos?

Questão 3

A sociedade empresária Y, de Porto Alegre, e a sociedade empresária X, com sede em Salvador e filial em São Paulo, ambas de grande porte, firmaram contrato de parceria para desenvolvimento de um programa de instalação de máquinas subterrâneas, que seguiu um modelo de instrumento contratual elaborado pela sociedade empresária X, com cláusula de eleição de foro em São Paulo, local de instalação das máquinas. Após os primeiros meses de relação contratual, contudo, as sociedades empresárias começaram a encontrar dificuldades para a realização dos serviços, de modo que a sociedade empresária X suspendeu o cumprimento de suas obrigações. Em razão disso, a sociedade empresária Y ajuizou ação de obrigação de fazer perante a Comarca de Porto Alegre, afirmando que a cláusula de eleição de foro, por estar contida em contrato de adesão, não seria válida. Com base em tais afirmativas, responda aos itens a seguir.

A) É válida a eleição de foro constante do contrato firmado entre as sociedades empresárias Y e X?

B) O juízo de Porto Alegre poderia reconhecer de ofício sua incompetência?

Questão 4

Ronaldo tem um crédito de R$ 20.000,00 com Celso. O referido crédito foi proveniente de contrato de mútuo celebrado entre as partes, subscrito por duas testemunhas. Apesar do vencimento da obrigação, Celso não cumpre o avençado. Ronaldo propõe ação de execução para o adimplemento da obrigação, restando evidenciado que Celso efetivamente doou seus dois únicos bens (automóveis) para Jorge antes da propositura da ação. De acordo com as informações constantes no caso, responda aos itens a seguir.

A) É possível identificar algum vício na doação dos bens (automóveis)?

B) Indique o instrumento processual do qual Ronaldo pode se valer para permitir que os bens doados possam ser expropriados na execução proposta. Fundamente a resposta com os dispositivos legais pertinentes.

2. (XXII Exame de Ordem Unificado)

Questão 1

Poucos anos antes de morrer, Silas vendeu, no ano de 2012, por dois milhões de reais, a cobertura luxuosa onde residia. Com o dinheiro da venda, comprou, no mesmo ano, dois apartamentos em um mesmo prédio, cada um avaliado em trezentos mil reais, e mudou-se para um deles. Doou o outro imóvel para sua filha Laura e seu genro Hélio, local onde o casal passou a morar. Mesmo sem o consentimento dos demais herdeiros, Silas fez questão de registrar, na escritura de doação, que a liberalidade era feita em favor do casal, não mencionando, todavia, se seria ou não adiantamento de legítima. Silas morreu no dia 20 de março de 2016 e deixou, além de Laura, dois outros herdeiros: Mauro e Noel, netos oriundos do casamento de um filho pré-morto, Wagner. O processo de inventário foi iniciado poucos dias depois de sua morte. Laura foi nomeada inventariante e apresentou as primeiras declarações em setembro de 2016, sem mencionar o imóvel em que residia. Diante desses fatos, responda aos itens a seguir.

A) A doação realizada é válida?

B) Há fundamento no direito processual que obrigue Laura a declarar o imóvel?

Questão 2

Em 10 de maio de 2016, Pedro, comprador, celebrou contrato de compra e venda com Bruno, vendedor, cujo objeto era uma motocicleta seminova (ano 2013), modelo X, pelo preço de R$ 10.000,00, pagos à vista. Em setembro de 2016, Pedro foi citado para responder a ação na qual Anderson alegava ser proprietário da referida moto. Sem entender a situação e com receio de perder o bem, Pedro ligou imediatamente para Bruno, que lhe respondeu não conhecer Anderson e não ter nenhuma relação com o problema, pois se trata de fato posterior à venda da moto, ainda afirmando que "Pedro resolva diretamente com Anderson e procure seus direitos na justiça". Com base nos fatos narrados, responda aos itens a seguir.

A) Qual a responsabilidade de Bruno caso Pedro venha a perder o bem por sentença judicial? Fundamente com o instituto de Direito Civil adequado, indicando as verbas do ressarcimento devido.

B) Como Pedro deverá proceder caso queira discutir a responsabilidade de Bruno na própria ação reivindicatória ajuizada por Anderson? Fundamente com o instituto de direito processual adequado.

Questão 3

Jorge, menor com doze anos de idade, está sem receber a pensão alimentícia de seu pai, Carlos, há cinco anos, apesar de decisão judicial transitada em julgado. Jorge, representado por sua mãe, Fátima, promove ação de execução de alimentos, no valor de R$ 200.000,00 (duzentos mil reais), pelos alimentos pretéritos, devidamente corrigidos. Para pagamento da dívida, fora determinada penhora do imóvel em que Carlos e Carmem, sua atual companheira, residem. O imóvel, avaliado em R$ 300.000,00 (trezentos mil reais), é o único do casal e foi adquirido onerosamente por ambos após a constituição de união estável. Considerando que a penhora recaiu apenas sobre a parte que cabe a Carlos, responda aos itens a seguir.

A) Há fundamento para penhora do bem descrito?

B) Como fica a situação de Carmem na hipótese de alienação judicial do bem descrito?

Questão 4

Danilo ajuizou ação cominatória com pedido de reparação por danos morais contra a financeira Boa Vida S/A, alegando ter sofrido dano extrapatrimonial em virtude da negativação equivocada de seu nome nos bancos de dados de proteção ao crédito. Danilo sustenta e comprova que nunca atrasou uma parcela sequer do financiamento do seu veículo, motivo pelo qual a negativação de seu nome causou-lhe dano moral indenizável, requerendo, liminarmente, a retirada de seu nome dos bancos de dados e a condenação da ré à indenização por danos morais no valor de R$ 5.000,00. O juiz concedeu tutela provisória com relação à obrigação de fazer, apesar de reconhecer que não foi vislumbrado perigo de dano ou risco ao resultado útil do processo; contudo, verificou que a petição inicial foi instruída com prova documental suficiente dos fatos constitutivos do direito do autor, não havendo oposição do réu capaz de gerar dúvida razoável. Em sentença, o juiz julgou parcialmente procedentes os pedidos, condenando a ré à obrigação de retirar o nome do autor dos bancos de dados de proteção ao crédito, confirmando a tutela provisória, mas julgando improcedente o pedido de indenização, pois se constatou que o autor já estava com o nome negativado em virtude de anotações legítimas de dívidas preexistentes com instituições diversas, sendo um devedor contumaz. Em face do exposto, responda aos itens a seguir.

A) À luz da jurisprudência dos tribunais superiores, é correta a decisão do juiz que julgou improcedente o pedido de indenização por danos morais?

B) Poderia o advogado requerer a tutela provisória mesmo constatando-se a inexistência de perigo de dano ou de risco ao resultado útil do processo?

3. (XXIII Exame de Ordem Unificado)

Questão 1

Após sofrer acidente automobilístico, Vinícius, adolescente de 15 anos, necessita realizar cirurgia no joelho direito para reconstruir os ligamentos rompidos, conforme apontam os exames de imagem. Contudo, ao realizar a intervenção cirúrgica no Hospital Boa Saúde S/A, o paciente percebe que o médico realizou o procedimento no seu joelho esquerdo, que estava intacto. Ressalta-se que o profissional não mantém relação de trabalho com o hospital, utilizando sua estrutura mediante vínculo de comodato, sem relação de subordinação. Após realizar nova cirurgia no joelho correto, Vinícius, representado por sua mãe, decide ajuizar ação indenizatória em face do Hospital Boa Saúde S/A e do médico que realizou o primeiro procedimento. Em face do exposto, responda aos itens a seguir.

A) Na apuração da responsabilidade do hospital, dispensa-se a prova da culpa médica?

B) O procedimento do juizado especial cível é cabível?

Questão 2

Dalva, viúva, capaz e sem filhos, decide vender para sua amiga Lorena um apartamento de 350 m² que tinha com o marido em área urbana, o qual não visitava havia cerca de sete anos. Após a celebração do negócio, Lorena, a nova proprietária, é surpreendida com a presença de Roberto, um estranho, morando no imóvel. Este, por sua vez, explica para Lorena que "já se considera proprietário da casa" pela usucapião, pois, "conforme estudou", apesar de morar ali apenas há 6 meses, "seus falecidos pais já moravam no local há mais de 5 anos", o que seria suficiente, desde que a antiga proprietária "havia abandonado o imóvel". Lorena, por sua vez, foi aconselhada por um vizinho a ajuizar uma ação pleiteando a sua imissão na posse para retirar Roberto da sua casa. Diante do exposto, responda aos itens a seguir.

A) Roberto tem razão ao alegar que já usucapiu o imóvel?

B) Está correta a sugestão feita pelo vizinho de Lorena? Por quê? Qual a ação judicial mais recomendável na hipótese?

Questão 3

Luiz, viúvo, residente e domiciliado em Maceió, tinha três filhos: Jorge, Clarissa e Joana, e nenhum neto. Jorge, enciumado com o tratamento preferencial que Luiz dispensava às suas irmãs, tenta matar seu pai desferindo-lhe dois tiros, dos quais, por sorte, Luiz consegue escapar ileso. Dois anos antes, este registrara testamento público, estipulando que seu patrimônio disponível deveria ser herdado por Jorge e Joana. Luiz vem a falecer durante viagem a Salvador, em 2017, deixando como herança líquida o montante de R$ 2.000.000,00 (dois milhões de reais). Com base na hipótese apresentada, responda aos itens a seguir.

A) Qual medida judicial poderá ser utilizada por Joana para evitar que Jorge venha a suceder Luis? Há algum prazo-limite para isso?

B) Qual o foro competente para processar e julgar o inventário de Luiz?

Questão 4

Tiago, servidor público federal, e Marcel, advogado, mantiveram convivência pública, contínua e duradoura, com o objetivo de constituir família, durante quinze anos. Em virtude do falecimento de Tiago decorrente de acidente de trânsito, Marcel ajuizou ação em face da União, pleiteando a concessão de pensão por morte, sob o fundamento da ocorrência de união estável com o falecido. A juíza federal da 6ª Vara, por ter entendido configurada a relação de companheirismo, julgou procedente o pedido, concedendo a pensão a Marcel. Não foi interposta apelação, tampouco houve a incidência de reexame necessário, pelo que ocorreu o trânsito em julgado da decisão concessiva da pensão. Diante do acolhimento de sua pretensão no âmbito da Justiça Federal, Marcel, a fim de resguardar seus direitos sucessórios, ajuizou, perante a Justiça Estadual, ação declaratória de união estável, buscando o reconhecimento da relação de companheirismo mantida com Tiago. O juiz de direito da 3ª Vara de Família julgou improcedente o pedido, sob o fundamento de que o requisito da coabitação para o reconhecimento de união estável não se encontrava preenchido. Sobre tais fatos, responda aos itens a seguir.

A) O fundamento da decisão proferida pela Justiça Estadual está correto? Por quê?

B) O reconhecimento da união estável pela Justiça Federal vincula a decisão a ser proferida pela Justiça Estadual? Por quê?

4. (XXIV Exame de Ordem Unificado)

Questão 1

Maria Clara e Jorge tiveram uma filha, Catarina, a qual foi registrada sob filiação de ambos. Apesar de nunca terem se casado, Maria Clara e Jorge contribuíam paritariamente com o sustento da criança, que vivia com Maria Clara. Quando Catarina fez dois anos de idade, Jorge ficou desempregado, situação que perdura até hoje. Em razão disso, não possui qualquer condição de prover a subsistência de Catarina, que não consegue contar apenas com a renda de sua mãe, Maria Clara, filha única de seus genitores, já falecidos. Jorge reside com sua mãe, Olívia, que trabalha e possui excelente condição financeira. Além disso, Catarina possui um irmão mais velho, Marcos, capaz e com 26 anos, fruto do primeiro casamento de Jorge, que também tem sólida situação financeira. Com base em tais fatos, responda aos itens a seguir, justificando e fundamentando a resposta.

A) Olívia e Marcos podem ser chamados a contribuir com a subsistência de Catarina? A obrigação deve recair em Olívia e Marcos de forma paritária?

B) Quais as medidas judiciais cabíveis para resguardar o direito de subsistência de Catarina, considerando a necessidade de obter com urgência provimento que garanta esse direito?

Questão 2

Marcos estacionou seu automóvel diante de um prédio de apartamentos. Pouco depois, um vaso de plantas caiu da janela de uma das unidades e atingiu o veículo, danificando o para-brisa e parte da lataria. Não foi possível identificar de qual das unidades caiu o objeto. O automóvel era importado, de modo que seu reparo foi custoso e demorou cerca de dez meses. Dois anos e meio depois da saída do automóvel da oficina, Marcos ajuíza ação indenizatória em face do condomínio do edifício. De acordo com o caso acima narrado, responda fundamentadamente às questões a seguir.

A) Considerando que o vaso de plantas caiu da janela de apenas um dos apartamentos, pode o condomínio alegar fato exclusivo de terceiro para se eximir do dever de indenizar?

B) Após a contestação, ao perceber que a pretensão de Marcos está prescrita, pode o juiz conhecer de ofício dessa prescrição se nenhuma das partes tiver se manifestado a respeito?

Questão 3

Após se aposentar, Álvaro, que mora com sua esposa em Brasília, adquiriu de Valério um imóvel, hipotecado, localizado na cidade do Rio de Janeiro, por meio de escritura pública de cessão de direitos e obrigações. Com a intenção de extinguir a hipoteca, Álvaro pretende pagar a dívida de Valério, mas encontra obstáculos para realizar o seu desejo, já que a instituição credora hipotecária não participou da aquisição do imóvel e alega que o pagamento não pode ser realizado por pessoa estranha ao vínculo obrigacional. Diante dessa situação, responda aos itens a seguir.

A) Qual é a medida judicial mais adequada para assegurar o interesse de Álvaro?

B) Qual o foro competente para processar e julgar a referida medida?

Questão 4

Pedro, maior com 30 (trinta) anos de idade, é filho biológico de Paulo, que nunca reconheceu a filiação no registro de Pedro. Em 2016, Paulo morreu sem deixar testamento, solteiro, sem ascendentes e descendentes, e com dois irmãos sobreviventes, que estão na posse dos bens da herança. Diante da situação apresentada, responda aos itens a seguir.

A) Qual o prazo para propositura da ação de investigação de paternidade e da petição de herança?

B) É possível cumular os pedidos de reconhecimento da paternidade e do direito hereditário no mesmo processo?

5. (XXV Exame de Ordem Unificado)

Questão 1

Em abril de 2016, Flávio, que não tinha qualquer parente até quarto grau, elaborou seu testamento, deixando todos os seus bens para sua amiga Clara. Em janeiro de 2017, Flávio descobriu que era pai de Laura, uma criança de 10 anos, e reconheceu de pronto a paternidade. Em abril de 2017, Flávio faleceu, sem, contudo, revogar o testamento elaborado em 2016. Sobre os fatos narrados, responda aos itens a seguir.

A) A sucessão de Flávio observará sua última vontade escrita no testamento?

B) O inventário e a partilha dos bens de Flávio poderão ser feitos extrajudicialmente?

Questão 2

A sociedade empresária Madeira Certificada Ltda. firmou com Só Móveis Ltda. um contrato de fornecimento de material, visando ao abastecimento de suas indústrias moveleiras. Depois de dois anos de relação contratual, Só Móveis deixou de pagar as notas fiscais emitidas por Madeira Certificada, alegando dificuldades financeiras, o que levou à rescisão do contrato, restando em aberto os pagamentos do fornecimento de material dos meses de outubro, novembro e dezembro de 2015. Madeira Certificada, de posse do contrato, firmado por duas testemunhas, das notas fiscais e de declaração subscrita pela sociedade reconhecendo a existência da dívida, ajuizou execução de título extrajudicial em 1º de abril de 2016. Citada, a sociedade empresária Só Móveis não efetuou o pagamento, e a tentativa de penhora on-line de dinheiro e de bens imóveis foi infrutífera, não tendo sido localizado patrimônio para satisfação do crédito. Madeira Certificada constatou, contudo, que um dos sócios administradores da Só Móveis havia tido um acréscimo substancial de patrimônio nos últimos dois anos, passando a ser proprietário de imóvel e carros, utilizados, inclusive, pela devedora. Diante de tal situação, responda aos itens a seguir.

A) O que a sociedade empresária Madeira Certificada deve alegar para fundamentar a extensão da responsabilidade patrimonial e possibilitar a satisfação do crédito?

B) Com base em tal alegação, qual seria a medida processual incidental adequada para estender a responsabilidade patrimonial e possibilitar a satisfação do crédito?

Questão 3

Nivaldo e Bárbara casaram em 2008. Ocorre que Bárbara, ao conhecer o sogro, Ricardo, que até então estava morando no exterior a trabalho, apaixonou-se por ele. Como Ricardo era viúvo, Bárbara se divorciou de Nivaldo e foi morar com o ex-sogro em uma pequenina cidade no Acre, onde ninguém os conhecia. Lá, casaram-se há cerca de cinco anos. Um dia, avisado por um amigo, Nivaldo, que vivia na capital do estado do Amazonas, descobriu o casamento do pai com sua ex-esposa. De imediato, consultou um advogado para saber o que poderia fazer para invalidar o casamento. Diante dessas circunstâncias, responda aos itens a seguir.

A) Qual a ação cabível para a invalidação do casamento e qual o fundamento dela?

B) Identifique o litisconsórcio existente entre Bárbara e Ricardo.

Questão 4

Ana Flávia dirigia seu carro em direção à sua casa de praia quando, no caminho, envolveu-se em um acidente grave diante da imprudência de outro veículo, dirigido por Sávio, que realizou ultrapassagem proibida. Como consequência do acidente, ela permaneceu no hospital por três dias, ausentando-se de seu consultório médico, além de ter ficado com uma cicatriz no rosto. Como apenas o hospital particular da cidade oferecia o tratamento adequado e ela não possuía plano de saúde, arcou com as despesas hospitalares. Ciente de que o automóvel de Sávio está segurado junto à seguradora Fique Seguro Ltda., com cobertura de danos materiais, Ana Flávia ajuizou ação em face de ambos. Sávio e a seguradora apresentaram contestação, esta alegando a culpa exclusiva de Ana Flávia e a impossibilidade de figurar no polo passivo. Em seguida, o juízo determinou a exclusão da seguradora do polo passivo e o prosseguimento da demanda exclusivamente em face de Sávio. Tendo em vista o caso exposto, responda aos itens a seguir.

A) Qual o recurso cabível contra a decisão? Qual o seu fundamento?

B) Além do prejuízo material, quais outros danos Ana Flávia poderia ter pedido para garantir a maior extensão da reparação?

6. (XXVI Exame de Ordem Unificado)

Questão 1

Jonas, médico dermatologista, atende a seus pacientes em um consultório particular em sua cidade. Ana Maria, após se consultar com Jonas, passou a utilizar uma pomada indicada para o tratamento de micoses, prescrita pelo médico. Em decorrência de uma alergia imprevisível, sequer descrita na literatura médica, a pele de Ana Maria desenvolveu uma grave reação à pomada, o que acarretou uma mancha avermelhada permanente e de grandes proporções em seu antebraço direito. Indignada com a lesão estética permanente que sofreu, Ana Maria decidiu ajuizar ação indenizatória em face de Jonas. Tomando conhecimento, contudo, de que Jonas havia contratado previamente seguro de responsabilidade civil que cobria danos materiais, morais e estéticos causados aos seus pacientes, Ana Maria optou por ajuizar a ação apenas em face da seguradora. A respeito do caso narrado, responda, fundamentadamente, aos itens a seguir.

A) Provada a ausência de culpa de Jonas, poderia Ana Maria ser indenizada?

B) A demanda proposta por Ana Maria em face da seguradora preenche elementos suficientes para ter seu mérito apreciado?

Questão 2

A sociedade empresária Fictícia Produções Ltda. (Fictícia) vendeu um imóvel de sua propriedade à Diversão Produções Artísticas Ltda. (DPA), que passou a funcionar no local. Dois meses após o registro da compra no cartório de registro de imóveis e início das atividades da DPA, a nova proprietária é surpreendida por uma ação de cobrança de cotas condominiais anteriores à aquisição e não pagas pela Fictícia. Inconformado com o fato, e diante da previsão contratual na qual a sociedade empresária Fictícia se responsabiliza por débitos relativos ao período anterior à imissão na posse de sua empresa, o diretor Ronaldo procura uma orientação jurídica especializada. Sobre a hipótese narrada, responda aos itens a seguir.

A) As cotas condominiais anteriores à aquisição são devidas pela atual proprietária do imóvel?

B) Qual a medida processual mais célere, econômica e adequada para exigir da sociedade empresária Fictícia, nos mesmos autos, a responsabilização pela dívida?

Questão 3

Em 10 de dezembro de 2016, Roberto alienou para seu filho André um imóvel de sua propriedade, por valor inferior ao preço de venda de imóveis situados na mesma região. José, que também é filho de Roberto e não consentiu com a venda, ajuizou ação, em 11 de dezembro de 2017, com o objetivo de anular o contrato de compra e venda celebrado entre seu pai e André. No âmbito da referida ação, José formulou pedido cautelar para que o juiz suspendesse os efeitos da alienação do imóvel até a decisão final da demanda, o que foi deferido pelo magistrado por meio de decisão contra a qual não foram interpostos recursos. O juiz, após a apresentação de contestação pelos réus e da produção das provas, proferiu sentença julgando improcedente o pedido deduzido por José, sob o fundamento de que a pretensão de anulação do contrato de compra e venda se encontraria prescrita. Como consequência, revogou a decisão cautelar que anteriormente havia suspendido os efeitos da compra e venda celebrada entre Roberto e André. A respeito dessa situação hipotética, responda aos itens a seguir.

A) Caso resolva apelar da sentença, como José poderá obter, de forma imediata, novamente a suspensão dos efeitos da compra e venda? Quais os requisitos para tanto?

B) Qual é o fundamento da ação ajuizada por José para obter a anulação da compra e venda? Esclareça se a sentença proferida pelo juiz de primeira instância, que reconheceu a prescrição da pretensão, está correta.

Questão 4

José Carlos é locatário de um apartamento situado no Condomínio Morar Feliz, situado na cidade do Rio de Janeiro. O imóvel pertence a André Luiz. O contrato de locação possui vigência de 1º de maio de 2015 a 1º de maio de 2019 e contém cláusula de vigência. O referido contrato se encontra averbado à matrícula do imóvel no Registro Geral de Imóveis da respectiva circunscrição desde 7 de junho de 2015. Em

15 de maio de 2018, José Carlos recebe uma notificação de João Pedro, informando-o de que adquiriu o imóvel de André Luiz através de contrato de compra e venda, a qual foi registrada em 30 de janeiro de 2018 e averbada à matrícula do imóvel no mesmo dia, e solicitando a desocupação do imóvel no prazo de noventa dias. José Carlos não fora informado por André Luiz a respeito da alienação do apartamento. Em 5 de junho de 2018, ao se dirigir até o local pactuado contratualmente para o pagamento dos alugueres, José Carlos é informado por João Pedro que não irá receber o pagamento de nenhum valor a título de aluguel, solicitando novamente a desocupação do imóvel. Diante do cenário descrito, responda aos itens a seguir.

A) Qual(is) argumento(s) de defesa José Carlos poderá arguir em face da pretensão de João Pedro em desocupar o imóvel?

B) Diante da recusa de João Pedro em receber os alugueres, de que(quais) instrumento(s) o locatário dispõe para adimplir sua prestação e se exonerar dos efeitos da mora?

7. (XXVII Exame de Ordem Unificado)

Questão 1

Luiza ajuizou ação porque, embora há muitos anos se apresente socialmente com esse nome e com aparência feminina, foi registrada no nascimento sob o nome de Luis Roberto, do gênero masculino. Aduz na inicial que, embora nascida com características biológicas e cromossômicas masculinas, desde adolescente compreendeu-se transexual e, ao constatar a incompatibilidade com sua morfologia corporal, passou a adotar a identidade feminina, vestindo-se e apresentando-se socialmente como mulher. Nunca se submeteu à cirurgia de transgenitalização, por receio dos riscos da cirurgia e por entender que isso não a impede de ser mulher. Diante disso, formula pedidos para que seja alterado não somente o seu registro de nome, mas também o registro de gênero, cujo conteúdo lhe causa profundo constrangimento. Demanda que passe a constar o prenome Luiza no lugar de Luis Roberto e o gênero feminino no lugar de masculino. A sentença, contudo, julgou improcedente o pedido, limitando-se a afirmar que o pleito, sem a prévia cirurgia de transgenitalização, fere os bons costumes.

Sobre o caso, responda aos itens a seguir.

A) A sentença pode ser considerada adequadamente fundamentada? Justifique. **(Valor: 0,65)**

B) No mérito, os dois pedidos de Luiza devem ser acolhidos? Justifique. **(Valor: 0,60)**

Questão 2

Mariana comprou de Roberto um imóvel por um preço bastante favorável, tendo em vista que Roberto foi transferido para outra cidade.

Ao contratar empreiteiros para realizar obras necessárias no local, algumas semanas depois da aquisição, Mariana foi acionada judicialmente por Almir, que sustenta ser o real proprietário do imóvel, o qual lhe teria sido injustamente usurpado por Roberto. Mariana não tem elementos para se defender no processo relativo a um fato ocorrido antes da sua aquisição e, resignada a perder o bem, precisaria ao menos recuperar o dinheiro que por ele pagou, bem como as despesas que efetuou para a realização de obras no local, pois, embora estas não tenham chegado a ser realizadas, ela não pôde reaver o sinal pago aos empreiteiros. Sobre o caso, responda aos itens a seguir.

A) Qual medida processual deve ser tomada por Mariana para poder reaver o preço pago pelo imóvel no mesmo processo em que é acionada por Almir? Justifique. **(Valor: 0,70)**

B) Além do preço pago, pode Mariana exigir o reembolso das despesas efetuadas com o objetivo de realizar obras no local? Justifique sua resposta. **(Valor: 0,55)**

Questão 3

Marcela firmou com Catarina um contrato de mútuo, obtendo empréstimo de R$ 50.000,00, no qual figurou como fiador seu amigo, Jorge, sem renúncia aos benefícios legais. Todos residem no Município de São Carlos, SP. Vencida a obrigação de pagamento, Marcela não efetuou o depósito do valor devido a Catarina, de modo que Catarina ajuizou execução de título extrajudicial, indicando como executados Marcela e Jorge.

Jorge, citado, procurou seu advogado, com o objetivo de proteger seu patrimônio, já que sabe que Marcela possui dois imóveis próprios, situados no Município de São Carlos, suficientes para satisfação do crédito.

Diante de tal situação, responda aos itens a seguir.

A) Jorge tem direito a ver executados primeiramente os bens de Marcela? Apresente o embasamento jurídico pertinente. **(Valor: 0,50)**

B) Poderia Catarina ter incluído Jorge como executado? Uma vez citado, como Jorge deve proceder no âmbito do processo de execução, em defesa de seus bens? **(Valor: 0,75)**

Questão 4

Marcos, por negligência, colidiu seu carro com o automóvel de Paulo, que é taxista e estava trabalhando no momento.

Em razão do acidente, Paulo teve que passar por uma cirurgia para a reconstrução de parte de seu braço, arcando com os custos correlatos. A cirurgia foi bem-sucedida, embora Paulo tenha ficado com algumas cicatrizes. Após ficar de repouso em casa por quatro meses, por recomendação médica, no período pós-operatório, Paulo resolveu ajuizar ação contra Marcos, com o objetivo de obter indenização por perdas e danos sofridos em razão do acidente.

No curso da ação, Marcos, que tinha contratado seguro contra terceiros para seu veículo, requereu a denunciação da lide da Seguradora X, tendo o juiz, no entanto, indeferido o pedido.

Nessa situação hipotética, responda aos itens a seguir.

A) Especifique os danos sofridos por Paulo e indique os fundamentos que justificam sua pretensão. **(Valor: 0,60)**

B) Qual a medida processual cabível para Marcos impugnar a decisão que indeferiu o pedido de denunciação da lide? Esclareça se Marcos poderá exercer futuramente o direito de regresso contra a Seguradora X, caso seja mantida a decisão que indeferiu o pedido de denunciação da lide. **(Valor: 0,65)**

8. (XXVIII Exame de Ordem Unificado)

Questão 1

A sociedade empresária A, do ramo de confecções, firmou contrato com a sociedade empresária B, para que esta última fornecesse o tecido necessário para uma nova linha de vestuário, mediante o pagamento de R$ 10.000,00 (dez mil reais). Nesse contrato, havia uma cláusula expressa de eleição de foro, que previa a competência territorial do juízo do domicílio da sociedade A para a solução de eventual controvérsia oriunda daquele negócio jurídico.

Embora tenha cumprido a obrigação que lhe competia, a sociedade B não recebeu o valor avençado. Passado 1 (um) ano contado da data do vencimento, a sociedade B, orientada por seu advogado, notificou extrajudicialmente a sociedade A, para que esta efetuasse o pagamento. O administrador da sociedade A, pedindo desculpas pelo atraso e reconhecendo o equívoco, comprometeu-se a efetuar o pagamento. Passados seis meses sem que tenha havido o pagamento prometido, a sociedade B ajuizou uma ação, no juízo do seu próprio domicílio, em face da sociedade A, cobrando o valor devido de acordo com o contrato.

Com base em tais fatos e considerando que não há vulnerabilidade ou hipossuficiência técnica entre as partes envolvidas, responda, fundamentadamente, às seguintes indagações.

A) Qual é o prazo prescricional aplicável à espécie? O reconhecimento do equívoco, pelo administrador da sociedade A, produz algum efeito sobre a contagem desse prazo? **(Valor: 0,65)**

B) Considerando a cláusula de eleição de foro, de que maneira poderá o réu tornar eficaz a previsão nela contida? **(Valor: 0,60)**

Obs.: o(a) examinando(a) deve fundamentar as respostas. A mera citação do dispositivo legal não confere pontuação.

Questão 2

José e Maria casaram-se no regime da comunhão parcial de bens. Após separação de fato há seis meses, Maria ingressa com ação de divórcio em face de José. Na petição inicial, Maria afirma que os bens comuns já foram partilhados e requer a decretação do divórcio e a homologação da partilha realizada. José, por sua vez, alega que, durante o casamento, Maria ganhou na loteria o valor de R$ 6.000.000,00 (seis milhões de reais), que não foram partilhados.

Considerando essas informações, responda aos itens a seguir.

A) O prêmio auferido em loteria oficial é bem comum? **(Valor: 0,60)**

B) Poderia o julgador dividir o mérito, decretar desde logo o divórcio e prosseguir com o processo para julgamento da partilha? **(Valor: 0,65)**

Obs.: o(a) examinando(a) deve fundamentar as respostas. A mera citação do dispositivo legal não confere pontuação.

Questão 3

Alex celebrou contrato de financiamento imobiliário com o Banco Brasileiro S/A, assinado pelas partes e duas testemunhas. Em decorrência de dificuldades financeiras, Alex não conseguiu honrar o pagamento das prestações, o que levou o credor a ajuizar ação de execução por título extrajudicial, a fim de cobrar a dívida, no montante de R$ 75.000,00 (setenta e cinco mil reais).

Citado, Alex opôs embargos à execução, no qual alegou excesso de execução, sob o fundamento de que o valor cobrado a título de juros remuneratórios era superior ao devido, sem, contudo, indicar o valor que entende correto. Sustentou, também, a nulidade da cláusula que atribuiu ao credor indicar livremente qual índice de correção monetária seria aplicável ao contrato.

Recebidos os embargos, o exequente apresentou impugnação, na qual sustentou que os embargos deveriam ter sido liminarmente rejeitados, por não ter o embargante apresentado o montante que considera correto. Alegou, no mérito, não ser abusiva a cláusula impugnada.

Diante do exposto, responda aos itens a seguir.

A) Assiste razão ao exequente quanto à necessidade de rejeição liminar dos embargos? **(Valor: 0,75)**

B) Assiste razão ao embargado quanto à validade da cláusula impugnada? (Valor: 0,50)

Obs.: o(a) examinando(a) deve fundamentar as respostas. A mera citação do dispositivo legal não confere pontuação.

Questão 4

Jonas estava hospedado no Hotel Grande Vereda, onde passava suas férias, quando esbarrou acidentalmente em Lucas, um funcionário contratado havia apenas 20 dias pelo hotel. Lucas, furioso, começou a ofender Jonas, aos gritos, diante de todos os hóspedes e funcionários, com insultos e palavras de baixo calão. Logo depois, evadiu-se do local.

A gerência do hotel, prontamente, procedeu a um pedido público de desculpas e informou que a principal recomendação dada aos funcionários (inclusive a Lucas) é a de que adotassem um tratamento cordial para com os hóspedes. O gerente, de modo a evidenciar a diligência do estabelecimento, mostrou a gravação do curso de capacitação de empregados ao ofendido.

Indignado, Jonas conseguiu obter, junto à recepção do hotel, o nome completo e alguns dados pessoais de Lucas, mas não seu endereço residencial, porque sua ficha cadastral não estava completa. Em seguida, Jonas ajuizou ação indenizatória por danos morais em face de Lucas e do Hotel Grande Vereda.

Ao receber a petição inicial, o juízo da causa determinou, desde logo, a citação de Lucas por edital. Decorrido o prazo legal após a publicação do edital, foi decretada a revelia de Lucas e nomeado curador especial, o qual alegou nulidade da citação.

Com base no caso narrado, responda, fundamentadamente, aos itens a seguir.

A) Deve o hotel responder pelo ato de Lucas, que agiu por conta própria e em manifesta contrariedade à orientação do estabelecimento? **(Valor: 0,70)**

B) É procedente a alegação de nulidade da citação suscitada pelo curador? **(Valor: 0,55)**

Obs.: o(a) examinando(a) deve fundamentar as respostas. A mera citação do dispositivo legal não confere pontuação.

9. (XXIX Exame de Ordem Unificado)

Questão 1

Roberto está interessado em adquirir um carro novo, mas constata que os juros associados aos financiamentos bancários estão muito além da sua capacidade de pagamento. Sendo assim, ele recorre ao seu melhor amigo, Lúcio, um pequeno comerciante. Lúcio e Roberto celebram, então, um contrato de mútuo, no valor de R$ 10.000,00, sem prazo expresso de vencimento. Com esse dinheiro, Roberto compra, na mesma data, o tão desejado automóvel.

Passados 20 (vinte) dias, Lúcio toma conhecimento de que Roberto perdeu sua única fonte de renda e observa que o amigo começa a se desfazer imediatamente de todos os seus bens. Sabendo disso, Lúcio procura Roberto, no intuito de conversar e dele exigir alguma espécie de garantia do pagamento do empréstimo. Roberto, porém, mostra-se extremamente ofendido com essa requisição e se recusa a atender ao pedido de Lúcio, alegando que o contrato não alcançou seu termo final. Lúcio, então, muito nervoso, procura o seu escritório de advocacia, na esperança de que você forneça alguma solução.

Com base nesse cenário responda aos itens a seguir.

A) A obrigação estava vencida na data em que Lúcio entrou em contato com Roberto? Lúcio poderia ter exigido a apresentação de garantia por parte de Roberto? **(Valor: 0,80)**

B) Qual espécie de tutela poderia ser requerida por Lúcio para evitar a frustração do processo judicial? **(Valor: 0,45)**

Obs.: o(a) examinando(a) deve fundamentar suas respostas. A mera citação do dispositivo legal não confere pontuação.

Questão 2

Augusto dirigia seu automóvel muito acima do limite de velocidade, quando foi surpreendido por Lúcia, que, naquele momento, atravessava a rua. Não conseguindo frear a tempo, Augusto atropelou Lúcia, causando-lhe graves fraturas.

Após meses em recuperação, Lúcia, que não permaneceu com nenhuma sequela física, ingressou com ação indenizatória por danos materiais e morais em face de Augusto. Este, porém, pretende alegar, em sua defesa, que Lúcia também foi responsável pelo acidente, pois atravessou a via pública falando distraidamente ao celular e desrespeitando uma placa que expressamente proibia a travessia de pedestres no local.

A partir do caso narrado, responda aos itens a seguir.

A) Augusto poderá eximir-se do dever de indenizar, invocando a conduta negligente de Lúcia? **(Valor: 0,65)**

B) Caso Augusto, em contestação, deixe de alegar os fatos concorrentes da vítima, poderá fazê-lo posteriormente? **(Valor: 0,60)**

Obs.: o(a) examinando(a) deve fundamentar suas respostas. A mera citação do dispositivo legal não confere pontuação.

Questão 3

Sofia era casada no regime da separação de bens com Ricardo há 30 anos, quando se divorciaram. Sofia era dona de casa e estava se recuperando de uma doença grave quando do divórcio. Ricardo, contudo, se negava a prover, consensualmente, alimentos a Sofia, alegando que ela tem curso superior e pode trabalhar para se sustentar. Sofia afirma que tem 55 anos, está doente e nunca exerceu a profissão, pois Ricardo mantinha sua necessidade material.

Diante desse quadro, Sofia procura auxílio jurídico e seu advogado ajuíza ação de alimentos. A este respeito, responda aos itens a seguir.

A) Sofia faz jus a alimentos a serem prestados por Ricardo? **(Valor: 0,60)**

B) Negado o pedido de alimentos provisórios, qual o recurso cabível? **(Valor: 0,65)**

Obs.: o(a) examinando(a) deve fundamentar suas respostas. A mera citação do dispositivo legal não confere pontuação.

Questão 4

José, em 01/03/2019, ajuizou ação de reintegração de posse com pedido de tutela antecipada em face de Paulo, alegando que este último invadira um imóvel de sua propriedade de 200 metros quadrados, situado em área urbana. Embora a petição inicial não estivesse devidamente instruída com os documentos comprobatórios, o juiz deferiu, antes mesmo de ouvir o réu, o pedido de antecipação de tutela, determinando a expedição do mandado liminar de reintegração.

Surpreendido com o ajuizamento da ação e com a decisão proferida pelo juiz, Paulo procura você, como advogado(a), para defendê-lo na ação, afirmando que exerce posse contínua e pacífica sobre o imóvel, desde 01/03/2017, utilizando o bem para sua moradia, já que não possui qualquer outra propriedade imóvel. Afirma, ainda, que passou a habitar o imóvel após a morte de seu pai, que lá também residia sem qualquer turbação ou esbulho, exercendo posse contínua e pacífica sobre o bem desde 01/03/2013.

Com base em tais fatos, responda, fundamentadamente, as indagações a seguir.

A) O que o(a) advogado(a) de Paulo deverá alegar, como principal matéria de defesa para obter a improcedência dos pedidos deduzidos por José, na ação de reintegração de posse? **(Valor: 0,65)**

B) Qual recurso o(a) advogado(a) de Paulo deverá interpor para pleitear a reforma da decisão que deferiu o pedido de antecipação de tutela? Qual é o prazo que deverá ser observado para a interposição desse recurso? **(Valor: 0,60)**

Obs.: o(a) examinando(a) deve fundamentar suas respostas. A mera citação do dispositivo legal não confere pontuação.

10. (XXX Exame de Ordem Unificado)

Questão 1

Os amigos Gilberto, Tarcísio e Lúcia decidem comprar um pequeno sítio no interior de Minas Gerais, com o objetivo de iniciarem juntos um negócio de produção de queijos artesanais. Após a compra do imóvel, mas antes do início da produção, Tarcísio vende a sua fração ideal para uma amiga de infância, Marta, pois descobre que sua mãe está severamente doente e, morando sozinha em Portugal, precisa agora da ajuda dele durante seu tratamento. Lúcia só toma conhecimento da venda após a sua concretização, e fica profundamente irritada por não ter tido a oportunidade de fazer uma oferta pela parte de Tarcísio.

Ao procurar um amigo, ela é informada de que a venda realizada por Tarcísio não pode ser desfeita porque, segundo a orientação dada, o direito de preferência de Lúcia só existiria caso a fração ideal tivesse sido vendida para Gilberto, o que não ocorreu.

Inconformada com a interpretação feita pelo amigo, Lúcia procura sua orientação para obter uma segunda opinião sobre o caso.

A) A orientação dada pelo amigo está correta? **(Valor: 0,60)**

B) O que Lúcia deve fazer para defender o que julga ser seu direito? **(Valor: 0,65)**

Obs.: o examinando deve fundamentar suas respostas. A mera citação do dispositivo legal não confere pontuação.

Questão 2

Ademar adquiriu um aparelho televisor de última geração da marca *Negativa* em uma loja da rede *Casas Rio Grande*, especializada em eletroeletrônicos. Tão logo chegou à sua residência, ligou o aparelho na tomada e foi surpreendido com uma forte fumaça vinda do interior do produto, que, logo em seguida, explodiu, causando-lhe queimaduras severas e, ao final, um dano estético permanente.

Inconformado, Ademar ajuizou uma ação indenizatória em face da *Negativa Eletrônicos Ltda.* e das *Casas Rio Grande Ltda.*, em litisconsórcio passivo. A primeira ré permaneceu revel, ao passo que a segunda ré negou, em contestação a existência de qualquer defeito no produto.

Diante do caso narrado, responda aos itens a seguir.

A) Existe responsabilidade solidária entre as *Casas Rio Grande* e a *Negativa Eletrônicos* pelo dever de indenizar o autor? **(Valor: 0,55)**

B) A defesa apresentada pelas *Casas Rio Grande* pode beneficiar a primeira ré, a despeito de esta ter permanecido revel? **(Valor: 0,70)**

Obs.: o examinando deve fundamentar suas respostas. A mera citação do dispositivo legal não confere pontuação.

Questão 3

Eliana, 21 anos, é filha de Leonara, solteira, e foi criada apenas pela mãe. Até 2018, a jovem não conhecia nenhuma informação sobre seu pai biológico. Porém, em dezembro daquele ano, Leonara revelou à sua filha que Jaime era seu pai.

Diante desta situação, Eliana procurou Jaime a fim de estabelecer um diálogo amigável, na esperança do reconhecimento espontâneo de paternidade por ele. Porém, Jaime alegou que Leonara havia se enganado na informação que transmitira à filha e recusou-se não só a efetuar o reconhecimento, mas também afirmou que se negaria a realizar exame de DNA em qualquer hipótese.

Após Jaime adotar essa postura, Leonara ajuizou uma Ação de Investigação de Paternidade e Jaime foi citado, pessoalmente, recebendo o mandado de citação sem cópia da petição inicial do processo. Em contestação, alegou nulidade da citação pela ausência da petição inicial e aduziu sua irretratável recusa na realização do exame de DNA.

Diante da situação apresentada, responda aos itens a seguir.

A) É de se considerar nula a citação? **(Valor: 0,70)**

B) Qual o efeito da recusa para a realização do exame? **(Valor: 0,55)**

Obs.: o examinando deve fundamentar suas respostas. A mera citação do dispositivo legal não confere pontuação.

Questão 4

Helena, em virtude de dificuldades financeiras, contraiu empréstimo, em 01/06/2013, com o banco *Tudo Azul S/A*, mediante contrato assinado por duas testemunhas.

Alcançada a data do vencimento em 27/01/2014, o pagamento não foi realizado, o que levou o credor a ajuizar ação de execução por título extrajudicial, em 25/01/2019.

Distribuída a ação, o despacho de citação ocorreu em 01/02/2019, tendo Helena, nos embargos à execução apresentados, alegado a ocorrência de prescrição.

Sobre tais fatos, responda aos itens a seguir, desconsiderando qualquer feriado estadual ou municipal.

A) Qual o prazo prescricional para cobrança da dívida em tela? **(Valor: 0,50)**

B) Deve ser acolhida a alegação de prescrição? Por quê? **(Valor: 0,75)**

Obs.: o examinando deve fundamentar suas respostas. A mera citação do dispositivo legal não confere pontuação.

11. (XXXI Exame de Ordem Unificado)

Questão 1

Lúcia é viúva, mãe de 5 filhos pequenos e está desempregada. Sem ter onde morar e sem ser proprietária de outro imóvel, adentra, sem violência, à vista de todos, um terreno de 100 m², vazio e aparentemente abandonado na zona rural de Campo Grande/MS, em 20/01/2013. Com a ajuda de amigos, constrói um pequeno cômodo e começa a plantar para garantir a subsistência da família. Depois de alguns bons resultados na colheita, passa a vender o excedente da sua produção, fazendo da agricultura sua fonte de renda.

Em 20/02/2019, Lúcia procura orientação jurídica especializada para saber dos seus direitos sobre o imóvel que ocupa, sem oposição, desde 2013. Ao conversar com Cristina, advogada sensibilizada com sua luta, Lúcia é informada que tem direito de pleitear a usucapião do imóvel, cujo pedido judicial é distribuído em 20/03/2019, acompanhado das certidões de cartórios de registros de imóveis, que efetivamente provam não ser proprietária de outro imóvel.

Cristóvão, inscrito no registro como proprietário do terreno, é regularmente citado e oferece contestação, na qual alega que Lúcia deixou de fazer prova da não titularidade de outro imóvel, o que demandaria a anexação de certidões negativas de todos os registros públicos do país. Ao julgar o pedido, o Juízo julga improcedente o pedido de Lúcia, corroborando integralmente o entendimento esboçado na contestação por Cristóvão.

Diante do caso narrado, responda aos itens a seguir.

A) Cristina orientou corretamente Lúcia acerca da usucapião? **(Valor: 0,50)**

B) Qual a medida processual cabível contra a decisão proferida em desfavor de Lúcia? Sob qual fundamento? **(Valor: 0,75)**

Obs.: o(a) examinando(a) deve fundamentar suas respostas. A mera citação do dispositivo legal não confere pontuação.

Questão 2

Joana, completamente apaixonada pelo seu namorado Antônio, com quem divide sua residência há anos, descobre que está grávida deste. Ao dar a notícia a Antônio, este avisa que não assumirá o filho. Joana consulta um advogado que afirma seu direito à percepção de alimentos durante a gestação.

Na sequência, Antônio e Joana celebram um acordo extrajudicial, por escrito, para o pagamento de R$ 1.000,00 mensais, a tal título.

Sobre a hipótese apresentada, responda aos itens a seguir.

A) A orientação dada pelo advogado a Joana está correta? **(Valor: 0,55)**

B) Caso o acordo não seja cumprido, há a possibilidade de sua execução? É possível a prisão de Antônio se não pagar a dívida? **(Valor: 0,70)**

Obs.: o(a) examinando(a) deve fundamentar suas respostas. A mera citação do dispositivo legal não confere pontuação.

Questão 3

Em 30/06/2019, Marcelo ajuizou, com fundamento no Art. 700 e seguintes do Código de Processo Civil, ação monitória contra Rafael, visando satisfazer crédito no valor de R$ 100.000,00, oriundo de confissão de dívida celebrada pelas partes, em 01/01/2014.

Após ser devidamente citado, Rafael opôs embargos monitórios, nos quais sustentou, preliminarmente, a prescrição da dívida. No mérito, defendeu, com base em farta prova documental, que tinha realizado o pagamento de 50% (cinquenta por cento) do crédito cobrado por Marcelo, razão pela qual haveria excesso na execução.

Após a apresentação de réplica, o MM. Juízo da Vara Cível da Comarca da Capital do Rio de Janeiro proferiu decisão na qual rejeitou a preliminar de prescrição arguida por Rafael e intimou as partes a informarem as provas que pretendiam produzir.

Com base nesse cenário, responda aos itens a seguir.

A) O MM. Juízo da Vara Cível da Comarca da Capital do Rio de Janeiro acertou em rejeitar a preliminar arguida em contestação? **(Valor: 0,60)**

B) Qual é o recurso cabível contra a parcela da decisão que rejeitou a preliminar de prescrição? **(Valor: 0,65)**

Obs.: o examinando deve fundamentar suas respostas. A mera citação do dispositivo legal não confere pontuação.

Questão 4

Davi foi locatário de um imóvel residencial de propriedade de Ricardo. A locação, por prazo determinado, era garantida por Lucas, que prestara fiança a Ricardo, resguardado seu benefício de ordem.

Finda a locação, Lucas ficou sabendo que Davi havia deixado de pagar os aluguéis referentes aos dois últimos meses de permanência no imóvel. Preocupado com as consequências do suposto descumprimento de Davi, Lucas procurou Ricardo e realizou o pagamento dos dois aluguéis, tendo o locador dado plena quitação a ele.

Tempos depois, como Davi se recusava a reembolsar Lucas pelos valores pagos, este ingressou com ação de cobrança em face daquele. Na ação, porém, Davi alegou, em contestação, que pagara em dia todos os aluguéis devidos a Ricardo, de modo que Lucas nada deveria ter pago ao locador sem tê-lo consultado. Davi ainda informou ao juiz da causa que já havia ajuizado uma ação declaratória de inexistência de débito em face de Ricardo, a qual ainda estava pendente de julgamento, tramitando perante juízo de outra comarca.

A respeito do caso narrado, responda aos itens a seguir.

A) O argumento apresentado por Davi, se vier a ser comprovado, é suficiente para eximi-lo de reembolsar Lucas pelos valores pagos a Ricardo? Justifique. **(Valor: 0,65)**

B) Diante da necessidade de apurar se o valor dos dois aluguéis era ou não devido por Davi a Ricardo, à luz da informação da propositura de ação declaratória de inexistência de débito, qual providência deve ser adotada pelo juízo da ação de cobrança? Justifique. **(Valor: 0,60)**

Obs.: o(a) examinando(a) deve fundamentar suas respostas. A mera citação do dispositivo legal não confere pontuação.

12. (XXXII Exame de Ordem Unificado)

Questão 1

José estava caminhando em um parque em uma noite chuvosa, quando o empregado da sociedade empresária contratada para realizar o serviço de jardinagem do local perdeu o controle do cortador de grama e acabou por decepar parte do pé de José. Percebendo-se culpado, o empregado evadiu-se do local.

José foi socorrido por Marcos e Maria, ambos com cerca de 80 anos, únicas testemunhas do ocorrido, que o levaram ao hospital. Em razão da chuva torrencial e do frio que fazia naquela noite, Marcos e Maria contraíram uma forte pneumonia e os médicos consideraram que ambos sofriam grave risco de vida.

Após ter recebido alta médica, José procura seu advogado, desejando obter uma indenização pelos danos experimentados.

Com base em tais fatos, responda, fundamentadamente, às indagações a seguir.

A) A sociedade empresária de jardinagem pode ser civilmente responsabilizada pelos danos praticados pelo seu empregado? Caso afirmativa a resposta, qual seria a natureza da responsabilidade civil da referida sociedade empresária?

B) Considerando o iminente risco de óbito de Marcos e Maria, existe algum mecanismo processual que permita a preservação da prova que poderia ser futuramente produzida por José?

Questão 2

Marcos é casado sob regime de comunhão parcial de bens com Amália. Em virtude de desavenças no relacionamento, o casal acabou se distanciando. Com o iminente fim da relação conjugal, Amália descobriu que Marcos estava prestes a realizar a doação de um automóvel adquirido onerosamente por ambos na constância do casamento. Tendo justo motivo para discordar da doação, Amália procurou seu advogado e ingressou com pedido de tutela cautelar antecedente, com o objetivo de evitar a realização do negócio. A tutela cautelar foi concedida em 12/04/2019, porém, em razão da desídia da autora, não foi efetivada. Nos mesmos autos, foi formulado o pedido principal em 19/06/2019, requerendo que fosse declarada a impossibilidade da doação.

Tendo em vista o caso exposto, responda aos itens a seguir.

A) A eficácia da tutela cautelar concedida deve ser mantida?

B) Caso a doação venha a ser efetivada, ela é válida?

Questão 3

Augusto celebrou com o Banco Mais Dinheiro contrato de empréstimo, tendo Miguel, seu irmão, atuado na condição de fiador com solidariedade.

Augusto e Miguel, considerando o elevado valor dos reajustes aplicados, ajuizaram ação em face da instituição financeira, questionando os critérios matemáticos utilizados para a atualização da quantia devida. Miguel pleiteou, ainda, a extinção da fiança, sob a alegação de que o réu havia concedido moratória a Augusto, sem o seu consentimento.

Na contestação apresentada, o banco opôs-se à extinção da fiança, unicamente sob a alegação de que a responsabilidade dos devedores era solidária. Afirmou, ainda, não ter provas a produzir quanto ao ponto.

Quanto ao excesso de cobrança alegado, sustentou estarem certos os valores cobrados e requereu a produção de prova pericial para demonstrar o alegado.

Sobre tais fatos, responda aos itens a seguir.

A) Em relação à extinção da fiança, deve ser acolhida a alegação de Miguel ou a do Banco Mais Dinheiro? Justifique.

B) O juiz poderá examinar o pedido de extinção da fiança antes da produção de prova pericial contábil? Justifique.

Questão 4

Jane ajuizou ação em face de Cisforme Ltda. pleiteando indenização por danos morais e materiais. Na petição inicial, Jane informa que seu marido, Winston, falecido há dois anos, e cujo inventário já foi concluído e encerrado, foi modelo fotográfico e que o réu vem se utilizando da imagem dele, sem qualquer autorização, para fazer publicidade de seus produtos.

Em contestação, Cisforme Ltda. suscita preliminar de ilegitimidade da parte autora, pois alega que a ação deveria ter sido ajuizada pelo espólio do falecido, e não por sua esposa em nome próprio. No mérito, Cisforme Ltda. alega a ausência de prova de prejuízo material ou moral decorrente da exposição da imagem do falecido.

Sobre o caso, responda aos itens a seguir.

A) A alegação preliminar de ilegitimidade deve ser acolhida? Justifique.
B) A alegação de mérito referente à ausência de prova de prejuízo deve ser acolhida? Justifique.

13. (XXXIII Exame de Ordem Unificado)

Questão 1

Carlos, sócio da sociedade empresária Tecnologia da Comunicação Ltda., negocia com Bárbara, sócia do Hotel Contemporâneo Inc., a implantação de sistema de Internet sem fio avançado na rede de hotéis, assim como o desenvolvimento de um aplicativo multifuncional. Toda a negociação é realizada via e-mail, após contato inicial em uma feira de *startup*.

Após várias tratativas, no dia 31/12/2019, às 15h36min, Bárbara envia, por e-mail, a proposta definitiva de remuneração, com a delimitação dos serviços oferecidos e pagamento de R$ 300.000,00 por ano de contrato. Carlos, que estava de férias, tomou conhecimento da proposta ao olhar os e-mails em seu telefone celular, enviando o aceite, no dia 01/01/2020, à 01h14min. Bárbara, diante disso, faz o depósito imediato, via TED bancária, da primeira anualidade, nas horas iniciais da manhã do dia 02/01/2020.

Passadas as festividades, na tarde do dia 02/01/2020, às 15h30min, Carlos relê seus e-mails e percebe, com mais atenção, que ele havia entendido errado a proposta de remuneração, compreendendo equivocadamente que ocorreria pagamentos mensais de R$ 300.000,00, ao invés da proposta de remuneração anual.

De súbito, Carlos realiza uma ligação para Bárbara e pede para ela desconsiderar a aceitação enviada, pois estava arrependido e preferiria estudar melhor a proposta, antecipando desde já que a recusaria naqueles termos. Bárbara, então, afirma que diante da comunicação escrita, via eletrônica, considerou o contrato como celebrado, dando início à execução, informando inclusive que já realizou o pagamento. Carlos se prontifica a devolver o depósito.

Diante deste impasse, Bárbara consulta você, como advogado(a), para orientá-la acerca do caso e da viabilidade de propor uma ação que vise a exigir de Carlos a prestação dos serviços delineados na proposta.

A) O contrato pode ser considerado como celebrado? Justifique. (Valor: 0,65)

B) Independentemente da questão de direito material, é cabível o ajuizamento de ação monitória? Justifique. (Valor: 0,60)

Obs.: o(a) examinando(a) deve fundamentar suas respostas. A mera citação do dispositivo legal não confere pontuação.

"Qualquer semelhança nominal e/ou situacional presente nos enunciados das questões é mera coincidência."

Questão 2

Após áspera discussão, cujo tema central era um assunto banal, Pedro foi agredido por João. A agressão lhe causou lesões graves, o que, embora não tenha caracterizado dano estético, impediu que ele exercesse sua atividade laboral (motorista particular) durante o período de 12 meses, 3 dos quais permaneceu internado em hospital particular.

Pedro, já recuperado, não consegue trabalhar com a mesma eficiência de antes, o que reduziu sua renda mensal. Mas, como ele necessita de medicação de forma habitual, seus gastos aumentaram, e, para agravar sua situação, não há previsão de término do tratamento. Além disso, já tendo gasto todas as suas economias, Pedro precisa quitar a dívida referente à internação, uma vez que não possui plano de saúde.

Diante de tais circunstâncias, Pedro procura um advogado, que o orienta a pleitear judicialmente reparação por danos materiais (que, segundo o causídico, se resumiria ao valor da dívida com o hospital e aos recursos necessários ao tratamento e à compra da medicação habitual pelo autor) e morais em face de João.

Deduzidas as pretensões em Juízo, após o transcurso regular do feito, o pedido relacionado aos danos morais é julgado procedente, fixando-se a título de compensação o valor de R$ 20.000,00 (vinte mil reais). Já o pedido referente aos danos materiais é julgado procedente, mas sem a fixação de valor reparatório (quantia ilíquida), ressaltando o magistrado, na sentença, que o montante devido seria objeto de futura liquidação. Nenhuma das partes recorreu, tendo a sentença transitado em julgado.

Premido pela necessidade imediata, Pedro pergunta a seu patrono se poderia desde logo iniciar a execução do julgado em relação à quantia já fixada (danos morais). Após consultar o Código de Processo Civil, o advogado responde que, sendo a liquidação de sentença uma etapa autônoma e necessária, deveria ser aguardada a definição de todos os valores devidos antes de se iniciar a fase de cumprimento de sentença, que deve ser una.

Diante de tais circunstâncias, responda aos itens a seguir.

A) Em relação ao dano material, além das despesas com internação, tratamento e medicação, poderia ser incluído algum outro valor de reparação na composição da indenização? Qual? (Valor:0,60)

B) A resposta dada pelo advogado à indagação de Pedro está correta, ou haveria alguma medida ou requerimento processual capaz de conferir maior celeridade à cobrança da parcela indenizatória já definida (compensação por danos morais)? (Valor: 0,65)

Obs.: o(a) examinando(a) deve fundamentar suas respostas. A mera citação do dispositivo legal não confere pontuação.

Questão 3

Mariana e Leonardo foram casados, pelo regime da comunhão parcial de bens, durante 10 anos. Desde o início do casamento, Leonardo sempre apresentou comportamento explosivo, e, por diversas ocasiões, agrediu sua esposa de forma verbal e física. Durante o casamento, o casal adquiriu um apartamento, um carro, dois terrenos, e Mariana herdou uma casa de praia do seu pai.

Mariana, em determinado dia, arma-se de coragem, vai à delegacia e denuncia Leonardo por violência doméstica. Em seguida, com medo do ex-marido, Mariana deixa seu apartamento no Rio de Janeiro e se muda para o interior do Estado, para a cidade de Cabo Frio.

Com base em tais fatos, responda, fundamentadamente, aos itens a seguir.

A) Indique como se dará a partilha dos bens, mencionando se algum bem deverá ser excluído. (Valor: 0,65)

B) Onde deve ser ajuizada a ação de divórcio do casal? (Valor: 0,60)

Obs.: o(a) examinando(a) deve fundamentar suas respostas. A mera citação do dispositivo legal não confere pontuação.

Questão 4

Fernando foi casado durante 25 anos com Rose. Como fruto do casamento nasceram Antônio, hoje, com 23 anos, e Eliza, com 18 anos. Como o casamento não ia bem, o casal optou pelo divórcio. Antônio, filho mais velho do casal, não aceitou a separação e se revoltou contra o pai, culpando-o pela situação. Em uma das discussões com o pai, Antônio se exaltou e o agrediu com socos e pontapés, deixando-o com vários hematomas no corpo.

Depois do ocorrido, Fernando decide romper o relacionamento com Antônio e fazer um testamento com o objetivo de deserdá-lo.

Sobre a hipótese, responda aos itens a seguir.

A) Fernando pode deserdar o filho? Justifique. (Valor: 0,60)

B) Fernando veio a falecer antes de realizar o testamento e seus únicos herdeiros legais são Antônio e Eliza. Os irmãos não querem brigar, estão em consenso e querem realizar o inventário do pai. É possível realizar o procedimento em cartório? Justifique. (Valor: 0,65)

Obs.: o(a) examinando(a) deve fundamentar suas respostas. A mera citação do dispositivo legal não confere pontuação.

14. (XXXIV Exame de Ordem Unificado)

Questão 1

Mário é pai de Julieta – que já alcançou a maioridade, não estuda e vive em união estável com Pedro, com quem tem um filho. Inconformado por ter de pagar alimentos à filha, Mário procura você para, na qualidade de advogado(a), propor uma ação de exoneração de alimentos. Mário afirma que, apesar de estar atravessando uma situação financeira dificílima, continua a pagar os alimentos à filha, mas que deseja, o quanto antes, suspender tais pagamentos, considerando o quadro financeiro por que está passando.

Diante da hipótese apresentada, responda aos itens a seguir.

A) Na hipótese de procedência do pedido de exoneração, a partir de quando Mário ficará desobrigado a pagar os alimentos? Se Mário continuar a arcar com tal verba ao longo do processo, os valores pagos deverão ser devolvidos? (Valor: 0,65)

B) Qual é o mecanismo processual mais apto a evitar, o mais rápido possível, que Mário deixe de pagar os alimentos que entende indevidos e sob qual fundamento? (Valor: 0,60)

Obs.: o(a) examinando(a) deve fundamentar suas respostas. A mera citação do dispositivo legal não confere pontuação.

Questão 2

Henrique namorou Clara por muitos anos, até que foi surpreendido com o término do relacionamento por Clara. Em ato de revolta, Henrique publica, em sua rede social, imagens e vídeos de cenas de nudez e atos sexuais com Clara, que haviam sido gravados na constância do relacionamento amoroso e com o consentimento de sua então namorada. Henrique tinha a intenção de chantagear Clara, para que ela não prosseguisse com o pedido de término do relacionamento.

A ex-namorada não consentiu a publicação e, visando à remoção imediata do conteúdo, notificou extrajudicialmente a rede social. A notificação foi bem recebida pelos administradores da rede social e continha todos os elementos que permitiam a identificação específica do material apontado como violador da intimidade.

Sobre a hipótese, responda aos itens a seguir.

A) A rede social é obrigada a retirar de circulação o material apontado como ofensivo? (Valor: 0,60)

B) Caso o material postado não tenha sido retirado de circulação voluntariamente, e considerando a urgência da demanda, qual mecanismo judicial pode ser requerido ao juízo competente para proteger, de maneira mais rápida e eficaz, os direitos de Clara e quais seriam seus requisitos legais? (Valor: 0,65)

Obs.: o(a) examinando(a) deve fundamentar suas respostas. A mera citação do dispositivo legal não confere pontuação.

Questão 3

Em 5 de fevereiro de 2017, Anderson trafegava em alta velocidade pela via pública com sua motocicleta quando, perdendo controle do veículo, saiu da pista e colidiu contra a porta frontal da casa de Alcides. A colisão não apenas destruiu a porta como também causou um abalo estrutural na fachada da casa, cujos reparos foram extremamente custosos para Alcides.

Aborrecido com o acontecimento, Alcides permaneceu muito tempo recusando-se a pensar novamente no acontecido. Em 28 de janeiro de 2020, porém, aconselhado por um advogado, Alcides ingressou com uma ação judicial em face de Anderson, reclamando o prejuízo financeiro sofrido. Em 28 de maio de 2020, foi proferido, pelo juízo competente, o despacho de citação do réu, tendo a citação ocorrido em 5 de junho de 2020.

A respeito desse caso, responda aos itens a seguir.

A) A pretensão de Alcides ainda era exigível ao tempo do ajuizamento da ação? Justifique. (Valor: 0,65)

B) Tendo em vista a data em que foi proferido, o despacho de citação teve o efeito de interrupção do prazo prescricional em favor do autor? Justifique. (Valor: 0,60)

Obs.: o(a) examinando(a) deve fundamentar suas respostas. A mera citação do dispositivo legal não confere pontuação.

Questão 4

Ricardo comprou de Wagner um pequeno imóvel residencial no centro da cidade, objetivando locar o bem a terceiros e fazer dele uma fonte de renda. Poucos meses após a compra, Ricardo celebrou seu primeiro contrato de locação do imóvel, com o inquilino Tiago, pelo prazo determinado de um ano.

Nesse mesmo dia, Ricardo foi citado em ação judicial movida contra ele por Valéria. Na ação, a autora reivindica o imóvel (do qual afirma ser a legítima proprietária) e demonstra, já no acervo probatório acostado à petição inicial, que Wagner fraudou documentos para se fazer passar por dono do bem. A surpresa de Ricardo foi enorme, pois jamais suspeitara de qualquer irregularidade na contratação com Wagner.

À luz dos fatos descritos, responda aos itens a seguir.

A) Caso venha a perder o imóvel em favor de Valéria, quais valores pode Ricardo exigir de Wagner e a que título? Justifique. (Valor: 0,65)

B) Pode Ricardo exigir de Wagner tais valores no âmbito da própria ação movida por Valéria? Justifique. (Valor: 0,60)

Obs.: o(a) examinando(a) deve fundamentar suas respostas. A mera citação do dispositivo legal não confere pontuação.

15. (XXXV Exame de Ordem Unificado)

Questão 1

Rafael, ao chegar com seu filho gravemente doente em um hospital particular, concordou em pagar R$ 200.000,00 (duzentos mil reais), valor muito superior ao ordinariamente praticado, para submetê-lo a uma cirurgia cardíaca, imprescindível à manutenção de sua vida.

Rafael assinou confissão de dívida no valor acordado, mas, ante a ausência de condições financeiras para cumpri-la, desesperado, ligou para você, como advogado(a), para que avaliasse a possibilidade de ajuizamento de ação judicial, tendo em vista que não possuía o valor acima mencionado.

Sobre a situação hipotética apresentada, responda aos itens a seguir.

A) Essa situação caracteriza-se como causa de invalidade do negócio? (Valor: 0,65)

B) Caso Rafael se recuse a efetuar o pagamento, pode ser proposta ação judicial buscando unicamente tutela antecipada que ampare o direito da criança à vida? (Valor: 0,60)

Obs.: o(a) examinando(a) deve fundamentar suas respostas. A mera citação do dispositivo legal não confere pontuação.

Questão 2

José é casado com Marcela, com quem teve 3 filhos. No dia 24 de dezembro de 2018, José saiu de casa, falando que iria comprar vinho para a ceia de Natal, mas nunca mais voltou. Alguns dias depois, Marcela recebeu a notícia que José fugira com sua amante, Kátia.

Marcela, que não possui outro imóvel para morar com seus filhos, permaneceu na residência do casal, um apartamento de 200m² no bairro do Leblon, na cidade do Rio de Janeiro.

Sobre o caso, responda aos itens a seguir.

A) Em relação a usucapião familiar, a hipótese narrada preenche os requisitos para seu deferimento? Justifique. (Valor: 0,65)

B) Considere que a ação de usucapião foi julgada procedente e que já transitou em julgado, sendo omissa quanto ao direito dos honorários de sucumbência do advogado de Marcela. Você poderá cobrar os honorários omitidos? (Valor: 0,60))

Obs.: o(a) examinando(a) deve fundamentar suas respostas. A mera citação do dispositivo legal não confere pontuação.

Questão 3

Juliana embarcou em um ônibus da empresa ABC Turismo com destino à cidade de São Paulo. O motorista conduzia o veículo em alta velocidade e, em uma curva mais acentuada, o ônibus capotou, deixando vários passageiros feridos – dentre eles Juliana, que sofreu uma violenta queda, que lhe provocou um trauma no punho direito, além de escoriações e hematomas por todo o corpo.

Após recuperar-se do acidente, Juliana procura você, como advogado(a), para propor uma ação indenizatória por danos morais, considerando se tratar de uma relação de consumo.

Sobre a hipótese narrada, responda aos itens a seguir.

A) A empresa ABC Turismo deve ser responsabilizada pelos danos decorrentes do acidente? Em caso afirmativo, qual seria a natureza da responsabilidade civil da ABC Turismo? (Valor: 0,65)

B) Qual o foro competente para processar a ação indenizatória? (Valor: 0,60)

Obs.: o(a) examinando(a) deve fundamentar suas respostas. A mera citação do dispositivo legal não confere pontuação.

Questão 4

Em 2017, ao ter o vínculo de filiação paterna constituído por sentença, em ação de investigação de paternidade, proposta por seu filho Jorge, Antônio foi condenado a pagar alimentos.

A partir de então, Antônio vinha honrando com sua obrigação pontualmente. A sua expectativa era arcar com a obrigação até que seu filho completasse 18 anos, em 21 de dezembro de 2021. Passada a data, Antônio já não realizou mais qualquer pagamento. Jorge terminou o Ensino Médio ao mesmo tempo em que alcançou a maioridade, em dezembro de 2021.

Em junho de 2022, Antônio é citado em execução de alimentos, pelo rito da penhora, recusando-se a pagar o saldo devedor, já acumulado em R$18.000,00 (dezoito mil reais).

Antônio opõe embargos à execução, autuados em apartado, ao argumento principal de que a obrigação alimentar cessou com a maioridade, considerando que, nos meses subsequentes, seu filho já não estava matriculado em qualquer curso, cessando a relação de dependência entre pai e filho. Jorge argumenta, em defesa, que estava se preparando para o vestibular com cursos online, informando que obteve a aprovação recente e já está matriculado no curso de graduação em Engenharia Mecânica, com início em agosto de 2022, sendo devida a obrigação até a conclusão do curso.

Por sua vez, nos autos da execução, Jorge indica o único imóvel residencial de Antônio à penhora, cujo valor é suficiente para pagar os alimentos vencidos e vincendos no curso do processo.

Diante desses fatos, responda aos itens a seguir.

A) Caso os embargos à execução sejam julgados improcedentes, o juízo pode determinar a penhora do único imóvel residencial de Antônio? Justifique. (Valor: 0,60)

B) Em termos processuais, poderia Antônio cessar o pagamento da obrigação sem prévia autorização judicial? Justifique. (Valor: 0,65)

Obs.: o(a) examinando(a) deve fundamentar suas respostas. A mera citação do dispositivo legal não confere pontuação.

16. (XXXVI Exame de Ordem Unificado)

Questão 1

André ajuizou ação pelo procedimento comum em face do Condomínio do Edifício Lotus, com pedido de tutela provisória da evidência, requerendo a condenação deste a se abster de impedir a utilização de áreas comuns do edifício (piscina e garagem) em razão do inadimplemento de cotas condominiais.

Há tese firmada em sede de incidente de resolução de demandas repetitivas, julgado pelo Tribunal de Justiça ao qual o juízo do feito é vinculado, favorável à pretensão de André, e as alegações de fato formuladas pelo autor estão amparadas exclusivamente em prova documental.

O juízo, antes da citação do Condomínio do Edifício Lotus, concede tutela provisória da evidência em favor de André, nos termos requeridos na petição inicial. O condomínio, regularmente citado, apresentou contestação três dias após o prazo final de sua defesa, requerendo a produção de prova pericial, com vistas a contrapor alegação formulada por André em sua petição inicial.

Na decisão de saneamento e organização do processo, o juízo decretou a revelia do Condomínio do Edifício Lotus, bem como deferiu o pedido de produção de prova pericial. André, então, apresentou pedido de esclarecimento, aduzindo que o réu, por ser revel, não poderia requerer a produção de prova.

Responda, de maneira fundamentada, aos itens a seguir.

A) O condomínio pode impedir a utilização de áreas comuns por condômino inadimplente? Justifique. (Valor: 0,65)

B) Ao réu revel, mesmo após decretada sua revelia, é lícita a produção de prova? Justifique. (Valor: 0,60)

Obs.: o(a) examinando(a) deve fundamentar suas respostas. A mera citação do dispositivo legal não confere pontuação.

Questão 2

Ranieri celebra contrato com Marina, por instrumento particular, por via do qual ambas as partes prometem firmar acordo futuro de permuta de seus respectivos imóveis. Os bens de titularidade dos contraentes estão delineados no acordo, com indicação precisa de suas características, incluindo o número da matrícula imobiliária no Cartório de Registro de Imóveis, bem como o valor de mercado de cada um deles. As partes não previram cláusula de arrependimento. Na data indicada para a celebração da avença definitiva, Ranieri não comparece e informa à parte contrária (Marina) que não tem mais interesse na realização da operação contratual.

Marina notifica Ranieri exigindo a realização do acordo projetado no contrato anterior, indicando prazo derradeiro de 15 (quinze) dias para o cumprimento da obrigação, sob pena de propositura de ação. Ranieri envia contranotificação mantendo a posição segundo a qual se nega a firmar o contrato definitivo de permuta, ao fundamento de que

(i) não pode ser obrigado a contratar, levando-se em conta o princípio da liberdade contratual (autonomia privada), motivo pelo qual eventual ação está fadada ao julgamento de improcedência;

(ii) o contrato anteriormente firmado possui vício formal, porque não foi realizado por escritura pública;

(iii) não há, sequer, direito a perdas e danos, na medida em que Marina não teve qualquer prejuízo com a frustração de suas expectativas.

Marina, assim, propõe ação em face de Ranieri, que contesta com os mesmos argumentos da contranotificação, negando-se a realizar o acordo.

Sobre a hipótese apresentada, responda aos itens a seguir.

A) Na condição de advogado de Marina, indique os fundamentos para que ela possa exigir o cumprimento da obrigação de contratar. Justifique. (Valor: 0,65)

B) Nessa espécie de ação, o juiz tem o poder de, em sentença, substituir a vontade do contraente ou caberia apenas discutir a possibilidade de condenação ao pagamento de indenização de eventuais perdas e danos? Justifique. (Valor: 0,60)

Obs.: o(a) examinando(a) deve fundamentar suas respostas. A mera citação do dispositivo legal não confere pontuação.

Questão 3

Serafim, viúvo, pai de três filhos, é proprietário de um imóvel residencial e de um automóvel com três anos de uso. Com o claro propósito de proteção, ele doa, com cláusula de usufruto em seu favor, para sua filha caçula, Júlia, com dezenove anos de idade, o imóvel residencial, que corresponde a noventa por cento de todo seu patrimônio.

João, filho mais velho de Serafim, solteiro, sentindo-se preterido, entra em contato com você, na qualidade de advogado(a), para que avalie a possibilidade de ajuizamento de ação judicial.

Sobre a hipótese apresentada, responda aos itens a seguir.

A) A doação realizada na situação narrada é válida? Justifique. (Valor: 0,60)

B) Em caso de ajuizamento da ação, a demanda pode ser ajuizada somente em face de Serafim? Justifique. (Valor: 0,65)

Obs.: o(a) examinando(a) deve fundamentar suas respostas. A mera citação do dispositivo legal não confere pontuação.

Questão 4

Alexandre e Simone são irmãos e figuram como únicos herdeiros em processo de inventário dos bens deixados pela mãe, falecida em 2010. Alexandre vem passando por dificuldades financeiras e, para levantar recursos, decidiu vender sua parte do único imóvel objeto do inventário (três terrenos e uma casa de alvenaria). O imóvel está avaliado em R$ 700.000,00 e Alexandre tem um terceiro interessado na aquisição.

Mesmo sabendo que Simone tem interesse em comprar sua parte da herança, em razão de desavenças familiares, Alexandre prefere vender sua quota para outra pessoa estranha à sucessão.

Sobre a situação hipotética, responda os itens a seguir.

A) Alexandre pode vender a sua quota hereditária para o terceiro interessado? Responda justificadamente indicando os respectivos dispositivos legais. Justifique. (Valor: 0,60)

B) Supondo que após o encerramento do inventário Alexandre e Simone descubram a existência de um terreno que não foi arrolado. O que os herdeiros devem fazer para partilhar esse bem? Justifique. (Valor: 0,65)

Obs.: o(a) examinando(a) deve fundamentar suas respostas. A mera citação do dispositivo legal não confere pontuação.

17. (XXXVII Exame de Ordem Unificado)

Questão 1

Adalgisa recebeu atendimento de urgência em um hospital privado, precisando submeter-se a uma cirurgia. Após o procedimento, realizado pelo médico Vitor, ela ficou com uma sequela permanente, consistente na perda parcial de movimento de seu braço esquerdo.

Em decorrência disso, ajuizou ação indenizatória por danos materiais e morais apenas em face do médico. Em contestação, Vitor impugnou especificamente todas as alegações da autora, negando a verificação de quaisquer dos requisitos autorizadores do dever de indenizar.

Instadas as partes a se manifestarem sobre as provas que pretendiam produzir, pugnou Adalgisa pela produção de prova testemunhal e arrolou como testemunhas os membros da equipe médica que participaram da cirurgia, cuja oitiva seria necessária para demonstrar que o réu aparentava ter consumido bebidas alcoólicas pouco antes de ingressar no centro cirúrgico.

Na decisão saneadora, o juiz indeferiu o pedido de prova testemunhal de Adalgisa, por entender que, em se tratando de relação de consumo, a questão fática que a autora pretendia comprovar seria irrelevante para o deslinde da controvérsia.

Nessas circunstâncias, responda aos itens a seguir.

A) A questão que a autora pretendia comprovar por meio da prova testemunhal é relevante para a configuração do dever de indenizar imputado ao réu? Justifique. (Valor: 0,65)

B) Restando irrecorrida a decisão que indeferiu o pedido de prova testemunhal de Adalgisa, restará operada a preclusão quanto a essa questão? Justifique. (Valor: 0,60)

Questão 2

Desde 2010, Rose é proprietária de um terreno de aproximadamente 600 m² na cidade de Niterói/RJ. Apesar de não residir no terreno, mas em Cabo Frio/RJ, Rose sempre exerceu a posse sobre ele.

Contudo, no último ano, Mônica invadiu indevidamente o terreno de Rose e nele construiu uma loja de material de construção.

Apesar de Rose ter tentado resolver a questão de forma amigável, buscando conversar com Mônica para esclarecer que era a proprietária do terreno, tendo inclusive apresentado a escritura pública de compra e venda do imóvel, devidamente registrada no cartório de Registro Geral de Imóveis competente, a última nada fez, ficando clara e inequívoca sua má-fé desde o momento da invasão do terreno.

Sem saída, Rose procura você, como advogado, para ajuizar uma ação de reintegração de posse, para ser reintegrada na posse do imóvel injustamente invadido por Mônica, cumulada com pedido de indenização.

Sobre o caso, responda aos itens a seguir.

A) Rose deverá pagar indenização a Mônica pela construção da loja em seu terreno? Justifique. (Valor: 0,65)

B) Na ação de reintegração de posse, Mônica foi citada via Carta Precatória, pois reside na cidade de Cabo Frio/RJ. Quando se inicia o prazo da contestação? Justifique. (Valor: 0,60)

Questão 3

Kátia, residente e domiciliada no município de São José dos Campos, SP, realizou uma obra em sua casa de veraneio no município do Guarujá, SP, que vem gerando goteiras na casa de seu vizinho, Damião. Por diversas vezes, ele procurou Kátia na busca de uma solução, contudo ela permaneceu inerte.

Assim, Damião procura você, como advogado(a), no dia de hoje, seis meses após a conclusão da obra, para propor uma ação com a finalidade de solucionar o problema, ou seja, visando ao fim das goteiras.

Sobre a hipótese narrada, responda aos itens a seguir.

A) Tendo em vista que já transcorreram seis meses após a conclusão da obra, Damião pode exigir que seja realizado o reparo necessário para findar as goteiras em seu imóvel? Justifique. (Valor: 0,60)

B) Na eventualidade da propositura de uma ação, ela poderá ser ajuizada na comarca (município) de São José dos Campos? Justifique. (Valor: 0,65)

Questão 4

Cíntia é associada da Associação Fora da Cela, que inclui, dentre suas atividades institucionais, a defesa da população carcerária.

Recentemente, um jornal de grande circulação publicou reportagem relacionando Cíntia a atos de violência praticados em desfavor de pessoas em situação de rua, o que causou grande comoção. Assim, o presidente da Associação Fora da Cela, sem submeter a decisão à Assembleia Geral ou à oitiva de Cíntia, determinou sua exclusão sumária do quadro de associados.

Inconformada, Cíntia ajuizou ação de conhecimento em face da Associação Fora da Cela, requerendo, a título de tutela provisória antecipada de urgência incidental, a imediata suspensão da decisão da assembleia que determinara sua exclusão, sustentando que houve violação a seu direito de ampla defesa. A tutela foi concedida pelo juízo, nos termos requeridos.

Sobre o caso apresentado, responda aos questionamentos a seguir.

A) Assiste razão à pretensão de Cíntia? Justifique. (Valor: 0,65)

B) A tutela provisória de urgência poderá se tornar estável? Justifique. (Valor: 0,60)

Padrão de resposta/espelho de correção – Questões dissertativas

1. (XXI Exame de Ordem Unificado)

Questão 1

A) A questão envolve os denominados "alimentos suplementares", tal como regulados pelo art. 1.698 do CC. Nesse cenário, diante da insuficiência econômica dos pais, os avós são obrigados a prestar alimentos em favor de sua neta. No entanto, não se trata de obrigação solidária, tal como regulada pelo art. 264 do CC, mas de obrigação subsidiária, devendo ser diluída entre avós paternos e maternos na medida de seus recursos, diante de sua divisibilidade e possibilidade de fracionamento.

B) É possível o exercício da pretensão alimentar contra um ou mais avós. Com efeito, a obrigação alimentar por parte dos avós guarda caracteres de divisibilidade e não há solidariedade, afastando o litisconsórcio necessário (art. 114 do CPC/15). A exegese do art. 1.698 do CC explicita tratar-se de litisconsórcio facultativo (art. 113 do CPC/15), bastando que haja a opção por um dos avós, que suporte o encargo nos limites de suas possibilidades.

Distribuição dos pontos

Itens	Pontuação
A. Sim. Os avós são obrigados a prestar alimentos em favor de sua neta, pois a questão envolve os denominados alimentos suplementares (avoengos) (0,30). Não se trata de obrigação solidária, mas sim de obrigação subsidiária (0,25). Citação do art. 1.698 do CC (0,10).	0,00/0,25/ 0,30/0,35/ 0,40/0,55/ 0,65
B. Sim. Porque não há litisconsórcio passivo necessário, mas sim facultativo (0,25), pois a obrigação alimentar suplementar é divisível (0,25). Citação do art. 113 **OU** art. 114 do CPC/15 (0,10).	0,00/0,25/ 0,35/0,50/ 0,60

Questão 2

A) Não. Tendo em vista a cláusula em que Joana renunciou ao benefício de ordem, não a assiste direito de que primeiro sejam penhorados os bens do afiançado, conforme previsto no art. 828, inciso I, do CC e no art. 794, § 3º, do CPC/15.

B) Antes. Quando houver mais de um executado, o prazo para cada um deles embargar é contado a partir da juntada do respectivo comprovante da citação. O prazo para Miguel apresentar embargos terminou quinze dias úteis após a juntada de seu comprovante de citação, o que ocorreu antes da juntada do comprovante de citação de Joana, nos termos do art. 915, § 1º, do CPC/15.

C) Não. Conforme o art. 915, § 3º, do CPC/15, não se aplica o disposto no art. 229 do CPC/15 em relação ao prazo para oferecimento dos embargos à execução.

Distribuição dos pontos

Itens	Pontuação
A. Não. Como Joana renunciou ao benefício de ordem, não lhe assiste direito a que primeiro sejam penhorados os bens do afiançado (0,40), segundo o art. 828, inciso I, do CC **OU** o art. 794, § 3º, do CPC/15 (0,10).	0,00/0,40/ 0,50

Itens	Pontuação
B. Antes. Quando houver mais de um executado, o prazo para cada um deles embargar é contado a partir da juntada do respectivo comprovante da citação (0,30), segundo o art. 915, § 1º, do CPC/15 (0,10).	0,00/0,30/ 0,40
C. Não se aplica o prazo em dobro (art. 229 do CPC/15) para oferecimento dos embargos à execução (0,25), conforme o art. 915, § 3º, do CPC/15 (0,10).	0,00/0,25/ 0,35

Questão 3

A) A cláusula de eleição de foro é válida, devendo a ação tramitar perante a Comarca de São Paulo (art. 63 do CPC/15), inicialmente porque há paridade na relação contratual, não se tratando de relação consumerista, a afastar a proteção prevista na Lei n. 8.078/90; e ainda porque, embora seja possível decretar a nulidade de cláusula contida em contrato de adesão em relações não consumeristas (art. 424 do CC), apenas são nulas as cláusulas que estipulem a renúncia antecipada a direito resultante da natureza do negócio, o que não é a hipótese de criação de foro contratual.

B) Por se tratar de incompetência territorial, esta é relativa e não pode ser declinada de ofício pelo magistrado (art. 64, § 1º, e art. 65, ambos do CPC/15), devendo ser alegada em preliminar de contestação (art. 337, II, CPC/15).

Distribuição dos pontos

Itens	Pontuação
A. Sim. A cláusula de eleição de foro é válida devendo a ação tramitar perante a Comarca de São Paulo (0,25). Identificação de relação não consumerista ou paritária (0,25). Citação do art. 63, *caput* **OU** § 1º, do CPC/15 **OU** art. 78 do CC **OU** Súmula 335/STF (0,10).	0,00/0,25/ 0,35/0,50/ 0,60
B. Não. Por se tratar de competência relativa, não pode ser declinada de ofício pelo magistrado (0,55), segundo o art. 64, § 1º **OU** art. 65, *caput*, do CPC/15 **OU** Súmula 33/STJ **OU** art. 337, II, CPC/15 (0,10).	0,00/0,55/ 0,65

Questão 4

A) No caso, pode-se identificar a fraude contra credores, prevista no art. 158 do Código Civil, pois a doação dos únicos bens reduz o devedor à insolvência.

B) Para que o credor prejudicado consiga perseguir os bens alienados em fraude contra credores, terá que se valer de Ação Pauliana, prevista no art. 161 do Código Civil, pois a doação ocorreu antes do ajuizamento da execução.

Distribuição dos pontos

Itens	Pontuação
A. Sim. Identifica-se a fraude contra credores (0,20), pois a doação dos únicos bens reduz o devedor à insolvência (0,30), nos termos do art. 158 do CC (0,10).	0,00/0,20/ 0,30/0,40/ 0,50/0,60
B. O credor terá que se valer de Ação Pauliana **OU** Ação Revocatória (0,55), nos termos do art. 161 do CC (0,10).	0,00/0,55/ 0,65

2. (XXII Exame de Ordem Unificado)

Questão 1

A) A doação é válida, porque (i) o valor do imóvel não ultrapassa a metade do patrimônio de Silas (art. 549, CC) e (ii) e traduz adiantamento de legítima, pelo que não necessita da anuência dos demais herdeiros (art. 544 do CC).

B) Laura está obrigada a declarar os bens que recebeu por liberalidade não só pelo fato de ser herdeira (art. 639 do CPC/15), mas também por ser inventariante (art. 620, inciso IV, do CPC/15).

Questão 2

A) Bruno responde pela evicção, caso Pedro perca o bem (moto) por sentença judicial em favor de Anderson, conforme o art. 447 do Código Civil. Além da restituição integral do preço, Pedro deverá ser indenizado por Bruno das despesas do contrato e de outros prejuízos que diretamente resultem da evicção, além das custas judiciais e dos honorários advocatícios, nos termos do art. 450 do CC.

B) Para exercer os direitos oriundos da evicção na própria ação reivindicatória, Pedro deverá denunciar-lhe a lide, nos termos do art. 125, inciso I, do CPC/15.

Questão 3

A) Embora seja bem de família, o imóvel pode ser penhorado e alienado, pois a execução de alimentos é exceção à regra geral de impenhorabilidade do imóvel destinado à residência, consoante dispõe o art. 3º, inciso III, da Lei n. 8.009/90.

B) Diante da indivisibilidade do bem, a quota-parte que cabe à Carmem será reservada no produto da alienação (art. 843, *caput*, do CPC).

Questão 4

A) Sim, com apoio na jurisprudência consolidada no Superior Tribunal de Justiça, "da anotação irregular em cadastro de proteção ao crédito, não cabe indenização por dano moral quando preexistente legítima inscrição, ressalvado o direito ao cancelamento". É o que dispõe o teor da Súmula 385 do STJ.

B) Sim. Trata-se de tutela provisória de evidência, que dispensa a prova de perigo de dano ou de risco ao resultado útil do processo, quando "a petição inicial for instruída com prova documental suficiente dos fatos constitutivos do direito do autor, a que o réu não oponha prova capaz de gerar dúvida razoável", nos termos do art. 311, inciso IV, do CPC/15.

3. (XXIII Exame de Ordem Unificado)

Questão 1

A) Não. A responsabilidade pessoal do profissional liberal "será apurada mediante a verificação da culpa", como prevê o art. 14, § 4º, do CDC. A inclusão do hospital, que responde objetivamente, na forma do art. 14, *caput*, do referido diploma, não tem o condão de dispensar a prova da culpa médica. Desse modo, o hospital responde solidária e objetivamente, dispensado a prova de sua culpa na causação do dano, mas depende da comprovação da culpa do médico, na forma do art. 14, § 4º, da Lei n. 8.087/90.

B) Não. Na forma do art. 8º, *caput*, da Lei n. 9.099/95, "não poderão ser partes, no processo instituído por esta Lei, o incapaz, o preso, as pessoas jurídicas de direito público, as empresas públicas da União, a massa falida e o insolvente civil". Como o autor da ação é um adolescente de 15 anos, trata-se de pessoa absolutamente incapaz, na forma do art. 4º, inciso I, do CC, motivo pelo qual deve buscar a Justiça Comum para o ajuizamento da demanda.

Questão 2

A) Não, pois o prazo de 5 anos só seria suficiente se a área usucapida tivesse no máximo 250 m² e também se ele tivesse morado no local durante todo o período aquisitivo (art. 1.239 e art. 1.240, ambos do CC).

B) Não, pois, considerando-se que Roberto não tem qualquer vínculo jurídico com Dalva, a imissão na posse é incabível. A medida recomendável é a ação pelo procedimento comum (art. 318 do CPC/15), com pedido reivindicatório (art. 1.228 do CC).

Questão 3

A) Joana deve ajuizar demanda objetivando a declaração de indignidade de Jorge, fundamentada no art. 1.814, inciso I, e no art. 1.815, ambos do Código Civil, pois o herdeiro Jorge foi autor de tentativa de homicídio contra Luis, pessoa de cuja sucessão se trata. Com o reconhecimento judicial da indignidade de Jorge, este será excluído da sucessão de Luis. O prazo para o ajuizamento da demanda é de 4 (quatro) anos da abertura da sucessão, segundo o art. 1.815, parágrafo único, do Código Civil.

B) O foro competente é o da cidade de Maceió, nos termos do art. 48 do CPC/15, já que ali era domiciliado o autor da herança.

Questão 4

A) Não, pois o art. 1.723 do Código Civil não prevê a coabitação como requisito para a configuração da união estável.

B) Não. O reconhecimento da união estável pela Justiça Federal se deu incidentalmente como questão prejudicial. Considerando que a Justiça Federal não é competente para decidir como questão principal acerca da ocorrência de união estável, sua apreciação não é apta a fazer coisa julgada, nos termos do art. 503, § 1º, inciso III, do CPC/15. Em consequência, a Justiça Estadual poderá decidir de maneira diversa a respeito da configuração da relação de companheirismo.

4. (XXIV Exame de Ordem Unificado)

Questão 1

A) O direito à prestação de alimentos se estende aos ascendentes, nos termos do art. 1.696 do CC. Embora os parentes em linha colateral possam ser chamados a responder pelos alimentos, essa responsabilidade apenas incide na falta dos ascendentes (art. 1.697 do CC), sendo subsidiária, e devida na proporção dos seus recursos. Como Olívia possui condições financeiras, será a responsável pelos alimentos que seriam devidos por Jorge. Assim, havendo possibilidade de alimentos avoengos, não subsiste responsabilidade de Marcos, colateral.

B) Catarina, representada por sua mãe, pode propor ação de alimentos em face de Olívia, postulando a concessão de alimentos provisórios, com base nos arts. 1º a 3º da Lei n. 5.478/68 e no art. 693, parágrafo único, do CPC. Catarina também pode propor tutela provisória de urgência em caráter antecedente, visando à obtenção dos alimentos, com base no art. 303 do CPC.

Distribuição dos pontos

Itens	Pontuação
A1. Sim. O direito à prestação de alimentos se estende à ascendente (Olívia), embora o irmão Marcos, parente em linha colateral, possa ser chamado a responder pelos alimentos, na falta de ascendentes (0,25), nos termos dos arts. 1.696 c/c 1.697 do CC (0,10). **OU** Não. Havendo possibilidade de alimentos avoengos, não subsiste responsabilidade de Marcos, colateral (0,25), nos termos dos arts. 1.696 c/c 1.697 do CC (0,10).	0,00/0,25/0,35
A2. Não. Na hipótese de existir o dever alimentar de Marcos, sua responsabilidade é subsidiária (0,20), nos termos do art. 1.698 do CC (0,10).	0,00/0,20/0,30
B. Pode ser proposta ação de alimentos em face de sua avó Olívia, postulando a concessão de alimentos provisórios (0,50), com fundamento na Lei n. 5.478/68 **OU** com fundamento na tutela provisória com base no art. 300 e/ou 303 do CPC (0,10).	0,00/0,50/0,60

Questão 2

A) Trata-se de hipótese da chamada causalidade alternativa, em que é possível saber que um ou alguns dos membros de um grupo determinado de pessoas deu causa ao dano, mas não é possível identificar o efetivo causador. No caso específico, não sendo possível identificar, desde logo, o apartamento de onde efetivamente caiu o objeto, o legislador autoriza expressamente a responsabilização de todos os condôminos, nos termos do art. 938 do Código Civil, ao prever a imputabilidade não apenas do único morador do prédio como também do morador de parte da edificação.

B) A pretensão encontra-se prescrita, aplicando-se à hipótese o prazo trienal previsto pelo art. 206, § 3º, inciso V, do Código Civil, contado da data do evento danoso. Trata-se de matéria que pode ser conhecida de ofício pelo julgador (art. 487, inciso II, do CPC). No entanto, após a contestação da lide pelo réu, não se autoriza ao juiz conhecer da prescrição sem antes oportunizar a manifestação das partes, em homenagem ao princípio da não surpresa (art. 10 ou art. 487, parágrafo único, ambos do CPC).

Distribuição dos pontos

Itens	Pontuação
A. Não. Admite-se a responsabilização de todos os moradores quando não se puder identificar a origem do objeto (0,50), como autoriza o art. 938 do Código Civil (0,10).	0,00/0,50/0,60

Itens	Pontuação
B. Sim, mas deve antes provocar a manifestação das partes, em nome do princípio do contraditório ou da não-surpresa (0,55), nos termos do art. 10 **OU** do art. 487, parágrafo único, ambos do CPC (0,10).	0,00/0,55/0,65

Questão 3

A) Álvaro é terceiro interessado no pagamento desta dívida, sendo, portanto, parte legítima para ingressar com uma ação de consignação em pagamento, meio mais adequado conducente à exoneração do devedor, nos termos do art. 304 do Código Civil.

B) O foro competente é o da cidade do Rio de Janeiro, o lugar do pagamento, como prescreve o art. 540 do CPC.

Distribuição dos pontos

Itens	Pontuação
A. Ação de consignação em pagamento (0,45), já que Álvaro é terceiro interessado e, portanto, parte legítima (0,30), nos termos do art. 304 do CC **OU** do art. 539 do CPC (0,10).	0,00/0,45 0,55/0,75/0,85
B. O foro competente é o da cidade do Rio de Janeiro (0,30), conforme o art. 540 do CPC (0,10).	0,00/0,30/0,40

Questão 4

A) A ação de investigação de paternidade é imprescritível, como prevê o art. 27 do ECA, enquanto que a petição de herança se submete ao prazo prescricional de 10 (dez) anos, por se tratar de maior prazo previsto em lei, consoante dispõe o art. 205 do Código Civil. A questão foi sintetizada no enunciado da Súmula 149 do Supremo Tribunal Federal.

B) Cabe a cumulação de pedidos no mesmo processo, uma vez que a investigação de paternidade, bem como a petição de herança observam os requisitos de admissibilidade previstos no art. 327, § 1º, do CPC, na medida em que os pedidos são compatíveis entre si, a competência é do mesmo juízo e o mesmo procedimento é adequado a ambas.

Distribuição dos pontos

Itens	Pontuação
A1. A ação de investigação de paternidade é imprescritível (0,30), nos termos do art. 27 do ECA **OU** a Súmula 149 do STF (0,10).	0,00/0,30/0,40

Itens	Pontuação
A2. Prescritibilidade da ação de petição de herança, no prazo de 10 (dez) anos (0,35), conforme o art. 205 do CC (0,10).	0,00/0,35/0,45
B. Cabe a cumulação de pedidos no mesmo processo, desde que presentes os requisitos de admissibilidade **OU** que os pedidos sejam compatíveis entre si, a competência seja do mesmo juízo e adequado o mesmo procedimento (0,30), nos termos do art. 327, § 1º, do CPC (0,10).	0,00/0,30/0,40

5. (XXV Exame de Ordem Unificado)

Questão 1

A) Dentre as hipóteses de rompimento do testamento, o art. 1.973 do Código Civil prevê justamente a situação descrita: superveniência de descendente sucessível ao testador, que não o conhecia quando testou. Logo, tendo em vista o rompimento do testamento, Laura receberá 100% do patrimônio do falecido pai, na forma do art. 1.845 do CC.

B) No direito brasileiro, o inventário deverá ser judicial quando houver herdeiro menor e/ou testamento, conforme o art. 610, *caput*, do CPC.

Distribuição dos pontos

Itens	Pontuação
A. Não. A superveniência de descendente sucessível ao testador, que não o conhecia quando testou é hipótese de rompimento de testamento (0,70), conforme o art. 1.973 do CC (0,10).	0,00/0,70/0,80
B. Não. O inventário será obrigatoriamente judicial, porque há herdeiro incapaz e/ou testamento (0,35), segundo o art. 610 do CPC (0,10).	0,00/0,35/0,45

Questão 2

A) Madeira Certificada deve alegar que a ocorrência de confusão patrimonial evidencia abuso da personalidade jurídica, com o objetivo de que seja desconsiderada a personalidade jurídica, e de que os bens do sócio administrador respondam pelas dívidas da sociedade Só Móveis, nos termos do art. 50 do Código Civil.

B) A medida processual para que os bens do responsável fiquem sujeitos à execução, no caso de abuso da personalidade jurídica (art. 790, inciso VII, do CPC), é o incidente de desconsideração da personalidade jurídica (art. 795, § 4º, do CPC), previsto no art. 134 do CPC, aplicável à execução.

Distribuição dos pontos

Itens	Pontuação
A. Desconsideração da personalidade jurídica (0,35) em face da confusão patrimonial (0,25), na forma do art. 50 do Código Civil (0,10).	0,00/0,25/0,35/ 0,45/0,60/0,70
B. A medida processual para que os bens do responsável fiquem sujeitos à execução é o incidente de desconsideração da personalidade jurídica (0,45), na forma do art. 133 **OU** 134 do CPC (0,10).	0,00/0,45/0,55

Questão 3

A) Bárbara e Ricardo têm parentesco por afinidade (nora e sogro, respectivamente), que se formou pelo casamento e não é extinto pelo rompimento do vínculo matrimonial, conforme o art. 1.595, § 2º, do Código Civil. Assim, estão impedidos de casar, segundo o art. 1.521, inciso II, do Código Civil. O casamento é nulo por infringência de impedimento, a teor do art. 1.548, inciso II, do Código Civil. Logo a ação cabível é a ação de nulidade de casamento.

B) O litisconsórcio entre Bárbara e Ricardo é unitário, pois o juiz deve decidir o mérito de modo uniforme para ambos, conforme dispõe o art. 116 do CPC.

Distribuição dos pontos

Itens	Pontuação
A1. Ação de nulidade de casamento (0,20), conforme o art. 1.548, inciso II, do Código Civil (0,10).	0,00/0,20/0,30
A2. O fundamento é existência de impedimento, porque Bárbara e Ricardo são parentes por afinidade, vínculo que não se extingue pelo divórcio (0,30), segundo o art. 1.521, inciso II **OU** art. 1.595, § 2º, do Código Civil (0,10).	0,00/0,30/0,40
B1. O litisconsórcio é unitário (0,20), conforme dispõe o art. 116 do CPC (0,10).	0,00/0,20/0,30
B2. O litisconsórcio também é necessário (0,15), conforme dispõe o art. 114 do CPC (0,10).	0,00/0,15/0,25

Questão 4

A) O recurso cabível em face da decisão que determinou a exclusão de litisconsorte é o agravo de instrumento (art. 1.015, inciso VII, do CPC). Conforme entendimento consolidado do STJ, é possível o ajuizamento direto em face do causador do dano e da seguradora. Não é necessário aguardar que o causador do dano denuncie a lide em face da seguradora. O que não se admite é o ajuizamento exclusivamente em face da seguradora, uma vez que não possui legitimidade para figurar no polo passivo isoladamente (Súmula 529 do STJ, REsp 943.440/SP e julgado sob o regime de repetitivo: REsp 962.230/RS).

B) Ana Flávia poderia ter deduzido pedido de indenização por danos morais (art. 186 do Código Civil ou art. 5º, inciso V ou inciso X, da CRFB/88) e dano estético (Súmula 387 do STJ), sendo este em razão da cicatriz.

Distribuição dos pontos

Itens	Pontuação
A. O recurso cabível é o agravo de instrumento (0,35), por se tratar de decisão interlocutória que determinou a exclusão de litisconsorte (0,20), conforme o art. 1.015, inciso VII, do CPC (0,10).	0,00/0,35/0,45/ 0,55/0,65
B. Ana Flávia poderia ter deduzido pedido de indenização por danos morais (0,20) **E** dano estético (0,30), com fundamento no art. 186 **OU** art. 927 do Código Civil **OU** art. 5º, inciso V ou inciso X, da CRFB/88 **OU** Súmula 387 do STJ (0,10).	0,00/0,20/0,30/ 0,40/0,50/0,60

6. (XXVI Exame de Ordem Unificado)

Questão 1

A) Não. A responsabilidade dos profissionais liberais é subjetiva e, portanto, depende da demonstração de culpa do causador do dano, conforme o art. 951 do CC **OU** o art. 14, § 4º, do CDC.

B) Não. Está ausente nessa demanda uma das condições/elementos da ação, a saber, a legitimidade passiva, prevista pelo art. 17 do CPC. No seguro de responsabilidade civil facultativo, não pode o terceiro prejudicado ingressar com ação exclusivamente em face da seguradora, nos termos do art. 787 do CC ou do verbete n. 529 da Súmula do STJ.

Distribuição dos pontos

Itens	Pontuação
A. Não. A responsabilidade dos profissionais liberais é subjetiva **OU** depende da demonstração de culpa do causador do dano (0,55), conforme o art. 951 do CC **OU** o art. 14, § 4º, do CDC (0,10).	0,00/0,55/0,65

Itens	Pontuação
B. Não, pois não há legitimidade passiva (0,40), nos termos do art. 787 do CC **OU** no verbete n. 529 da Súmula do STJ (0,10) E nos termos do art. 17 **OU** art. 330, II, **OU** art. 485, VI, do CPC (0,10).	0,00/0,40/ 0,50/0,60

Questão 2

A) Sim, tendo em vista o caráter *propter rem* da obrigação, DPA é devedora das cotas, conforme o art. 1.345 do CC.

B) Denunciação da lide (art. 125, inciso II, do CPC), a fim de obter da sociedade empresária Fictícia Produções os valores que eventualmente tiver que arcar com o processo em razão da responsabilidade contratual.

Distribuição dos pontos

Itens	Pontuação
A. Sim, tendo em vista o caráter *propter rem* da obrigação (0,50), conforme o art. 1.345 do CC (0,10).	0,00/0,50/0,60
B. Denunciação da lide (0,30), em razão da responsabilização contratual (0,25), na forma do art. 125, inciso II, do CPC (0,10).	0,00/0,30/0,40/ 0,55/0,65

Questão 3

A) Na hipótese, o recurso de apelação de José não será dotado de efeito suspensivo, tendo em vista que a sentença revogou a decisão que havia deferido o pedido cautelar. Com efeito, o art. 1.012, § 1º, inciso V, do CPC estabelece que "além de outras hipóteses previstas em lei, começa a produzir efeitos imediatamente após a sua publicação a sentença que: [...] V – confirma, concede ou revoga tutela provisória." Assim, a sentença proferida pelo juiz, que julgou improcedente o pedido, tem a aptidão de produzir efeitos desde logo. Para lograr obter novamente a suspensão dos efeitos da compra e venda, portanto, José deverá formular o pedido cautelar ou de efeito suspensivo ativo, que poderá ser deduzido em petição autônoma ou no próprio recurso de apelação, a depender do fato de a apelação já ter sido distribuída ou não. O requerimento deverá ser dirigido ao tribunal, se a apelação ainda não tiver sido distribuída, ou ao relator do recurso, caso já tenha ocorrido sua distribuição, na forma do art. 1.012, § 3º, do CPC. Para tanto, deverá José demonstrar ao relator ou ao tribunal a probabilidade de provimento do recurso de apelação ou, sendo relevante a fundamentação (*fumus boni iuris*), a existência de risco de dano grave ou de difícil reparação (*periculum in mora*), consoante o art. 1.012, § 4º, o art. 995, parágrafo único, e o art. 300 todos do CPC.

B) O fundamento da ação ajuizada por José é o de que se afigura anulável a venda de ascendente a descendente, salvo se os outros descendentes e o cônjuge alienante expressamente houverem consentido, na forma do art. 496 do CC. Por outro lado, o juiz de primeira instância se equivocou ao reconhecer a prescrição da pretensão de José, pois a ação foi proposta dentro do prazo prescricional de 2 anos, previsto no art. 179 do CC.

Distribuição dos pontos

Itens	Pontuação
A1. José deverá formular o pedido cautelar **OU** de efeito suspensivo ativo **OU** de antecipação de tutela recursal (0,25), considerando que a apelação, no caso, não tem efeito suspensivo automático (0,15), nos termos do art. 1.012, § 1º, inciso V, do CPC (0,10).	0,00/0,25/0,35/ 0,40/0,50
A2. José deverá demonstrar a probabilidade de provimento do recurso ou, sendo relevante a fundamentação (*fumus boni iuris*), a existência de risco de dano grave ou de difícil reparação (*periculum in mora*) (0,20), nos termos do art. 1.012, § 4º, **OU** do art. 995, parágrafo único, **OU** do art. 300, todos do CPC (0,10).	0,00/0,20/0,30
B1. O fundamento da ação ajuizada por José é o de que se afigura anulável a venda de ascendente a descendente, salvo se os outros descendentes e o cônjuge alienante expressamente houverem consentido (0,15), na forma do art. 496 do CC (0,10).	0,00/0,15/0,25
B2. O juiz de primeira instância se equivocou ao reconhecer a prescrição, pois se trata de prazo decadencial **OU** porque a ação foi proposta dentro do prazo decadencial de 2 anos (0,10), previsto no art. 179 do CC (0,10).	0,00/0,10/0,20

Questão 4

A) José Carlos poderá sustentar que a locação possui prazo determinado, cláusula de vigência e se encontra averbada junto à matrícula do imóvel. Desta forma, João Pedro não pode, validamente, denunciar o contrato de locação, na forma do art. 8º, *caput*, da Lei n. 8.245/91. Além disso, a denúncia foi exercida após o prazo de noventa dias a contar do registro da compra e venda, o que atrai a incidência do art. 8º, § 2º, da Lei n. 8.245/91, que prevê tal prazo decadencial. Por fim, houve desrespeito ao direito de preferência assegurado pelo art. 27 da mesma Lei.

B) A recusa do credor em receber o pagamento permite o uso da consignação em pagamento, de forma a exonerar o devedor da ocorrência de mora. No caso, João Pedro poderá, alternativamente, ajuizar ação de consignação em pagamento, observando o disposto no art. 67 da Lei n. 8.245/91 e no art. 534 do CPC, ou realizar consignação extrajudicial em pagamento, por se tratar de obrigação em dinheiro, na forma do art. 539, § 1º, do CPC.

Distribuição dos pontos

Itens	Pontuação
A1. O contrato de locação possui prazo determinado, cláusula de vigência e se encontra averbada junto à matrícula do imóvel (0,20), atraindo a incidência da parte final do art. 8º da Lei n. 8.245/91 (0,10).	0,00/0,20/0,30
A2. A denúncia foi exercida após o prazo decadencial de noventa dias a contar do registro da compra e venda (0,20), o que atrai a incidência do art. 8º, § 2º, da Lei n. 8.245/91 (0,10).	0,00/0,20/0,30
A3. Houve desrespeito ao direito de preferência do locatário (0,10), nos termos do art. 27 da Lei n. 8.245/91 (0,10).	0,00/0,10/0,20
B. João Pedro dispõe da consignação em pagamento (0,25), podendo optar pela via judicial observando o disposto no art. 67 da Lei n. 8.245/91 **OU** no art. 539 e seguintes do CPC (0,10), bem como realizar a consignação extrajudicial, por se tratar de obrigação em dinheiro, na forma do art. 539, § 1º, do CPC (0,10).	0,00/0,25/0,35/0,45

7. (XXVII Exame de Ordem Unificado)

Questão 1

A) Ao indicar, como fundamentação para a improcedência, a referência ao conceito jurídico indeterminado de "bons costumes", sem explicar as razões concretas para sua incidência no caso concreto, a sentença violou o disposto no art. 489, § 1º, inciso II, do CPC OU a sentença violou o disposto no art. 489, § 1º, inciso VI, do CPC, pois o juiz não apontou distinção com o julgamento proferido pelo STF na ADI 4.275 e no RE 670.422, objeto de repercussão geral. Considera-se, por conta disso, que a sentença não foi fundamentada e, consequentemente, é inválida.

B) No mérito, tanto o pedido de retificação do registro de nome como o pedido de retificação do pedido de gênero devem ser acolhidos, pois conforme o entendimento manifestado pelo STF no julgamento da ADI 4.275 e do RE 670.422, objeto de repercussão geral, em casos de transexualidade a alteração registral pode ocorrer independentemente de cirurgia de transgenitalização.

Distribuição dos pontos

Item	Pontuação
A. Não, pois a sentença emprega conceito jurídico indeterminado **OU** emprega a expressão "bons costumes", sem explicar o motivo concreto de sua incidência no caso (0,55), conforme o art. 489, § 1º, inciso II, do CPC (0,10). **OU** A sentença violou o disposto no art. 489, § 1º, inciso VI, do CPC (0,10), pois o juiz não apontou distinção **OU** superação de jurisprudência ou precedente firmado pelo STF sobre o tema (0,55).	0,00/0,55/0,65
B. Sim, pois se admite a retificação do registro de nome e de gênero em caso de transexualidade, **independentemente de cirurgia** (0,50), conforme entendimento pacificado pelo STF OU provimento do CNJ (0,10).	0,00/0,50/0,60

Questão 2

A) Trata-se de hipótese de evicção, já que Mariana está sendo privada judicialmente de sua propriedade em razão de direito de terceiro (Almir) anterior à sua aquisição. Para exercer seu direito à indenização decorrente da evicção no mesmo processo em que é privada da propriedade do bem, em lugar da ação autônoma, Mariana deve recorrer à denunciação da lide em face de Roberto, seu alienante imediato (art. 125, inciso I, do CPC).

B) O direito à indenização, por sua vez, abrange não apenas o valor do bem, mas igualmente à indenização pelas despesas dos contratos e pelos prejuízos que diretamente resultarem da evicção, o que inclui as despesas efetuadas com o objetivo de realizar obras necessárias no local (art. 450, inciso II, do CC).

Distribuição dos pontos

Item	Pontuação
A. A denunciação da lide (0,40), por se tratar de evicção (0,20), de acordo com o art. 125, inciso I, do CPC (0,10).	0,00/0,40/0,50/0,60/0,70
B. Sim, pois são despesas de contratos e prejuízos diretamente resultantes da evicção (0,45), de acordo com o art. 450, inciso II, do CC (0,10).	0,00/0,45/0,55

Questão 3

A) Jorge tem direito a exigir que sejam primeiro executados os bens de Marcela, até que haja satisfação da dívida, conforme dispõem o art. 827 do CC e o art. 794 do CPC. Isso ocorre porque, não tendo ocorrido renúncia ao benefício de ordem (art. 828, I, do CC), a responsabilidade de Jorge é subsidiária, e seu patrimônio apenas será atingido caso os bens de Marcela sejam insuficientes.

B) Catarina poderia ter incluído Jorge no polo passivo da Execução (art. 779, inciso IV, do CPC). No entanto, uma vez citado, Jorge pode nomear à penhora os bens de Marcela, indicando-os pormenorizadamente (art. 794 do CPC OU art. 827, parágrafo único, do CC), para que seus bens apenas sejam atingidos caso não seja possível satisfazer o crédito pela excussão dos bens de Marcela.

Distribuição dos pontos

Item	Pontuação
A. Sim, porque Jorge não renunciou ao benefício de ordem **OU** porque não está presente a hipótese do art. 828, I, do CC (0,25), sendo sua responsabilidade subsidiária (0,15), segundo o art. 827 do CC **OU** o art. 794 do CPC (0,10).	0,00/0,15/0,25/0,35/0,40/0,50
B1. Sim, porque a execução pode ser promovida contra o fiador do débito (0,25), segundo o art. 779, inciso IV, do CPC (0,10).	0,00/0,25/0,35
B2. Jorge deve indicar ou nomear à penhora os bens de Marcela (0,30), segundo o art. 794 do CPC **OU** o art. 827, parágrafo único, do CC (0,10).	0,00/0,30/0,40

Questão 4

A) Paulo sofreu danos estéticos, em razão da cicatriz que a cirurgia deixou em seu braço, e danos materiais emergentes, em razão da colisão ocorrida com seu automóvel e dos custos incorridos com a cirurgia. Além disso, Paulo também amargou lucros cessantes, em virtude de ter ficado impossibilitado de trabalhar como taxista por quatro meses. Ademais, Paulo também sofreu danos morais. Como fundamento de sua pretensão, Paulo poderá alegar que Marcos cometeu um ato ilícito e que, portanto, fica responsável por reparar o dano sofrido, na forma do art. 186 e do art. 927, ambos do CC. Poderá argumentar, ademais, que o dever de indenizar abrange não só a reparação do dano estético e do dano material emergente, mas também o pagamento dos lucros cessantes, na forma do art. 402 do Código Civil.

B) Marcos poderá impugnar a decisão que indeferiu o pedido de denunciação da lide através de recurso de agravo de instrumento. Com efeito, o art. 1.015, inciso IX, do CPC estabelece que o agravo de instrumento é cabível contra decisões interlocutórias que versem sobre a admissão ou inadmissão de intervenções de terceiros. Por outro lado, mesmo que seja mantido o indeferimento da denunciação da lide, Marcos poderá exercer futuramente o direito de regresso em face da Seguradora X. Isso porque o art. 125, § 1º, do CPC permite que o direito regressivo seja exercido por ação autônoma quando a denunciação da lide for indeferida. Assim, caso Marcos venha a ser condenado na ação movida por Paulo, poderá ajuizar demanda autônoma contra a Seguradora X para obter o ressarcimento do que pagou.

Distribuição dos pontos

Item	Pontuação
A1. Danos estéticos (0,10).	0,00/0,10
A2. Danos (materiais) emergentes (0,10).	0,00/0,10
A3. Lucros cessantes (0,10).	0,00/0,10
A4. Danos morais (0,10).	0,00/0,10
A5. Marcos cometeu um ato ilícito, sendo responsável por reparar o dano (0,10), na forma do art. 186 **E** do art. 927, ambos do CC (0,10).	0,00/0,10/0,20
B1. Recurso de agravo de instrumento (0,20), nos termos do art. 1.015, inciso IX, do CPC (0,10).	0,00/0,20/0,30
B2. Sim, o indeferimento da denunciação da lide não impede que Marcos exerça futuramente o direito de regresso em face da Seguradora X por ação própria (0,25), por força do art. 125, § 1º, do CPC (0,10).	0,00/0,25/0,35

8. (XXVIII Exame de Ordem Unificado)

Questão 1

A) O prazo prescricional para a cobrança de dívidas líquidas constantes de instrumento particular é de 5 (cinco) anos, nos termos do art. 206, § 5º, inciso I, do CC. Com o reconhecimento do direito pelo devedor houve a interrupção da prescrição, nos termos do art. 202, inciso VI, do CC.

B) O réu deve alegar a incompetência relativa na contestação, nos termos do art. 337, inciso II, do CPC.

Distribuição dos pontos

Item	Pontuação
A1. O prazo prescricional é de 5 (cinco) anos (0,25), nos termos do art. 206, § 5º, inciso I, do Código Civil (0,10).	0,00/0,25/0,35
A2. O reconhecimento do direito pelo devedor provoca a interrupção da prescrição (0,20), nos termos do art. 202, inciso VI, do CC (0,10).	0,00/0,20/0,30
B. O réu poderá alegar a incompetência relativa na contestação (0,50), nos termos do art. 337, inciso II, **OU** art. 64 do CPC (0,10).	0,00/0,50/0,60

Questão 2

A) O prêmio auferido em loteria oficial se qualifica como bem adquirido por fato eventual, razão pela qual constitui bem comum, nos termos do art. 1.660, inciso II, do CC.

B) Por se tratar de pedido incontroverso, pode o magistrado julgar antecipada e parcialmente o mérito, consoante prevê o art. 356, inciso I, do CPC c/c o art. 1.581 do CC.

Distribuição dos pontos

Item	Pontuação
A. Sim, porque o prêmio da loteria é fato eventual (0,50), conforme o art. 1.660, inciso II, do CC (0,10).	0,00/0,50/0,60
B. Sim. Trata-se de pedido incontroverso (0,25), por isso permitido o julgamento antecipado parcial do mérito (0,30), nos termos do art. 356, inciso I, do CPC c/c art. 1.581 do CC (0,10).	0,00/0,25/0,30/ 0,35/0,40/0,55/ 0,65

Questão 3

A) Não. Os embargos devem ser processados, mas apenas será examinada a alegação de invalidade da cláusula (art. 917, § 4º, inciso II, do CPC), uma vez que o embargante deveria ter declarado na petição inicial o valor que entende correto, apresentando demonstrativo discriminado e atualizado de seu cálculo (art. 917, § 3º, do CPC).

B) Não. A cláusula é nula de pleno direito, por permitir ao fornecedor a variação do preço, nos termos do art. 51, inciso X, do CDC.

Distribuição dos pontos

Item	Pontuação
A. Não. Os embargos devem ser processados para examinar a alegação de invalidade da cláusula **OU** Os embargos devem ser processados para examinar o outro fundamento (0,65), por força do art. 917, § 4º, inciso II, do CPC (0,10).	0,00/0,65/0,75
B. Não. A cláusula é nula (0,15), por permitir ao fornecedor a variação do preço (0,25), por força do art. 51, inciso X, do CDC (0,10).	0,00/0,15/0,25/ 0,35/ 0,40/0,50

Questão 4

A) Sim. Os empregadores respondem civilmente pelos atos lesivos de seus prepostos no exercício de suas funções. Trata-se de uma hipótese de responsabilidade civil indireta, prevista pelo art. 932, inciso III, do Código Civil. A responsabilidade do hotel é, ainda, objetiva, nos termos do art. 933 do Código Civil, de tal modo que o fato de a administração do hotel não ter contribuído para a conduta do funcionário mostra-se totalmente irrelevante nesse caso. Igualmente, sob a ótica consumerista, o fornecedor (hotel) tem responsabilidade objetiva pela falha na prestação do serviço, conforme o art. 14 do CDC.

B) Sim. A citação por edital, neste caso, dependeria de que restasse evidenciado ser ignorado o lugar em que se encontra o réu (art. 256, inciso II, do Código de Processo Civil). Para tanto, é necessário que, antes, sejam realizadas tentativas de localização do réu, inclusive mediante requisição de informações sobre seu endereço nos cadastros de órgãos públicos ou de concessionárias de serviços públicos, conforme o art. 256, § 3º, do Código de Processo Civil, e que essas tentativas restem infrutíferas.

Distribuição dos pontos

Item	Pontuação
A. Sim. O empregador tem responsabilidade objetiva pelos atos de seus prepostos (0,60), nos termos do art. 932, inciso III, c/c o art. 933 do CC (0,10). **OU** A. Sim. O fornecedor (hotel) tem responsabilidade objetiva pela falha na prestação do serviço (0,60), conforme o art. 14 do CDC (0,10).	0,00/0,60/0,70
B. Sim. A citação por edital, neste caso, apenas poderia ocorrer se restassem infrutíferas as tentativas de localização do réu (0,45), nos termos do art. 256, § 3º, do CPC (0,10).	0,00/0,45/0,55

9. (XXIX Exame de Ordem Unificado)

Questão 1

A) Nos termos do art. 592, inciso II, do CC, não havendo previsão expressa, o prazo do mútuo de dinheiro será de pelo menos trinta dias. Desta forma, a obrigação não estava vencida quando Lúcio entrou em contato com Roberto. No entanto, diante da notória mudança na situação econômica de Roberto, o art. 590 do CC admite que Lúcio exija dele alguma garantia da restituição do valor emprestado, mesmo antes do vencimento da obrigação.

B) Lúcio poderia requerer uma tutela provisória de urgência cautelar em caráter antecedente, nos termos do art. 301 do CPC OU do art. 305 do CPC, para assegurar a concretização do seu direito à restituição do valor devido.

Distribuição dos pontos

Item	Pontuação
A1. Não. Na ausência de previsão expressa no contrato, o prazo do mútuo de dinheiro será de pelo menos 30 dias (0,30), nos termos do art. 592, inciso II, do CC (0,10).	0,00/0,30/0,40
A2. Sim. Considerando a notória mudança na situação econômica de Roberto, Lúcio poderia ter exigido a garantia da restituição do valor emprestado mesmo antes do vencimento (0,30), nos termos do art. 590 do CC (0,10).	0,00/0,30/0,40
B. Lúcio poderia requerer uma tutela provisória de urgência cautelar (0,20), em caráter antecedente (0,15), nos termos do art. 301 do CPC **OU** do art. 305 do CPC (0,10).	0,00/0,20/0,30/0,35/0,45

Questão 2

A) Não, pois o fato concorrente da vítima não interrompe a cadeia causal de produção do dano, apenas interferindo na possível redução do montante indenizatório a ser imposto ao autor do dano, nos termos do art. 945 do CC.

B) Não, tendo em vista a verificação de preclusão consumativa, prevista pelo art. 342, e seus incisos, do CPC. Não se trata de fatos supervenientes, cognoscíveis de ofício ou cuja alegação posterior seja expressamente autorizada por lei.

Distribuição dos pontos

Item	Pontuação
A. Não. O fato ou culpa concorrente da vítima apenas interfere sobre a quantificação da indenização (0,55), nos termos do art. 945 do CC (0,10).	0,00/0,55/0,65
B. Não, tendo em vista a verificação da preclusão consumativa **OU** porque não se trata de fatos supervenientes, cognoscíveis de ofício ou cuja alegação posterior seja expressamente autorizada por lei (0,50), nos termos do art. 342 do CPC (0,10).	0,00/0,50/0,60

Questão 3

A) Segundo o art. 1.694 do CC, os cônjuges ou companheiros podem pedir uns aos outros os alimentos de que necessitem para viver de modo compatível com sua condição social. Desse modo, cabe o pedido de alimentos entre cônjuges, observado o binômio necessidade-possibilidade, conforme o art. 1.694, § 1º, do CC. No caso apresentado, há necessidade, na medida em que Sofia não trabalha há 30 anos e está doente, bem como há possibilidade, porque Ricardo era seu provedor, de modo que está caracterizada a dependência econômica.

B) Cabe o recurso de Agravo de Instrumento, por se tratar de decisão interlocutória, pois não põe fim à fase cognitiva do processo ou extingue a execução, como define o art. 203, § 2º, do CPC, que versa sobre tutela provisória, como prevê o art. 1.015, inciso I, do CPC.

Distribuição dos pontos

Item	Pontuação
A. Sim. Ante a necessidade de Sofia, são devidos alimentos (0,50), conforme o art. 1.694, *caput*, do CC (0,10).	0,00/0,50/0,60
B. Agravo de Instrumento (0,40), por se tratar de decisão interlocutória que versa sobre tutela provisória (0,15), conforme prevê o art. 1.015, inciso I, do CPC (0,10).	0,00/0,40/0,50/ 0,55/0,65

Questão 4

A) A principal matéria de defesa a ser alegada pelo advogado será a usucapião especial urbana. Isso porque, na forma do art. 1.243 do CC, o tempo de posse de Paulo sobre o bem é acrescido pelo período de tempo em que seu pai residiu no imóvel. Assim, Paulo atende a todos os requisitos exigidos pelo art. 1.240 do CC, pelo art. 183 da CRFB/88 e pelo art. 9º da Lei n. 10.257/01, que disciplinam a usucapião especial urbana, possuindo, como sua, área urbana de até duzentos e cinquenta metros quadrados, por mais de cinco anos ininterruptos, utilizando-a para sua moradia, não sendo proprietário de qualquer outro imóvel.

B) Considerando que a decisão proferida pelo Juiz versa sobre o deferimento de tutela provisória, o recurso cabível é o agravo de instrumento, nos termos do art. 1.015, inciso I, do CPC, sendo que o prazo para sua interposição será de 15 (quinze) dias, consoante dispõe o art. 1.003, § 5º, do CPC.

Distribuição dos pontos

Item	Pontuação
A. Usucapião especial urbana (0,25), segundo o art. 1.240 do CC OU art. 183 da CRFB/88 **OU** o art. 9º da Lei n. 10.257/01 (0,10), pois possui como sua a área urbana de até 250 m², por mais de cinco anos ininterruptos, utilizando-a para sua moradia, não sendo proprietário de qualquer outro imóvel (0,30).	0,00/0,25/0,30/0,35/0,40/0,55/0,65
B1. Agravo de instrumento (0,25), nos termos do art. 1.015, inciso I, do CPC (0,10).	0,00/0,25/0,35
B2. O prazo para sua interposição será de 15 dias úteis (0,15), consoante o art. 1.003, § 5º, do CPC (0,10).	0,00/0,15/0,25

10. (XXX Exame de Ordem Unificado)

Questão 1

A) Não. Tendo o negócio sido realizado perante um terceiro estranho ao condomínio, Tarcísio estava obrigado a oferecer sua fração ideal para Lúcia e Gilberto, para que eles pudessem exercer a preferência, se quisessem, conforme o disposto no art. 504 do CC.

B) Lúcia deve propor ação objetivando a adjudicação da fração ideal mediante o depósito do preço, no prazo de 180 dias, sob pena de decadência.

Distribuição dos pontos

Item	Pontuação
A. Não. Tendo o negócio sido realizado perante um terceiro estranho ao condomínio (0,15), Tarcísio está obrigado a oferecer sua fração ideal para os demais condôminos, para que eles possam exercer a preferência, se quiserem (0,35), conforme o disposto no art. 504 do CC (0,10).	0,00/0,15/0,35/0,45/0,50/0,60

Item	Pontuação
B. Lúcia deve propor ação objetivando adjudicação da fração ideal **OU** haver para si a fração ideal vendida (0,35), mediante o depósito do preço (0,20), no prazo de 180 dias (0,10).	0,00/0,35/0,45/ 0,55/0,65

Questão 2

A) Embora o Código de Defesa do Consumidor crie um sistema amplo de responsabilidade solidária entre fornecedores pelos danos oriundos de fatos do produto, como no presente caso, a responsabilidade dos comerciantes segue um regime próprio. Quanto a estes, apenas haverá responsabilidade solidária em relação aos demais fornecedores nas hipóteses previstas pelo art. 13 do CDC, o que não ocorreu na hipótese em exame. Portanto, não há solidariedade entre a comerciante (*Casas Rio Grande*) e a fabricante (*Negativa*) pelos danos sofridos pelo autor.

B) Sim. Embora as rés não se encontrem em litisconsórcio unitário, a contestação da comerciante (*Casas Rio Grande*) poderá beneficiar a fabricante (*Negativa*) no que tange ao fato comum alegado – inexistência de qualquer defeito no produto – nos termos do art. 345, I, do CPC.

Distribuição dos pontos

Item	Pontuação
A. Não. As Casas Rio Grande, na condição de comerciante (0,25), apenas respondem solidariamente aos demais fornecedores em casos específicos (0,20), previstos pelo art. 13 do CDC (0,10).	0,00/0,20/0,25/0,30/ 0,35/0,45/0,55
B. Sim. A contestação da comerciante (Casas Rio Grande) pode beneficiar a fabricante (Negativa) no que tange ao fato comum alegado – inexistência de qualquer defeito no produto (0,60), nos termos do art. 345, I, do CPC (0,10).	0,00/0,60/0,70

Questão 3

A) Não. Trata-se de ação de filiação, classificada como ação de família, na forma do art. 693 do CPC. Por tal razão, o mandado de citação deverá estar desacompanhado de cópia da petição inicial, conforme o art. 695 do CPC.

B) O efeito será o de aplicação da presunção relativa de paternidade, apreciada com o restante do conjunto probatório juntado a ação de investigação, conforme resta disposto na Súmula 301 do STJ (*Em ação investigatória, a recusa do suposto pai a submeter-se ao exame de DNA induz presunção juris tantum de pa-*

ternidade), no art. 2º-A, parágrafo único, da Lei n. 8.560/92 (*A recusa do réu em se submeter ao exame de código genético – DNA gerará a presunção da paternidade, a ser apreciada em conjunto com o contexto probatório*), ou no art. 232 do CC.

Distribuição dos pontos

Item	Pontuação
A. Não. O mandado de citação não deverá estar acompanhado de cópia da petição inicial (0,40), nos termos do art. 695, parágrafo 1º, do CPC (0,10), por se tratar de ação de família (0,20).	0,00/0,40/ 0,50/0,60/0,70
B. Haverá presunção de paternidade (0,45), conforme a Súmula 301 do STJ ou o art. 2º-A, parágrafo único, da Lei n. 8.560/92 ou o art. 232 do CC (0,10).	0,00/0,45/0,55

Questão 4

A) O prazo prescricional é de cinco anos **OU** o termo final do prazo prescricional é 27/01/2019, nos termos do art. 206, § 5º, inciso I, do Código Civil.

B) Não. O despacho de citação interrompe a prescrição, retroagindo à data de propositura da ação, ocorrida dentro do prazo prescricional, conforme o art. 802 do Código de Processo Civil.

Distribuição dos pontos

Item	Pontuação
A. O prazo prescricional é de cinco anos **OU** o termo final do prazo prescricional é 27/01/2019 (0,40), conforme o art. 206, § 5º, inciso I, do Código Civil (0,10).	0,00/0,40/0,50
B. Não. O despacho de citação interrompe a prescrição (0,30), retroagindo à data de propositura da ação (0,35), conforme o art. 802 do Código de Processo Civil (0,10).	0,00/0,30/0,40/ 0,65/0,75

11. (XXXI Exame de Ordem Unificado)

Questão 1

A) Sim. Considerando os termos indicados na questão, Lúcia está apta a pleitear a aquisição da propriedade pela usucapião na modalidade especial rural, prevista no art. 1.239 do CC.

B) Deve interpor o recurso de apelação previsto no art. 1.009, *caput*, do CPC.

Distribuição dos pontos

Item	Pontuação
A. Sim, pode pleitear a aquisição da propriedade pela usucapião especial rural (0,40), nos termos do art. 1.239 do CC (0,10).	0,00/0,40/0,50
B. Deve interpor o Recurso de Apelação (0,65), na forma do art. 1.009, *caput*, do CPC (0,10).	0,00/0,65/0,75

Questão 2

A) Sim. Joana tem direito a alimentos gravídicos, de acordo com o art. 1º ou art. 6º da Lei n. 11.804/08.

B) Sim. É possível a execução de alimentos por título extrajudicial, na forma do art. 911 do CPC. É possível a prisão de Antônio, pois esta é aplicável se o executado não pagar a dívida, na forma do art. 911 e do art. 528 § 3º, ambos do CPC.

Distribuição dos pontos

Item	Pontuação
A. Sim. Joana tem direito a alimentos gravídicos (0,45), de acordo com o art. 1º ou art. 6º, ambos da Lei n. 11.804/08 (0,10).	0,00/0,45/0,55
B1. Sim. A execução de alimentos por título extrajudicial é possível (0,20), na forma do art. 911, *caput*, do CPC (0,10).	0,00/0,20/0,30
B2. A prisão de Antônio é possível, pois ela é aplicável se o executado não pagar a dívida (0,30), na forma do art. 911, parágrafo único, e do art. 528, § 3º, ambos do CPC (0,10).	0,00/0,30/0,40

Questão 3

A) Não. Tendo em vista que o contrato de confissão de dívida foi celebrado em 01/01/2014, Marcelo, por força do art. 206, § 5º, do CC, tinha cinco anos para realizar a cobrança do crédito. Assim, tendo em vista que a demanda monitória foi ajuizada em 30/06/2019, constata-se a prescrição da pretensão da dívida.

B) O recurso cabível é o Agravo de Instrumento. O art. 487, inciso II, do CPC, dispõe que "haverá resolução de mérito quando o juiz: (...) decidir, de ofício ou a requerimento, sobre a ocorrência de decadência ou prescrição". Assim, a parcela da decisão que rejeitou a preliminar de prescrição suscitada por Rafael versa sobre o mérito do processo. Por esse motivo, o recurso cabível contra essa parcela da decisão é o Agravo de Instrumento, na forma do art. 1.015, inciso II, do CPC, o qual prevê que "cabe agravo de instrumento contra as decisões interlocutórias que versarem sobre: (...) mérito do processo".

Distribuição dos pontos

Item	Pontuação
A. Não, pois a pretensão da dívida cobrada estava prescrita (0,30) por ultrapassar o prazo de cinco anos (0,20), na forma do art. 206, § 5º, do CC (0,10).	0,00/0,30/0,40/ 0,50/0,60
B1. O Agravo de Instrumento é o recurso cabível (0,20), por força do art. 1.015, inciso II, ou art. 354, parágrafo único, ambos do CPC (0,10).	0,00/0,20/0,30
B2. A decisão que aprecia a alegação de prescrição resolve o mérito do processo (0,25), na forma do art. 487, inciso II, do CPC (0,10).	0,00/0,25/0,35

Questão 4

A) Sim. Lucas atuou, no presente caso, como terceiro interessado, na medida em que realizou pagamento de dívida pela qual poderia vir a ser juridicamente responsabilizado em caso de inadimplemento pelo devedor principal (Davi). Portanto, Lucas realizou pagamento com sub-rogação, nos termos do art. 346, inciso III, do Código Civil. Embora tal modalidade de pagamento justifique que o terceiro se sub-rogue nos direitos do credor em face do devedor principal, o art. 306 do Código Civil determina que o pagamento feito por terceiro com desconhecimento do devedor não obriga a reembolsar aquele que pagou, se o devedor tinha meios de ilidir a ação. Portanto, se restar comprovado que Davi nada mais devia a Ricardo, por já ter quitado integralmente o débito anterior, tal argumento é suficiente para eximi-lo de reembolsar as despesas de Lucas.

B) A declaração de inexistência de débito discutida na ação movida por Davi em face de Ricardo consiste em uma questão prejudicial externa da ação de cobrança movida por Lucas. Não se tratando de hipótese de conexão ou de continência, incumbe ao juízo da ação de cobrança suspender o processo enquanto pendente de julgamento a ação declaratória, nos termos do art.

313, inciso V, alínea *a*, do CPC, que determina o sobrestamento do feito quando a sentença de mérito depender do julgamento de outra causa ou da declaração de existência ou de inexistência de relação jurídica que constitua o objeto principal de outro processo pendente.

Distribuição dos pontos

Item	Pontuação
A. Sim, Davi não é obrigado a reembolsar Lucas se provar que, não tendo tomado conhecimento do pagamento, tinha meios para ilidir a cobrança (0,55), nos termos do art. 306 do Código Civil (0,10).	0,00/0,55/0,65
B. Deverá determinar a suspensão do processo enquanto pendente de julgamento a ação declaratória de inexistência de débito (0,50), nos termos do art. 313, inciso V, alínea *a*, do CPC (0,10).	0,00/0,50/0,60

12. (XXXII Exame de Ordem Unificado)

Questão 1

A) O empregador é responsável pela reparação civil decorrente de atos praticados por seus empregados, no exercício do trabalho que lhes competir ou em razão dele, de acordo com o Art. 932, inciso III, do CC. A sociedade empresária responde objetivamente, independentemente de culpa, nos termos do Art. 933 do CC, **OU** nos termos do Art. 14 do CDC, considerando que a vítima pode ser considerada consumidora por equiparação do serviço prestado, conforme Art. 17 do CDC.

B) O Art. 381, inciso I, do CPC prevê a admissibilidade da produção antecipada de prova quando houver fundado receio de que venha a tornar-se impossível ou muito difícil a verificação de certos fatos na pendência da ação. Portanto, considerando o risco iminente de óbito das duas únicas testemunhas do episódio, José poderá valer-se da produção antecipada de prova.

Distribuição dos pontos

Item	Pontuação
A1. Sim, o empregador é responsável pela reparação civil decorrente de atos praticados por seus empregados, no exercício do trabalho que lhes compete ou em razão dele (0,25), de acordo com o Art. 932, inciso III, do CC (0,10).	0,00/0,25/0,35

Item	Pontuação
A2. A sociedade empresária responde objetivamente (0,20), nos termos do Art. 933 do CC (0,10), **OU** nos termos do Art. 14 e/ou Art. 17 do CDC, pois a vítima pode ser considerada consumidor por equiparação do serviço prestado (0,10).	0,00/0,20/0,30
B. Sim, considerando o fundado receio de que venha a tornar-se impossível a verificação de certos fatos na pendência da ação, diante do risco iminente de óbito das duas únicas testemunhas (0,20), José poderá valer-se da produção antecipada de prova (0,30), nos termos do Art. 381, inciso I, do CPC (0,10).	0,00/0,20/0,30/ 0,40/0,50/0,60

Questão 2

A) A tutela cautelar concedida perderá a eficácia, eis que não foi efetivada no prazo de 30 (trinta) dias por desídia da autora, conforme determina o Art. 309, inciso II, do CPC.

B) Não. A doação é anulável, na forma do Art. 1.649 do CC, em razão da ausência de autorização do outro cônjuge (outorga conjugal), nos termos do Art. 1647, inciso IV, do CC. Nenhum dos cônjuges pode fazer doação de bens comuns ou que possam integrar futura meação, como ocorre no caso descrito, eis que o bem foi adquirido na constância do casamento.

Distribuição dos pontos

Item	Pontuação
A. Não. A tutela cautelar concedida perderá a eficácia, eis que não foi efetivada no prazo de 30 (trinta) dias (0,50), conforme determina o Art. 309, inciso II, do CPC (0,10).	0,00/0,50/0,60
B. Não. A doação seria inválida, anulável, eis que nenhum dos cônjuges pode, sem a autorização do outro, fazer doação de bens comuns ou que possam integrar futura meação (0,55), de acordo com o Art. 1.647, inciso IV, ou Art. 1.649, ambos do CC (0,10).	0,00/0,55/0,65

Questão 3

A) Sim. A alegação de Miguel deve ser acolhida, uma vez que a fiança se extingue se for concedida moratória ao devedor sem o seu consentimento, ainda que a responsabilidade seja solidária, nos termos do Art. 838, inciso I, do CC.

B) Sim, o juiz poderá decidir parcialmente o mérito, julgando desde logo o pedido de extinção da fiança, nos termos do Art. 356, inciso II, do CPC, já que esse pedido está em condições de imediato julgamento.

Distribuição dos pontos

Item	Pontuação
A. A alegação de Miguel deve ser acolhida, uma vez que a fiança se extingue se for concedida moratória ao devedor sem o seu consentimento (0,40), ainda que a responsabilidade seja solidária (0,15), nos termos do Art. 838, inciso I, do CC (0,10).	0,00/0,40/0,50 0,55/0,65
B. Sim, o juiz poderá decidir parcialmente o mérito (0,30), julgando desde logo o pedido de extinção da fiança, já que esse pedido está em condições de imediato julgamento (0,20), nos termos do Art. 356, inciso II, do CPC (0,10).	0,00/0,20/0,30/ 0,40/0,50/0,60

Questão 4

A) Não. Trata-se da violação de direito da personalidade (imagem) de pessoa falecida. Com relação à alegação preliminar, o Código Civil atribui legitimação ao cônjuge sobrevivente (Art. 12, parágrafo único, e Art. 20, parágrafo único).

B) Não. Com relação à alegação de mérito, a indenização por dano moral decorrente da violação do direito à imagem prescinde de prova de prejuízo (Súmula 403 do STJ).

Distribuição dos pontos

Item	Pontuação
A. Não. O cônjuge tem legitimidade para requerer indenização por lesão a direito da personalidade de morto (0,55), de acordo com o Art. 12, parágrafo único, do CC **OU** Art. 20, parágrafo único do CC **OU** Súmula 642 do STJ (0,10).	0,00/0,55/0,65
B. Não. A indenização por lesão a direito à imagem, em publicação com fins comerciais, independe de prova de prejuízo (0,50), de acordo com a Súmula 403 do STJ (0,10).	0,00/0,50/0,60

13. (XXXIII Exame de Ordem Unificado)

Questão 1

A) Sim. A negociação realizada por correio eletrônico (*e-mail*) é qualificada como "entre ausentes", diante da ausência de interatividade imediata entre os interlocutores, aplicando-se o disposto no Art. 434 do Código Civil, que consagra a "teoria da expedição" como regra, ressalvando as exceções dos incisos I, II e III do aludido artigo. Na hipótese vertente, contudo, a comunicação telefônica, um (1) dia após a aceitação e em momento posterior ao pagamento da prestação da parte contrária, não pode ser considerada como retratação eficaz, consubstanciada no Art. 433 c/c o Art. 434, inciso I, do Código Civil. Portanto, segue-se a regra segundo a qual *"os contratos entre ausentes tornam-se perfeitos desde que a aceitação é expedida."*

B) Sim. Considerando que a troca de *e-mails*, em que constam a proposta e a aceitação expressa, deve ser considerada como prova escrita, a ação monitória pode ser proposta por aquele que afirmar, com base em prova escrita sem eficácia de título executivo, ter direito de exigir do devedor capaz o adimplemento de obrigação de fazer, nos moldes do Art. 700, inciso III, do CPC.

Distribuição dos pontos

Item	Pontuação
A. Sim. Os contratos entre ausentes consideram-se celebrados desde que a aceitação é expedida, não havendo retratação legítima por parte do aceitante/oblato (0,55), na forma do Art. 434, *caput*, do CC (0,10).	0,00/0,55/0,65
B. Sim. Em havendo prova escrita, a ação monitória é adequada para o credor exigir do devedor o adimplemento da obrigação de fazer (0,50), na forma do Art. 700, inciso III, do CPC (0,10).	0,00/0,50/0,60

Questão 2

A questão trata dos temas *responsabilidade civil* (Direito Civil) e *liquidação de sentença* (Direito Processual Civil).

A) Sim. A indenização, além das despesas do tratamento e lucros cessantes até o fim da convalescença, poderia incluir pensão correspondente à importância do trabalho para o qual o autor se inabilitou, **ou** da depreciação que ele sofreu, nos termos do Art. 950 do Código Civil.

B) A resposta do advogado está incorreta, pois seria possível iniciar desde logo a execução do julgado (fase de cumprimento de sentença) em relação à quantia líquida (compensação por danos morais). A solução do caso está prevista expressamente no Art. 509, § 1º, do Código de Processo Civil, *in verbis*: *"quando na sentença houver uma parte líquida e outra ilíquida, ao credor é lícito promover simultaneamente a execução daquela e, em autos apartados, a liquidação desta".*

Distribuição dos pontos

Item	Pontuação
A. Sim. A indenização, além das despesas do tratamento e lucros cessantes até o fim da convalescença, poderia incluir pensão correspondente à importância do trabalho para o qual se inabilitou o autor, ou da depreciação que ele sofreu (0,50), nos termos do Art. 950 do CC (0,10).	0,00/0,50/0,60
B. Não. A resposta do advogado está incorreta, pois seria possível iniciar desde logo a execução do julgado (fase de cumprimento de sentença) em relação à quantia líquida (0,55), por força do Art. 509, § 1º, do CPC (0,10).	0,00/0,55/0,65

Questão 3

A) No regime da comunhão parcial de bens, os bens que o casal conquistou durante o casamento são divididos de forma igualitária, nos termos do Art. 1.658 do CC. Entretanto, a casa de praia herdada por Mariana deve ser excluída da partilha, pois os bens recebidos por sucessão excluem-se da comunhão, na forma do Art. 1.659, inciso I, do CC.

B) A ação de divórcio deverá ser ajuizada na cidade de Cabo Frio, pois, nos termos do Art. 53, inciso I, alínea *d*, do CPC, na ação de divórcio é competente o foro do domicílio da vítima de violência doméstica.

Distribuição dos pontos

Item	Pontuação
A. No regime da comunhão parcial de bens, os bens que o casal conquistou durante o casamento são divididos de forma igualitária (0,20), nos termos do Art. 1.658 do CC (0,10). A casa de praia herdada por Mariana deve ser excluída da partilha, pois os bens recebidos por sucessão excluem-se da comunhão (0,25), na forma do Art. 1.659, inciso I, do CC (0,10).	0,00/0,20/0,25/0,30/ 0,35/0,45/0,55/0,65
B. O foro da comarca de Cabo Frio é o competente para processar a ação de divórcio (0,20), porque na ação de divórcio é competente o foro do domicílio da vítima de violência doméstica (0,30), nos termos do Art. 53, inciso I, alínea *d*, do CPC (0,10).	0,00/0,20/0,30/ 0,40/0,50/0,60

Questão 4

A) Sim. A ofensa física autoriza a deserdação do descendente por seu ascendente, nos termos do Art. 1.962, inciso I, do CC.

B) Sim. Sendo todos os interessados capazes e concordes com os seus termos, o inventário e a partilha podem ser realizados por escritura pública, nos termos do Art. 610, § 1º, do CPC.

Distribuição dos pontos

Item	Pontuação
A. Sim. A ofensa física autoriza a deserdação do descendente por seu ascendente (0,50), nos termos do Art. 1.962, inciso I, do CC (0,10).	0,00/0,50/0,60
B. Sim. Sendo os interessados capazes e concordes com seus termos (0,55), de acordo com o Art. 610, § 1º, do CPC (0,10).	0,00/0,55/0,65

14. (XXXIV Exame de Ordem Unificado)

Questão 1

A) Mário fica desobrigado após ser intimado de decisão judicial que determine a *exoneração*, conforme interpretação do Art. 14 da Lei n. 5.478/68, que enuncia que, da sentença, caberá apelação apenas no efeito devolutivo (sem efeito suspensivo). O montante não será devolvido, posto que irrepetível, conforme o verbete sumular n. 621 do STJ.

B) A fim de evitar a não restituição dos valores pagos após a citação, Mário deverá requerer tutela de urgência, fundada na probabilidade do direito (sua filha é maior, não estuda e já vive em união estável) e no risco de dano (sua dificílima situação financeira), na forma do Art. 300 do CPC.

Distribuição dos pontos

Item	Pontuação
A1. Mário fica desobrigado após ser intimado de decisão judicial que determine a exoneração (0,30), conforme interpretação do Art. 14 da Lei n. 5.478/68 ou conforme o verbete sumular nº 621 do STJ (0,10).	0,00/0,30/0,40
A2. Não será devolvido, porque o montante pago, após esse marco, é irrepetível (0,15), conforme o verbete sumular n. 621 do STJ (0,10).	0,00/0,15/0,25
B. Mário poderá requerer tutela de urgência (0,20), haja vista a probabilidade do direito (sua filha é maior, não estuda e já vive em união estável) (0,15) e o risco de dano (sua dificílima situação financeira) (0,15), na forma do Art. 300, *caput*, do CPC (0,10).	0,00/0,20/0,30/0,35 0,45/0,50/0,60

Questão 2

A) O Marco Civil da Internet (Lei n. 12.965/14) institui no Art. 19 e no Art. 21 a responsabilidade civil dos provedores de aplicação, dando enfoque especial, no Art. 21, ao que se denomina pornografia de vingança. O material que veicula pornografia de vingança deve ser removido pelo provedor de aplicações após o recebimento da notificação extrajudicial, conforme previsto no Art. 21 da Lei n. 12.965/14, não sendo preciso que a notificação seja necessariamente judicial, diferente do que ocorre para a retirada de circulação de demais conteúdos gerados por terceiros, na forma do Art. 19 do Marco Civil da Internet.

B) O caso narrado é hipótese de pornografia de vingança. Deve-se requerer ao juízo competente tutela antecipada de urgência em caráter antecedente, conforme o Art. 303 do CPC, sendo requisitos o perigo de dano e a urgência contemporânea à ação **ou** ação de procedimento comum, com pedido de tutela de urgência antecipada, conforme o Art. 300 do CPC, sendo requisitos a probabilidade do direito e o perigo de dano.

Distribuição dos pontos

Item	Pontuação
A. Sim. O material deve ser removido pelo provedor de aplicações após o recebimento da notificação extrajudicial (0,50), conforme previsto no Art. 21 da Lei n. 12.965/14 (Marco Civil da Internet) (0,10).	0,00/0,50/0,60
B. Deve-se requerer, ao juízo competente, tutela de urgência antecipada em caráter antecedente (0,35), conforme o Art. 303 do CPC (0,10), sendo requisitos o perigo de dano e a urgência contemporânea à ação (0,20) **OU** ação de procedimento comum, com pedido de tutela de urgência antecipada (0,35), conforme o Art. 300 do CPC (0,10), sendo requisitos a probabilidade do direito e o perigo de dano (0,20).	0,00/0,30/0,35/0,45/0,55/0,65

Questão 3

A) Sim. A pretensão deduzida por Alcides tem, por fundamento, a prática de ilícito extracontratual por parte de Anderson. Assim, aplica-se ao caso o prazo prescricional previsto pelo Art. 206, § 3º, inciso V, do CC, para as pretensões oriundas da responsabilidade civil. Como a ação foi ajuizada antes do decurso do prazo de três anos, a contar da data em que provocado o dano, a pretensão de Alcides ainda era plenamente exigível.

B) Sim. Embora proferido após o decurso do prazo de três anos, a contar do surgimento da pretensão autoral, o despacho de citação teve o condão de provocar a interrupção do prazo prescricional em favor do autor, porque, uma vez ultimada a citação do réu, o efeito interruptivo da prescrição retroage à data de propositura da ação, nos termos do Art. 240, § 1º, do CPC. Portanto, no caso em tela, operou-se a interrupção da prescrição em favor de Alcides.

Distribuição dos pontos

Item	Pontuação
A1. Sim, pois a pretensão deduzida por Alcides fundamenta-se em responsabilidade civil aquiliana (0,25).	0,00/0,25
A2. Sendo aplicável a ela o prazo trienal (0,30) previsto pelo Art. 206, § 3º, inciso V, do CC (0,10).	0,00/0,30/0,40
B. Sim, pois o efeito interruptivo do despacho de citação retroage à data de propositura da ação (0,30) desde que tenha ocorrido a citação do réu (0,20), nos termos do Art. 240, § 1º, do CPC (0,10).	0,00/0,20/0,30/ 0,40/0,50/0,60

Questão 4

A) Caso venha a sofrer a evicção do imóvel, Ricardo faz jus não apenas à restituição do preço pago pela coisa, mas também à indenização dos lucros cessantes referentes aos aluguéis, que obteria de Tiago pelo prazo de um ano e que deixou de auferir em decorrência da perda da coisa, das despesas de contrato, custas judiciais e honorários advocatícios, conforme o Art. 450 do CC.

B) Sim. Faculta-se a Ricardo promover a denunciação da lide a Wagner, alienante imediato do bem, para exercer os direitos que da evicção lhe resultam, nos termos do Art. 125, inciso I, do CPC.

Distribuição dos pontos

Item	Pontuação
A1. A hipótese é de evicção (0,15), que garante a Ricardo o direito à restituição do preço pago pelo imóvel (0,10), nos termos do Art. 450 do CC (0,10).	0,00/0,15/0,25/0,35
A2. E também dos lucros cessantes relativos aos aluguéis que deixará de auferir (0,10).	0,00/0,10
A3. Despesas de contratos (0,10).	0,00/0,10

Item	Pontuação
A4. Custas judiciais e honorários advocatícios (0,10).	0,00/0,10
B. Sim. Ricardo poderá denunciar a lide (0,30), a Wagner, alienante imediato para exercer os direitos decorrentes da evicção (0,20), nos termos do Art. 125, inciso I, do CPC (0,10).	0,00/0,30 0,40/0,50/0,60

15. (XXXV Exame de Ordem Unificado)

Questão 1

A) Sim, é causa de invalidação do negócio jurídico por se caracterizar o estado de perigo, segundo o Art. 156 **OU** Art. 171, II, ambos do CC.

B) Sim, ele pode propor a ação unicamente com o pedido de *tutela antecipada antecedente*, na forma do Art. 303 do CPC.

Distribuição dos pontos

Item	Pontuação
A. Sim, é causa de invalidação do negócio jurídico por se caracterizar o estado de perigo (0,55), segundo o Art. 156 **OU** Art. 171, inciso II, ambos do CC (0,10).	0,00/0,55/0,65
B. Sim, ele pode propor a ação unicamente com o pedido de tutela antecipada antecedente (0,50), na forma do Art. 303 do CPC (0,10).	0,00/0,50/0,60

Questão 2

A) Sim. No caso em questão, quando José abandonou o lar, Marcela e os filhos ficaram residindo no único imóvel de sua propriedade, de forma ininterrupta e sem oposição, localizado em área urbana, com menos de 250m², por mais de 2 anos, atendendo aos requisitos previstos no Art. 1.240-A do CC.

B) Sim. Na forma do Art. 85, § 18, do CPC, caso a decisão transitada em julgado seja omissa quanto ao direito aos honorários, é cabível ação autônoma para sua definição e cobrança.

Distribuição dos pontos

Item	Pontuação
A. Sim, pois preenchidos os seguintes requisitos do Art. 1.240-A do CC (0,10):	0,00/0,10

Item	Pontuação
A1. Imóvel urbano (0,10).	0,00/0,10
A2. Com menos de 250m² (0,10).	0,00/0,10
A3. Posse exclusiva/moradia por mais de 2 anos de forma ininterrupta e sem oposição (0,15).	0,00/0,15
A4. Não ser proprietário de outros imóveis (0,10).	0,00/0,10
A5. Abandono do lar (0,10).	0,00/0,10
B. Sim. Caso a decisão transitada em julgado seja omissa quanto ao direito aos honorários, é cabível ação autônoma para sua definição e cobrança (0,50), na forma do Art. 85, § 18, do CPC (0,10).	0,00/0,50/0,60

Questão 3

A) Sim. O transportador, na forma do Art. 734 do CC **OU** do Art. 14, *caput*, do CDC, responde pelos danos causados às pessoas transportadas. A responsabilidade é objetiva, nos termos do Art. 14 do CDC, que determina que o fornecedor de serviços responde, independentemente da existência de culpa, pela reparação dos danos causados aos consumidores por defeitos relativos à prestação dos serviços.

B) Em razão de ser ação que envolva acidente de veiculos decorrente de uma relação de consumo, A ação indenizatória poderá ser processada no foro do local do fato **OU** do domicílio de Juliana, como determina o Art. 53, V do CPC **OU** Art. 101, inciso I, do CDC

Distribuição dos pontos

Item	Pontuação
A. Sim. o transportador responde pelos danos causados às pessoas transportadas (0,25), de forma objetiva ou independentemente de culpa (0,30), na forma do Art. 734 do CC **OU** do Art. 14, *caput*, do CDC. (0,10).	0,00/0,25/0,35/0,40/0,55/0,65
B. A ação indenizatória poderá ser processada no foro do local do fato **OU** do domicílio de Juliana (0,50), como determina o Art. 53, inciso V, do CPC **OU** Art. 101, inciso I, do CDC (0,10).	0,00/0,50/0,60

Questão 4

A) Sim. Em regra, o único imóvel residencial do devedor é qualificado como bem de família, dotado do atributo da impenhorabilidade por dívidas civis, comerciais, fiscais, previdenciária ou de qualquer natureza, por força de lei (Art. 1º, *caput*, da Lei n. 8.009/90), salvo se a execução for movida, dentre outras exceções, *"pelo credor de pensão alimentícia, resguardados os direitos sobre o bem, do seu coproprietário que, com o devedor, integre união estável ou conjugal, observadas as hipóteses em que ambos responderão pela dívida"* (Art. 3º, inciso III, da Lei n. 8.009/90). Portanto, ainda que se trate de bem de família, cuida-se de bem passível de penhora.

B) Não. A extinção da obrigação alimentar do filho que alcança a maioridade sempre dependerá de decisão judicial, exarada sob o crivo do contraditório, seja em ação autônoma de exoneração de alimentos, seja por via de pedido formulado nos próprios autos, como bem definido pelo verbete de Súmula 358 do Superior Tribunal de Justiça.

Distribuição dos pontos

Item	Pontuação
A1. Sim. A impenhorabilidade do bem de família não é oponível ao credor de obrigação alimentar (0,50), na forma do Art. 3º, inciso III, da Lei n. 8.009/90 (0,10).	0,00/0,50/0,60
B. Não. A extinção da obrigação alimentar do filho que alcança a maioridade depende de decisão judicial (0,40), mediante contraditório, ainda que nos próprios autos (0,15), nos termos do verbete de Súmula 358 do STJ (0,10).	0,00/0,40/0,50/ 0,55/0,65

16. (XXXVI Exame de Ordem Unificado)

Questão 1

A) Não. É direito de André usar as áreas comuns do condomínio nos termos do Art. 1.335, inciso II, do CC. Cabe ao condomínio exigir do condômino inadimplente apenas o pagamento das cotas condominiais, na forma do Art. 1.336, § 1º, do CC.

B) Sim, por se tratar de prova contraposta às alegações formuladas pelo autor e por ter se feito representar a tempo de praticar os atos processuais necessários, nos termos do Art. 349 do Código de Processo Civil.

Distribuição dos pontos

Item	Pontuação
A.1. Não. É direito de André usar as áreas comuns do condomínio (0,25), nos termos do Art. 1.335, inciso II, do CC (0,10).	0,00/0,25/0,35

Item	Pontuação
A.2. Cabe ao condomínio exigir do condômino inadimplente apenas o pagamento das cotas condominiais (0,20), na forma do Art. 1.336, § 1º, do CC (0,10).	0,00/0,20/0,30
B. Sim, por se tratar de prova contraposta às alegações formuladas pelo autor (0,30) e por ter se feito representar a tempo de praticar os atos processuais necessários (0,20), nos termos do Art. 349 do CPC (0,10).	0,00/0,20/0,30/ 0,40/0,50/0,60

Questão 2

A) A hipótese trata de contrato preliminar, caracterizado como aquele no qual as partes se obrigam a celebrar determinado contrato, dito definitivo, em momento futuro, atraindo o disposto no Art. 462 do CC. Segundo o dispositivo legal, o contrato preliminar, exceto quanto à forma, deve conter todos os requisitos essenciais (apenas) do contrato definitivo. No caso do enunciado, verifica-se que o contrato preliminar especificou o tipo do contrato definitivo a ser celebrado (contrato de permuta), delineando os seus elementos essenciais, notadamente naquilo que envolve o seu objeto (especificação dos bens a serem permutados e os seus respectivos valores). Ainda que a forma adotada tenha sido dissonante àquela exigida para o contrato definitivo (escritura pública), o Art. 462 adota a liberdade formal para a celebração dos vínculos preliminares, não havendo qualquer vício que possa eivar o contrato de nulidade.

Considerando que a hipótese vertente apresenta um contrato preliminar firme, sem a inclusão de cláusula de arrependimento, Marina pode exigir o cumprimento da obrigação de contratar, na forma do Art. 463 do CC.

B) Caso a parte demandada se negue a realizar a obrigação de contratar, com a emissão de sua vontade, pode o juiz, esgotado o prazo, substituir a vontade da parte inadimplente, conferindo caráter definitivo ao contrato preliminar, na forma do Art. 464 do CC, circunstância na qual a sentença que julgar procedente o pedido, uma vez transitada em julgado, produzirá todos os efeitos da declaração não emitida, na forma do Art. 501 do CPC.

As perdas e danos são cabíveis somente em face da impossibilidade do cumprimento da obrigação (o que não é o caso), conforme o Art. 464, parte final, do CC, ou se for do interesse da parte credora, dando o contrato preliminar por desfeito e exigindo a tutela indenizatória, na forma do Art. 465 do CC. O enunciado, ao contrário, revelou o interesse de Marina em buscar a execução específica da obrigação contida no vínculo preliminar.

Distribuição dos pontos

Item	Pontuação
A1. Tendo em vista que não se exige no contrato preliminar a simetria de forma em relação ao contrato definitivo (0,25), na forma do Art. 462 do CC (0,10);	0,00/0,25/0,35
A2. E diante da ausência de clausula de arrependimento, Marina pode exigir o cumprimento forçado da obrigação (0,20), na forma do art. 463 do CC (0,10).	0,00/0,20/0,30
B. Sim. O juiz pode substituir a vontade da parte inadimplente (0,30), circunstância na qual a sentença que julgar procedente o pedido produzirá todos os efeitos da declaração não emitida (0,20), na forma do Art. 501 do CPC ou do Art. 464 do CC (0,10).	0,00/0,20/0,30/ 0,40/0,50/0,60

Questão 3

A) Não. Trata-se de doação inoficiosa, tornando-se nula a parte que excede o que o doador (Serafim), no momento da liberalidade, poderia dispor em testamento, conforme preceitua o Art. 549 do Código Civil..

B) Não. Júlia deverá participar da demanda ao lado de Serafim, pois se trata de um litisconsórcio passivo e necessário, de acordo com o Art. 114 do Código de Processo Civil.

Distribuição dos pontos

Item	Pontuação
A. Não. Pois é nula a parte que excede o que o doador (Serafim), no momento da liberalidade, poderia dispor em testamento (0,35), tratando-se de doação inoficiosa (0,15), conforme preceitua o Art. 549 do CC (0,10).	0,0/0,15/0,25/ 0,35/0,45/0,50/0,60
B. Não. Júlia deverá participar da demanda ao lado de Serafim (0,25), pois trata-se de um litisconsórcio passivo e necessário (0,30), de acordo com o Art. 114 do CPC (0,10).	0,00/0,25/0,30/0,35/ 0,40/0,55/0,65

Questão 4

A) Não. Como Simone tem interesse em comprar a parte de Alexandre, ele não poderá vender para o terceiro interessado, pois, segundo o Art. 1.794 do CC, o co-herdeiro não poderá ceder a sua quota hereditária a pessoa estranha à sucessão, se outro co-herdeiro a quiser, tanto por tanto.

B) Os herdeiros deverão propor a sobrepartilha desse terreno, com base no Art. 669, inciso II, ou no Art. 670, ambos do CPC.

Distribuição dos pontos

Item	Pontuação
A. Não. Como Simone tem interesse em comprar a parte de Alexandre, ele não poderá vender para o terceiro interessado (0,20), pois, segundo o Art. 1.794 do CC (0,10), o co-herdeiro não poderá ceder a sua quota hereditária a pessoa estranha à sucessão, se outro co-herdeiro a quiser (0,30).	0,00/0,40/ 0,50/0,60
B. Os herdeiros deverão propor a sobrepartilha desse terreno (0,55), com base no Art. 669, inciso II, ou no Art. 670, ambos do CPC (0,10).	0,00/0,55/0,65

17. (XXXVII Exame de Ordem Unificado)

Questão 1

A) Sim. A alegação de que Vitor teria realizado o procedimento cirúrgico sob efeito de álcool presta-se à caracterização de conduta culposa por parte do médico. O requisito da culpa mostra-se necessário para a configuração do dever de indenizar no presente caso porque, embora a relação entre as partes seja de natureza consumerista, a responsabilidade civil dos médicos sujeita-se ao regime subjetivo, que depende da demonstração de culpa, nos termos do Art. 951 do CC e do Art. 14, § 4º, do CDC. Portanto, trata-se de questão relevante para a demonstração do direito invocado pela autora.

B) Não. A decisão que indefere o pedido de prova testemunhal não é passível de impugnação pela via do agravo de instrumento. Assim, a questão não se sujeita aos efeitos da preclusão, podendo ser alegada como preliminar em eventual recurso de apelação interposto por Adalgisa ou em contrarrazões, segundo o Art. 1.009, § 1º, do CPC.

Distribuição dos pontos

Item	Pontuação
A. Sim. Adalgisa pretendia demonstrar a culpa de Vitor (0,25), já que os médicos se sujeitam a um regime de responsabilidade civil subjetiva (0,30), nos termos do Art. 951 do Código Civil ou do Art. 14, § 4º, do CDC (0,10).	0,00/0,25/0,30/0,35/ 0,40/0,55/0,65

Item	Pontuação
B. Não. A decisão não está preclusa, pois a questão ainda pode ser suscitada como preliminar em eventual recurso de apelação ou em contrarrazões (0,50), conforme o Art. 1.009, § 1º, do CPC (0,10).	0,00/0,50/0,60

Questão 2

A) Segundo o que dispõe o Art. 1.255 do CC, Mônica não faz jus à indenização pela construção da loja no terreno de Rose, uma vez que exerceu a posse de má-fé.

B) Em caso de citação por carta precatória, deve ser observado se houve a comunicação eletrônica do juízo deprecado ao juízo deprecante quanto à sua efetivação, sendo essa data a do início da contagem do prazo (Art. 232 do CPC). Não havendo a comunicação eletrônica, considera-se o dia da juntada da Carta Precatória aos autos de origem devidamente cumprida como o dia do começo do prazo da contestação, nos termos do Art. 231, inciso VI, do CPC.

Distribuição dos pontos

Item	Pontuação
A. Não. Mônica não faz jus à indenização, uma vez que exerceu a posse de má-fé (0,55), segundo o Art. 1.255 do CC (0,10).	0,00/0,55/0,65
B. O prazo para contestação inicia-se na data da juntada da Carta Precatória aos autos de origem devidamente cumprida **OU** da comunicação eletrônica (0,50), nos termos do Art. 231, inciso VI, do CPC (0,10).	0,00/0,50/0,60

Questão 3

A) Sim, como a conclusão deu-se em seis meses, portanto dentro do lapso de ano e dia após a conclusão da obra, o proprietário, Damião, poderá exigir que seja realizado o reparo necessário para eliminar as goteiras de seu imóvel, conforme estabelece o Art. 1.302 do Código Civil.

B) Não, pois a ação versa sobre o direito de vizinhança. Portanto, o foro competente é o da situação da coisa, ou seja, a comarca (o município) do Guarujá/SP, sendo considerada como competência absoluta, de acordo com o Art. 47, *caput*, do Código de Processo Civil.

Distribuição dos pontos

Item	Pontuação
A. Sim. A conclusão deu-se em seis meses, portanto dentro do lapso de ano e dia após a conclusão da obra (0,50), conforme estabelece o Art. 1.302 do CC (0,10).	0,00/0,50/0,60
B. Não, pois a ação versa sobre o direito de vizinhança (0,20). O foro competente é o da situação da coisa, ou seja, a comarca de Guarujá/SP (0,20), sendo considerada como competência absoluta (0,15), de acordo com o Art. 47, *caput*, do CPC (0,10).	0,00/0,15/0,20/0,30/0,40/0,45/0,50/0,55/0,65

Questão 4

A) Assiste razão à Cintia, pois a exclusão do associado somente pode ocorrer mediante justa causa, assim reconhecida em procedimento que assegure direito de defesa e de recurso, nos termos previstos no estatuto, conforme o Art. 57 do CC.

B) A tutela provisória não poderá se tornar estável, pois somente a tutela provisória concedida em caráter antecedente possui tal aptidão, conforme dispõe o Art. 304 do CPC.

Distribuição dos pontos

Item	Pontuação
A. Sim. A exclusão do associado somente pode ocorrer mediante justa causa, assim reconhecida em procedimento que assegure direito de defesa e de recurso, nos termos previstos no estatuto (0,55), conforme o Art. 57 do CC (0,10).	0,00/0,55/0,65
B. Não. Somente a tutela provisória concedida em caráter antecedente possui tal aptidão (0,50), conforme dispõe o Art. 304 do CPC (0,10).	0,00/0,50/0,60

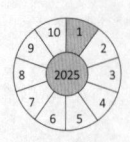